城古
墙代

南京城墙保护管理中心 编

「古代城墙军事防御与遗产保护国际学术研讨会」论文集

International Symposium on

Military Defense and

Heritage Protection of

Ancient City Wall

南京出版传媒集团 南京出版社

图书在版编目（CIP）数据

"古代城墙军事防御与遗产保护国际学术研讨会"论文集 / 南京城墙保护管理中心编. -- 南京：南京出版社, 2024. 10. -- ISBN 978-7-5533-4868-1

Ⅰ. K928.77-53

中国国家版本馆CIP数据核字第2024R4S197号

书　　名　"古代城墙军事防御与遗产保护国际学术研讨会"论文集
作　　者　南京城墙保护管理中心
出版发行　南京出版传媒集团
　　　　　南 京 出 版 社
　　　社址：南京市太平门街53号　　　　邮编：210016
　　　网址：http://www.njcbs.cn　　　　电子信箱：njcbs1988@163.com
　　　联系电话：025-83283893、83283864（营销）　025-83112257（编务）

出 版 人　项晓宁
出 品 人　卢海鸣
责任编辑　李雅凡
装帧设计　张　淼
责任印制　杨福彬

排　　版　南京新华丰制版有限公司
印　　刷　南京艺中印务有限公司
开　　本　787 毫米 × 1092 毫米　1/16
印　　张　22.75
字　　数　365千
版　　次　2024年10月第 1 版
印　　次　2024年10月第 1 次印刷
书　　号　ISBN 978-7-5533-4868-1
定　　价　238.00 元

用微信或京东
APP扫码购书

用淘宝APP
扫码购书

前言

　　党的二十大报告对增强中华文明传播力影响力做出重要部署，指出要"坚守中华文化立场，提炼展示中华文明的精神标识和文化精髓，加快构建中国话语和中国叙事体系，讲好中国故事、传播好中国声音，展现可信、可爱、可敬的中国形象。加强国际传播能力建设，全面提升国际传播效能，形成同我国综合国力和国际地位相匹配的国际话语权。深化文明交流互鉴，推动中华文化更好走向世界"。

　　城墙，作为城市文明诞生、发展与变迁的重要参与者与见证者，蕴含着各个时期丰富的政治、经济、军事、文化、思想、建筑、城市规划与人居环境等历史信息，成为解读各国深厚历史文化的重要依据。在国际遗产界，城墙也是世界防御与军事遗产的重要组成部分，已成为世界文化遗产研究的重要课题。

　　南京城墙保护管理中心自成立以来，为激发创新思维、扩宽研究视野、提升学术水平，积极组织并参与国内外的学术交流会议及活动。在不断的交流与互鉴中，将南京城墙的悠久历史和南京城市的人文底蕴推广至全世界。2018 年 5 月，"2018 南京城墙保护与利用国际论坛"在南京举行并于会后编辑出版同名论文集。2020 年 3 月，城墙中心正式加入国际古迹遗址理事会防御和军事遗产科学委员会（ICOFORT），成为中国首个加入 ICOFORT 的文博单位。9 月，城墙中心撰写的《中国军事文化遗产保护的新探索——以南京城墙为例》一文登上 ICOFORT 官网。2021 年 11 月，中心全力支持、积极参与制定的《军事城防类遗产保护管理及展示阐释宪章》在国际古迹遗址理事会（ICOMOS）2021 年度会议上予以通过。

　　此外，中心专家学者还受邀参加亚洲堡垒研究会暨国际联合研讨会、亚太遗产实践者联盟（HeritAP）中国研讨会、全球数字化人文研讨会、第 16 届东亚科学史国际会议等国际学术交流活动并发表演讲。中心人员定期参与"ICOFORT 国际系列线上研讨会"，积极与国外学者进行交流分享并开展科研课题合作。在不断地国际交流中，南京城墙影响力和文化遗产价值得到了充分广泛地传播。

　　为进一步加强古代城墙等军事遗产的保护传承与活化利用工作，提升南京城市与城墙的知名度和影响力，南京城墙保护管理中心于 2020 年起筹备召开一次国际级的学术研讨会，为全球城墙保护利用工作再次搭建起学术交流平台。

历时三年的精心筹备，2023 年 11 月 3 日至 5 日，"古代城墙军事防御与遗产保护国际学术研讨会"在南京隆重召开。此次国际会议由南京大学、南京城墙保护管理中心、中国古迹遗址保护协会 (ICOMOS China)、国际古迹遗址理事会防御和军事遗产科学委员（ICOFORT）主办，南京城墙研究会、南京古都城墙保护基金会、南京大学文化与自然遗产研究所承办，中国城墙研究院、南京城墙保护志愿者协会协办。会议邀请了来自国内外相关组织、研究院、高校、城墙遗产单位的百余名防御和军事遗产领域专家与会。

会议上，17 位国内外著名学者围绕"古代城墙军事防御与遗产保护"的主题，从城墙的军事防御功能与军事防御体系、军事遗产的世界遗产价值及国际比较研究、城墙最新考古发现与研究等角度，介绍实践案例，开展学术研讨。本次会议还邀请到来自中国明清城墙联合申遗及国内军事遗产相关单位的 40 余位代表参加。本次论坛成果丰硕，不仅为全球古代城墙军事防御与遗产保护工作出谋划策，也加强了中国明清城墙申遗联合单位之间的学术交流与联系，为联合申遗工作注入全新活力。

"古代城墙军事防御与遗产保护国际学术研讨会"是一场文化交融碰撞、文明交流互鉴的国际盛会，不仅展示了南京城墙的文化遗产价值和学术研究成果，也为国际防御和军事遗产构建了学术交流和对话平台。为进一步宣传国际研讨会的成果，助力全球防御和军事遗产保护利用工作高质量发展，南京城墙保护管理中心编辑出版这本《"古代城墙军事防御与遗产保护国际学术研讨会"论文集》，希望能让古老的城墙成为连接不同国家、不同文化的纽带与桥梁，推动国际防御和军事遗产的保护传承与发展，促进城墙中心保护管理与对外交流工作迈向新高度。

南京城墙保护管理中心

2024 年 7 月

南京大学党委副书记陈云松在开幕式上的致辞

文化遗产承载着民族的基因和血脉，是不可再生、不可替代的优秀文明资源。中国自 1985 年加入《保护世界文化和自然遗产公约》以来，各级政府高度重视文物和文化遗产事业。尤其十八大以来，习近平总书记高度关心和推动文物和文化遗产的保护传承工作，对文物和文化遗产工作作出一系列重要指示。新时代以来，中国在文化遗产保护工作方面取得历史性成就，新增 13 项世界遗产，世界遗产总数达到 57 项。长江、黄河、大运河、长城、长征五大国家文化公园建设全面展开。

中国是世界遗产国际合作事业的受益者。同样，随着中国文化遗产保护事业的发展，中国也以更为积极的态度参与到国际合作当中，成为贡献者。在向第 44 届世界遗产大会所致贺信中，习近平总书记强调，中国践行新发展理念，本着对历史负责、对人民负责的精神，认真履行《保护世界文化和自然遗产公约》，不断提高遗产保护能力和水平。中国愿同世界各国和联合国教科文组织一道，加强交流合作，推动文明对话，促进交流互鉴，支持世界遗产保护事业，共同守护好全人类的文化瑰宝和自然珍宝，推动构建人类命运共同体。

南京大学是一所历史悠久、声誉卓著的高等学府，自 1902 年建校至今的百廿余年中，充分发挥自身文理综合的独特优势，在文化传承创新、文明交流互鉴、国内外文物和文化遗产保护利用事业中做出了重要贡献。例如近二十年来，在南京大学历史学院考古文物系贺云翱教授的带领下，今天学术研讨会承办之一的南京大学文化与自然遗产研究所承担过全国各地上千项文物和文化遗产保护利用项目，与今天学术研讨会主题相关的就有中国明清城墙联合申遗、世界遗产明孝陵考古发掘和研究、中国国家遗产体系研究、南京外郭城遗址考古调查和研究、新疆伊犁沙图阿曼军台保护修缮以及乔老克炮台（卡伦）遗址展示利用等。还先后与澳门文化部门、中山陵园管理局、欧盟文化遗产机构等联合举办过六届世界遗产论坛、文化遗产与可持续发展中欧合作论坛等。

文化遗产承载着一个民族的文化基因，折射着一个民族的精神特质，保护历史文化遗产就是记录和传承文明发展史，所以文化遗产事业只有起点，没有终点。未来，南京大学会一如既往地支持南京大学历史学院、考古文物系，南京大学艺术学院，南京大学博物馆，南京大学文化与自然遗产研究所等机构在世界遗产，文物和文化遗产研究、保护传承方面的工作，深化文明交流互鉴，推动中华文化更好走向世界，并大力培养能够承担考古学和文物和文化遗产保护事业的优秀人才。

ICOMOS 执委、ICOFORT 主席赵斗元在开幕式上的致辞

尊敬的来自中国、韩国和国际古迹遗址理事会防御和军事遗产科学委员会（ICOFORT）的各位成员，感谢大家的到来。同时，非常感谢南京大学的陈教授，以及南京大学的各位同事、同仁。此外，非常感谢组委会对于本届大会的支持，感谢中国古迹遗址保护协会（ICOMOS China）副理事长姜波，感谢 ICOFORT 亚太地区委员会协调员周源博士，以及我们的各位同仁，感谢你们对于本届研讨会的支持。

我们中国的同事一直在协调中国与 ICOMOS 相关的交流和合作，我们的 ICOFORT 前任主席兼拉丁美洲和加勒比地区协调员弗洛里斯·罗曼·米拉格罗斯女士，非常感谢您今天的莅临，感谢您支持我们本届古代城墙军事防御与遗产保护国际学术研讨会。作为大会的发言人，我非常高兴我们在南京举办这次有价值的活动，也真诚感谢你们。我也代表 ICOFORT 感谢大家，并且组织这次研讨会。

我相信我们相聚在南京，在中国庆祝本次的古代城墙军事防御与遗产保护国际学术研讨会，从现在开始这将是一个非凡的时刻，每个人都可以共同分享我们之前累积的经验和知识。

此次研讨会的目的是希望传播关于保护独特的防御工事和军事遗产的意识。接下来，我们将进一步分享和讨论到底怎样在 ICOMOS 防御工事和军事遗产指南的帮助之下，识别我们的防御工事和军事遗产。

此外，我们要去和其他的各个利益相关方共同讨论，看看如何利用上述遗产，而不仅是保护古代城墙军事遗址等。它们并不仅仅是我们当代的遗产，也是国际共享的遗产，我们必须尽一切的努力去保护它们，把它们的意义传递给我们下一代人和全人类。

因此，ICOFORT 作为 ICOMOS 的咨询机构，我们也会尽可能的努力去做到

上述的事业。这就是为什么要在本次研讨会中讨论如何分享、建立和发展我们古代城墙军事防御与遗产保护工作，这可以帮助我们去了解它们的价值，并提醒我们把它们作为历史片断保存的重要性。

请想象一下，如果没有这些历史遗址或文化习俗，我们将会失去一部分的文化身份。在我们现在的网络生活当中，我们常常会忘记有各种各样的古代城墙，或者是军事防御遗产，我们需要意识到我们每天走过一座座历史建筑的时候，它们所蕴含的价值。

从今天到未来，它们为我们敲响了警钟，让我们能够看到、理解，并决定保护这些无价的宝藏。

ICOMOS China 副理事长姜波在开幕式上的致辞

非常荣幸来到古都南京，参加"城墙军事防御与遗产保护国际学术研讨会"。受宋新潮理事长委托，我谨代表国际古迹遗址理事会中国国家委员会（ICOMOS China），对研讨会的成功举办表示祝贺。

今年是 ICOMOS China 成立 30 周年。30 年来，我们从蹒跚起步到蓬勃发展，成长为中国世界文化遗产领域最重要的社会组织，目睹了中国文物事业的长足进步，见证了国际古迹遗址保护事业的不断发展。

中国古迹遗址保护协会长期致力于世界遗产工作，积极培育世界文化遗产预备名录相关项目，为中国申遗项目提供技术支持，为"鼓浪屿：国际历史社区""良渚古城遗址""泉州：宋元中国的世界海洋商贸中心""景迈山古茶林文化景观"等申遗项目保驾护航；并为北京中轴线、景德镇、万里茶道、海上丝绸之路等后续申遗项目提供专业支持。

中国古迹遗址保护协会积极参加 ICOMOS 国际事务，努力搭建国际交流平台；参加全球茶文化景观主题研究，参与 ICOMOS 遗产重建主题研究案例征集工作，实施文化与自然融合联合实践计划，深度参与 ICOMOS 国际科学委员会相关会议和活动。

近年来，中国与 ICOMOS 军事防御遗产科学委员会建立了密切的工作联系。中国拥有大量古代和近现代的军事防御设施，是中国古代军事智慧和建造技艺的珍贵遗产。长城等代表性遗产地已经列入了《世界遗产名录》，还有许多项目进入到世界文化遗产的预备名单。我们期待，ICOMOS China 和国内外同行一道，借助本次论坛的契机，深入挖掘这类遗产的价值，构建国际学术交流和对话平台，推动军事防御遗产的保护和利用。

目 录

"古代城墙军事防御与遗产保护国际学术研讨会"
论文集

《ICOMOS 军事城防类遗产导则》的解读和介绍的案例研究 ①

［韩国］赵斗元　Cho，Doo-Won

国际古迹遗址理事会防御和军事遗产科学委员会

（ICOFORT）

　　摘　要：防御工事可以理解为人类聚居地乃至民族、国家形成的历史发展中一个重要环节的产物。从史前时期到现代，军事防御设施是人类社区自卫的重要组成部分。防御工事往往会和其周边的文化景观、地理地形、社区和聚居地进行整合。防御设施包括建筑物、综合体或领土防御系统，它们继续发挥防御作用或在必要时停止发挥其原有职能。1972 年制定的《保护世界文化和自然遗产公约》（以下简称《世界遗产公约》）引起了国际社会对保护各种遗产的依据和可行性的关注。此后，以《世界遗产公约》为基础，经过多学科专家长时间的努力，各遗产领域的相关宪章和保护原则相继出台。国际古迹遗址理事会（ICOMOS）是联合国教科文组织世界遗产领域的咨询机构，其下属的国际科学委员会之一，国际古迹遗址理事会防御和军事遗产科学委员会（ICOFORT）在 2007 至 2021 年之间，制定防御工事和军事遗产保护、保存和解释宪章《ICOMOS 军事城防类遗产导则》，其主要目的是为确定防御工事和军事遗产的基本属性以及如何定义遗产价值提供指导。本文分析了2021 年 ICOMOS 大会通过的《ICOMOS 军事城防类遗产导则》中提出的防御工事和军事遗产的基本属性，并通过世界文化遗产案例的分析，阐明了防御工事和军事遗产的价值。

　　关键词：ICOMOS 导则；城防；军事遗址；世界遗产

---

① 译者注：该导则的中文版于 2021 年 11 月正式发布，参见 http://www.icomoschina.org.cn/content/details48_7392.html。在翻译时，译者参考了此导则的中文版，专业名词优先和中文版导则保持一致。

一、研究背景和目标

防御工事可以理解为人类聚居地乃至民族国家形成的历史发展中一个重要环节的产物。从史前时期到现代，军事防御设施是人类社群进行自卫的重要组成部分。防御工事往往会和其周边的文化景观、地理地形、社区和聚居地进行整合。防御设施包括建筑物、综合体或领土防御系统，它们继续发挥防御作用或在必要时停止发挥其原有职能。有时，不同社群之间的利益冲突会从小规模的局部战斗扩大到联盟和联合社群之间的战争，哪一方拥有更强大的武器、使用有效的战术战略对社群或联合社群的未来产生关键影响。由于防御工事是这种大大小小战争的历史结果的一个代表性例子，遗产界已经确立了通过多学科的研究过程和适当的保护措施，来确定这些工事作为军事遗产的公认价值，从而让它们发挥作用。

1972 年制定的《保护世界文化和自然遗产公约》（以下简称《世界遗产公约》）引起了国际社会对保护各种遗产的依据和可行性的关注。此后，以《世界遗产公约》为基础，经过多学科专家长时间的努力，各遗产领域的相关宪章和保护原则相继出台。[①] 并首先影响到各领域世界遗产的保护和管理。此外，它还影响到各个缔约国和各缔约国保护世界遗产的法律环境。ICOMOS（国际古迹遗址理事会）是联合国教科文组织世界遗产领域的咨询机构，其下属的国际科学委员会之一的 ICOFORT（国际古迹遗址理事会防御和军事遗产科学委员会）在 2007 至 2021 年之间，制定防御工事和军事遗产保护、保存和解释宪章。《ICOMOS 军事城防类遗产导则》为确定防御工事和军事遗产的基本属性以及遗产价值的定义提供了方向。本文分析了 2021 年 ICOMOS 大会通过的《ICOMOS 军事城防类遗产导则》中提出的防御工事和军事遗产的基本属性，并通过分析文化和世界遗产案例，阐明了防御工事和军事遗产的价值。

---

① 《ICOMOS 军事城防遗产导则》和其他章程，访问时间 2023 年 6 月 13 日. https://www.icomos.org/en/resources/charters-and-texts.

表 1 《ICOMOS 军事城防类遗产导则》的准备过程

年度	日期	进程
2007		葡萄牙，埃尔瓦斯（Elvas），开始起草 ICOFORT 宪章 [①]
2017	7 月 11—14 日	意大利，锡耶纳（Siena），完成了 ICOFORT 宪章草案《ICOFORT 防御工事及相关遗产宪章草案——保护、保存和解释指南》
	7 月	ICOFORT 宪章草案翻译成英文和法文，审查世界各地 ICOMOS 国家委员会并统一补充项目（第 1 次审查）
	10 月	起草 ICOFORT 宪章审查世界各地 ICOMOS 国家委员会并统一补充项目（第 2 次审查）
	12 月	ICOMOS 国际科学委员会咨询委员会（ADCOMSC）2017/12_6-3-2 批准
2018	9 月	起草 ICOFORT 宪章审查世界各地 ICOMOS 国家委员会并统一补充项目（第 3 次审查）
	12 月	ICOMOS 国际科学委员会咨询委员会（ADCOMSC）2018/12_7-3 批准
2019	9 月	起草 ICOFORT 宪章向世界各地的 ICOMOS 成员分发、审查和汇合补充项目（第 4 次审查）
2020	7 月 15 日	完成 ICOFORT 宪章草稿的最终版《ICOFORT 防御工事和军事遗产宪章（草稿）——保护、保存和解释指南》
	12 月 7 日	2020 年 ICOMOS 大会决定：审查《ICOMOS 导则》草案的法文译本并提出补充建议 对 ICOFORT 宪章的英文、法文 ICOMOS 国际科学委员会咨询委员会（ADCOMSC）重新审查和再议
2021	12 月	《ICOMOS 军事城防类遗产导则》，ICOMOS 国际科学委员会咨询委员会（ADCOMSC）-2021，最终由 2021 年 ICOMOS 大会通过

近年来，将防御工事和军事遗产列入联合国教科文组织世界遗产的运动日益高涨，对已列入联合国教科文组织《世界遗产名录》案例的世界遗产价值的深入研究也逐渐增多，随之而来的保护管理问题也不断被讨论。本文对《ICOMOS 军事城防类遗产导则》进行了深入分析和阐释，希望能够为防御工事和军事遗产的突出普

---

① ICOFORT. 2021. ICOMOS Guidelines on Fortifications and Military Heritage 访问日期：2023 年 6 月 13 日. https://www.icofort.org/fortificationsguidelines.

遍价值的确定提供有益的指导。在防御工事和军事遗产申报世界遗产的过程中，需要识别遗产属性，并确定它们如何传达世界遗产的价值。《ICOMOS 军事城防类遗产导则》的序言提出，屏障和保护（Barriers and Protection）、命令／指令（Command）、防御纵深（Depth）、侧面防御（Flanking）和威慑（Deterrence）是防御工事和军事遗产的主要属性，这涉及《ICOMOS 军事城防类遗产导则》正文中呈现的"建筑和科技价值""领土和地理价值""文化景观价值""战略价值""人类价值""记忆／身份／教育价值""历史价值和社会／经济价值"这八个价值分类和相关案例研究。在确定构成防御工事和军事遗产的属性价值时，此导则预计将对利益攸关方开展的防御工事和军事遗产的研究、保护、利用和解释工作有所裨益。

二、《ICOMOS 军事城防类遗产导则》的内容和解读

（一）属性定义

《ICOMOS 军事城防类遗产导则》总结了从史前时代到现代建造的军事城防设施的特征，将它们对社会的影响和关系纳入考量范畴，以进行适当的保护、保存和解释。特征如下：[1]

1. 屏障和保护（Barriers and Protection）

军事城防设施最为主要的功能是抵御攻击，在外部的攻击之下仍能够保护人类的活动和聚居地（译者注：此为导则原文）。[2]

随着弓箭、长矛等冷兵器到火绳枪、大炮等火药武器被引入战场，城堡内的瞭望塔的高度也降低了，防御工事的城墙也从陶土墙变成了石墙，以有效抵御火炮的攻击。只有面向敌营的一侧由石墙组成，堡垒内部由一侧堆砌的石堡墙组成，而石堡墙是由廊道和土垒组成，堡垒内外都用石砌的。在构筑防御工事时，有时会采用重叠或添加元素的方式，以尽可能阻挡敌人的接近，有时还会先发制人。通过在两侧设置天然或人工河流，并利用包括悬崖和整个岛屿在内的海岸线，明确划定两侧边界，从而形成一个防御工事系统，发挥独立要塞的作用。

---

① ICOMOS. 2021. Art. 2.
② 同上。

2. 命令 / 指令（Command）

尽可能远地监控防守区域的周边环境以及防止攻击者继续靠近的可能性。[①]

无论防御工事多么完备，只有依靠指挥系统才能发挥其应有的作用。通信系统连接工事内外，指挥各工事之间的通讯，组织通讯调度，或间接发出信号等。负责监测工事的指挥所的运作是防御工事的构筑中必不可少的要素。

3. 防御纵深（Depth）

一种通过让出空间以争取时间来阻止攻击者前进的战略，这种战略允许防守方建立连续的防守线。

典型的屏障设施，如护城河、壕沟、散兵坑等，都是为了防止敌人提前冲进堡垒的城墙和城门；还有间断性连接城堡外墙和内墙的吊桥，以及吊桥上的门楼和吊桥两侧设置的哨塔等，都是为了自卫。无论是世界的东方还是西方，它们都可以解释为防御工事系统的基本要素。

4. 侧面防御（Flanking）

该策略旨在消除防御的盲区，通常应用于地上的建筑物结构（如堡垒、哨塔、兵营等）。[②]

在对防御工事进行详细分析之后，设置了瞭望塔以有效观察敌方动向，还在城墙上设置了突出墙外的瞭望哨以防御从要塞城墙顶部难以观察到的盲点，并补充了防御网的缺口。为了秘密进出而安装的暗门可以保证在堡垒之外部署的部队进行伏击和侦察。

5. 威慑（Deterrence）

这种战略通过威慑敌人让他们对开始进攻的结果感到犹豫或恐惧。该策略包括了一系列战术，包括建造雄伟的城墙和相关的防御设施（例如多个射击孔，放大大门和哨塔的规模，装饰城墙和入口等）。[③]

要塞附近设置的木栅栏、要塞墙顶内外贯通的护栏、前线与近现代战争中敌军的逼近路线不断设置的反坦克障碍物、埋设地雷、铁丝网等，都是战场上的威慑力

---

① ICOMOS. 2021. Art. 2.

② 同上。

③ 同上。

量。总体而言，上述属性揭示了军事文化景观建设的本质特征。①

（二）价值定义

《ICOMOS 军事城防类遗产导则》提出了军事城防类遗产的适当保护、保存和解释的八项价值。

1. 建筑和科技价值②

军事城防设施的分类反映了独特的战争技术。技术价值的评估需要对军事武器和军事技术演变有深刻理解，以便能够识别和评估到那些为适应军事科技和军事工程发展而做出的创新进展。

数千年来，人类建造了各种复杂设计的防御工事。其形式从最原始的通过设置栅栏来划定聚落边界，到根据权力和治理等级来划定聚落边界；从在聚落周围挖掘壕沟来设置防御设施的环濠聚落（Hwanhochwirak）③和土制壁垒，到使用火药武器的大型石堡，发展出了多种形式。

在运用这些防御工事的属性的同时，还建立了战术和战略体系，其中最重要的是指挥、部队调动和武器操作等因素。特别是，工事系统通过战场上武器操作的直接和间接经验得到了反复改进和发展。此外，通过合理部署武器和部队，实现有效攻防的工事系统也得到了同步发展。

2. 领土和地理价值④

军事城防工事作为一种领土资源组织，其价值是防御系统价值的重要组成部分。虽然一些军事城防设施可能是独立的个体构件，但另一些可能构成了一个更大且不相邻的防御系统的一部分，这些组成部分塑造了其所处周边环境的文化景观，需要在更广泛的背景下进行评估。在这种情况下，整个防御系统的价值将大于其每个组成部分的价值；然而，所有的这些组成部分都需要得到保护，不管其在整个系统中的占比有多小。在这些价值的定位中，还需要注意军事防御设施的战略位置，设计

---

① ICOMOS. 2021. 《ICOMOS 军事城防类遗产导则》，军事文化景观包括但不限于领土或海岸防御设施和土工作业，军事文化景观具有与其他建筑类型遗产和遗址相似的价值，与此同时，也有其独特的价值，需要认真研究、分析和保护。

② ICOMOS. 2021. Art. 4. Values.

③ Hwanhochwirak(环濠聚落) 是指通过在社群周围挖掘沟渠来设置防御设施的聚落。

④ ICOMOS. 2021. Art.4. Values.

如何反应武器装备的空间分配、预定围攻或进攻的类型、防御外延以及要保卫的领土的地形和生态系统。

在防御策略方面，在山地和岛屿发达的朝鲜半岛，采取的是清理陆地聚居地、疏散到山寨 ① 或紧急情况下入海的策略，可见堡垒的功能和建造方法因位置和类型而异。

特别是在朝鲜高丽王朝（918—1392 年）② 抗击蒙古期间，曾派遣山城护卫官修建山城以疏散百姓，并实施了将都城迁至江华岛 ③ 的战略（Haedoipbo Policy）。④

江华岛，位于朝鲜汉江下游与西海的交汇处，从 13 世纪作为反抗蒙古的据点开始，一直坚守到 18 世纪。通过在贫瘠的海洋环境中填海造陆，耕种用来供应粮食，江华海峡（Yeomha）⑤ 地区被当作重要的战略要地，并被加强防御。通过在全岛海岸线的 53 个不同地点设置观察哨，进一步强化了防御工事，证明了其作为独特的海上防御工事地点的价值。江华海上防御工事遗迹具有独特的领土和地理价值。它是海上军事文化景观，因为它承载着朝鲜半岛与世界列强不断遭遇、冲突和抵抗的激烈历史的高潮。⑥

在 1988 年被联合国教科文组织列入《世界遗产名录》的斯里兰卡的加勒古城（Old Town of Galle）及其防御工事，是欧洲人在南亚或东南亚建造的一座防御城市，也是 16 世纪至 18 世纪之间，欧洲建筑风格与南亚传统相互交融的杰出典范。加勒古城及其防御工事最突出的特点是将欧洲模式应用于斯里兰卡的地缘政治、气候和历史文化条件。除了花岗岩，珊瑚也经常被用于城墙结构。16 世纪初，即科伦坡（Colombo）建成前两年，葡萄牙航海家在此定居。他们修建了防御工事，以保卫半岛北部。17 世纪中叶，当荷兰人占领这里时，他们用坚固的城墙包围了整个地区，

---

① Chengyaipbo（清野入保）此战术意为清理野外战场，并进入山堡战斗。

② 根据《大英百科全书》2023 年，高丽王朝（Goryeo Dynasty）也写作 Koryŏ Dynasty。访问时间 2023 年 6 月 13 日. https://www.britannica.com/topic/Koryo-dynasty.

③ Choi, Jong-Seok. 2008. 51–52.

④ Haedoipbo（海岛入保）该策略指的是高丽王朝（918—1392 年）期间常用的占据岛屿定居策略。

⑤ Ganghwa strait · Yeomha（江华海峡·盐河）。

⑥ 江华高丽历史基金会（Ganghwa Goryeo Historical Foundation）. 2016. 19–23.

使其成为坚不可摧的要塞。①

在制定防御战略时，考虑到外来或敌人的压力，尽可能利用地形建造防御设施。防御设施有山地要塞、海岸要塞和坚固的岛屿等形式，从行政单位到紧急情况下建立的国家，不一而足。

3. 文化景观价值②

文化景观的价值有助于更好地理解军事城防类遗产的材料和功能背景；此外，还会考虑到对其飞地的尊重、出于防御目的的军事建设的作用、其与周围领土相对主导地位、视觉和物理关系。

《ICOMOS 军事城防类遗产导则》中提出的文化景观价值可以从军事文化景观的角度进行诠释。联合国教科文组织世界遗产的南汉山城（Namhansanseong）就是一个充分利用自然地形建造的例子。它是各种要塞元素在时间的推移中汇聚、构筑并分化的军事文化景观。例如，周围的山峰可以攻击南汉山城的主堡垒，有南汉山城东面的法峰（Beolbong Peak，海拔 505 米）和南面的黔丹山（Geomdan Mountain，海拔 480 米）。自 672 年修建朱藏城（Jujangseong，现南汉山城主城）以来，在 1636 年清军进入朝鲜期间，③ 周围的这些山峰被提前占领，由于缺乏防御工事，清军围攻了整个主城。有了这次经验，朝鲜采取了措施，在南面的黔丹山和东面的法峰设置了加固的外部堡垒。

特别是，在通过与凤岩城（Bongamseong）延长防御墙相连的第 15 号辅助门附近地区渗透进入汉凤城（Hanbongseong）延长防御墙时，战术弱点暴露无遗，在这些地方再次布置了多个炮台和盾墙等强化防御设施。类似的例子还有位于首尔北部的北汉山城（Bukhansanseong mountain fortress）的中门，这是克服西城弱点的一个更成熟的案例。为了防止敌人越过墙进入要塞内，要塞内设置了名为 "Traverse" 的防护墙。

在黔丹山顶建造新南城（Sinnamseong）外墙（东瞭望台和西瞭望台）的事例。④

① UNESCO World Heritage Centre. 2021. "Old Town of Galle and its Fortifications."
② ICOMOS. 2021. Art.4. Values.
③ 爆发于 1636 年（丙子年），所以被称为 Byeongjahoran（丙子胡乱）。
④ 山顶有两个峰，像双峰驼的背，每个峰顶有一个观测哨所。

此外，与南汉山城主堡相连的凤岩城扩展防御墙可以解释为通过战争经验创造的军事文化景观。如果我们更仔细地分析这个地方，就会发现从弓、矛等冷兵器的操作到火绳枪和大炮等火药武器的操作，所有武器的操作系统都被系统地引入。据分析，1636 年清军进入朝鲜时使用的红夷炮①的射程为西起法峰、南至黔丹山的 1.6 至 1.9千米。这些周围的山峰可以发起攻击一个主要元素，即国王居住的南汉山城行宫战时宫殿（Namhansanseong Haenggung emergency palace）。通过占领这些周围的山峰，建造了新南城外墙（东、西观察所），起到了提前发现周围地区敌人入侵并第一时间做出反应的作用。由于南汉山城南部的黔丹山的防御范围相当宽广，因此在新南城外墙后面又构筑了第二道防线，并设置了三个独立的外城（瓮城），②以防御黔丹山和南部要塞之间的整个区域。可以分析得出，南面第一道防线防守黔丹山右侧山坡，南面第二道防线负责黔丹山中部、左侧和右侧，南面第三道防线负责左侧山脊。南面主堡墙与黔丹山之间的距离为天字铳筒③枪④的射程所覆盖。所有防御工事元素融为一体，彰显出军事文化景观的价值。

此外，沿着从主堡垒延伸出来的主山脊修建的每个外围防御工事，都受到主堡的直接监控和防御，以防止敌人入侵。每个南面外墙末端的炮台与后方主堡城墙之间的距离都在火绳枪的有效射程范围内。操作这些武器的整个系统属于最能体现军事遗产特征的部分，该区域周围的自然景观属于世界遗产南汉山城的缓冲区。⑤为了实现要塞内外的通讯，在要塞的东、西、南、北四个方向设置了指挥所，使信号传输在视轴上没有任何障碍物。特别是，东将台（Dongjangdae）东侧指挥所与外

---

① Hongyipao（红夷炮）是中国对前装式的欧式火炮的称呼，这种火炮是由宁德里克·哈梅尔（Hendrick Hamel）远征队在 17 世纪初带到朝鲜的。

② 瓮城（Oneseong）是在平地上堡垒主门口的外墙，以增加防御力。然而，在南汉山城，瓮城位于山脊上，这是一个关键位置。

③ 韩国国家博物馆，文化体育观光部（National Museum of Korea，Ministry of Culture，Sports and Tourism）；天字铳筒（Cheonja Chongtong）因其炮管上的铭文汉字"天"而得名。"天"是《千字文》的第一个字，表示朝鲜生产的第一门大炮，它生产于 1555 年（明宗十年），它被认为是重要的文化遗产，因为这是朝鲜王朝制造的最大火炮，也是最古老的带有可辨识铭文的火炮，访问时间：2023 年 6 月 8日。https://www.museum.go.kr/site/eng/relic/represent/view?relicId=4635.

④ 最大射程约 960 米，和当时的武器比较，可估算出火炮类（Chongtonggryu）的有效杀伤范围约200—500 米。

⑤ UNESCO World Heritage Centre. 2021. Par.47. Cultural Landscapes；代表了"自然和人的合作"。

东将台（Oedongjangdae）东侧外部指挥所进行直接、不间断地通信。由此可以看出，当时的人们对自然地形的分析十分细致，并能准确无误地运用它来发挥军事作用。这一战术至今仍在使用，朝鲜半岛非军事区（DMZ）内的军事分界线和警卫哨所（GP）以及南部界线的总出动哨所（GOP）地区也可以解释为军事文化景观，以及自然环境和文化活动共同创造的作品。

4. 战略价值[1]

军事城防设施是多种形态知识融合的象征。军事城防设施的战略价值大于其所承载的领土或地理价值，因为它反映了决策的能力、知识的深度以及社会统治阶级的内聚力。

从朝鲜城防体系的发展历史来看，战略性地修建都城并在都城的背面单独建山城的情况很多。韩国有在都城后面修筑山城的传统，以弥补平坦地形的不足，并利用河流进行防御。这意味着，当敌人入侵时，这是一个可以清除平原上的敌人，并疏散和保护山寨内的人民的双重防御系统。换句话说，山城既是避难所，又是进攻基地。这就是所谓的"清野入保"[2]，比如，高句丽时代（Goguryeo Kingdom）[3]的平壤的长安城都城和大城山城（Daeseongsanseong mountain fortress）[4]、百济时代（Baekje Kingdom）的罗城都城（Naseong capital wall）和扶苏山城要塞（Busosanseong mountain fortress）[5]、新罗时代（Silla Kingdom）的月城都城（Wolseong capital wall）和明华山城（Myeonghwalsanseong mountain fortress）[6]、高丽时代（Goryeo Dynasty）的京都开城府（Gaegyeong capital fortifications）和大兴山城（Daeheungsanseong mountain fortress）[7]。

---

[1] ICOMOS. 2021. Art.4. Values.

[2] 这意味着清理战场并从山堡展开战斗。

[3] 根据《大英百科全书》2023年，高句丽王国（The Goguryeo Kingdom）（公元前37年—公元669年）也拼作"Koguryǒ Kingdom"。

[4] 这里也是朝鲜当前的首都。

[5] 根据《大英百科全书》2023年，百济王国（Baekje Kingdom）（公元前18年—公元660年）也拼写作"Paekche Kingdom"。

[6] 根据《大英百科全书》2023年，新罗王国（57BCE—668）。朝鲜半岛由高句丽、百济和新罗组成，由新罗于668年统一，一直延续到935年。

[7] UNESCO World Heritage Centre. 2014. "Namhansanseong ." 174-176.

朝鲜王朝，都城城墙和山城的结合，形成了汉阳都城（Hanyangdoseong capital wall）、荡春台城（Tangchundaeseong fortress）和北汉山城（Bukhansanseong mountain fortress）融合成一体的防御体系，形成了独特的军事文化景观。在和平时期，荡春台城和北汉山城在防御北方敌军逼近方面发挥着重要作用。此外，在紧急情况或战争时期，北汉山城还是首都的避难所。①

此外，在紧急状况下，存在着清理平地要塞进入远离大陆的孤岛的情况。这种防御策略被称为"海岛入保"（Haedoipbo），高丽王朝抗击蒙古时迁都江华岛就是一个代表性的例子。在江华岛，高丽王朝迁都开城（Gaegyeong）后，延续着修建宫殿、外墙、中墙的传统，也保留了通过三别抄（Sambyeolcho）在珍岛（Jin Island）的龙藏城（Yongjangseong fortress）和济州岛的（Jeju Island）杭坡头城（Hangpaduriseong fortress）的宫殿中设置内外墙的方法。②

另一方面，在蒙古对外扩张时期，不仅是高丽王朝，当时中国南宋重庆的钓鱼城（Diaoyucheng）也是著名的抗蒙据点之一，由于它占据着战略要地，因此能够实现长达 36 年的防守抵抗。要塞周围的三条河流发挥了很好的前线和边界的对敌作用，在四川地域的中央高地建立要塞和防御系统，在宋蒙战争中发挥了重要作用。此外，韩国公州市（Gongju city）的公山城要塞是被河水环绕的、连带宫殿的防御工事的代表，而日本在朝鲜半岛南部海岸的要塞则是利用海岸悬崖建立各种阵地，同时尽量减少敌人接近的一个例子。

此外，越南的世界遗产顺化古迹群（Hue Monument Complex）也是战略性地利用河流和山脉等风水要素的典范。顺化古迹群是根据古代东方哲学和越南传统设计的典型。顺化在 17 世纪和 18 世纪是越南南部的行政中心。由于它位于越南中部，地理位置优越，有利于入海，因此，从 1802 年至 1945 年期间，顺化一直是越南的首都。特别是，根据风水理论，顺化市的中轴线是香水河（Huong River）和五平山（Ngu Binh Mountain），是形成顺化市一分为二的重要自然组成部分。

---

① UNESCO World Heritage Centre. 2014. "Namhansanseong." 184-186.
② "specially-selected troops" 是高丽王朝时期，一支由崔氏家族领导的"特选部队"。在崔氏家族操纵傀儡国家，掌握大权时他们组建了这支部队。当蒙古人释放了大量俘虏后，这些士兵组成了第三股势力——神义军（Sinuigun，신의군），这三股力量被合称为 Sambyeolcho。

首都于 1803 年至 1805 年之间设计，但直到 1832 年才竣工。都城由这几部分组成：行政建筑保护设施、皇宫和神社保护设施、皇室居所保护设施以及为了控制河流而修建的附加防御工事——堡垒和城墙。另外还修建了陈海清要塞（The Tran Hai Thanh Fort），作为防御未来海上袭击的避难所。顺化要塞也是东西方建筑协调的典范，它采用了沃邦防御工事（Vauban Fortifications）的风格，是东南亚第一个欧洲星形防御工事的代表。①

5. 人类价值②

军事城防设施建造的目的是在一方人类群体的攻击下保护另一方。因此，军事城防设施往往可以和冲突地点联系起来。军事城防设施有时会与压倒性的残酷和毁灭性的战争相联系，也可以在国家民族建设中所扮演重要的角色。军事城防设施和其周边的文化景观有可能承载着对整个军事城防类遗产的理解起重要作用的考古信息，对于理解整个军事城防遗产和相关设施历史使用情况起到重要的作用。

欧洲绿化带是沿着将欧洲从东向西分隔 40 多年的所谓"铁幕"而形成的，是欧洲自然保护的支柱，也是欧洲历史的活文物。除了欧洲绿化带，冷战时期具有代表性的边界系统是南美洲的"仙人掌"，其名称与"铁幕"类似。美洲的"仙人掌帷幕"③也是如此；其中包括非军事区（这些都没有被列入世界遗产名录或暂定名录）。欧洲绿化带是冷战时期形成的边界系统（与非军事区类似）是一种由于边境地区与"铁幕"的武装部队长期对峙而无意中实现了自然保护的地方。铁幕倒塌后，过去的意识形态和近代的象征性景观不断被重新创造和诠释。

欧洲绿化带是横贯欧洲的旧铁幕地区，北临巴伦支海，南接黑海。它绵延超过 12500 公里。

来自各国的 150 多个政府机构和非政府组织正在参与欧洲绿带合作项目，其目标是开展跨境合作，不仅为了保护生态网络，也是为了促进那些人口减少、经济停滞的边境农村地区的经济和社会可持续发展，并克服历史分歧。在柏林墙倒塌（1989 年 11 月）的一个月后，在东西德非政府环保组织的领导下，东西德长达 1393 公

---

① UNESCO World Heritage Centre. 2011. "Complex of Hué Monuments."
② ICOMOS. 2021. Art.4. Values.
③ Gaudry et al., 2014: 122., "仙人掌帷幕"指关塔那摩美军基地与古巴之间的边界。

里的边界变成了一条被称为 Grünes Band (德语: Lebenslinie) 的生命线。这是因为,就像朝鲜半岛上的非军事区一样,几十年来,这里一直禁止人类进入和使用,已经转变为包括军事遗产在内的优秀的自然生态系统。在此后的 30 年里,在联邦、地方和私人组织的合作下,它已发展成为一个集"生态 + 历史 + 文化""活的纪念碑"以及"具有历史价值的自然景观"于一体的德国近代史学习区。①

为了落实教科文组织《世界遗产公约》的和平与和解精神,需要在争端当事国之间开辟对话渠道,对人类历史上的军事遗产进行双边或多边解释。

6. 记忆 & 身份 & 教育价值 ②

军事城防设施在社会的记忆中扮演着重要的角色。它直接描绘了冲突的场景,允许人们从一部分社区共享的历史中获得激烈的,通常是个人的认知体验,这些集体记忆与军事城防设施所在的文化景观息息相关。军事城防设施之所以有教育价值是因为它可以提供与军事遗产文化体验相关的环境氛围。

比利时和法国将第一次世界大战 (西线) 的墓葬和纪念场所作为文化遗产申请 2017 年《世界遗产名录》。该遗址属于跨境遗产,共有 139 处遗址,分布在比利时北部和法国东部。另一方面,该地区是 1914 年至 1918 年期间与德国交战的地方,拟建遗产地的规模有大有小,涵盖了各种类型的墓地。③

这些遗址在 2023 年被列入教科文组织世界遗产名录,理由是符合标准 iii、iv 和 vi;然而,2018 年和 2023 年,教科文组织世界遗产委员会将该遗产确定为系列遗产,并评估完整性、真实性和合理性标准需要修订。④

---

① National Research Institute of Cultural Heritage. 2020. 213-216.

② ICOMOS. 2021. 4. Values.

③ UNESCO World Heritage Centre, 2018, "Decision 42 COM 8B.24 Funerary and Memorial sites of the First World War (Western Front) (Belgium, France)".

④ 联合国教科文组织世界遗产中心—决议—18 届特别会议第 4 号决议 (UNESCO World Heritage Centre .- Decision - 18 EXT.COM4.),城市化、能源和交通基础设施 (风力发电和交通繁忙的道路) 被认定为是许多组成部分的主要风险因素。由于不适当的财产边界,有必要重新设置财产区和缓冲区的边界,与此相关的法律保护制度也不适合于所有组成部分,因此建议需要改进。特别是,该遗产的最关键问题是如何定义该遗址的突出性普遍价值 (OUV),这与根据标准 (vi) 提名的近期相互冲突的记忆有关,最好与其他标准相结合,从而可以为全人类共享。对于像第一次世界大战和第二次世界大战这样的全球事件,世界遗产委员会的主要成员讨论了如何反映所有相关国家的记忆。

　　在对记忆遗址存在不同认识的情况下（有争议的地方，对其意义或历史存在不同看法），对遗址的阐释可能会带来复杂的问题。然而，一个谨慎和包容的解释过程也可以成为将持不同观点的社区团结起来的绝佳机会。①

　　2023 年，教科文组织世界遗产委员会第 45 届会议通过了以下有关解释、教育、信息与和解的指导原则；这些原则应当适用于与时下冲突有关的记忆遗址；"解释策略"，考虑到可能存在的不同观点和叙述，解释策略应是多维的，以准确呈现遗址的全部内涵，并支持对其完整历史的了解；"教育和信息计划"，将会包括教育和信息计划符合教科文组织全球公民教育计划相同的道德和学术的高标准的证据，例如将基于利用文献和档案资料、证词和物证的合理研究和比较分析纳入多种叙事；建议在和解进程之中，不要中断对话与任何和解的进程。②

　　特别是，大多数与战争有关的遗址可能是一个国家的伤痕遗址，也可能是另一个国家历史上的辉煌时期。例如，"大发现时代"期间，瓦斯科·达·伽马在葡萄牙开始航行的地方就是一个具有象征意义的国家纪念碑，反映了民族特性。此外，瓦斯科·达·伽马开辟印度洋航线对打通东西方之间的海上通道具有重要意义。它通过香料贸易给欧洲社会带来了许多变化。③ 此外，用于航行的主要港口都经过精心设防，以便保护未来具有重要商业和军事功能的船队，并使其能够停泊在那里。尤其是在军事遗产方面，它意味着对探险时代的记忆、各个地区的特性身份以及遗产的历史和教育价值。然而，从葡萄牙开始，英国和荷兰等西方国家的征服和剥削的历史并不为东方国家所欢迎。正反两方面各不相同，取决于他们的立场。

　　7. 历史价值 ④

　　军事城防类遗产体现了有关其建设和使用时期的态度和世界观。这些态度可以通过学习和阐释军事设施与当代社会之间的关系来理解。

　　就世界遗产水原华城（Hwaseong fortress）而言，其世界遗产价值被认为

---

① Korean National Commission for UNESCO. 2018. 78-79.

② UNESCO World Heritage Centre - Decision - 18 EXT.COM 4.

③ Youngsoo, C. 2004. 65-67.

④ ICOMOS. 2021. Art.4. Values.

是东西方堡垒技术和实学（Silhak）的集合。[1] 水原华城不仅是为孝敬父亲而建造，[2] 而且是作为重建 16—17 世纪朝鲜半岛两次大战中遭到破坏的国家和加强王权而创建的政治规划的中心。

它由当时的文官和王家图书馆（奎章阁，Gyujanggak）的实学学者丁若镛（Jeong Yak-Yong）参考东西方的技术书籍设计而成，于 1794 年 1 月开工，1796 年 9 月竣工。要塞全长 5744 米，面积 130 公顷。水原华城东侧地势平坦，西侧翻越八达山（Paldal Mountain），是一座集平坦型城镇和山城于一体的要塞。[3]

华城要塞是东西方科学技术交流的重要见证。当时，人们设计并使用起重机等新型建筑机械来移动和堆放大型石块。这些成果都是基于韩国修建城墙的传统。特别是在 16 世纪和 17 世纪，大部分战时首都、行宫和分布在首都附近的主要防御工事都得到了重建，并形成了石砌城墙的传统。换句话说，用于南汉山城建设的石料（45 厘米 ×45 厘米的石料）的砌筑方式也适用于连接北汉山城要塞（1711 年）和荡春台城要塞（Tangchundaeseong fortress，1716 年），后者将前者和汉阳都城（汉阳城墙，今首尔城墙）连接起来。它们后来影响了水原华城城池（1796 年）的建造。[4] 因此，它是韩国堡垒建造技术发展史的绝佳例证。

1801 年，水原华城建成之后出版了《华城城役仪轨》，[5] 不仅记载了修建计

---

① "实学"（Silhak）是朝鲜王朝晚期的儒学改革运动。

② 庄献世子（也称为思悼世子），英祖之子和正祖之父，被父亲在派系权力斗争中愤怒处死。他被关在一个木米箱中饿死。悲痛欲绝的正祖将父亲思悼世子的坟墓从京畿道杨州搬迁到水原府南部，并经常前往坟墓祭拜。他将水原府重新命名为华城，并在那里修建了堡垒以圣化该地区。访问时间：2023 年 6 月 12 日 . http://contents.history.go.kr/mobile/kh/view.do?tabId=02&category=english&levelId=kh_001_0060_0010_0030.

③ "华城堡垒"的设施有四个主门（文楼），两个水闸（水门），三个带有中转空间的观察哨（空心墩），两个指挥所（将台），两个射箭平台（瞭台），五个哨塔（炮楼），五个堡垒（炮楼），四个角楼（阁楼），五个辅助门（暗门），一个烽火台（烽墩），四个侧翼塔（敌台），九个瞭望台（雉城），两个隐藏的水道（隐渠）等。总共有四十八个设施，许多设施如华城行宫、中央报警台（中炮舍）、内部报警台（内炮舍）和地神坛（社稷坛）作为附属设施建在堡垒内。所有四个主门都有外墙（瓮城），但进出方向不同。北门长安门和南门八达门在门外有封闭的半圆形瞭望台，西门华西门和东门长乐门则有半开放的瞭望台。

④ Young-moon, S. 2019. 20.

⑤ 仪轨（Uigwe）是从传统文化中诞生的一种独特记录，于 2007 年被列入联合国教科文组织的《世界记忆名录》。《华城城役仪轨》意为华城城堡建设的规程。

划、制度和原则，还记载了筹建人员的个人信息、材料的来源和使用、预算和工资计算、建筑工具、材料生产方法、每日施工记录等，所有这些都有详细记录。这本书证明了华城要塞在要塞建设等建筑史上留下了非凡的足迹。同时，它还具有极高的历史价值，目前已被列入联合国教科文组织《世界记忆名录》。法国驻韩大使科林·德·普朗西（Collin de Plancy）收集了这些关于修建华城要塞的皇家议定书，并将其捐赠给巴黎东方语言学校和法国国家图书馆。[①] 后来，被任命为日本总领事的亨利·谢瓦利埃（Henri Chevalier）在当时第一位在法国东方语言学校学习的韩国人洪钟宇(Jong-Woo Hong)的帮助下，用法语撰写了《华城城役仪轨》(Hwaseong Seongyeok Uigwe)。1898 年，《 Cérémonial de l'achèvement des travaux de Hoa-Syeng》[②] 被翻译成节略本。水原华城因其城墙为中心于 1997 年被联合国教科文组织列入《世界遗产名录》，但此时有必要重新诠释反映要塞建造时代的相关遗产。特别是在朝鲜后期都城防御体系重组过程中形成的秃山城要塞（Doksanseong mountain fortress）等军事景观，以及 1793 年华城要塞建立后次年因大旱而修建的灌溉设施和屯田（dungeon）等，为华城的修建提供了决定性的基础。我们应该从各种角度重新审视华城，如思悼世子（Crown Prince Sado）墓的迁移和朝鲜正祖陵（King Jeongjo）的相关设施等。此外，水原华城博物馆、水原华城办事处、水原历史博物馆、水原文化财团等也可以作为重新诠释或深入研究上述遗产价值的对象。关于水原华城，这些机构制定了相关文化资产的中长期综合维护计划，并运行着多学科保护管理系统。非物质遗产保护和传承的一个例子是以正祖陵巡游（King Jeongjo's tomb procession）为中心的水原华城文化节。首尔市、京畿道始兴市（Siheung City）、安养市（Anyang City）、义王市（Uiwang City）、水原市（Suwon City）、华城市（Hwaseong City）等地设有以各地区为中心的保存、传承和利用自治团体。活动内容丰富多彩。

8. 社会、经济价值 [③]

通过适当的加强行动，激活刺激效应，为社区带来经济利益，促进对于新价值

---

① Institut Nationale des Langues et Civilisation Orientales à Paris.

② Chevalier, H. 1898. 384–396.

③ ICOMOS. 2021. Art.4. Values.

和知识的认识，从而实现对于军事城防设施社会价值的理解。

防御工事和军事遗产具有有形、无形、物质和精神价值和意义。然而，应积极开展定量研究，重点关注遗产保护和利用的预算投入。为此，有必要提供遗产保护和管理的可行性，说服各利益攸关方，包括遗产分布地区内外的社区，并考虑如何产生社会经济效应，例如，通过遗产保护和利用创造就业机会。换句话说，有必要将遗产的价值定量化，有必要通过扩大遗产保护利用的预算和人力资源的专业知识来培养可持续的多学科遗址管理者的能力，这是遗产保护和利用的前提。必须对遗产保护的经济连锁反应和遗产的总价值进行评估，并建立反馈程序，以确保与遗产价值相适应的保护管理成本。此外，还需要建立系统的教育体系，提升遗产管理人员的专业知识，因为他们是遗产保护和利用的主要利益相关者。最后，应定期对可持续经济、环境和社会发展方法进行多学科审查，并根据《世界遗产公约》的精神制定可持续发展综合战略。

由于各国的历史背景不同，对军事遗产的积极和消极看法并存。南汉山城自2014年被联合国教科文组织列入世界遗产以来，通过对历史的重新解读，摆脱了南汉山城作为监狱和炖鸡美食旅游的负面形象，提升了其作为朝鲜战时首都和要塞发展历史宝库的形象。为了进一步提高军事遗址的价值并提供可持续保护的有效性，南汉山城与遗址附近的八所地方大学签署了商业协议，建立了南汉山城历史博物馆，并与居民开展了各种合作。这些活动是京畿道南汉山城世界遗产中心（综合保护管理的统一实体）开展的提高对其价值的认识的一个很好的例子。

三、结语

将防御工事和军事遗产登记为教科文组织世界遗产的运动层出不穷。本文对《ICOMOS 军事城防类遗产导则》进行了深入的分析和阐释，希望能为防御工事和军事遗产在申报世界遗产过程中提炼突出普遍价值提供一个良好的指导。

第一，在申报《世界遗产名录》的过程中，有必要确定遗产的属性，并确定体现世界遗产价值的属性是如何构成的。可根据"屏障和保护""命令／指令""防御纵深""侧面防御"和"威慑"等因素得出构成要素。在界定由防御工事和军事遗产构成的属性价值时，可参考"建筑和科技价值""领土和地理价值""文化景观价值""战略价值""人类价值""记忆、身份、教育价值""历史价值""社会、经济价值"这八个价值定义介定。

第二，为了体现防御工事和军事遗产突出普遍价值的属性，必须同时制定适当和可持续的保护管理政策及综合性的规划。遗产的保护管理侧重于全面解读和后续管理。然而，多学科专家评审和遗址管理者的能力培养是前提条件。

第三，要加强实际工作负责人的能力，研究、确定遗产价值，实施适合遗址的保护管理方式。

第四，有必要准备一个适当的沟通系统，以扩大与遗产相关的各利益攸关方对保护管理和价值的理解。

第五，这些工作带来的好处是，许多社区，包括遗产附近的居民，都能从文化遗产中受益。此外，这些努力再次产生了社会和经济效应，为遗产保护和管理提供了合法性。

国际社会为充分保护和管理教科文组织世界遗产所做努力的成果之一，是颁布和修订了章程和规则，细分为各种形式的法律、原则、规则、指导方针、行动计划等，它们都与遗产有关。其中，保护文化遗产的原貌始终是前提，努力保护文化遗产的原貌和现状等内容正在形成对遗产研究、保护和利用的广泛论述。我们也意识到这样做的重要性。

在此背景下，可以预计，关于 2021 年国际古迹遗址理事会大会通过的《国际古迹遗址理事会导则》的各种解读以及关于该领域的应用案例的研究会出现。此外，根据教科文组织章程的目标，不局限于防御工事和军事遗产，衍生作为在不同社区之间创造和平与和解的调解手段也是可以预期的事。

中国古代聚落防御设施演化过程的观察
——兼说"中国明清城墙"申遗

贺云翔　南京大学历史学院

一般来说，对于城墙等防御性军事设施，人们往往会联想到战争，但实际上防御性的设施首先是为了和平，为了保存，为了安全。不论对我者还是他者而言，都是双方共存的一种方式。它的本质还是和平，也是一种共存的价值诉求。

人类为了自身安全而建造设施的防御性行为，在旧石器时代就已经存在，当时人们面临各种各样的危险，比如野兽进攻和族群间的冲突等。

大型防御性设施是在农业文明产生的，因为彼时人们有了定居性的聚落。通过考古性的材料分析，中国大概在 10000 年前左右，出现了周边有环濠防御的一些聚落；在 6000 多年前出现了城墙；在 5000 多年前，不管是尼罗河文明、印度河、恒河，还是中国长江、黄河，在这些流域都出现了国家形态以及服务业，包括为了维护族群安全而建造的一系列防御性设施。

从整体上来看，以中国为例，大概在 10000 年时间，有五个特质性的阶段。

第一个是聚落的环濠，10000 年前左右在浙江的上山文化里面，聚落周边就出现了环濠。

第二阶段是堆、夯城墙发展成砖石永久性的防御性措施出现，从 6000 年前左右开始到 4000 年前左右就完成了这样的建构，在北方地区发现大量用石头建构起来的（防御性措施），内蒙古地区、东北地区都有。

第三个发展形态是由单一形态发展到多样形态的特征，有土铸、砖铸、石铸等各种各样的，（时间上）在距今 6000 年到 4000 年左右，跟第二阶段有重叠，反映出它的复杂性和非线性特点。

第四阶段是一道城垣发展到多重城垣。早期只有一道防御性设施，后来出现了两道、三道，这表现出防御性设施不仅针对外部社会，就是我者、他者之间的防御性需求，或者是共同安全生存的需求，同时在族群内部，或者是一个聚落的内部，它也产生了阶级，或者是不同集团的利益诉求，而要求构造出保护不同利益群体的防御性设施。所以这种措施随着社会的变革和发展而出现的。

第五个阶段就是从圈城形态发展成长城形态。中国长城实际上保护的是一个群体性的军事防御设施，它的作用不仅是保护，也让不同族群通过保护设施实现共存。

考古学家们在不同的地方发现了中国古代的防御性设施，比如大概在7000年前左右环壕的聚落——姜寨，是在陕西省出现周边的防御性的设施；在安徽蒙城发现的，大约是5000多年前到6000多年之前环壕的聚落形态，这是在中国发现最早的带有城墙和护城河的防御性设施，也代表着东亚地区目前发现最早的城墙和护城河的设施；在河南发现的，东赵遗址，第一道、第二道、第三道，形成内外兼顾的防御性的设施；在浙江发现的，目前中华文明典型的实例，距今5000年左右的两座古城，从一道发展到多重的聚落形态。

还有在黄河流域，在现在的山西省，陶寺文明，尧都，也是具有宫城城墙，而且外面又有一个大的城，甚至局部地区还有一些专门功能设施这样的城墙。石峁，它是由多重的城墙围合起来的，4300多年前以石头构造起来的城墙。在河南发现的，距今4000多年的，龙山时代的，非常规整的方形的城墙，这说明在城墙规划方面体现出北方黄河流域城墙构筑方法的安全性、对称性和美学特色。

在中国东北地区，黑龙江、辽宁、吉林这一带，也发现距今4000多年左右的夏家店用石头构筑起来的城墙，而且可以看到它有马面，城里面有圈型的这样一些建筑，非常有特色。

在中原地区，到了夏商时期，有非常复杂的服务于国家首都建设这样的都城城垣，持续构成了不同时代的，不同地点的，不同族群，不同地理环境下的山城。

还有南京，以南京为中心的诸如三国时代、南朝时代，用砖头构造出来的城垣，这是中国最早的用砖头构造出来的城垣。在南京发掘了石头城城垣，这也是孙权在当年三国时代（营建）的第一个城，开启南京建都史的这样一个城垣。

这样一些复杂的，以城墙、城壕，多重城墙构筑起来的都市，大量出现中国的土地上，延续了6000多年。我们可以看到他们在不同时代的构筑方式，以及他们的美学思想。考古学家运用考古成果，通过现代数字化技术做了非常好的复原，这跟今天北京城所有的街巷格局形成了深刻的传承关系。

对城墙研究和对军事防御研究，遗产学家、历史学家、城市学家都在进行研究。美国著名的城市学家芒福德说过，城墙的作用无非两面，一个是作为军事设施，另一方面是对城里的居民进行有效的统辖。城墙既对城市和乡村，以及城里人和城外人进行区隔，也满足了人们安全方面的需求，还有水资源、粮食的储备需求等，特别是为人们提供安全感。

通常所言中国古代的城，实际上指的就是城墙，而且跟国度有关系。从古代的书里面可以看到中国古代为什么要构筑成千上万城墙的防御设施，实际上还是一种文明的需求。总结一下大概有五个方面，以城墙为中心的建构这样一个体系。

接下来介绍一下中国明清城墙申报世界遗产的体系，该体系也是中国 6000 多年发展的一个结晶。中国防御城墙为什么是文明的发展结晶呢？历史文献里面从神农时代、黄帝时代到鲧的时代等，所有文献记录跟考古文献它是文明象征、国家治理很重要的设施。中华文明的连续发展离不开城墙。所以城墙就成为城市和国家文明持续发展的主要见证物。可以看到，实际上不仅是中国的几千年的文献，考古学的见证，还有美国学者的研究，包括欧洲的这些学者的研究，尤其是像马克思、恩格斯他们在整体研究人类文明发展规律的这些专家们，他们都承认城墙与文明之间的关系。

当然，这个城墙里面很重要的一块儿是和都城有关系。比如南京的城墙，它是明代初年建立的，同时建立城墙也是大明王朝建立的重要过程。所以城墙从 6000 多年前出现，伴随着整个中华文明的诞生和持续发展。历代王朝会花费大力的人力物力去建造城墙。这证明城墙与文明、与国民之间内在的逻辑的建构。

城墙不仅是一个城墙，而且它对整个城市的布局、城市交通、城市内部功能空间的建构也有引导性作用。城墙也决定着这个城市内部整个的空间格局，以及它功能的配置。南京城墙、西安城墙等，都可以看出城墙的这种对整个城市的一个运作的作用。城墙本身也可以构成一种独立的文化意义，比如它的材料、技术、结构、功能，以及它和民生之间的关系。它不仅是军事性的，还会构成独特的文化价值系统。

历代城墙延续不断地发展，其文化要素以及文明内涵持续丰富。中国古代城墙是保护城市内部政治机构、城市居民、工商机构等安全防御设施，也是城市规模的界定，也是城市和乡村的分界。城门对包括道路在内的整个城市空间进行布局、控制和引导。所以中国古代的城墙实际上是一个大容器，它包容了城市空间、价值，以及所有文明内涵。可以说离开城墙就无法解释中国文明。

城墙也是历史纪念物，它是历史的记忆、文化的记忆，也是景观的独特构成，它和战争、人物、事件、灾害、艺术创作、宗教等，都有高度的内在建构的意义。比如南京的城墙我们可以看到什么？我们可以看到城墙、护城河、阅江楼，看到它和大江的关系，景观的建构意义是其他方式不可替代的。

城墙、堡墙等不同的防御设施，都推动着中国明清城墙申遗项目的诞生。中国明清城墙就分布在中国主要是东部和中部地区以及新疆等地区，我们也要推动更广泛的群体来参加申遗工作，这个工作需要更多专家参与。

我们可以看到南京城墙的原状，以及保护和修复，以及不同的形态。西安城墙在中国的西北地区，也是周、秦、汉、唐文明的中心，它有这样的规划方式、建筑方式。长江中游的荆州城墙，是中国南方保存最完整的城墙，位于长江岸边，它的建筑方式也很有特色。中国东北辽宁兴城城墙，因为处于陆地防御和海上防御的交汇点，具有特殊的军事地位。黄河流域和长江流域交汇地带的襄阳城墙，它有它的一些特色，有它的遗产的价值。浙江临海台州府城墙，在沿海地区，它和长城之间有关联性，与长城之间的建筑风格有一定相似性。寿县城墙，寿县是淮河这边战略性的城市，需要防范洪水冲击，同时有军事职能，跟淝水构成了关联。安徽凤阳城墙，跟南京高度相关一个皇城城墙，体量巨大。开封城墙，这是黄河中下游地区代表性的城墙，开封也是中国非常著名的古都，具有北方的特点，跟黄河之间存在关联。福建的长汀城墙，更加靠近海边，也是一种山地的城墙形式，跟汀江有关系。宣化城墙，这是到北方长城的旁边，处于草原的游牧民族跟农业民族的分界点上，建构了它的特点。河北正定城墙，作为北京防御性南部锁钥，它也有它的特点，正在进行保护。广东肇庆城墙，也是长期作为南方地区的防御设施。还有安徽徽州古城城墙等。

中国土地上曾经有过8000多座城墙，但是现在完整保存下来和城市高度关联大概就十几个，绝大多数都消失了。保存下来的这些，并且在城市里面能留存下来的，它们的价值毫无疑问非常独特，因为它们展现的是文明的见证价值。北方的技术和南方的技术以及景观的塑造，展现出一个非常有代表性的、能够展现出文明景观的形态。

中国明清城墙运用的技术，比如包砖、拱券门及它的都城城垣，还有城砖的烧制技术，以及城防设施和建造技术的完善，都是 6000 多年来人们智慧的结晶。它所有的这些选址，城濠、城门、城楼等，这些都完整展现它的防御性、交通性、排水、防洪等功能系统。当然，它恢宏的布局、高大的墙体以及各种各样的设施，既展现了工程成就，也展现了政治家们、建筑师、风水师，还有工匠的才智，很多人参与了这项工程。比如南京城墙城砖涉及 148 个县城，是非常宏大的系统工程，它要保证质量，保证每块儿砖的质量，才能保证城墙的质量。它里面隐含着大量的工程技术和管理的智慧，所以它能保存到今天。

城墙绝对不是简单的线状遗产，而是多种价值的一个结合，它是一个结合的证据。因为中国明清城墙是中国城墙的最后一个阶段，经历了 600 年左右，所以它展现的是中国古代城市文明典型的景观特征和族群文化传统的独特见证，也提供了 2000 多年国家城市礼制治理系统的一个范例。

中国的城墙可能从一开始产生的时候就带有礼制特点，它要符合文明需求，比如都城要求最大，下面二级城市、三级城市等就构成了差序格局。费先生在研究中国乡村社会的时候提出了这个概念，在城墙上面发现确实是差序格局，构成了中国国家文明特点，中国明清城墙恰恰符合差序格局，第一等、第二等、第三等、第四等，居然和先秦时代《周礼》里面的城墙的差序格局是完全一样的,这是非常神奇的发现。

这证明从都城、陪都、府城、州城、县城中，各城儒家文化的这种色彩的差序格局，以城墙为代表的体系完全可以展现出来。也就是中国明清城墙成为这种制度和传统的最典型的见证，如果说没有这个，你是不知道这种差序格局在城市文明中间如何构架一个国家文明的，构架一个国家的治理系统，这种逻辑性能够在中国明清城墙上面可以看到。

所有的城墙的建造的地点其实都带有战略性意义，中国明清城墙也是这样一个方面，不仅具有战略意义，而且保存下来的中国明清城墙几乎都是中国的重要战略空间。比如南京是东南门户，西安是西北门户，荆州是长江中游战略重镇，襄阳是中国南北结合部的战略城市，寿县也是这样的。开封、凤阳、正定和宣化是明清首都北京城南北两面锁钥与门户。在做中国明清城墙调研中间，我们疑惑为什么其他城墙没有了，为什么只留下来这个城墙？它们都是不同地区的战略要地，所以当时人们在潜意识里面就把它保存下来，其他的都拆掉了。所以作为明城墙有这样战略的认知价值。

明清城墙是中国古代城市最后的绝唱，此后进入热兵器时代，军事上不需要城墙了。作为这样一种6000多年文明的绝唱，应该给它一种身份和保护策略，我们应该要珍视它。方法是申遗，给它最高的礼遇和尊严。它有高度的脆弱性，因为这些城墙都在今天的高度的现代化的这种发展的城市中，如果不给它一种身份，不给它一种尊严，容易受到破坏，也面临巨大的压力。

中国明清城墙申请列入世界文化遗产，有助于保存中国古代优秀城市军事防御建筑成就和古代城市文明特征，有助于保存特定历史时期中国先民创造的杰出世界军事遗产范例，有助于构建世界人民观察和了解中国古代城市文明特征的有效途径。有助于在全球范围内保存和欣赏不同民族和国家古代城墙景观及城市防御设施建设的成就。作为研究者，我非常希望世界所有国家这些古代军事防御设施——这些保存文明，保护族群的安全，以及不同族群共生的，促进和平的文化遗产都得到保护，也都得到利用。

旧圣胡安的城墙：
美洲保存最完好的城墙

［波多黎各］弗洛里斯·罗曼·米拉格洛斯　Milagros Flores-Roman
国际古迹遗址理事会防御和军事遗产科学委员会（ICOFORT）

一、引言

旧圣胡安历史中心的城墙属于波多黎各圣胡安市，在整个美洲，它是西班牙在新大陆建造的城墙系统中唯一的一个仍几乎保存完好的例子。

圣胡安老城位于圣胡安湾和大西洋之间的一个小岛西侧。它坐落在一个陡峭的岬角上，占据着通往城市港口的唯一通航入口。小岛北岸除了岩石之外，还受到珊瑚礁天然屏障的保护，并通过两座主桥与波多黎各岛相连。

在帆船跟随信风从非洲吹向西印度群岛的时代，圣胡安港是热带风暴期间船只的避风港。此外，它还提供了一个安全的海军基地的选址，从这里可以控制通往加勒比海、墨西哥和南美洲海岸的贸易。1492 年，克里斯托弗·哥伦布发现了新大陆，随后在 1493 年又发现了波多黎各岛，西班牙需要保卫和保留其在海外的新领地，圣胡安城的这套气势恢宏的防御设施就是这种需要的产物。

这一发现导致加勒比地区出现了西班牙的敌人，其中包括英国人、法国人和荷兰人，他们在16、17和18世纪一直试图独占波多黎各岛。考虑到保卫新领土的需要，西班牙采取了一项保护措施，在加勒比地区的主要港口之间修建了第一道防御系统，其中包括圣胡安岛港口，因为该岛地理位置优越，是西班牙从大西洋进入西印度群岛的第一个港口，因此该岛被称为西印度群岛的钥匙。

为西班牙服务的工程师们在加固圣胡安老城时，充分利用了圣胡安的自然条件，修建了控制城市陆路和海路入口的防御工事。

圣胡安老城的历史中心以气势恢宏的城墙和堡垒带而闻名，此外还有守卫城市海湾入口的雄伟的圣菲利佩·德尔·莫罗城堡（Castles of San Felipe del Morro）和保护着通往圣胡安老城小岛的陆路入口的圣克里斯托瓦尔城堡（Castillo de San

▲图1 旧圣胡安入口鸟瞰图（经授权从 http://www.shutterstock.com/photos 检索）

▲图2 老圣胡安湾鸟瞰图（国家公园管理局提供）

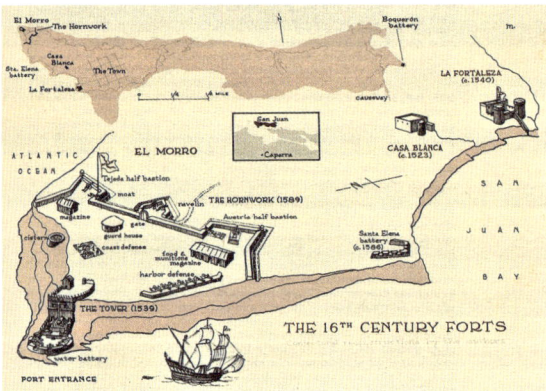

▲图3 老圣胡安的16世纪堡垒（国家公园管理局提供）

Cristóbal）。此外，还有圣卡塔琳娜宫（Palacio de Santa Catalina）或更广为人知的拉福尔塔莱萨宫（La Fortaleza）等历史建筑，以及为该岛第一任总督胡安·庞塞·德莱昂（Juan Ponce de León）建造的古老堡垒，如今被称为"白房子"（Casa blanca）。

这些历史建筑共同构成了圣胡安市的防御工事，其建造始于16世纪西班牙殖民时期。其部分建筑也属于17世纪和18世纪上半叶。但今天看到的大规模防御工事建于1765年至1800年之间，反映了18世纪最先进的军事技术思想。

在胡安·庞塞·德莱昂（Juan Ponce de León）建立的名为卡帕拉镇（Villa de Caparra）的旧定居点迁移到旧圣胡安岛之后，圣胡安城的第一道防御工事就开始了。由于圣胡安岛海湾"相当宽阔、水底良好且有庇护"的有利条件，因此被选为新城的所在地，并于 1521 年完成搬迁。圣胡安城的第一道防御工事就建在这里，这第一道防御工事直到 16 世纪中期才建成，但事实证明，这些防御工事在保卫圣胡安新城方面并不那么有效。

从 1586 年开始，波多黎各岛由于其作为进入西印度群岛锁钥的战略重要性，成为西班牙加勒比海防御计划的一部分，该计划由印度群岛理事会（Council of the Indies）根据国王费利佩二世（King Felipe II）的命令批准，并委托两位专家完成；他们是胡安·德·特赫达元帅（Field Marshal Juan de Tejeda）和设计第一个加勒比海防御计划的包蒂斯塔·安东内利军事工程师（Bautista Antonelli Military Engineer）。

安东内利和特赫达从加的斯（Cádiz）的桑卢卡尔·德巴拉梅达港（the port of Sanlúcar de Barrameda）出发，于 1586 年抵达加勒比海。他们视察了安的列斯群岛和加勒比海沿岸的所有重要港口。在 1588 年 4 月 19 日波多黎各委员会致国王的文件中，他们在报告中指出有必要加固印度群岛的一些港口，其中提到了圣玛尔塔（Santa Marta）、卡塔赫纳（Cartagena）、农布雷德迪奥斯（Nombre de Dios）、波多贝罗（Portobello）、里约德查格雷斯（Rio de Chagres）、巴拿马（Panama）、哈瓦那（Havana）、圣多明戈（Santo Domingo）、佛罗里达（Florida）和波多黎各（Puerto Rico）。费利佩二世于 1588 年 11 月批准执行该计划，他认为该计划对于保卫和管理大西洋彼岸的西班牙领土是必不可少的。

防御很快就经受住了考验。1595 年，英国人弗朗西斯·德雷克爵士（Sir Francis Drake）和约翰·霍金斯（John Hawkins）发动了进攻。这次进攻不仅失败了，而且暴露了要塞的主要缺陷。

经过双方激烈的战斗，英国人最终撤回了他们的舰队。因此，在这次袭击的两年后，人们开始对防御工事进行改进，但在英国人发动新一轮进攻时，这些改进尚未完成。1598 年 6 月 16 日，坎伯兰伯爵乔治·克利福德（George Clifford Earl of Cumberland）的舰队抵达圣胡安岛以东，并在该郡西端登陆。坎伯兰试图通过圣安东尼奥大桥进入小岛，这与他的前任德雷克直接强行进入海湾的做法相反。这次袭击清楚地表明，有必要保护莫罗（Morro）和小岛的陆地前沿。

1625 年，当圣胡安城刚刚从前两次进攻中恢复过来，就再次成为荷兰人进攻的目标。在荷兰将军巴尔杜伊诺·恩里科（Balduino Enrico）的指挥下，荷兰战舰顶着莫罗城堡（Castillo del Morro）的炮火，成功突破海湾并占领了这座城市。但是，在胡安·德·哈罗总督（Governor Juan de Haro）及他的队长胡安·德·阿梅斯基塔（Captains Juan de Amézquita）、安德烈斯·博泰洛（Andrés Botello）、塞巴斯蒂安·德·阿维拉（Sebastián de Ávila）和安东尼奥·德·梅尔卡多（Antonio de Mercado）上尉的英勇防守下，经过几天的交火，荷兰人巴尔杜伊诺·恩里科明白他让城堡投降的企图遭到挫败，他下令撤军，并在撤退时放火焚烧了这座城市。

正是由于荷兰人最近的这次进攻，将圣胡安变成一座有城墙的城市的想法才得以推广。从那时起，在费利佩四世国王的命令下，整个城市都筑起了城墙。

二、城墙的建造

在总督亨利·恩里克斯·德索托马约尔（Governor Enrique Enríquez de Sotomayor，1631—1635）的领导下，城墙开始建造，并于 1638 年 7 月 20 日在总督伊尼戈·德拉莫塔·萨米恩托（Governor Iñigo de la Mota Sarmiento）的领导下竣工。

胡安·包蒂斯塔·安东内利（Juan Bautista Antonelli）是意大利洛斯·安东内利工程师家族的第二位成员，他将为岛上的防御系统做出贡献。他因继续将欧洲堡垒系统的类型整合为岛上军事建筑的一部分而受到赞誉，在他的例子中，城墙元素是他筑城工作的一部分。

首先修建的是圣卡塔琳娜（Santa Catalina）湾和拉福尔塔莱萨（La Fortaleza）之间的圣胡安岛西海岸。下一段是通往圣克里斯托瓦尔城堡的部分，然后是向东的部分，最后是向北的部分。

城墙的高度从 15 英尺（约合 4.57 米）到 100 英尺（约合 30.48 米）不等，有些部分的厚度甚至达到了 25 英尺（约合 7.62 米）。由于岛上没有奴隶作为劳动力，因此在建造过程中使用了岛上的当地人，并征收税款来支付西班牙当局不承担的部分费用。

其建筑所用的材料与建造城堡所用的材料相似：砖石、石灰岩和砂岩，上面覆盖着混合物（石灰和沙子各一份）。它的城墙用射击炮台和三角形堡垒加固，在堡垒中战略性地放置了大炮，以便在敌人进攻时提供交叉火力。哨兵在岗哨上放哨，在敌人靠近时发出警报声。

圣胡安城墙的出入口由城墙上战略要地的大门控制。一旦遭到攻击，大门就会关闭，以防止敌人进入。

到 1639 年，西部、南段围墙和西段围墙以及圣胡安、圣胡斯托（San Justo）和圣地亚哥的大门都已完工，只有北段围墙的大门是在 17 世纪 80 年代建造的。

圣何塞门位于圣罗莎堡垒和圣多明戈堡垒之间的帷幕内，可通往旧公墓；圣罗莎门位于拉斯阿尼玛斯（Las Animas）堡垒和圣托马斯堡垒之间的帷幕内，可通往城市屠宰场，该屠宰场位于城墙外的北部地带，后来被称为 La Perla。

每扇门的上方都有王室的徽章，有些门还设有小礼拜堂，专门供奉为其命名的守护神或持有人。在这些教堂里，每年的守护神节和其他节日都会举行弥撒。

最古老的大门是圣胡安门（Puerta de San Juan），至今仍矗立在海湾入口处。门上刻着 "Benedictus qui venit in nomini Domini"（Blessed are those who come in the name of the Lord，奉主之名而来的人有福了）。

圣地亚哥门（Puerta de Santiago），后来被称为大地门（Puerta de Tierra），于 1897 年被拆除，以便为城市向新兴的大地门（Puerta de Tierra）街区的扩张腾出空间："Nisi dominus custodieritcivitatem, frustravigat, qui custodit"（If the Lord does not guard the city, the sentries watch in vain，如果主不守卫城市，哨兵的守望就徒然）。所有的铭文都暗示了城市的防御。

1894 年，旧的圣胡斯托门（Puerta de San Justo）进行了扩建，将其倒塌并扩建成为城市的入口，并被命名为拉斐尔门（Puerta de Rafael）或西班牙门（Puerta de España）。它没有旁支，由一根粗大的中央圆柱分割开来，圆柱的顶端是一块大理石，悬在空中，每个面上都雕刻着西班牙和波多黎各的盾牌。

▲图4　路易斯·维内加斯·奥索里奥（Don Luis VenegasOsorio）的计划图，
　　　1678 年（印度群岛总档案馆。MP-SD，74）

▲图5　老圣胡安门（大地门，Puerta de Tierra）

三、18 世纪圣胡安的防御工事

18 世纪是圣胡安防御工事的辉煌时代。陆军元帅亚历杭德罗·奥莱利（Field Marshal Alejandro O'Reilly）、工程师托马斯·奥达利（Tomas O'Daly）和弗朗西斯科·梅斯特雷（Francisco Mestre）等军事工程师和防御工事大师通过共同努力，将圣胡安城改造成了一个防御型广场。

圣胡安城将以雄伟的防御景观结束 18 世纪，其中令人印象深刻的城墙围栏与圣菲利佩·德尔·莫罗城堡（Castles of San Felipe del Morro）和圣克里斯托瓦尔城堡（Castillo de San Cristóbal）交织在一起，还有一连串的堡垒、炮台、要塞、半地下室、拉维林（ravelins）、火药库、防线、隧道和各种外部工程。

1701 年，法国波旁王朝的分支登上西班牙王位，导致欧洲列强之间出现了一些重要的政治重组，其中最引人注目的是西班牙和法国通过 1796 年签署的《圣伊德尔丰索条约》（Treaty of San Ildefonso）结成联盟。

联盟从七年战争（1756—1763年）开始。到1759年，如果西班牙政府不迅速采取行动保卫其加勒比领土，就很有可能将这些领土拱手让给英国，而英国人在1762年夺取马尼拉和哈瓦那更是加剧了西班牙政府的这种担忧。在1763年七年战争结束时，西班牙国王卡洛斯三世（Carlos III）发起了一系列改革，最终在该地区建立了令人印象深刻的防御体系，以至于在18世纪晚期，英国人似乎无法攻克该地区。

西班牙的卡洛斯三世的改革主义新政策也反映在所实施的防御改革中。西班牙反对英国扩张主义政策的斗争，通过大规模的防御工事项目反映在波多黎各岛上，因此采用了包括防御工事现代化和在殖民地组织军队协助防御的防御概念。为此，需要一个在这方面受过良好训练的人，来解决圣胡安防御工事被完全废弃的问题。亚历杭德罗·奥莱利（Alejandro O'Reilly）元帅就是这样的人，他是卡洛斯三世宫廷中一位著名的军事家，在西班牙军队服役并担任重要职务后，他已经因在意大利和奥地利的战役而享有盛誉。

四、亚历杭德罗·奥莱利（Alejandro O'Reilly）元帅的改革

英军出其不意地攻占哈瓦那（1762—1763年）后，国王卡洛斯三世决定加强其在加勒比海地区的防御，其中当然包括波多黎各的圣胡安，它将被改造成一个一级据点。

1765年4月，陆军元帅亚历杭德罗·奥莱利（Field Marshal Alejandro O'Reilly）前往古巴和波多黎各视察，负责广泛报告主要港口的防御状况和邻国的需求，之后卡洛斯三世决定将圣胡安改造成"一级防御工事"。亚历杭德罗·奥莱利元帅受命在波多黎各的防务中执行西班牙改良主义政策。他与一位为西班牙王室服务并担任其他重要职务的爱尔兰人、军事工程师托马斯·奥达利（Tomas O'Daly），以及他的主要合作者胡安·弗朗西斯科·梅斯特雷（Juan Francisco Mestre）一起，成为圣胡安防御改造的三个关键人物。

1765年，在卡洛斯三世批准了奥莱利精心制定的圣胡安防御计划之后，奥达利和后来的梅斯特雷在1766年至1790年期间监督了该计划的执行。

1766年，作为奥莱利改革的一部分，开始对埃尔莫罗（El Morro）进行改造，

▲图6 18世纪圣胡安湾平面构想图,弗朗西斯科·拉蒙·门德斯(Francisco Ramon
Mendez) 1783年绘制(约翰·卡特·布朗图书馆收藏。Eo783 /1 Ms.)

使其面貌焕然一新。在18世纪的这个时期,城市防御系统的大规模改革即将开始,
这些改革将负责包围保护城市。

　　奥莱利推动了圣胡安岛的长期建设,开启了圣胡安岛建筑的黄金时代,使其成
为西班牙海外最坚不可摧的城市。他的改革计划、工程以及对现有工程的改进,构
成了对现有防御类型的又一次创新。这些工程师负责将城市的防御系统改造成一座
坚不可摧的城市,在16世纪末就已存在的永久性堡垒系统中引入了新的军事建筑
类型,如使用拉维林、哨壁和反哨壁、地下长廊等。

　　18世纪末,圣胡安成为一座完全由城墙围起来的城市,从一座军事监狱发展
成为一个坚不可摧的广场,巩固了自身的防御体系,并能够成功抵御1797年英国
将军拉尔夫·阿伯克龙比将军(General Sir Ralph Abercromby)的进攻。他在后
来的报告中写道: "圣胡安的防御,无论是自然还是艺术,都非常坚固,能够抵御
比它所遭受的炮火还要强十倍的进攻"。

　　最后,到1782年,连接莫罗城堡和圣克里斯托瓦尔城堡的北墙工程完工。这样,
在开始修建城墙的一个半世纪后,圣胡安成了一座完全被城墙包围的城市。

　　1797年,圣胡安广场遭受了一次最严重的袭击:一支由海军上将亨利·哈维
(Admiral Henry Harvey)和拉尔夫·阿伯克龙比将军率领的强大的英国军队封锁
了港口,并试图用武力夺取这座城市。

　　英国人对这些防御工事进行了第一次也是很重要的考验。这一事件发生在西班
牙与法国结盟后不久,两国关系在第一次法国革命战争期间短暂破裂。英国人已经

占领了圣多明各、瓜达卢佩（Guadalupe）、太子港（Port-au-Prince）和西印度群岛的其他港口。特立尼达刚刚从西班牙手中夺取的同一舰队和军队对波多黎各发起了进攻。英军在拉尔夫·阿伯克龙比将军的指挥下，无法攻破伊斯莱塔（Isleta）陆地一侧的防御工事。在亨利·哈维海军上将的指挥下，敌人的舰队也无法有效地破坏水上的城堡。

经过修缮的广场防御工事经受住了考验，西班牙国旗在接下来的一个世纪里一直飘扬在圣胡安城堡的上空。

据历史学家萨尔瓦多·布劳（Salvador Brau）说："对于英国海军来说，最重要的障碍无疑是新近完工的防御工事，以及守备部队人员所能提供的武器装备。"

1797 年，圣胡安防御战的胜利开创了一个先例，对英国人今后进攻圣胡安岛产生了重大影响，这次的袭击也成为英国人对西班牙加勒比海地区的最后一次进攻。

五、19 世纪拆除城门和部分东段城墙

对于圣胡安城墙最令人震惊的事件是城墙内人口的增加，以及为供应人口而提供耕地的需要，这决定了将圣胡安小岛以东"埃吉多（ejidos）"的地块交付给皇家财政部，这些地块在此之前属于战争分支机构，由于军事限制，这一地区实际上依然人口稀少。东墙和圣安东尼奥桥之间的土地被划分为三道防线，这阻止了所有可能妨碍其进行有效性的建设。这些特定区域被保留为广场上的部队演习场、射击学校的使用和方便通信的自由区域。

西班牙屈服于 19 世纪工业革命中期发生的人口扩张，人口增长和新的工业活动需要大量土地，迫使城市在城外的土地上发展，而对旧城墙而言，除了限制人口外，还失去了其军事功能。这种增长也使城市能够适应新的交通方式，如铁路，同时努力解决许多人口面临的健康和卫生问题。例如，巴塞罗那的塞尔达计划（1859 年）和马德里的卡斯特罗计划（1860 年）。此外，在加勒比海地区，哈瓦那城墙也被拆除（1863 年），这些城墙与圣胡安的城墙类似，它们对于城市防御来说已经过时，而且也是造成人口过度拥挤的原因。最重要的是，这些可以作为圣胡安居民关于拆除东段城墙的参考。

波多黎各圣胡安市城墙东部部分的拆除是该市长期扩建过程（Ensanche）的产

物，该城墙允许进入伊斯莱塔东部的城外土地。

圣胡安城墙的发展形成了巨大的反差，在 18 世纪之前，圣胡安城墙一直是这座城市军事荣耀的共同主角，在整个 16 世纪，圣胡安城墙从一座军事监狱发展成为一座坚不可摧的堡垒，并在 1797 年成功抵御了英国人对西班牙加勒比海的最后一次进攻。

18 世纪诞生于英国的工业革命，在 19 世纪得到巩固，并将资本主义经济强加于当地。人们渴望参与铁路和轮船等新交通工具的发展，这促进了城市人口增加，圣胡安也不例外，这一因素加剧了城市围墙内的拥挤状况。

其中一项措施是 1815 年颁布的《皇家恩典法令》（Cedula de Gracias），该法令制定了一系列措施来帮助首都以及岛上其他地区的经济和人口发展。所采取的措施包括：与外国自由贸易、引进机器而无需纳税、允许来自前殖民地和法国领土的天主教商人携带奴隶、允许来自前殖民地独立战争的难民入境以及向移民提供土地。这就是 1815 年的《皇家恩典法令》，也是该岛经济、社会和人口发展的基础。该岛碰巧从一个单纯的监狱变成了一个农业殖民地，其主要市场是西班牙、美国、安的列斯群岛和该岛的本地市场，主要发达产业包括甘蔗、畜牧业、咖啡和烟草。随着社会和经济的进步，人口也在增加。

另一件事则是这些辉煌城墙的转折。进入新世纪后，城墙给圣胡安居民带来了一系列不便。城内生活空间的人口增长不均衡，而城外地区由于预防性军事原因仍未开发。

19 世纪以前，除了军事建筑外，该地区只有非法的小屋或茅屋。直到 1836 年，才对城墙外的民用建筑进行了首次清点。这一年，共有 45 间小屋和 4 个其他不明建筑。有九块地被围起来。随后的人口普查显示，该地区的人口有所增加。1846 年，有 58 栋房屋，223 人居住。

人口的增长与围墙内的居住面积不成比例。大多数房屋只有一层。由于没有空间建造新住宅、公共建筑或生产和贸易资源，拥挤不堪的状况令人难以忍受。院内拥挤的景象要求城市进行扩张，而大地门则是扩张的自然区域。1865 年 3 月 3 日，市政当局批准了一项决议，正式要求将城市扩展到大地门（Puerta de Tierra），这意味着要拆除连接圣克里斯托瓦尔城堡（Castillo de San Cristóbal）和海湾附近

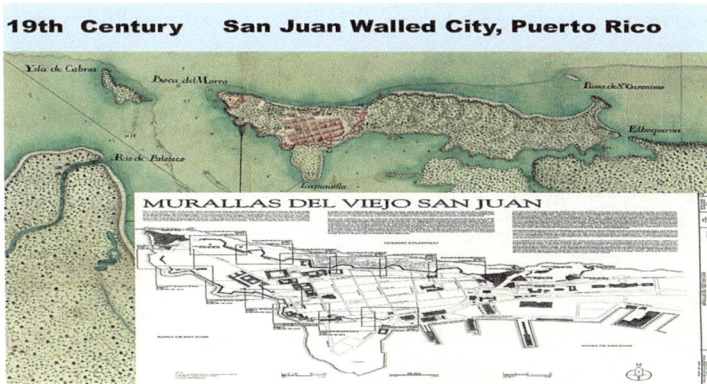

▲图7　前景图像：圣胡安城（国家公园管理局提供）。背景图片：马德里军事档案总局。地图库。波多黎各圣胡安广场总平面图（无名氏，1775—1790 年。SGE。Ar_J_T_4_C_2_55）

圣地亚哥堡垒的东面城墙。

1866 年，市议会宣布对大地门外围的公地拥有所有权。一年后，也就是 1867 年，岛上发生了毁灭性的自然灾害；10 月，圣纳西索飓风袭击了该岛，20 天后又发生了地震，地震引发了海啸和震颤。正是地震，让居住在城墙内拥挤且不卫生的人们，对脆弱的城市结构感到恐惧，纷纷逃往大地门的空地，以寻求更好的生活条件。这一事实促使 1867 年 10 月 23 日批准了一项法律，允许出售和出租土地，此后，平民占领了新生的大地门社区，并挤走了该地区的军事设施，这是无法逆转的。

十五年来，圣胡安和马德里一直就拆除部分城墙、圣胡安向小岛东部扩建以及影响有争议地区的问题进行争论。在这一过程中，将由西班牙陆军部和海外部级别的各种咨询委员会、圣胡安广场工程师和各种混合委员会（除军方外，还包括圣胡安市议会的代表和总督）组成各种协商委员会。在这一过程中，必须听取三位总督和总司令的意见，他们必须直接参与这一过程，他们是波蒂利亚（Segundo de la Portilla，1881—1882 年）、安东尼奥·达班·拉米雷斯·德·阿雷利亚诺（Antonio Daban Ramírez de Arellano，1893—1895 年）和萨巴斯·马林（Sabas Marín，1896—1898 年）。

作为该岛的军事指挥官，三人都认为，鉴于军事技术的进步，防御工事的价值已大大降低。同样，他们都表示同情，并认识到允许城市扩张的必要性，但他们认为，在新的防御工事建成之前，不允许拆除广场防御工事的任何部分，防止广场在没有防御能力的情况下受到敌人的进攻，这一点非常重要。

在陆地方面，城墙外的土地被保留为公地、广场的补给区和用于军事方面。大约有24000人居住在这座仅容纳926栋建筑的城墙内，拥挤不堪。渐渐地，城市居民将造成这种局面的责任归咎于军政府，因为他们反对失去他们所谓的攻防城市时所必需的军事区。

城外的防御区被称为"公地"或"争议区"，从与圣克里斯托瓦尔城堡接壤的土地一直延伸到普恩特（Puente）和圣安东尼奥堡。有争议地区由三道防线划定，这三道防线与城内防御系统共同完成了圣胡安岛的防御工事。防御工事的划分与三道防线上的火炮射程有关。在圣胡安，军队对公地或有争议的地区的占领限制了所有扩张计划，因此"争议区"的名称一直持续到19世纪中叶。

为了实现连续发展，城市不得不处置围墙外的土地。根据中世纪的《印度群岛法律》（Laws of the Indies）的传统，这些土地构成了公共财产，邻居可以在那里卸货和清理农作物，也可以作为城市的休闲空间。

到19世纪中叶，由于军事限制，大地门以东的城外公地仍然无人居住。大地门和圣安东尼奥桥之间的区域被分为三道防线，根据有争议地区的法律规定，禁止在这些区域进行任何建设，以避免在需要保卫广场时造成阻碍。除了一小部分交给皇家财政部用于耕种和人口供应外，其余的军事用地仍由战争部门负责，用于广场守军的演习场、射击学校，其余区域则用于交通和通信。

为了改进普遍被忽视的防御设施和工事中过时的火炮，使该岛在受到攻击时能够提供有效的防御，驻军向西班牙当局提交了许多研究报告。由于对这方面可能的解决方案存在不同意见，这一过程缓慢而微妙。虽然这些目标在某种意义上已经实现，但最终却成为期待已久的拆除部分城墙的最终结果的理由。

正是在整个19世纪下半叶提出的大量防御计划、项目和初步项目，使得为扩展防御而提供新的火炮阵地的解决方案成为可能。

在19世纪末，西班牙人授权使用军事道路权进行开发，并最终批准了城市的扩建，还授权拆除被称为大地门的陆地前沿的部分围墙。

1867年10月23日颁布的法律授予了大地门北部土地的所有权，从而结束了对该地区的军事管理。战争部批准了在我们现在称为"大地门区"（Barrio de

Puerta de Tierra）的地区建造各种类型的木材和砖石建筑。

在已确定的民用空间内，土地几乎立即开始被分割。一系列规划被制定，将该地区划分为若干街区。为了便于储存和进出新的地块，在中央高速路的南面绘制了一条平行的街道，并绘制了几条垂直的街道将两条道路连接起来。

但直到 1883 年，首都市议会才要求拆除东侧的部分城墙，并允许扩建城市，因为"其城墙对一个常规场地来说是有害和无用的，对居民的发展和健康是一个物质障碍"。城郊的当地商人和农民认为城墙是贸易的障碍，因为他们要前往举办集市的港口，就必须通过大地门进入围墙内，这不仅对他们的车来说不方便，而且，他们进出的步伐也打扰了居民，并对街道上的鹅卵石造成了损坏。因此，有人建议开辟一条道路，为来自城郊的货车提供更宽阔的通道前往滨海区（Barrio de la Marina）。

西班牙法院于 1883 年 7 月 5 日批准了一项法律，该法律授权拆除广场东部的围墙，条件是由市政府承担费用并安装远程火炮，以保护圣胡安免遭再次的海上袭击。该法律规定，在拆除城墙的同时，经战争部门部长批准，国家应开始"建造新的防御工程，以取代已拆除的工程"。

1894 年 4 月 27 日，女王批准了城市的扩建计划，其中包括拆除一些防御工事。最终，1897 年 5 月 28 日，在嘉年华的气氛中，在荣誉旅和工人面前，城墙和圣胡安门的拆除工作开始了。

这一事件将导致陆地大门和部分陆地前线被拆除。尽管该岛军事当局继续努力进行防御军事改革，但其工程在这个世纪最后十年缓慢发展，其目的不仅包括圣胡安市的防御系统，还包括首都伊斯莱塔（Isleta）的附近地区、港口入口及其海湾附近地区、马丁·佩尼亚大桥（Martín Peña Bridge）、里奥彼德拉斯（Río Piedras）、桑图尔塞（Santurce）、里奥巴亚蒙（Río Bayamón）和普韦布洛维耶霍（Pueblo Viejo）地区。

从那时起，有争议的地区被称为大地门街区（Puerta de Tierra Neighborhood）。由此，防御围墙外的空间也出现了其他用途；除了以前允许的耕作和军事演习外，还引入了休闲空间，如装饰有凉亭的长廊，为社区提供休闲场所。

1897 年 5 月 28 日，第一块石头从圣地亚哥门落下。第一颗炸药的轰鸣声打断了城市的日常生活，也导致了大地门的拆除，为向圣胡安城外扩张开辟了道路，城市历史从此翻开了新的篇章。西班牙城堡军事时代的日常生活被突然中断，数百年的城墙被炸开了一个缺口，在之前的几个世纪里，这些城墙曾成功地抵御了攻击，现在它们倒塌，让位给不断增长的人口，并使大地门街区得以诞生。

六、20 世纪的圣胡安旧城

1898 年的美西战争将开启该岛 20 世纪的演变。桑普森海军上将指挥的北美小分队轰炸圣胡安市，结束了该岛在西班牙统治下长达 46 年的岁月。

美西战争结束后，波多黎各成为美国领土。保卫圣胡安要塞的防御工事移交给美国海军作为军事储备。

20 世纪 30 年代初，圣胡安防御工事的历史特征开始受到极大关注，此时，第一批历史遗迹开始被纳入国家公园系统。事实上，自 1934 年以来，富兰克林·罗斯福总统就开始关注这些要塞的历史意义，美国国会也从 1935 年起立法将其纳入国家公园系统。

在美军占领期间，这些防御工事一直作为军事设施的一部分使用到 20 世纪 40 年代中期，在某些情况下直到 20 世纪 50 年代，仍保留了堡垒军事建筑的基本配置，并在此基础上增加了新的现代设施。此外，还对一些年久失修的地方进行了修缮。

从此，波多黎各获得了新的战略重要性。第一次世界大战的爆发表明了波多黎各的军事价值——它是一座桥梁，可以侦测通往巴拿马运河或加勒比海任何其他地方的海上活动。因此，许多防御建筑在 20 世纪进行了改建。圣菲利佩·德尔·莫罗城堡成为一个大型行政综合体、住房和医院单位，被称为布鲁克斯堡（Fort Brookes）。第二次世界大战期间，在圣克里斯托瓦尔城堡和圣菲利佩·德尔·莫罗城堡修建了观察哨所和通讯中心。

在美军占领期间，着手保护圣胡安防御工事的计划开始了。在此基础上，又增加了一些现代化设施，如引入了电力和饮用水，并在莫罗广场上修建了新的免费建筑。第二次世界大战结束了这一保护工作，陆军开始采取新的方法；开发新的港口防御系统，重点是在圣菲利佩·德尔·莫罗城堡和圣克里斯托瓦尔城堡内沿岛北海岸修建炮台。

▲图 8　波多黎各老圣胡安的入海口（照片由国家公园管理局提供）

第二次世界大战后，由于现代武器的使用，圣胡安防御工事的功能和用途发生了巨大变化，堡垒变得过时。1949 年 2 月 14 日，圣胡安国家历史遗址国家公园成立，作为美国内政部下属的美国国家公园系统的一部分，布鲁克堡开始迁出该市，直到 1961 年，陆军部终止对该市的管辖权，允许市民使用和进入旧防御工事，以完成其作为历史纪念碑的娱乐和教育用途的新的文化使命。

1983 年，联合国教科文组织宣布圣胡安国家遗址和拉福尔塔莱萨（La Fortaleza）为世界遗产。

美国国家公园系统的所有国家公园都按照管理计划运作，圣胡安国家公园也是如此，其管理主要是为了呼应其建立的目的：

（1）认识到这些古老防御工事在纪念新世界的历史方面具有特殊的重要性。

（2）保护这些古老的防御工事，将其作为过去的杰出古迹，对国家具有非凡的历史和建筑意义。

（3）保护这些对国家具有重要意义的历史区域、建筑和物品，以激励后代，造福子孙。

圣胡安国家历史遗址自成为联邦公园以来，已经开展了多个项目来支持其新的使命，即保护其具有国家重要意义的历史区域、结构和物品，以激励后人并造福子孙后代，圣胡安城墙的维护就是其中的一个项目。该项目是一个周期性项目，《圣胡安国家历史遗址结构历史研究报告》表明，在殖民时代，为了维护保护城市的城墙的良好状态，预算被定期划拨。

如今，老圣胡安的城墙由美国国家公园管理局以"圣胡安国家历史遗址的名义"进行管理。它们是被动式娱乐区，每年接待游客 200 多万人次。圣胡安的城墙是这座殖民城市最大的旅游景点。

几个世纪的岁月流逝，不仅给圣胡安市留下了有形的建筑遗产，也在每个角落里留下了它的故事和传说以及它的壮举，这些都铭刻在这座城市的集体想象中。勇敢的士兵和防御系统的辉煌胜利，如今已成为圣胡安市的标志。

参考文献

[1] ALONSO, María, y FLORES ROMAN, Milagros. (1997) *El Caribe en el Siglo XVIII y el Ataque Británico a Puerto Rico en 1797*, San Juan, Publicaciones Puertorriqueñas.

[2] ANGULO INIGUEZ, Diego, (1942) "Bautista Antonelli y Las Fortificaciones Americanas del Siglo XVI", Discurso de Ingreso del Autor en la Real Academia de la Historia, Madrid, Hauser y Menet.

[3] ARCHIVO GENERAL DE PUERTO RICO. FondoObrasPublicas, Obras Municipales de San Juan, Legajo 62 N, Expediente 5, Caja 327.

[4] ARCHIVO GENERAL MILITAR DE MADRID, Capitanía General de Puerto Rico, Signatura 5166.10, fols. 306—313.

[5] ARCHIVO HISTORICO NACIONAL DE MADRID. E.S. Ingeniero Gral. Por el Teniente Coronel del CuerpoDn. Manuel Soriano, 14 de noviembre de 1848, Ultramar, Leg. 300, Exp. 12, No. 6.

[6] ARCHIVO HISTORICO NACIONAL DE MADRID. Colecciones Varias, 155, N.12.

[7] FLORES ROMAN, Milagros, LUGO AMADOR, Luis y CRUZ ARRIGOITIA, (2009) José, *San Juan; Ciudad de Castillos y Soldados*, San Juan, Ediciones Puerto.

[8] FLORES ROMAN, Milagros, GONZALEZ-VALES, Luis, SEPULVEDA, Aníbal, CURBELO ALVARES, Silvia y BIRD, Arturo, (2005) *San Juan; la Ciudad que rebaso sus Murallas*, San Juan, Ediciones Puerto.

[9] HOSTOS, Adolfo (de), (1966) *Historia de San Juan. Ciudad Murada*, San Juan, Instituto de Cultura Puertorriqueña.

[10] MARRERO-NUNEZ, Julio, (1957) "Breve Asedio a los Fuertes de San Juan de Puerto Rico", *Castillos de España*, Madrid.

[11] TORRES REYES, Ricardo, (1954) "El Mariscal O'Reilly y las defensas de

San Juan, 1765-1777", *RevistaCentro de Investigaciones Históricas*, Vol. IV, Rio Piedras, Universidad de Puerto Rico, p. 4.

[12] ZAPATERO, juan Manuel, (1964) *La Guerra del Caribe en el Siglo XVIII*, San Juan, Instituto de Cultura Puertorriqueña.

从军事角度看松江城天守阁的留存

[日本] 三宅理一　Riichi Miyake
日本建筑文化保存协会

一、概览

天守阁是日本城堡景观中的标志性建筑。日本曾经有一百多座天守阁，但大部分都在明治维新（1868 年）之后消失了，现存的只有 12 座。其中，松江城的天守阁被认为是五座国宝天守阁之一。本文主要从军事角度来探讨明治初期天守阁的拆除和保护过程。松江藩部队的形成是向现代化军事空间转变的第一步，由大约 1000 名士兵组成的松江藩部队作为常备军，取代了旧的封建武士（即侍，samurai）部队。而将这支藩部队吸收并纳入广岛的新镇台（Chindai）是对城堡区域土地利用全面变革的第二步。当时在广岛成立的工兵第五方面在城堡区域内的建筑物拆除和保护决策中发挥了至关重要的作用。作者分析了决策过程的细节、与当地人的谈判以及决定保留后采取的措施，并重新评估了保留天守阁的意义。在松江城的成功结局背后，通过松江城的经历，军队产生了一种对"非凡"城堡的隐秘而非常强烈的认识。

二、松江城

松江城于 2015 年被指定为国宝，是自 16 世纪、17 世纪以来保留其原始天守阁（城楼）的 12 座城堡之一，也是一座被誉为既美丽又保持着高环境质量的非凡城堡，其杰出的绿色景观与水系相得益彰。这座城堡始建于江户时代初期的 1607 年，由藩主堀尾吉晴（Yoshiharu Horio）兴建，并于 1611 年完工。此后，城堡经历了京极（Kyogoku）家时期，1638 年由松平（Matsudaira）家接管。松平家的统治一直延续到明治时代初期废除藩（封建领地）治理制度。在这一时期，许多城堡被拆除，但松江城奇迹般地幸存下来并成为市民熟悉的象征。

关于天守阁是如何保留下来的最广为流传的说法是，一个忠心耿耿的前武士和一个富裕的农民出于对封建时代旧日生活的回忆，出资阻止了天守阁的拆除。然而，在管辖权从旧藩政转变为明治政府的时期，究竟是什么因素促成了这种保存过程，就不得而知了。封建领主（藩主）的政治基础一经确立，城堡大院就被划归新成立的官军所有。大院内的设施被用于多种用途。作为藩政府所在地的三之丸宫（San-no-maru Palace）变成了县（prefecture）政府办公场所，而主要诸侯的住宅仍然是私人财产，因此城堡不再是封建武士统治时期的单一政治空间。正是在这一动荡时期，本来因为财产剥夺而即将被拆除的天守阁得以保存下来。

本文试图利用新发现的与早期天皇军有关的文献，对松江城作为军事场所的土地利用、其向要塞的转变以及天守阁的保存过程进行分析。

三、松江藩部队

松江城在现代意义上被视为军事基地，这主要是在幕府和朝廷之间激烈对抗的背景下，各个藩都被迫巩固防御系统。尤其是在 1864 年之后的十年，城堡周围的防御措施得到了加强，军队系统急剧转向现代化。将土地和人民归还给天皇的宣告（hanseki-hokan，版籍奉还）加速了这种防御政策的实施。1869 年 8 月，最后一位藩主松平定安（Matsudaira Sadayasu）从东京回到松江，被任命为松江藩知事。他将自己的住所搬到了城外，并将城堡改建为藩的新总部。约 1000 名藩内精英武士组成了"藩陆军"，在松江城进行为期两年半的军事训练。

戊辰战争后，人们对军事力量的认知也发生了显著变化。在近代化过程中，并非所有武士，只有经过挑选的武士才能组成军队，他们被分配到三个军衔（步兵、炮兵和骑兵）中的其中一个。根据 1869 年的记录，松江藩的武士人数为 15387 人，其中约 6000 人为成年男性。在这个数字中，约有 1000 人被选中。松江藩部队还努力采购武器，虽然在火器方面不如萨摩藩，但他们已经达到了能够自行铸造青铜大炮的水平。拥有两艘从美国购买的蒸汽船也是松江藩优于其他藩的地方。幕府以及后来的官军队似乎都希望松江在后勤方面有所贡献。

在第一次长州战争（1864 年）中，松江藩站在幕府一边，动员了约 1200 名士兵，但在第二次长州战争（1865 年）中，松江藩在与长州军（后来成为天皇军队的雏形）的交战中大败，出于对长州军的敬意，松江藩派遣了 460 名武士前往秋田，在戊辰战争中站在官军一边作战。根据 1870 年 2 月兵部省的指令，每个藩的军队规模都有严格规定。根据藩的规模，每 10000 石（1 石＝180 升大米产量）组建一个由 60 名步兵组成的排，士兵的年龄在 18 至 37 岁之间。这一数字中不包括军官和军士。据此推算，松江藩的稻米产量为 186000 石，士兵人数可能略高于 1000 人。

实际上，根据松江藩 1870 年 4 月 5 日给兵部省的一份报告，当时藩内的兵力包括 26 个步兵排（每排 35 人）、4 个炮兵连（每个炮兵连 8 门大炮 48 名炮手）和 1 个骑兵排（24 名骑兵），共计约 950 人。8 月，增至 35 个步兵排（每排 25 人）、3 个炮兵连（48 名炮手）和 1 个骑兵排。共有约 1000 名常备士兵和 200 名预备役士兵。

幕府军队时期，法国军事使团团长夏努瓦（Captain Chanoine）上尉就奠定了编队的基础。他指定步兵部省队以 60 人为一排，两个排为一连，五个连为一营，炮兵部省队以两门大炮为一个中队，三个中队为一个炮队。松江藩直到军制由英制改为法制后才彻底实行了这一制度。

1871 年 4 月，两名受雇的法国教员来到松江藩，对松江藩陆军队进行教育和训练：他们是夏尔-弗雷德里克·瓦莱特（Charles-Frédéric Valette, 1834—? ）和贝利萨雷·亚历山大（Belisaire Alexandre, 1830—1877）。特别是前者，他作为法国第一军事代表团的成员被派往日本，头衔是 maréchal des logis, ouvrier en bois，即一名领导一支木工队伍专门从事从炮车制造到建筑安装的木工工作的专业中士。他在炮兵教学上投入了大量精力。

炮兵也是一个技术性的团体，要求火炮、士兵、战马、火药、作坊等统一运作，同时必须具备机动性。然而，在当时的日本，炮兵营的雏形尚未形成，很难对同一地点的炮兵部省队进行统一管理，只能利用现有的建筑和空间来维持生计。

松江藩军队的总部设在城镇东端的一个名为向岛的填海区，距离城堡约 1 公里。这里还包括一个训练营。由于是新开发的土地，整个军队可以轻松地集结和部署。而大炮则存放在军械库，军械库利用的是松江城本丸（中心区）和二之丸（第二区）下层的仓库（图 1）。本丸最初有一个军械库炮塔和炮台，用于储存武器，但通往本丸的道路是斜坡和楼梯，无法携带重型火炮通行。根据大炮的大小，本丸和下层的二之丸之间可能有所区分。与旧藩时代一样，该地区的管理由位于二之丸的军械

▲图 1　江户时代末期（1860/1861 年）松江城地图（岛根大学收藏）。红色区域为城堡区域

所负责。然而，1871 年夏天，同一地点建成了一个新的炮兵场（火炮库）。由于大炮是非常贵重的火器，兵部省强烈要求对其进行管理，因此必须在严格控制下将其存放在要塞的最里面。即便如此，据记载，大炮丢失等事件还是时有发生，并引发了巨大的骚乱。

瓦莱特被委派的任务是，向那些仍停留在旧生活模式中的老武士们灌输新的现代军事思想，让他们熟悉新型火器，并通过全面的集体训练使他们做好立即反应的准备。这项工作预计需要 18 个月。除了在三之丸南面的修道馆进行课堂培训外，培训还在军队驻地进行，军队驻地也因此成为一个训练场。

根据 1879 年 4 月的一份报告，松江藩拥有 25 门 4 公斤的步枪，32 门 12 厘米榴弹炮，11 门手动迫击炮等作为其主要火器。虽然这些枪炮的名称不一，但人们认为它们分别是法国的"拉希特 4 倍线膛火炮"（canon rayé de 4 La Hitte）和"12 厘米野战榴弹炮"（canon obusier de campagne de 12cm）或其仿制品。这两种火炮都是在法兰西第二帝国时期新开发的青铜火炮，前者是一种前装甲山炮，进口到日本后，其复制品不仅由幕府铸造，还由包括强大的萨摩藩在内的多个藩铸造。松江藩可能也效仿了这一做法。后者是没有膛线的前装野战炮，其中许多在美国内战中使用，随后进口到日本。当这些大炮被移动时，它们与运载弹药的前车厢相连，由两匹马牵引。然而，但当时像日本这样的地方，道路不发达，地形崎岖不平，这些大炮每次都必须拆卸下来，用马背驮运，否则就只能用手扛。作为唯一受邀的炮兵教官，瓦莱特的任务是，在假设使用这些火炮的情况下，对炮兵进行各方面的培训和演习，包括后勤、火炮的移动和部署、射击、弹道计算和弹着点观察。

除了演习场上的训练外，还进行了海滩驻防训练，以防敌人登陆。部队从城堡通过水路部署到宍道湖（Lake Shinji），但由于这不是指定的训练场地，有报告称发生过子弹落在城镇房屋上的事故。人们认为这次演习是为了确认在战时条件下可以灵活调动部队的后勤，这就是现在所谓的"部队展开演习"（troop deployment exercises）。这对于松江来说至关重要，因为松江已经建立了一个由护城河和河流组成的水路网络。

四、城堡的废除

1871 年 8 月，当瓦莱特的培训结束，松江藩军的组织几乎定型时，松江藩接到通知，分散的藩政将被中央集权的府县制度取代。因此，岛根县取代了松江藩，松平定安也因失去藩督一职而于 9 月前往东京。三之丸的藩办成为府县政府办公室，府县行政的负责人由一位从东京派遣而来的县知事担任。

在废除封建领地（藩）的同时，新政府还改革了军事制度，将全国划分为五个军区，每个军区都有自己的镇台，并逐步将各藩的常备军吸收到这些军区中，以形成全国帝国陆军的雏形。在军事事务方面，岛根县最初隶属于熊本的镇西镇台（Chinzei Chindai）管辖，并在此基础上成立了另一个独立的广岛镇台。成立之初，军队的核心力量是以御亲兵（goshinpei）为基础，但不久后决定通过吸收各藩的常备军来保证一定的军事力量。因此，岛根县的军队于 1872 年 1 月被派往广岛，但保留了炮兵，条件是日后将武器运回镇台，而军团本身则被解散。

为了转移到镇台，1871 年底，藩军专门挑选了军官和军士执行这一任务。

1871 年底，小泉凌（Koizumi Minato）［后来成为拉夫卡迪奥·赫恩（Lafcadio
Hearn）］的岳父等三人被任命为步兵上尉。这三个人是镇台派遣军的实际负责人。
1872 年 1 月，6 名军官和 12 名军士在军医和护士的陪同下，带着 144 名士兵前往
广岛。小泉上尉留在松江执行余下的任务，另外两名上尉——曾尔义人（Yoshihito
Sone）和祝佐仲（Sachu Iwai）则率领部队进入营地。

有趣的是，明治新政府曾发布公告，规定不得擅自拆除城堡，必须与中央政府
协商后才能实施。在戊辰战争刚刚结束的废藩置县时期，政府收到了一些藩要求迅
速拆除城堡的呼声，这些藩因维护城堡内设施的高昂费用而备受困扰，但当时兵部
省正在进行调查，以便将来将军事设施迁移到城堡内，因此不允许擅自拆除城堡。
事实上，岛根藩在 1871 年初就决定废除城堡，但没有证据表明他们确实采取了这
一行动。

所谓的"废城令"颁布于 1873 年 1 月。此时，分配给各藩的城堡勘测工作已
基本完成，作为战略要点的城堡选择工作也已完成。此后，全国六个军区中的 57
个城市或城镇被指定为战略要点，以便将来建立军事基地。它们必须充分维护与
军事目的相应的土地和设施，为将来建立军事基地做准备。松江当时与广岛、丸
龟（Marugame）等城市一起被指定为第五军区（广岛镇台）未来要建立基地的 10
个城市之一。顺便提一下，在这 57 个地点中，除了青森（Aomori）和木更津（Kisarazu）
之外，有 43 个城镇都从封建时代起就一直保留着城堡，这些地点的城堡实际上也
是保留的对象。

之所以决定保留这些城堡，是因为从军事角度来看，这些城堡是必要的。城堡
将被重建为现代军事基地，因此城堡内的建筑必须重新用于未来的目的。按照军队
的意愿，县进行了调查，并制作了地图、图纸、建筑物清单等基础数据。占据政府
领地的土地、建筑物和树木自动成为政府财产。至于建筑物是否必要，则完全由军
队而非府县决定。因此，所有不必要的文物都由军队下令处理。换句话说，军队在
建造营地或拆除不必要的建筑物等建筑活动阶段直接进行干预，但在此之前，所有
的勘测和临时维护工作都由地方政府负责。

五、松江城天守阁的留存

1874年11月，军队将规划和建设部门作为一个独立部门成立。与各军区相对应，成立了工兵方面（koheihomen）——负责军事设施建设的单位，并开始作为一个为未来的防御工事、堡垒和炮台以及军事基地的建设进行规划和建设的实际单位。这还涉及负责建筑物的拆除工作。第五军区（广岛）成立了第五工兵方面（kohei dai-5 homen），在其内部设立了第一园区（广岛）和第二园区（丸龟）。松江属于第一园区的管辖范围，就在"工兵第五方面"成立后不久，松江城的建筑被决定拆除。

军事区域的拆除程序有严格的规定。根据对目标城堡院落及其附属物的调查，工程部门进行检查并筛选出需要拆除的建筑物。待处置建筑物清单、其表面、每坪的预定价格（1坪≈3.3平方米）、估计价值和布局必须连同出售请求一起提交给兵部省。

一旦获得陆军省批准，便可启动处置程序。工程队派遣一名官员前往现场，进行招标。为了保证公平，开标时财务主管必须到场，但如果地点较远，也可以由秘书代表财务主管到场。后来，由于全国各地不断拨款，秘书的安排似乎跟不上，程序简化为不一定要秘书到场，但可以进行单独的临时现场检查。监督员和秘书是隶属于总部的行政人员，他们的工作是处理来自各施工工地的文件。分区负责人是一名上尉军衔的军事工程军官，其下设一名中尉军衔的总工程师。

负责处理松江城的第一园区负责人是斋藤直演（Naohiro Saito）上尉。现在人们认为，他在保存天守阁（城楼）的过程中发挥了军队方面的主导作用，他的作用在松江城的历史上一直都有记载。根据新发现的历史文献，他在松江的一系列行动可归纳如下。

1875年5月18日，斋藤上尉率领随行人员抵达松江，次日，他将城中的各种建筑和三之丸宫殿公开招标，但只收到两三份竞标书（图2）。天守阁被以180日元的价格卖出，但松江藩的前武士高城权八（Gonpachi Takagi）、富农胜部本右卫门（Moto-uemon Katsube）对城堡被拆除感到羞愧，决定至少保留天守阁，他们提议支付同样的费用，让天守阁保持原貌。在高木和胜部看来，这只是一个很小的代价。

斋藤上尉作为园区长官拥有一定的权力，但是他无法自行决定是否保留已经决

▲图2 1875 年之前，从三之丸方向看到的松江城（岛根大学
藏）。这张照片展示了松江城的主要建筑被拆除之前
的情况

定拆除的天守阁。这意味着要对原定的拆除计划做出重大修改。他必须起草一份审批申请，该申请必须得到广岛工兵第五方面的首脑的批准，然后再由东京陆军省的第四局（筑造局）批准。他回到广岛并在东京询问后做出了保存天守阁的决定。

次年，即 1876 年 7 月，斋藤上尉被送上军事法庭，降职并开除军籍。罪名是他在到广岛工兵第五方面之前，负责东京镇台第一经营部所属宇都宫（Utsunomiya）的建筑工程时，无视第四局（筑造局）1874 年 6 月的决定，擅自处置了一定数量的树木。此外，当木工的浴室修缮费用超出预算时，他通过砍伐城内的树木并将其变卖来弥补差额。这些问题被起诉为严重的违纪行为。

斋藤上尉原本是加贺藩的武士，在大阪的军事学院（兵学寮，Heigakuryo）接受了工程师教育，具有很高的专业技能。然而，他被指控会计管理不严，与木匠进行幕后交易并伪造账簿。订购方与承包方之间的勾结必须被坚决制止。松江城天守阁的情况又是如何呢？似乎没有会计陪同，所以一切都由上尉一人负责。然而，由于招标在预定价格方面几乎没有成功，令人担忧的是他可能在松江重复了宇都宫的模式。另一方面，上尉的自傲可能是其接受了高城权八及其团队的建议而使得天守得以保存的原因。这是一个功过参半的故事。

尽管该判决应判处 30 天监禁，军事法庭的判决因情有可原而减为软禁 20 天。但他还是因此被解除了分区指挥官的职务，军衔降为中尉，并被解除了军队职务。他随后的去向不明。

关于提倡保存松江城天守阁的前藩领袖高城权八，人们对他知之甚少。根据《松江藩日记》，他在藩政末期似乎是一个相当有能力的人。明治四年（1870年）藩政改革后，他晋升为权大属（gon-daizoku），但在废藩时被免职。他原本出生于一个足轻（ashigaru）家庭，在江户时代末期的动乱中步步高升。1872年，他正式获得了士族（shizoku）头衔。

高城权八和富农胜部本右卫门之间的联系始于一座铜矿的管理。高城作为藩官负责铜矿，而胜部则承包了铜矿的开采。自江户时代末期起，出云大社北面的神门郡（Kando）地区开始开发铜矿，其中之一就是船谷内铜矿。胜部从1870年开始接手管理该铜矿，并在整个明治时期继续推动铜矿的发展，同时还作为地方资本家经营各种业务。从胜部家留下的许多书信中可以看出，本右卫门与年龄相仿的权八关系极为密切，甚至在权八从藩政府退休后仍然在业务上支持他。由于这种友好的关系，他请本右卫门接手天守阁，两人面对斋藤上尉形成三足鼎立之势，本右卫门提供资金，权八进行谈判。

当斋藤上尉从高木权八手中接过提议返回广岛时，负责工兵第五方面的是中村重远中校（Nakamura Shigeto）。中村重远中校是一位很有名望的人，由于他批准了名古屋城和姬路城的保留申请，后来人们在姬路城为他竖立了纪念碑。我们不难想象，如果没有中村重远的决定，这个故事就不会继续。当时，宇都宫事件本身尚未被发现，批准申请本应顺利被兵部省通过。第二年，宇都宫事件曝光后，中村茂人作为上级，多次向陆军省提出纪律处分请求，但由于事件发生在斋藤上尉的原岗位上，他并没有被追究责任。

在工兵第五方面管辖的中国地区（Chugoku vegions）和四国地区（Shikoku regions），天守阁的保留工作在这一时期取得了相当大的进展。例如1874年6月，爱媛县（Ehime）提出出售宇和岛城（Uwajima），但被工兵方面拒绝，因为工兵方面认为现在决定拆除城堡为时尚早。这一决定为天守阁的保留做出了贡献。随后是广岛、丸龟和松山，但对这些地区的考察被延后了。值得注意的是，松江的案例是最早的一系列天守阁保留案例之一，但目前尚不清楚军队内部批准保留的依据是什么。

六、结论

本文从军事角度分析了松江城的变迁，重点是紧接戊辰战争后的十年。在新政

▲图3　现在的松江城天守阁(国宝松江城官方网站)

府的命令下，一支常备军成立了，组成了一支拥有 1000 名士兵的强大的松江藩陆军。这支军队的基础是法国的军事体制，教官是从第一批法国军事团中聘请的，从而组建一支以炮兵为中心的新战术部队。夏尔-弗雷德里克·瓦莱特(Charles-Frédéric Valette) 是这支部队的领导人，他的身份和作用也在一定程度上得以证明。他严格遵守特派团参谋长夏努瓦上尉（Captain Chanoine）的章程，发展后勤和训练士兵。在这种情况下，藩军的空间范围扩大了，虽然军事训练营、火药厂和训练场都部署在松江及其周边地区，但除了三之丸的藩军办事处外，城堡本身从未发挥过军械库以外的作用。

1871 年，日本废除封建制度后，藩陆军被编入镇台，这使得藩军的设施变得毫无用处，并促使它们被出售给私人企业。由兵部省接管后，城堡和其他设施被分为未来需要的设施和不需要的设施，但天皇军本身并没有固定的愿景，因此调查和决策需要时间，甚至在 1873 年所谓的"废城令"颁布后，讨论仍在继续。

本文重点介绍了城堡处理的决策过程，特别是其拆除的程序，并讨论了在城堡内各种建筑物被要求遗弃的情况下，如何保留天守阁，以便将城堡重建为现代军事要塞。1874 年末，在陆军中成立了一个独立的设施工程队，这具有重大意义，据推测，工兵方面的存在对松江城天守阁的保留起到了决定性的作用。另一方面，法国军事代表团在这一时期的军事设施规划发展中发挥了重要作用，日法双方逐渐形成了对"非凡"城堡的共识。处于保护阶段初期的松江城天守阁不仅在松江的相关各方之间，而且在整个军队中都引发了问题（图 3 ）。

从列城到长城

张玉坤　天津大学建筑学院

摘　要：回顾长城起源的方城说、列城说、堤坝说、城墙说等诸说，列城说是长城起源较为可靠的说法。通过对历代长城建设过程的考察与研究，发现在修筑长城之前，都经历了先在边境地带建设关隘、边堡、敌楼或烽燧的过程。从北方长城地带夏家店下层的石城，秦汉时期的关塞，金界壕的城堡，乃至明代的戍堡，莫不如是，都经历了列城建设的阶段，再从列城发展为长城。然而，列城虽是边境地区长城建设的前期阶段，但并非所有列城都有演化成长城的客观必然性。

关键词：列城；长城；长城起源

本文是对长城起源问题的初步思考。关于长城起源，有方城说、列城说、堤坝说、城墙说、"封"说等几种说法；位于北方长城地带夏家店下层文化（公元前2000—前1500年）的石城带，也被认为是长城最早的原型。本文认为，各种说法均有其一定的合理性，但从历代长城中的建设时序看，长城的初现是一个从一系列城堡到连续线性墙体的变化过程，这一点可以从春秋战国之后的秦汉、金、明等长城建设过程得到补证。简言之，长城起源是一个"从列城到长城"的过程。

一、长城起源诸说

1. 楚方城说

有关楚长城较早的记载，见之于《左传》公元前656年（楚成王十六年）齐国攻打楚国的故事，"楚国方城以为城，汉水以为池"，难以攻克，齐国知难而退，"方城"因而成为比较公认的最早的长城。但问题的关键在于，古今都将"方城"视作"长城"的同义词，如《汉书·地理志》："叶，楚叶公邑。有长城，号曰方城。"因而才将与方城有关的记载看成长城已经存在的时间。但在《水经注·汝水》

记澧水时载：春秋之时"楚盛周衰，控霸南土，欲争强中国，多筑列城于北方，以逼华夏，故号此城为万城，或做方城"。这里虽然提到了"万城""方城"，但"多筑列城于北方"一言，则可说明所谓的方城，不过是"列城"而已。

在古代中国的语言中，何以会将"方城"与"长城"混为一谈，何以会将"长"与"方"这两个基本对立的形态辨而不分呢？笔者初步判断：楚方城是演变为楚长城的早期阶段，初有方城（列城），继有长城，积习时久，方城与长城辨而不分、混为一谈了。

2. 列城说

罗哲文先生在《长城》中说：楚长城"……说明了方城不是一般孤立城市的城垣而是连绵不断的城防。构成了一个完整的防御工程。这便是长城的开始"。但他同时又认为，"楚长城起初是由列城发展而成"。

关于"列城"，古代文献中多有记载：

《诗·小雅·出车》："王命南仲，往城于方。出车彭彭，旗旐央央。天子命我，城彼朔方。赫赫南仲，猃狁于襄。"为了防御北方猃狁的袭击，周宣王命南仲在镐京西北的朔方修筑连续的城堡"列城"。

《史记·匈奴传》："汉使光禄徐自为出五原塞数百里远者千余里筑城障列亭至卢朐"。"城障列亭"即徐自为所筑塞外列城。

《左传·僖公十五年》：晋侯"赂秦伯以河外列城五，东尽虢略，南及华山，内及解梁城，既而不与"。"列城五"是晋侯许诺将其河外的五座城送给秦伯，包括河东原虢国的领地虢略，河南到华山等大片领地，既而反悔。可见这里的列城，并非小城堡，而是类似小国之都的大城。

由此可见，自西周至秦汉，在塞外边境地带修筑列城是一种普遍现象。虽然这些列城今已无存，但可充分说明在连续墙体出现之前，边疆地带的防御是由一系列的城堡"列城"承担的，后来才发展为长城。诚如罗哲文先生所言：

"根据防御工程发展的过程推断，长城是由烽火台和列城等单体建筑发展而来的。起初是先建彼此相望的烽火台，或是连续不断的防御城堡，然后用墙把它们联系起来，便成了长城。"

3. 堤坝说

以山河为界是古今国家或社会集团之间常见的设界方式，"因河设防"则是古代长城的起源之一。据《中国大百科全书·考古学》："长城这种军事防御工程，是从修筑堤防的工程技术发展来的。……秦堑洛长城即是扩建北洛河的堤防。齐长城、魏西长城、赵南长城也都是连接和扩建堤防而成。"较为典型的是齐国济水东岸的"钜防"。

《战国策·秦策一》载："昔者齐……济清河浊，足以为限；长城巨防，足以为塞。"战国之际，齐与赵、魏以河为境。晋敬公十一年（前446年），赵、越会盟伐齐，齐人开始在济水修筑长城钜防。齐济水长城今已无踪。

作者老雷在《试去尘埃——找寻真实的长城》中将河防长城推至4000多年前的舜禹时代，用堤防和壕堑来决九川、陂九泽，疏导洪水治理水患。至春秋战国，凡以河为界的诸侯国之间，多在河岸筑堤设城，加强防御。修筑堤坝的技术早在尧舜禹时代，甚至五千年前的良渚时代已经成熟了。

除上述的方城说、列城说、堤坝说之外，还有将古代城墙展开形成长城的"城墙起源"说，西周时期分封诸侯将诸侯领地"沟封树之"的"封"说……兹不赘述。

概而言之，"楚方城"实际上是"列城"；列城、万城、方城都具有发展成长城的可能性；天设山河，以河流山脉为界筑长城堑壕是一种较为普遍的现象。

二、北方长城地区石城文化带作为长城的原型

韩建业先生在《试论作为长城"原型"的北方早期石城带》（华夏考古，2008.第一期）一文中转引苏秉琦先生的观点，认为："北方早期青铜文化（夏家店下层文化）的小型城堡带与战国秦汉长城并行，可称作长城的'原型'"。将长城的起源推及4000多年前。

宋晋的博士论文《辽西地区夏家店下层文化聚落体系研究》（天津大学，2023），梳理了辽西地区构筑的4条石城防御带（3条"外围"，1条为"内层"），分布直径约400—500千米，控扼着从赤峰以西和以北地区进入辽西腹地的各重要水陆交通要道及突出战略位置。布局有序、层次分明，组成了"点""线"结合的立体防御体系。

辽西地区的石城防御带具有几个主要特征：

（1）位于北方长城地带，石城聚落呈线性（如阴河流域）或集群式（如敖汉旗）排布。

（2）石城选址多位于山岗或高坡，形势险要，一般有石城墙环绕，筑城或建筑材料为毛石干砌或石土混合。

（3）石城遗址包括城墙、城门、马面等，居住址和祭祀址；夏家店下层文化石城（包括土城）居住址一般呈圆形的回字形，形制较为独特。

（4）石城带处于游猎文化与定居农业、半农业文化的交界带。

以上特征表明，石城防御带点、线结合，大至呈线性分布；石城选址在山顶或高坡，各种城防设施具备；房址一般由双层石墙或土墙呈回字形环绕，防御性特征十分突出。加之位于长城地带并与游猎游牧文化相邻，很容易将石城带与长城联系起来。

从更广的地域来看，长城沿线的内蒙古中南部、陕北、内蒙古东南部、辽西等地分布均有若干石城带或石城区，甚至可延伸至新疆天山地区的石砌遗址群、东北地区的高句丽山城。这些石城带时间跨度在约公元前2800—前1500年的新石器时代和青铜时代早期。它们之间是否存在时空联系尚未可知，但连成一线、共同面对北方的族群几无可能。

辽西地区石城带的修筑，究竟是为了共同面对外族的侵扰，还是为了调节族群内部纷争，依然悬而未决。因此，将辽西地区的石城带视作长城的原型，尚需深入研究。退一步讲，即使可以将石城带作为长城的原型，这种"原型"也不过处在"列城"的阶段，未能发育成线性连续的"长城"。

三、"从列城到长城"的补证

从列城到长城的历史演变规律可以从历代长城的发展过程得以补证。下面以辽东地区燕秦汉的障塞与塞垣、金长城（界壕）的"堡戍"、明长城榆林镇的营堡等加以说明。

1. 辽东地区燕秦汉障塞与塞垣——障塞到塞垣的过渡

在辽东地区尚存有许多战国燕北长城和秦汉长城遗留下来的障塞与塞垣遗址。

李树林等先生在《燕秦汉辽东长城障塞遗址的量化统计分析》（北方文物，2011）中做了详细量化分析。他们将这一地区的障塞和墙垣分为三种类型：点线式障塞结构、线段式短垣结构、线条式长垣结构。

点线式障塞结构类型呈点状一线排列，是由烽台、望堠、障堡、关隘、堑壕等障塞设施组成的军事据点，尚未有墙垣出现。目前已发现此类遗址138座（处、墩、道）。

线段式短垣结构是由不同地段、不同数量、不同长度的防御性短墙建筑遗迹，犹如断开的一条条线段所构成。区段间或设置有烽台、望堠、障堡、关隘、堑壕等必要的障塞设施和行政类城址。目前发现此种类型的考古遗迹数量较少。

线条式长垣结构类型基本上是由一条连续的长垣结构建筑遗迹所构成。其构筑特点是在点线式障塞结构基础上，障塞间连接长垣，理论上修筑年代似乎要晚于前两者。长城上和沿途设有烽台、望堠、障堡、关隘、堑壕军事设施。目前在辽东长城障塞线上，此类型仅发现于朝鲜大宁江全长120公里的长城。

这些不同类型的遗址，形象一点比喻的话，点线式犹如省略号，线段式似点划线，线条式则像破折号。这三种不同的类型，似乎正处于从列城到长城的过渡阶段：点线式只有"列城"：烽台、望堠、障堡、关隘、堑壕；线段式为"列城"+"短垣"；线条式则是"列城"+"长垣"。

2. 金长城（界壕）的"堡戍"——先筑堡后开壕

金代北部边疆经常受到蒙古骚扰，于是逐渐列堡戍、修长城，是一个先筑堡后开壕的过程。据《金史·地理志》记载：

"大定二十一年（1181年）三月，世宗以东北路招讨司十九堡在泰州之境，及临潢路旧设二十四堡障参差不齐，遣大理司直蒲察张家奴等往视其处置。于是东北自达里带石堡子至鹤五河地分，临潢路自鹤五河堡河子至撒里乃，皆取直列置堡戍。"

因"旧设二十四堡障参差不齐"等问题，特遣大理司直蒲察张家奴前往处置，"皆取直列置堡戍"。原建的堡戍参差不齐、布局凌乱，说明这些堡戍建设在先，并未考虑开界壕的问题，需要取直列置延长城线排列。

据孙文政先生考证，东北路金界壕和边堡的修建时间顺序，应是先筑堡后开壕，始筑边堡的时间应为金皇统七年（1147年），始开壕堑的时间应是金大定十七年（1177年），金东北路界壕边堡最终完工于金章宗泰和三年九月壬辰（1213年11月2日）。从筑堡到开壕相隔30年，界壕边堡最终完工用了66年时间。（参见孙文政，金东北路界壕边堡建筑时间考，考古与文物，2008）

3. 明长城榆林镇（延绥镇）的营堡——先筑堡后修边

据李恭先生考证（参考李恭，陕西明长城城堡初步研究，考古与文物，2018），明代陕北以边墙为主的防御体系最终确立经历了卫所防御、城堡防御、长城—城堡防御三个阶段。在卫所防御时期和营堡防御时期，明初陕北所属区域仅分设有延安、绥德两卫所；到永乐年间，据《延绥镇志·卷一·建置沿革考》："……始建议筑榆林城，及沿边砦堡、墩台，控制之，遂为重地。"随延绥镇建立，正统年间到成化七年前，修筑或沿用了20余座城堡，有效抵御了蒙古部落进攻。

成化七年（1471年）后，都察院右副都御史余子俊（1428—1489年）负责巡抚延绥，开始在榆林镇大规模修边墙、筑城堡，完善了边墙与城堡的统属关系，进入了边墙—营堡防御时期。随着边墙的修筑，调整了部分营堡位置，与新修城堡、边墙成为统一的防御体系。

另据赵现海先生："王锐提出在'榆林一带营堡，其空隙之地，宜筑为边墙，以为拒守。其墙于墩外修筑'。说明营堡、墩台先于边墙而存在。"［参见赵现海《榆林长城修筑与明中后期"长城时代"的开启》，明史研究论丛（第十三辑）］

先筑堡后修边是明长城九边重镇建设过程中的普遍做法。如山西镇，洪武—天顺（1368—1464年）年间开始筑关堡、立烟墩、置栅栏；成化—正德（1465—1521年）年间始筑重点地段边墙；嘉靖年间（1522—1566年）年间大规模修筑边墙。其他各镇亦莫不如是。

四、结论

历史上，从列城到长城基本上是先筑城堡，然后才开始修长城。亦即列城在先，长城在后，历代长城均由列城生发而来，历史在不断重演。列城如密如织，与长城唇齿相依，护为肩背，共同构成一个坚实、严密的防御体系。当然，客观上并非所有的列城都可以发展为长城，从列城到长城并无历史必然性。

清水河县后城咀石城考古发掘
——见证北方早期军事防御体系的形成

孙金松　内蒙古自治区文物考古研究院
党　郁　内蒙古自治区文物考古研究院

摘　要：后城咀石城作为"考古中国——河套地区聚落与社会研究"项目的重点遗址，2019—2023 年主要对瓮城部分持续了五年的发掘工作。瓮城部分基本已经搞清楚了布局结构，为地上三重防御结构与地下通道相互结合的具备军事防御性质的复杂防御体系。这也是目前为止，北方地区龙山时代最为完备的军事防御体系。其多重瓮城、地下通道的建筑技术与布局结构，为后世中国城防体系的发展与变革奠定了基础，是早期中国形成阶段的具体体现。

关键词：内蒙古；后城咀石城；军事防御体系

首先简单介绍一下项目的背景，项目分为两个大的阶段，从 2000 年开始，第一阶段作为河套地区先秦两汉时期的生业环境的考古学研究，持续到 2008 年左右。第二阶段从 2016 年开始至今，主要是对河套地区聚落与社会研究的项目。石城是在 2004 到 2005 年第一阶段调查中的发现并开展了试掘工作。

项目主体为河套地区，这个地区覆盖面较大，主要以内蒙古中南部、陕北和晋西北地区为主，这个区域也是研究北方地区社会变革的非常关键的区域。在河套地区的三个省，经过几十年的调查，发现了众多石城，这里列举了一些。这些石城根据地理位置大致又可分为三个小的区域，最北边的是黄河北岸的大青山南麓一带以及岱海地区和南流黄河两岸。南流黄河两岸地区分布最为集中，这里面比较熟悉的是石峁和碧村石城，还有今天的后城咀石城。

后城咀石城分布在南流黄河沿岸的支流浑河北岸，南岸相对的位置还分布有两座小型石城，其中后城咀石城是 138 万平方米，另外两座石城分别为 10 万、20 万平方米。2005—2006 年，我们初步进行了调查和测绘工作，其中地表发现有比较复杂的瓮城结构，当时的课题任务是生业与环境的探讨，仅做了局部试掘。2019—2023 年，"河套地区聚落与社会研究"课题的开展，就此次课题的目标才将其作为重大遗址开展工作，主要在石城的瓮城部分进行了多年工作。

2021—2023 年，逐步在城内进行大范围的钻探工作。整个石城坐落在一个大型坡体之上，南面为浑河，东西两侧及北面环绕着大型冲沟，石城一般都是依据地形地势营建。北面瓮城这一部分可以内外自由出入的地方，是石城最关键的、最需要防守的地方。内部两侧的冲沟把坡体分成内城、外城及瓮城城门部分。

瓮城经过四年的发掘，确认了地上三重防御体系。第一道是由主城墙、城门及两侧附属马面组成。整体城墙为土石结构，中间是石头垒砌的内墙，外面是包裹的夯土版筑的土墙。城墙可见分段垒砌的痕迹，夯土也可见版筑留下的痕迹，这种技术最早见于中原地区。本地最早的石城的墙体是纯石墙，这个阶段出现版筑土城墙，这是吸收了中原的建筑技术。

主城门是目前该地区发现规格最高的城门，之前在本区域发掘了一些小型的城址，没有发现大型直入式的城门。城门平面形状为长方形，两侧马面距离16—18米。城门发掘期间，在两侧发现两排对称的柱洞，部分柱洞里面还残留碳化的木柱，门道的踩踏面上也发现很多倒塌的碳化木，应为两侧柱子和上部的梁架结构。

一号马面破坏比较严重，石块大多都被搬走。二号马面保存相对比较完好。马面上部也应该有建筑，内部是空心，有明显的踩踏面，可以活动。踩踏面中部有柱洞，马面填土顶部、马面周围的填土内都发现大量碳化木柱，推测马面上部是有搭建的木制瞭望功能的建筑。

第二道防御体系为外部第一重瓮城，瓮城的墙体呈半月形与主城墙相接，墙体外围为壕沟，壕沟两侧直接通向东西两侧的天然冲沟，我们在冲沟地方做过一个剖面发现的。壕沟的修建也是利用自然地形，瓮城墙与壕沟所处位置本身就是斜坡，正好利用高差，再在低处挖沟使得壕沟与墙体形成绝对高差，起到很好的防御。这就是人工与自然结合形成的第二道瓮城防御体系。除了壕沟和瓮城墙外，沿瓮城墙营建了很多建筑，还有瓮城门两侧的墩台，形成第一重瓮城。当然在石峁城和其他石城也发现瓮城结构，但目前这个来说是结构最为完备的一个。

瓮城里面发现的台基建筑，台基里面是外石头内包土墙，里面有很明显的踩踏面，空间有限且不存在火塘之类的，应不是住人的，而是防御守卫的场所。壕沟在瓮城通道位置断开，至该处变得特别浅，且呈斜坡状，人是可以直接从地面走下去的。东侧壕沟一段发现有垂直沟的两壁有明显的木柱的痕迹，这一块儿推测应存木架构的浮桥一类的遗存。

在西壕沟发现一段堆积非常厚。清理堆积至沟壁处，发现有两个通道口，分别朝向东北部和南部。从方向来看，南部的通道口应该通向瓮城内部，至于能否通到城里面，还需要进一步的工作。

第三道防御是最外围的小瓮城，也是由儿段壕沟和3号墙体组成的。这个沟是分段组成的。中间通道两侧为两个马面，沟体断开处与马面之间形成3号城门，有比较结实的地面。在沟内能看到很多深坑，这些都是因为沟与通道相交处的坍塌造成的，这条沟下面我们发现有地下通道及与其他通道相连的入口。3号城门修建得相对晚一些，整体还是在距今4300年左右。

后城咀石城最重要的发现是地下防御体系，这是目前龙山时代发现的唯一的地下通道。它的发现有很多偶然性，因为发掘过程中外瓮城地面中间坍塌，后来才开始做向下发掘，发现壁面有工具痕迹，也有非常坚硬的踩踏面，以为是窑洞式建筑。在清理过程中发现其一直向两侧延伸，才确定了它是通道。南北两侧发掘中最后可以跟两个瓮城的两条沟相接。之后，又在附近发现了数条通道及通道口。目前我们能把地下通道联系起来，发现有很多条通道使得两重瓮城之间可以串联，且很有可能经过瓮城至城内。其底下交错非常复杂，看来并不是为了快速通过，应该还具有储存或者是藏兵的功能。

另外还有一些通道口的细节，曾经在通道口还发现用石头整个堆砌堵塞的痕迹。这是最新通道口发现细节特征，有踩踏面和工具加工的痕迹。地面通道口有过火的痕迹，还发现植物颗粒，应该也说明在这里面曾经有储藏粮食。

瓮城部分因特殊的建筑功能，生活用器较少。发现有陶器、石器、骨器及玉器。内蒙古中南部之前是从来没有发现过玉器的。之前一直认为玉文化没有到达这里。虽然在营建技术上与中原地区存在差异，但是文化的相互交流、融合，建筑技术、制陶、玉器的加工与使用等来看，总体上是中华文化一脉相承的表现。

　　今年发掘地点在城墙最下方，整体是这种夯土与石墙共用的建筑，这种大型护坡台基，台基上营建大型多连间式建筑，在芦山峁、石峁等地都有发现，都属于等级较高的建筑，是否属于石城的高等级建筑，目前还需要继续发掘。

　　我们对城门做个初步复原工作，结合《清明上河图》里城门的结构、嘉峪关城门的结构等材料，发现后城咀城门跟历史时期排叉柱的城门结构非常相似。后期所谓石券的券顶城门洞结构出现得比较晚，在元代以后看到明清时期基本上是券顶的。与中原地区商代的望京楼商城城门的对比，发现有相似之处，如两排柱洞体现的直入式的城门。2006 年下塔石城发掘，该石城的面积较小，城门处的整体规模较小，几处城门是曲尺状，没有发现的直入式的结构。对瓮城研究来看，大家主要研究明清城墙，我这里举几个例子，一是平遥古城一重外瓮城，二是山西临汾和义门的外部双瓮城，三是南京中华门内三重瓮城，四是北京重阳门的内外瓮城结构。中国瓮城的各种结构在距今 4000 多年前的龙山时代，其实都已经有了雏形。

　　最后，我们看看今天的陕北吴堡明清石城，与龙山时代石城具有很多共性。它位于沿黄两岸交通要道，也是重要的军事要道上。明清时期南流黄河沿岸古堡的分布和龙山石城分布有诸多相似之处。南流黄河地区，这一地理位置是非常重要的黄河的交通水道，也是文化交错汇聚的关键的地方，能连通河西走廊，也能联系大青山以北地区的草原文化。

　　目前中国城墙申遗、石峁石城申遗等也都提上日程，我们要做的工作还很多。

晚清北洋海军在旅顺的国防建设
——兼论自主近代设防城市的发轫

吕海平　沈阳建筑大学
冯恺悦　浙江省古建筑设计研究院有限公司
奚江琳　陆军工程大学

摘　要：从 1840 到 1894 年即第一次鸦片战争到中日甲午战争，十九世纪后半叶是清廷开始接受西方技术、主动开始国防建设等系列运动的时期。国防建设是系列运动之重、之始。东北旅顺北洋海军基地。通过对旅顺北洋海军基地的建筑史研究，本文揭示了洋务运动是中国近代建筑和城市更新、演进的国家行为和原生动力。

关键词：旅顺；北洋海军；新式炮台；设防城市

1840 年第一次鸦片战争前，清朝整个海疆较为平静，各地水师营务废弛，国家军用船炮发展停滞。鸦片战争失败后，面对西方列强的坚船利炮，晚清政府认识到海上国防的重要性，在朝堂上开始讨论建设近代海防的必要性，旅顺就是在这样的背景下利用十年时间建成了基于海权视角下的国防和近代功能型城市。

一、旅顺作为北洋海军基地的必然性

1888 年（清光绪十四年）10 月 7 日，清政府批准《北洋海军章程》，[①] 章程标志着中国近代第一支系统化、正规化的海军就此诞生。北洋海军配备大小舰船及配套设施，装备全部从国外进口，海军将领多出自水师学堂或留学归来。北洋海军隶属于总理海军衙门，全军设海军提督一员，统领全军，驻威海卫。总兵二员，分

---

① 中国史学会主编. 中国近代史资料丛刊——洋务运动 3[M]. 上海：上海人民出版社，1961:195-262.

左右翼，分别统领一艘铁甲舰，为领队翼长，整个海军有 3500 余人。

近代海军基地一般都选在四周有山体环抱、避风良好的不冻海湾内，若能形成"大湾套中湾，中湾套小湾"的复杂地形更是上选。北洋海军道员马建忠[①] 对西方港口船坞的选址要求总结为：查西国水师，建阖择地，其要有六：水深不冻，往来无间，一也。山列屏障，以避飓风，二也。路连腹地，便运糇粮，三也。土无厚淤，可浚坞澳，四也。口接大洋，以勤操作，五也。地出海中，控制要害，六也。[②] 马建忠指出选址的六要素为：第一周围水域常年不冻，可以通航；第二港口有山峰屏障，可作为避风港；第三便于通往后方腹地，满足物资运输的需求；第四土壤可以轻易疏浚，建设船坞；第五出口能连接大洋，方便船只移动；第六选址要选能够通往大洋中的战略要地。

"北洋"是指渤海和黄海区域。北洋区域符合建港条件之地仅有胶州湾、大连湾、旅顺、威海。排除位置偏僻的胶州和口门过宽的大连湾，仅剩威海、旅顺两处。旅顺位于辽东半岛最南端，与山东威海卫仅相隔 160 千米。由于清政府经费不多，仅能先选择一处建港，相较于威海，旅顺老虎尾和黄金山围合的大小海湾是上选之地，且从明代开始旅顺为海防所城，清朝设立水师营及炮台，基础设施较好，只需将两澳浅滩挖深，开展口门，即可建成海军基地。旅顺—威海两地及中间的庙岛群岛岛链形成联防，作为保护京师的第一道防线，可阻止敌舰进入渤海。戍卫京师是旅顺威海防线的第一要务，是建设军港和海军基地的最佳之地。

二、旅顺北洋海军基地的建设历程

清政府于 1880—1890 年之间在旅顺修建了一系列海防军事工程，包括港口、船坞、炮台、沟垒、挡墙、兵营、后勤设施等。旅顺海军基地的工程建设分为两期：

第一期从 1880 到 1886 年，是中国自主营建时期，工程由袁保龄主持，德国

---

① 马建忠（1845—1900），字眉叔，江苏丹徒（今镇江）人，1881 年被李鸿章派去旅顺考察炮台和船坞布局。
② 《旅顺大坞史》编委会 . 旅顺大坞史（1880 年—1955 年）[M]. 大连：大连出版社，2017:10.

工程师汉纳根①（V.Hanneken）和善威②（Mr. Samwer）等外国技术员做帮办，完成如下工程的建设③：河港码头工程（引河工程、海门工程、修筑拦水坝、码头、船澳等）、通讯工程（旅顺电报局）、军事炮台工程（海岸炮台）、军营（水雷营、鱼雷营）和后方保障工程（机器厂、水陆医院、铁路、碎石马路、库房、龙河以东城区建设）。一期工程主要是海军基地的基础设施建设，核心工程为海岸炮台和船澳。

第二期从 1887 到 1890 年，是法国人承包营建时期，工程由法国工程师德威尼④（M. Thevenet）作为主工程师，完成了船坞工程（石坞、修理厂、厂房库房、泊岸、石坝、起重码头等）、后方保障工程（铁道、电灯、自来水工程）和军事炮台工程（陆路炮台）（表1）。二期工程主要围绕船坞进行，陆路炮台工程与海防炮台对基地形成了环形防御，其中大多是宋庆的毅军修筑。

表 1 近代旅顺海军基地修建情况一览表

阶段	时间	修建工程	建设内容
第一期	1880—1886 年	河港码头工程	引水工程、水门工程、修筑拦水坝、码头、船澳等
		通讯工程	电报局
		军事炮台工程	海岸炮台
		军营	水雷营、鱼雷营
		后方保障工程	机器厂、水陆医院、铁路、碎石马路、库房、龙河以东城区建设
第二期	1887—1890 年	船坞工程	石坞、修理厂、厂房库房、泊岸、石坝、起重码头等
		军事炮台工程	陆路炮台
		后方保障工程	铁道、电灯、自来水工程

---

① 汉纳根（1855—1925），德国人，陆军大尉，中国海关税务司德璀琳长婿。1879 年由德国军队退伍，在天津任军事教官兼充李鸿章副官，并负责设计和建造旅顺口、大连湾、威海卫炮台。（作者注）
② 善威，德籍工程师，负责船池与船坞工程。但其才能不足，延误工期，1887 年被李鸿章辞退。（作者注）
③ 王家俭.李鸿章与北洋舰队：近代中国创建海军的失败与教训 [M]. 上海：三联书店，2008:235-266.
④ 德威尼，法国建筑工程师。1887 年辞退善威后，船坞工程公开招标，一家法国建筑公司因为开价最低，愿意担保成功中标，由总工程师德威尼全面负责旅顺船坞工程。

▲图1 船坞历史照片（《旅顺大坞史》）

三、旅顺北洋海军基地核心国防建设

（一）船坞建设

旅顺船坞位于黄金山北麓，历经中、俄、日、苏的建造、沿用、改造，使用至今。船坞于 1883 年 6 月开工，1890 年 9 月全部竣工，用于北洋海军修理保养大型铁甲船（图 1）。主体包括修船大石坞一座，坞外停泊军舰的石澳，9 座修船的辅助工厂，5 座大仓库，2700 米铁路轨道和 5 座起重机架。旅顺船坞因为包办给法国工程师，建筑立面大多为欧洲古典主义建筑构图，采用拱券、柱廊、隅石等装饰构件。但屋顶及檐口等在人视平线以上的细部又采用了中式做法，内部屋架也采用介于抬梁结构和桁架结构之间的过渡结构，形成用于维修的大空间。建筑整体中西结合，但更偏向西式，属于古代向近代过渡的典型建筑风格。

（二）新式炮台——要塞或要塞建设

旅顺海防炮台分为海岸炮台和陆路炮台。李鸿章在 1885 年的海防奏折认为"水师以船为用，以炮台为体，有兵船而无炮台庇护，则兵船之子药煤水一罄，必为敌所夺。有池坞厂栈而无前后炮台，亦必为敌所夺。故炮台极宜并举"。[①] 李鸿章还认识到中国古代炮台技术与西方的差距，招募外国技术员在旅顺、威海卫、大沽等地修筑中西合璧式的海岸炮台。所谓中西合璧是指炮台借鉴西方棱堡布局和形式，但营建工艺和工程技术仍以中国古代夯土技术为主。新式炮台以多组进口大炮为主要军事中心，周围环以官厅、兵房、仓库等辅助设施，形成一个具有打击和坚守能力的军事建筑群，与西方的要塞相似。新式炮台虽仍以传统"炮台"命名，但是其

---

① 中国史学会主编．中国近代史资料丛刊——洋务运动 2 [M]. 上海：上海人民出版社，1961：568.

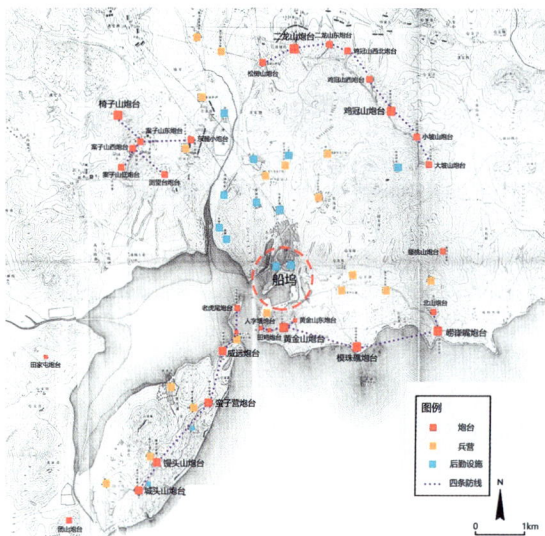

▲图2 晚清海防炮台和陆地炮台分布图

性质和形制已经与仅供承载火炮的单一旧式炮台完全不同。

　　旅顺海岸炮台是为了守卫船坞和港口兵船，根据旅顺自然地理位置，以船坞为中心沿老虎尾和黄金山向东向西面向大海两线展开，共有9座炮台：东岸沿老虎尾有黄金山炮台、田鸡炮台、摸珠礁炮台、崂律嘴炮台；西岸沿黄金山有老虎尾炮台、威远炮台、蛮子营炮台、馒头山炮台、城头山炮台。除了威远、城头山炮台外，旅顺陆路炮台的修建时间晚于海岸炮台，其目的是守卫船坞和旅顺港后方，根据地形地貌主要设置11座炮台，东侧有松树山炮台、二龙山炮台、二龙山东炮台、鸡冠山西北炮台、鸡冠山西炮台、鸡冠山炮台、大坡山炮台、小坡山炮台；西侧有椅子山炮台、案子山炮台、测望台炮台。甲午战争时，还有临时添设的小炮台（图2）。

　　（三）新式炮台布局和形制

　　旅顺近代新式炮台是由西方设计师设计的西式棱堡，结合中国古代夯土结构形成的中西合璧的新型军事建筑，体现了洋务运动一贯秉承的"中学为体，西学为用"的理念。因沙俄延续其军事布防，在这些炮台原址拆旧建新，导致旅顺除了除南子弹库旧址一处残留遗址外，北洋海军炮台及附属设施皆已不存。根据晚清萨承钰对建成炮台实勘写成的《南北洋炮台图说》、日俄战争期间日本战地记者拍摄的历史

▲图 3　晚清海防炮台——模珠礁炮台现
状和历史照片 ①

照片，结合南子弹库旧址实测，可以再现旅顺新式炮台——要塞的原状。

南子弹库旧址位于旅顺口区摸珠礁海岸边，黄金山东侧约 2000 米处，东、南、西三面临海，是一座半地穴式弹药库，2013 年被列为第七批全国重点文物保护单位，是我国现存规模最大的清代弹药库。根据历史照片和文献记载，南子弹库为摸珠礁炮台的组成部分之一，现上方的炮台和要塞内的营房皆不存在（图 3）。模珠礁炮台与黄金山炮台形成掎角之势，共同戍卫船坞和东港，严密防控海面来敌，军事防御作用相当重要。

根据《南北洋炮台图说》，模珠礁炮台包括大炮位 2 个，小炮位 2 个，（弹）药库零件房 3 个，官厅 7 间，东西官房各 5 间，东西兵房厨房各 5 间，兵房两栋各为 15 间和 14 间，营门 1 座，营墙高 4 米。炮台是露天的，基础为条石铺砌，平面呈方形抹圆角，四周炮墙由三合土夯实而成。各炮位间有防弹隔堆，防止其一炮位被命中时波及相邻炮位，隔堆中建有小型弹药库和零件房。官厅、兵营、厨房、电话房等配置在比炮台低的隐蔽之处，南子弹库与炮台间有内部直通楼梯。营房四

_____

① [日] 陆地测量部摄 . 日清战争写真贴 [M]. 东京：小川一真出版部，1894.

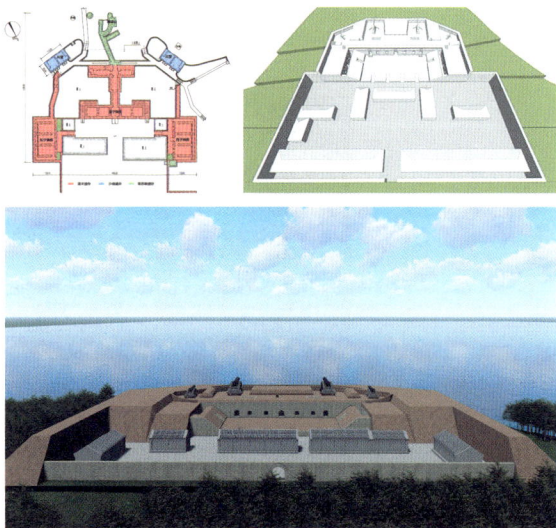

▲图 4　旅顺近代新式炮台——模珠礁炮台实测复原图

周筑有 3—4 米的坚固围墙，营门通往后方。克虏伯火炮可以进行 360° 射击，炮台必须是露天炮台，无法构筑暗炮台。模珠礁炮台虽为露天，但炮位前的厚挡墙、炮位间的隔堆，都可以保护火炮及士兵。炮台下层的空间可以用作兵房、弹（药）库、电话房等，保证在敌袭时守军及物资弹药能够隐蔽、自保（图 4）。

　　模珠礁炮台属于北洋海军营建的丘陵山地型要塞。要塞分内外两部分，设营门和营墙围合，内为炮台部分是营区内的主体，石拱券做主体结构上覆夯土，平整后作为炮位；外为营房部分，均为中国传统木结构硬山建筑，根据需求设置大小，功能有办公、营房、设施用房、仓库等，可根据布置位置和体量来分出官兵等级和不同使用功能。这类要塞集打击和坚守为目的，融入西方技术和中国传统技艺，符合中国官兵的使用习惯和审美习惯。

四、旅顺北洋海军基地生活服务区建设

　　北洋海军经营旅顺期间以建设海军基地为核心，在船坞和东港面海一侧部署新式炮台，在背海一面营建服务于军事的生活服务区，并展开具有划时代意义的近代城市基础设施建设，以新式炮台而不是城墙环绕城市。城市空间没有预先规划，道路根据地形地貌灵活设置，功能多是伴随相关军事目的发展或驻港工人自发建设。

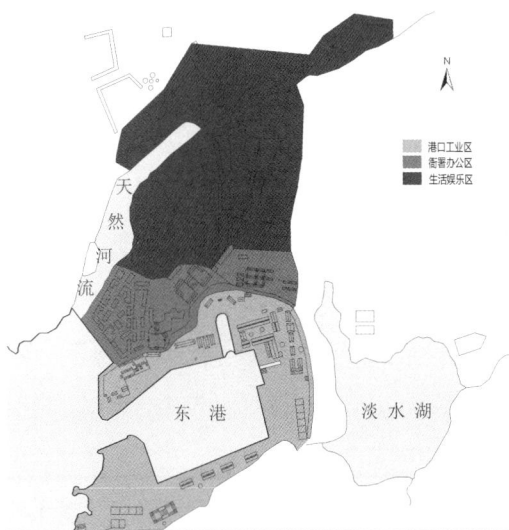

▲图5 北洋海军营建的旅顺城区功能分区复原图

从功能划分上看，旅顺城区分为三大主要的空间区域：港口工业区、衙署办公区和生活娱乐区（图5）。这三个区域按照与港口的密切程度分布，港口工业区环绕东港布置；衙署办公区紧邻工业区；生活娱乐区则在衙署区的北部偏东，位于东鸡冠山和白玉山相夹的谷地上，沿龙河呈带型向北延伸。

（一）城市基础设施的建设

为了满足旅顺军民生产生活需求，北洋海军建设了大量城市基础设施，例如供水系统、电信系统等，并建立了相应的管理机构，这是古代城墙城市所没有的。1879年，清政府在旅顺水师营三八里村开凿龙引泉，引水到旅顺东港附近，开启了旅顺近代城市基础设施建设的帷幕。1888年，自来水工程全部完工，建成铸铁管道6180米，砌筑石材隧道728米，建储水库、淡水库2座，凿井18眼，安装水泵18台，敷设配水管道1335米，每日可供水量1500立方米。自来水供水系统的建成，使得旅顺成了晚清最早敷设近代自来水设施的城市之一。

电信系统也是旅顺较早开始进行的城市基础设施建设之一。1884年4月，电报线路从天津、唐山方向经山海关、营口到达旅顺，建成后成为东北地区的第一条电报线路，提高了军事基地间的信息传递速度。同年11月，又设立了旅顺电报分局，这是东北地区最早的官办电报分局之一。第二年5月，清廷又批准架设从旅顺通往朝鲜汉城的电报线，它成为我国最早的国际电报线。

（二）城市近代产业和城市管理的急剧发展

在1880—1890年北洋海军建设期间，有时是六七千人同时作业，最多时近万人施工。近代产业工人的涌现，对旅顺近代港口城市的形成和近代产业发展具有重要的影响。船舶、机械、电信等产业相继出现，产业部门种类不断增多，使旅顺新兴产业工人队伍的数量有了迅速增加。1885年年底，产业工人已经超2000人。而到了1890年年底，旅顺船坞工厂建成投产时，仅一个船坞工厂内就拥有产业技术工人达千人以上。工种包括发电、配电、供电、检修、车工、刨工、钳工、铸工、锅炉工和汽轮机工等。另外，还有船底刮锈和油漆工等所谓的"长工"（季节工、农民工），标志着旅顺工人阶级队伍从量和质两个方面都具有了相当的规模。他们是旅顺的核心和灵魂，作为新的社会阶级，具备先进思想和城市生活的理念，对旅顺社会生活发挥出积极影响。

为了管理城市基础设施和新增的产业工人，电报局、工程局、知港事厅等管理机构相继成立。电报局方便了从京师直接指挥旅顺军港，提高了通信的速度和效率；工程局负责陆上防御工程进度和人员的控制；知港事厅则负责协调港口建设的相关事宜。各个管理部门协同工作，加快了旅顺军港的建设，同时也促进了旅顺近代城市空间的产生。

清廷全面建设旅顺导致了人口的大量涌入，极大地促进了旅顺地方的第三产业繁荣。当时的旅顺出现了药局、医院、戏园、饭店等，这些包括文化、医疗、娱乐等在内的第三产业大量丰富了旅顺工人阶层的生活，促使旅顺迅速地由一个渔村迈向了一座近代港口城市。

1894年中日甲午战争爆发前，经过十余年的开发建设，旅顺已经成为一座颇具规模的并得到国内外公认的近代化城市。这主要表现在：行政上，从1880年旅顺东港工程奠基开始，设有全面的军事和行政管理机构，隶属直隶总督管辖。同时它的管辖范围也超出旅顺，辐射到大连湾和金州以西的广大地区。经济上，伴随旅顺港口的开发，旅顺近代城市的基础设施得到逐一完善，并代替金州成为辽南经济和政治中心。文化上，旅顺开设了多处近代军事学校，如旅顺鱼雷学堂、水雷学堂。近代军港、近代海防、近代工厂、近代学校和近代城市设施的出现以及西方近代技

港口工业区 – 鱼雷修造厂 　　　　衙署办公区 – 总督府 　　　　生活娱乐区 – 旧城区

▲图6　北洋海军海军生活服务区历史照片（yandex.com/images/）

术、近代文化的引进，使当时的旅顺成为东北地区接受洋务新政影响最多和国内接受西方近代技术与近代文化最早的地区之一（图6）。

（三）自主建设城市空间和风貌特点

与以往中国传统军事防御城市远离海洋的选址完全不同，旅顺作为近代国防重镇，以港口为中心营建的城区濒临海洋。其城区选址沿龙河东侧三面环山的谷地，四周被山峦包围，两公里之外便是浩瀚的渤海和黄海。

城市空间呈开放的沿河带状发展，以东港为城区的核心，一切城市功能的组织都围绕东港展开；顺应丘陵山地地形地貌形成道路，城市空间由官民沿道路根据功能和身份不同沿用古代等级有序建设。这种有机自由的城市格局和风貌看似无序，实则讲求天人合一，顺应自然的同时遵守传统礼法，延续了中国古代非行政中心城市的营造原则。旅顺城市空间是接纳西方技术的前提下，沿用传统营城理念发展的渐进式更新的近代城市典型代表。

城市道路体系有分区的差异，港口工业区有较笔直的不规则方格路网，市民生活区道路主要以南北向为主，沿着丘陵之间的走势形成。根据文献记载，旅顺有5条主干街道，另有多条窄街与主干道衔接，从不多的历史照片上可以看出这些街道多为土路（图7）。英国船员詹姆斯·艾伦（James Allan）在1894年甲午战争爆发前，亲临旅顺记述到"城内有1000多间民房、两家大剧场、两座庙宇、一些医院和旅店，……造船厂占据了城市相当大的一部分""市内干净、整齐……，较之天津，旅顺口建设得要好得多，市面上一派繁忙景象"。日本随军记者龟井兹明记述到"旅顺市街向南有3条新街，在街头挂着'东新街''中新街''西新街'的牌子，'中新街'的剧场，入口挂着'集仙茶园'匾额"（图8）。"市街北角的高地门上挂

▲图7 北洋海军营建的旅顺市街道路示意图　▲图8 旅顺城区集仙茶园《日清战争写真帖》

▲图9 清末旅顺知港事厅（左）和鱼雷局（右）（《日清战争写真帖》）

着的大匾是出自李鸿章的手笔'北洋医院'。此医院乃清国半官半民设立，当时的院长是英国人瓦特博士，所以办公室、药局、病房等，划分得很清楚，十分完备，其仓库贮藏的药品也全是精选的新式'好药'""……病房经过清扫整理一下，足可收容200名患者，而当时进入旅顺市内的日军师团司令部就以叫做'大德堂'的药铺充当"。

城市内主要有工业建筑、官府建筑和民间建筑三种形式。港口工业区采用大体量、近代化程度较高的工业厂房。官府衙署如知港事厅、电报局、鱼雷局等都采用了传统官式建筑形式，并按照传统的合院格局布置，在建筑朝向上坐北朝南（图9）。民间建筑的布局沿等高线南北走向道路排列，布置成了东西向，采用传统的硬山形式。

五、结语

晚清李鸿章等洋务派认识到海防的重要性，把海防上升为国防，成立近代海军，建设海军基地，学习西方技术，购买西方军事武器，从国家层面全面开启捍卫主权和领土的洋务运动。

旅顺，处于东北亚中朝俄日四国地理空间的十字交汇点，其自然地理特点符合西方近代军港的选址条件，加之其位处渤海黄海分界线，是戍卫京师的桥头堡，遂被清廷选做北洋海军基地。旅顺北洋海军基地的建设以军港和新式炮台为核心，为建设海军基地，北洋海军和筑港官民营建了服务于基地建设的城市空间。通过上文研究发现，晚清在旅顺的建设无论是各功能的新型建筑还是城市空间，均以"中学为体，西学为用"的原则展开。

旅顺自主建设的黄金十年，是晚清内生动力主导下的新型国防体系和无城墙设防城市的开端。北洋海军并未采用全盘西化的做法，旅顺近代建筑和城市在吸收西方技术的同时，延续了中国传统营造和营造伦理下的近代演进。洋务运动展开的沿海军事设防和设防城市的营建是中国近代自主城市发轫的重要的国家行为。

参考文献

［1］中国史学会主编. 中国近代史资料丛刊——洋务运动 2、3[M]. 上海：上海人民出版社，1961.

［2］《旅顺大坞史》编委会. 旅顺大坞史（1880 年—1955 年）[M]. 大连：大连出版社，2017.

［3］王家俭. 李鸿章与北洋舰队：近代中国创建海军的失败与教训 [M]. 上海：三联书店，2008.

［4］［日］陆地测量部摄. 日清战争写真贴 [M]. 东京：小川一真出版部，1894.

南宋四川山城的城垣与城门

孙 华 泉州文化遗产研究院、
北京大学文化遗产保护研究中心

摘 要: 南宋时期的川峡四路简称"四川",这四路是益州路(成都府路)、梓州路(潼川府路)、利州路、夔州路,其首府分别在今天的四川省成都市、四川三台县、陕西省汉中市、重庆市奉节县,其疆域包括了今四川省大部、重庆市全部、陕西省南部、贵州省北部、湖北的西北和西南部。南宋端平二年(1235年),蒙古大汗窝阔台在第二次西征的同时,分兵南下攻宋,其西路军在皇子阔端率领下主攻四川。蒙古军战斗力极强,四川又长期承平,不能抵御蒙古骑兵的进攻,包括四川首府成都在内的大半州县都为蒙古军攻占。为了守住四川这个南宋王朝疆土的上游屏障,南宋王朝加紧了四川地区的防御部署,开始利用山河之险筑城设防。

关键词: 四川山城遗址;城垣;城门

嘉熙四年(1240年),四川制置副使彭大雅修筑重庆城。淳祐三年(1243年),南宋王朝将四川军政中心"四川制置司"治所由成都迁至重庆,余玠被调任四川制置使主持四川军政事务。根据当时严峻的形势,余玠充分征求朝野熟悉战区蜀籍人士的意见,在四川境内三条纵向大江(由东到西分别是嘉陵江、沱江和岷江,这三江又分别以距离当时中心地区的远近称之为内水、中水和外水)以及三江汇合后的横向大江即长江沿岸险要的地点修筑山城和水寨,将当时无险可守的府州以上的行政建制单位迁到这些山城中去,以遏制蒙古(元)军骑兵优势的发挥。从而建成了以山水城池为点,以江河为线,点线结合,相互策应,有一定纵深的防御体系。南宋及蒙古双方在四川地区兴筑山城水寨总数达八十三处(绝大多数为南宋兴建)。这些山城水寨遗址在南宋灭亡后,除了渠县礼仪城等三十三处由元军继续驻扎外,其余已经悉数拆毁。[1] 元亡以后，即便是这些未被拆毁的山城，也都荒废颓败，成为遗址。只是到了清代咸同年间，四川白莲教之乱时，许多府州县城的民众又避乱上山，他们修复重建了原先宋元山城，聊以自保。多数宋元山城，除了城墙下部或部分墙段是宋元时期的，其余都是清代的风格，就是这段历史的反映。由于宋元山城多建在不易生产和生活的山上，这些山城废弃后的城址大多没有被占作他用，城址大多还完整保存，不少宋代城墙还保留在地表，并有 8 座宋代城门保存下来，这就为现代研究宋元战争史、城市史、城池史以及山城所在区域的地方史提供了实物的资料。

一、川渝南宋山城遗址基本情况

南宋王朝立国江南，其外部安全主要依赖东西延绵的秦岭山险以及横亘在长江以北的淮河防御地带作为前沿保障，以横贯东西的长江天险作为上下联系和防御基线，所谓南宋"无百二河山，唯长江为严庭，两淮为樊篱"（程珌《江淮形势》语）。这道长江防御地带分为三个防区：一是长江上游以成都和重庆为中心的四川防区，二是长江中游以襄樊（今湖北襄樊）和荆州为中心的京湖防区，三是长江下游以扬州（今江苏扬州）和庐州（今安徽合肥）为中心的两淮防区。在宋元战争中，两淮防区虽距南宋京畿最近，但江淮间河流纵横，又有广阔的黄泛区，便于南宋水军的驰援却不利于蒙古骑兵的机动，故元军一直都是将这一地区作为牵制南宋军队的次要战场。京湖防区位于长江中腰，是整个长江防御地带的核心，京湖防区稳固则可以上援四川，下拯两淮，保持整个防御体系的完整；而如果蒙古军实现中心的正面突破，宋军失去京湖防区，则不仅四川防区和两淮防区难以坚守，南宋中心地区也难以保全。四川防区位于京湖防区和南宋腹地的上游，一旦南宋失去四川防区，蒙古军就可以建瓴之势顺流而下，包抄京湖防区的后路，并直接威胁位于东南地区的南宋京畿地区的安全。在历史上，秦国的统一事业先从灭巴蜀开始，晋灭吴的统一战争也是从蜀地而下，隋打破南北分治局面是从益州出发，诗人所谓"王濬楼船下益州，金陵王气黯然收"，就是这种形势的形象反映。由于蒙古在借道灭金之战中，

---

① 《元史·世祖本纪》卷10。

已经熟悉了四川地区的山形地貌和交通线路，因而在宋元战争前期都把四川作为灭宋的主要进军路线；南宋朝廷也深知四川战区的重要性，以京湖防区支援四川防区，按照以重庆为中心、以府州为基础、以内水为轴心、以大江为根本、以山险为据点、以江河为连线的思路，重建了四川建制城市体系和军事防御体系。

首先是四川首府重庆城地位的确立。四川地区的首府自秦灭巴蜀后一直是成都，由于成都位于平原，无险可守，再加上成都及其周边城市在蒙军初入四川时已经烧毁，故重建的四川军政体系的中心确定在重庆。重庆古称江州、渝州、恭州，因宋光宗曾被封为恭王领恭州贡赋，故他登基后升恭州为重庆府。该城早在东周时期就曾作为巴国的都城，秦灭巴蜀后又曾重建，蜀汉李严曾扩建重庆，但未能按规划完成。南北朝至唐宋，巴渝地区经济落后，重庆城基本上维持蜀汉以来旧有规模，没有大的重建和扩建。随着宋蒙战局紧张，嘉熙四年（1240 年），四川制置副使彭大雅在极端困难的条件下，增筑重庆城。① 自淳祐三年（1243 年）余玠入蜀主持四川军政后，基于"保蜀三策"的中策，将重庆确定为四川的首府，代替了成都在四川的地位。

其次是以府州军监为建置城市基础。按照宋朝地方行政制度，县是建制城市的基础，其上才是府州军监。由于端平之祸后，蒙军占据了兴元府路的主要城市，成都府路和潼川府路已极其残破，四川的首府及其周围城市的居民全都在成都首次失陷后被蒙军屠杀殆尽，原先富饶的成都平原已经是白骨蔽野，不见炊烟，即便是夔州府路沿江州县，也部分被蒙古军扫荡，人民流失大半。南宋在四川县级以下城市绝大多数人口稀少，不仅缺乏足够人口支撑财政所需，就连重组军队所需的兵源也无法保障。因此，"聚小屯为大屯"，简化四川行政体系和建制城市体系的层级，将无充分兵员和人员防守的县级城市省略，将府州属县的军民都集中在府州以上的山城中。

其三是沿嘉陵江为轴心的纵深军事布局。宋元战争开始后，蒙军主力南下入川，

---

① 据说当年增筑重庆城时，臣僚都反对，彭说："不把钱做钱看，不把人做人看，无不可筑之理。"最终，重庆城筑城得以完成，彭大雅在新筑城的四个城门上刻下"为蜀根本"等字（[元] 吴莱《三朝野史》）。后来的四川战局的发展进程说明，彭大雅建设重庆作为四川抗蒙的根本，其谋划和实施都是正确的。

都是从东北沿嘉陵江而下；蒙军前期攻掠四川后，只占据汉中和广元为前进基地，也正好处于嘉陵江上游。为此，余玠构建四川山城防御体系，自然也就以嘉陵江一线及其东北支流作为防御的重点，在此规划营建了相对密集的山城，仅嘉陵江干流上剑阁苦竹隘（隆庆府）、苍溪鹅顶堡（苍溪县）、苍溪大获城（阆州）、南部跨鳌城（南部县）、蓬安运山城（蓬州）、南充青居城（顺庆府）、合川钓鱼城（合州）八座，极少的县级山城在这条轴线上就有两座，并将四川的四支中央军中的三支，依次派驻于大获城（金戎司）、青居城（勉戎司）和钓鱼城（兴戎司），构成了梯级纵深防御体系。①

其四是以大江即长江沿线作为四川核心区域。余玠重构四川的军政体系，虽说以播州杨氏土司及其下属"保蜀三策"的中策为基础，但中策和下策都以重庆为中心，只是防御范围的大小有所不同，中策的范围实际涵盖了下层的范围。早在四川山城防御体系整体思想形成之前，南宋朝野就已形成了坚守四川长江核心区域即夔州府路的思想，即以重庆为首府，以重庆东西两翼的泸州府（或嘉定府）、夔州府和长江以北的梁山军卫重庆。② 南宋四川山城体系基本完成以后，实际上形成了内外两个防御圈，内圈以西北的嘉定府（今四川乐山）、西南的长宁军（今四川兴文）、中北的合州（今重庆合川）和梁山军（今重庆梁平）、中南的南平军（今重庆南川区）和东北的夔州府（今重庆奉节县）的连线范围，③ 其中岷江—长江沿线除了制置司所在的重庆外，四川四路的成都府路、潼川府路和夔州府路的治所后来都确定在这一线，也就是内圈的范围中。这个范围，在蒙哥汗征宋之战以后，也就是南宋四川制置司能够控制的实际范围。

其五是选择易守难攻的险要之处建城。蒙军端平三年（1236 年）入蜀以后，

---

① 《宋史·余玠传》："又移金戎于大获，以护蜀口。移沔戎于青居，兴戎先驻合州旧城，移守钓鱼，共备内水。移利戎于云顶，以备外水。"

② 阳枋《上宣谕余樵隐书》（《字溪集》卷一）："今宜以重兵镇渝，别选忠勇之将，一守合，一守泸，一守梁山，坚城完璧，为渝藩蔽。"牟子才《论救蜀急著六事疏》（《名臣奏议》卷一百）："六曰严三城之守。重庆为保蜀之根本，嘉定为镇西之根本，夔门为郦吴之根本。得人焉而守，则金城汤池，其势巩固。"

③ 阳枋《余大使祠堂记》说余玠"凡地险势胜，尽起而筑之"，形成了"大获、大梁、运山、梁山、钓鱼，峙莫逾之势于前；古渝、凌云、神臂、天生、白帝，隆不拔之基于后"的形势，这种前、后山城的区分，也正是南宋末期四川战区外围区域与核心区域的划分。

一些四川府州县的官员就自发地开始在辖区内的险要之处建立山城水寨。余玠规划重建四川军政机构治所时，其中最紧迫的建设项目就是迁城，在沿四川大江大河沿线选择险要地形构筑山城，将原先难以坚守的路府州军监城废弃，将这些行政单位的治所全都迁到新建的山城内。最后形成了"凡地险势胜，尽起而筑之。大获、大梁、运山、梁山、钓鱼，峙莫逾之势于前；古渝、凌云、神臂、天生、白帝，隆不拔之基于后"①的山城体系。这些山城体系，尤其是前述十城或元人所说"八柱"②，成为南宋四川军政当局先后能够坚守三四十年的基本保证。

其六是注重水上交通线的利用。宋王朝开国后就一直存在战马不足的问题，"茶马互市"是宋廷的基本国策之一。以茶换马之茶主要来自四川，川茶北运除了秦蜀驿道外，主要就是嘉陵江水道，宋朝的水军相当发达。元军以骑兵为主，陆路军队运动和粮草输送容易遭到元军拦截，故南宋四川当局在建立山城时一般都是选择靠近大江大河的水陆要冲，以便充分发挥山城体系的相互支援作用。宋廷从战事相对平稳的荆湖战区调运兵员粮草支援四川战区，或四川战区内部的各种山城之间的支援行动，如1259年吕文德帅军从重庆逆嘉陵江而上试图解合州之围，③1260年昝万寿从嘉定顺岷江入长江再逆渠江远距离运粮至缺粮的渠州，④都是宋军发挥水路交通线作用的例证。

四川建置城市体系的重建，开始时采用制司直接指挥府州和戎司的方式，但随着战争的进展，外围区域城市和三大戎司的丧失，元军不断切入南宋四川的核心腹地，制司重庆城与长江上下游城市之间的联系时常被遮断。在这种情况下，发挥路司（安抚司）对周边府州城市的管理调配作用就很有必要。南宋四川每个府州级建置城市都是整个四川山城体系中的一环，自身又构成了一个相对独立的平战结合的

---

① 阳枋《余大使祠堂记》。《宋史·余玠传》记余玠用冉氏兄弟计，"卒筑青居、大获、钓鱼、云顶、天生，凡十余城，……为诸郡治所，屯兵聚粮为必守计"。
② 《中书左臣李忠宣公（德辉）行状》（《牧庵集》卷三十）："宋臣余玠议弃平土，即云顶、运山、大获、得汉、白帝、钓鱼、青居、苦竹筑垒，移成都、蓬、阆、洋合、顺庆、隆庆八府州治其上，号为八柱，不战而自守矣。蹙蜀之本，实张于斯。"
③ 《宋史》卷412："（淳祐三年，孟）珙以重庆积粟少，饷屯田米十万石，遣晋德帅师六千援蜀"。
④ 《宋史·度宗本纪一》："（咸淳二年）四川都统昝万寿调统制赵宝、杨立等率舟师护粮达渠城，以功推赏。"

子系统。由一路若干府州级城市再构成一个分系统，交由路司（安抚司）统管。这些分系统再集聚在制司重庆城下组成一个更大的系统，从而形成了南宋四川战区的军政体系和建置城市体系。

二、南宋四川山城的城池

由于南宋四川山城体系的主体是当时四川最高军政当局四川制置司的统一部署，因而山城的形态和结构虽然因山形地貌的差别而各有特色，城内的基本结构要素以及城墙城门和公共建筑的规制却应基本相同。山城通常以内城和主城作为防御的核心，有的山城还利用山形水势形成外郭，在主城的外围险要之处多设有前沿的堡寨。有的山城附近如果有地形地势可以利用，或距离可防守的平川老城不远，往往还有与主城互为犄角的小城或老城，前者如四川广安的大良城，后者如四川乐山的嘉定城。大良城又称大良坪，位于今广安城东40余千米处渠江左岸四周陡峭的莲花山上，是淳祐三年（1243年）余玠首批规划营建的山城之一，山城建成后成为广安军的治所。城的四面除了有小城或寨堡作为拱卫外，在城的北面，隔深沟与大良城相对的还有小良城。小良城，修筑在比大良城略低但更加险要的四面绝壁的小山上，城的规模只有大良城的三分之一左右，它是可与大良城遥相呼应、彼此支援的山城。[①] 南宋的嘉定府城本来在青衣江与岷江汇合处的今乐山县旧城处，宋元战争期间在乐山大佛所在凌云山上筑凌云山城后，[②] 先是将嘉定府嵌入凌云城中，原成都府路所迁的四川金堂云顶城失陷后，南宋四川军政当局另将凌云城作为成都府路的治所。由于凌云城兴筑后与嘉定府旧城隔岷江相望，在以后的宋元战争期间，南宋嘉定府往往同时使用凌云城与嘉定旧城，二者形成相互支持的犄角态势。[③]

南宋四川政府在重建的四川军政系统，如前所述，主要包括制司、路司、府州军监三个层级，整个体系的城市概况如下。

---

① 参看胡昭曦：《广安县宋末大良城遗址考察》，《四川文物》1985年第1期。
② 凌云山有九个峰峦故号九顶山，山北隔深沟还有三龟山，南宋末期利用险峻的九顶山和下龟山筑城，故凌云城又称"三龟九顶城"。
③ 参看唐长寿：《乐山嘉州古城特色的形成考析》，《四川文物》1998年第4期；陈艳莉：《乐山南宋城堡及其史实考》，《乐山师范学院学报》2015年第9期。

（一）制司城——重庆城

重庆旧城位于长江与嘉陵江交汇处，整个重庆老城区实际上坐落在三面环水的半岛状山梁上。这是一座有着悠久历史的古城，秦灭巴国后修筑的江州小城位于渝中半岛北部，东起朝天门，西至通远门，南以半岛山脊为界。蜀汉李严扩建后的江州大城，其城垣范围扩展至渝中半岛的南部。南宋末期彭大雅重修重庆城市在蜀汉大城的基础上以石代土，[①]并在城西南增建了一字城以加强水陆防御。明清时期的重庆城，就是在元朝灭宋后平毁江南城池的基础上重新垒砌的，其城墙范围基本就是南宋重庆城的范围，只是城门比南宋时期有所增加而已。

宋元战争时期的重庆城，以内外两江为城濠，以磐石绝壁为城墙，再加上低处补石砌高，石城相当坚固。城墙周长根据明代洪武戴鼎依宋城址所筑城墙长"二千一百三十六丈"，大约合今 7000 米左右，城内面积约 3.5 平方千米。城的南北抵近长江、嘉陵江一线，东至两江交汇处，西面或即明清西城墙一线，或略收进在今临江门、教场口、南纪门一线。城开四门：东门薰风、西门镇西、南门太平、北门千斯，另在文献中见有洪崖门，可能属于排水之门即后来所谓"闭门"。[②]制置司即重庆府署在南半城的中部，旁依金碧山，面朝长江上游方向。衙署的已经基本不存，但前面的谯楼一直存在，至今还有部分耸立在地表，成为南宋四川军政中心的标志。

重庆城修筑完毕后，很快就成为四川制置司落脚之处，南宋君臣讨论四川局势时，宋理宗就说"重庆城坚，恐自可守"。清人顾祖禹概述重庆府城形势说："府

---

① 关于彭大雅所筑重庆城是土城还是石城，有不同的意见。主张是南宋重庆城墙是土城的理由主要有两个，一是根据明清地方志记载明初戴鼎"因旧址筑石城"的记载，认为明初重筑重庆城时才易土为石；二是重庆附近的州县城市基本都是明代才在原土城基础上包石，重庆也不应例外。按元代袁桷《渝州老人歌》记彭大雅筑重庆城"排石列栅犹支持"，排石应当就是砌筑石城，列栅则是城墙上的楼橹和城门口的栅栏一类设施，说明宋末重庆城应该已经是石城，所以才被宋臣成为"坚如铁"的城邑，土城恐怕达不到这样的效果；而南宋四川地区重建的山城无一例外都是石城，作为四川首府的重庆城不应该独为土城。此外，明代方志说洪武戴鼎重筑重庆城，都只说"本府石城，因山为城，低者垒高，曲者补直，洪武初指挥戴鼎重修"（明正德《四川志》卷 13 重庆府），或"府城，石城，洪武初指挥戴鼎重修"，并没有易土为石或土城包石的记录。

② 兰勇、彭学彬：《古代重庆主城城址位置、范围、城门变迁考——兼论考古学材料在历史地理研究中的运用方式》，《中国历史地理论丛》2016 年第 2 期。

会川蜀之众水，控瞿塘之上游，临驭蛮僰，地形险要。……狡捍如蒙古，且夕不能以得志也。岂非地有所必争欤。孙氏曰：重庆三面临江，春水泛涨，一望弥漫，不可卒渡。其出入必经之要道，惟佛图关至二郎关一路耳。"① 正由于重庆城易守难攻，自城建成并四川制置司移治以后，直到南宋灭亡前夕，该城市从没能被攻破过。

（二）路司城——前期：云顶城、白帝城；后期：凌云城、神臂城、白帝城

南宋延续北宋四川四路的建制，只是在蒙军入蜀以后，成都府路、潼川府路和兴元府路都已残破，后者还蒙军占据作为南下的据点，故余玠重建的四川军政体系中，只有成都府路、潼川府路和夔州府路，而无兴元府路。成都府路和潼川府路原本同驻金堂云顶城，② 云顶城失陷后，成都府路迁至嘉定凌云城，潼川府路迁至泸州神臂城，唯有夔州府路驻所在宋元战争开始后，就从长江北岸相对开敞平坦的永安宫东移至比较险要的夔门口白帝城，移动的距离最小。由于宋元战争前期只有怀安云顶城和夔州白帝城两个路司级别山城，而后期则有嘉定云顶城、泸州神臂城和夔州白帝城三个路司级城，并且前期成都府路和潼川府路都安置在同一座山城内，可以断定，在余玠规划的四川军政建制体系中，路这一级并没有作为单独的行政建制单位，而是以制置司直接统领重建后的府州军监，并以重建后的四大戎司作为防守的中坚和反攻的主力。只是后来随着战事的进展，南宋四川外围山城大部分失陷，四个戎司中的三个随着所驻扎山城的失陷而丧失，才逐渐将加重三个路司军政首长安抚使的地位，使之成为制置司首府与基层城市之间的一个层次，分别作为岷江区域、重庆以上区域和重庆以下区域的分中心。

路司驻所的四座山城都位于四川较大的江河侧畔，可以利用古人所谓大江（长江）、中水（沱江）或内水（岷江）作为交通线。其中嘉定凌云城可控扼青衣江和大渡河注入岷江处，怀安云顶城可控扼沱江水陆交通的节点，泸州神臂城可以控扼

---

① 顾祖禹：《读史方舆纪要》卷六十九四川省重庆府，上海：上海书店出版社，1998 年，第474、475 页。

② 金堂云顶城，按照……的调查数据，共有内外两重城墙，东西宽 2 公里，南北长约 2.1 公里，总面积约 1.5 平方公里，周长约 7.2 公里。参看薛玉树：《遗留在川西的唯一宋蒙战争遗址云顶城》，第 60—61 页。

汇入长江的沱江口，夔州白帝城则可以把控全蜀水口，保障南宋四川与京湖的联系。这些路司山城可以分为两类，一类是在沿江山岭的山顶筑城，嘉定凌云城和怀安云顶城都属于这类山顶城；另一类则是利用江河拐弯或交汇处伸出的山嘴筑城，泸州神臂城属这类半岛城。夔州白帝城比较特殊，由于伸入江中三面环水的半岛面积太小，主城区必须向岸边山坡上延展，从而形成山坡加半岛的复合类型的山城。

嘉定凌云城面临岷江一面是绝壁，两侧有与江相通的深沟，只需在陆上背江一面山壑缺口处或山坡不陡处修筑城墙，就可以形成山顶环城。山城由三龟城、九顶城和乌尤城构成，即使不计后来增筑且城垣情况不明的乌尤城，城圈周长也有3500米左右（如算上乌尤城，其城圈长度超过4000米，其中现存城墙2200米），总面积约0.98平方千米。[①]司府衙署应该在九顶城中，但具体位置不明。由于山形狭长而不高，且山顶山峦耸立，限制了山顶环城的人口聚集的数量，但陡峭壁立的周边却容易防守，也便于从山上控制江面。泸州神臂城三面是江水环绕的陡坎峭壁，利用这道峭壁修筑城墙，自然事半功倍，防御的重点是在半岛东侧的陆路一侧。当时在这里挖掘了宽广的池濠，修筑了两道或三道（东墙北段）城墙，筑有较多敌台和角台，并有一字城封闭城与江面之间的平缓地带，城圈周长3800米，城内面积约0.99平方千米。怀安云顶城所在山体高大，利用山顶一周断崖修筑环城的城内面积也宽阔，城圈周长5200米，面积约1.69平方千米，可以容纳较多的军民生息，司府衙署可能在城西北的居禅庵一带。只是山顶城垣距离沱江较远，还需要采取其他措施才能控制水路。夔州白帝城由山嘴的白帝山城、山下的下关城和山坡的子阳城组成，诸城的外城圈总长度6100米，总面积2.33平方千米，司府衙署位于中间的下关城内。[②]山坡部分相对难以防守，故在缓坡西侧修筑了两道城墙（两道城墙间即瞿塘关城），坡顶则修筑了多个彼此相连但又相对独立的小城堡，以强化山顶防御；城下的山嘴远远伸入江中，据说在江对面还筑有堡寨，可以与白帝山环城形成呼应，以便用铁索和砲石封锁夔门江面。

---

① 嘉定凌云城即三龟九顶城的城圈长度，根据唐长寿文附图量得。见唐长寿：《乐山嘉州古城特色的形成考析》，《四川文物》1998年第4期。

② 如果西侧增筑"一字城"内的部分，如果也计入白帝城范围的话，则城垣长度和城的面积要更大。当然将这道城墙称之为"一字城"，恐怕未必妥当。

（三）府州城——以上 5 城以外的其余山城

这是宋末四川建置城市体系的基础，由于是山城体系金字塔的底边，自然也数量也众多。宋元之际四川山城堡寨的数量，据至元十五年（1278 年）安西王相府给元朝廷的奏疏，共计 83 处，其中重要的山城 33 处。[①] 根据西华师范大学"四川古城堡围合研究中心"的调查统计，包括贵州遵义海龙屯、养马城和湖北恩施古城在内的"宋军山城 44 处"。[②] 在这些山城堡寨中，去除上述 5 处制司和路司级别的山城，以及那些余玠重建四川军政体系之前地方自发修筑的山城堡寨，这一级别的山城和水城共有 20 个，它们是属于夔州府路的咸淳府皇华城、涪州龟棱城、万州天生城、梁山军赤牛城、南平军马脑城、大宁监天赐城；潼川府路的顺庆府青居城、遂宁府蓬溪寨、叙州府登高城、合州钓鱼城、渠州礼仪城、广安军大良城、长宁军凌霄城、富顺监虎头城；兴元府路的隆庆府苦竹隘、阆州大获城、巴州平梁城、蓬州运山城、洋州得汉城、巴渠小宁。成都府路诸府州因地平无险可守，且人民在元军初入四川时已经屠戮逃离殆尽，故除了嘉定府凌云城一带筑城聚民坚守外，其下属山城只有犍为县紫云城和洪雅县苟王寨作为外围西南两个方向的屏障分兵驻守，其余府州军监都不再筑城聚民。

余玠帅蜀后规划重建的南宋四川府州一级城市，如同戎司驻地一样，也主要分布在元军南下入蜀的主要路线嘉陵江和渠江一线上，在这里的嘉陵江干流附近依次排列了隆庆府苦竹隘、阆州大获城、蓬州运山城、顺庆府青居城、合州钓鱼城 5 座府州一级山城，此外还有鹅顶堡等县级山城。在渠江沿线依次布置了洋州得汉城、巴州平梁城、渠州礼仪城和广安军大良城，另有小宁城作为平梁城和得汉城后方山城，以作为收复汉中的前进基地和加强米仓道防守的关隘。忽必烈平大理后，南宋四川腹背受敌，故又在长江以南地域抢筑了防南的长宁军凌霄城和南平军马脑城两座陆路山城。蒙哥汗大举攻宋后，嘉陵江流域外围防线山城大都失陷，南宋四川当局又抢筑了长江干流沿线的叙州府登高城、涪州龟陵城、咸淳府皇华城，以及长江

---

① 宋濂等《元史·世祖纪》卷十："川蜀悉平，城邑山寨洞穴凡八十三，其渠州礼义城等处凡三十三所，宜以兵镇守，余悉撤毁。"中华书局，1976 年。

② 蒋晓春、蔡东洲、罗洪彬等著：《南宋末川渝陕军事设施的调查研究》前言，重庆出版社，2020 年，第 1 页。

干流与渠江之间万州至成都之间要道上梁山军赤牛城，以强化长江干流地区的防御。在宋末四川所有的建置城市中，其他都是山城，唯有忠州（咸淳府）皇华城是唯一的岛洲城。[①]

府州一级山城的规模尺度，目前还没有全面的数据，只知道咸淳府皇华城沿岛临江峭壁构筑的外城墙，全长5841米，面积达2.25平方千米；合州钓鱼城山顶环城的外城墙即主城，其围合城圈长5830米，面积也达2.25平方米，规模都较大。而万州天生城山顶环城即内城，外城只在内城东侧陡坡处有由南、北两道城墙及沿二级山崖外缘砌筑的城墙围合而成，城圈总长度2000米左右，面积约0.25平方千米；南平军马脑城以马脑山顶外缘环山崖修筑城墙，未见外城，山顶周缘全长2079米，面积也只有0.25平方千米。至于涪州龟陵城，该城利用山腰陡崖修筑外城城垣，其周垣长度约1800米，面积只有0.196平方千米，规模最小。

从制司、路司和府州三级山城的规模尺度来看，制司所在的重庆城规模最大，达到3.5平方千米。路司一级4个山城的规模都在1—2.3平方千米左右，小的只有制司重庆城的三分之一，大的也只有制司重庆城的三分之二。府州一级山城规模有大有小，大的规模与最大的路司城夔州白帝城接近，超过其他路司山城；小的规模则不到路司和府州大城的十分之一。由于山顶形和岛洲型山城水寨的面积往往受制于山顶或岛洲的面积，自然形势制约着城的规模，城的等级制约反而在其次了。

三、南宋四川山城的城门

南宋四川山城，虽然在宋元战争结束后，元朝迁山城居民回到平川旧城时就受到过刻意的破坏；明清之际和晚清四川动乱之时，这些南宋山城因成为当地民众避乱栖身之地，多数也曾被重建和改建；近当代的乡村公路建设和旅游建设，也曾经破坏了多座南宋山城的城门。不过，南宋山城往往都位于生产和生活不方便的陡峭山上，城址一带的居民往往稀少，生产生活对城址影响的强度远小于平川，因而川渝现存的南宋山城遗址仍然保存了9座宋代城门。这些宋代城门给我们研究古代建

[①] 南宋四川抵御蒙古的岛州城还有四川江安的三江碛，但这是蒙军初入四川后，泸州神臂城兴筑之前的临时处所。

筑史和军事工程史都提供了宝贵的资料。

川渝地区现存 9 座宋代城门是四川金堂云顶城的北城门和北月城门，平昌小宁城的西城门、北门和小西门，剑阁苦竹寨的卷洞门，苍溪大获城的卷洞门，荣县大刀寨的友信门；重庆渝北区多功城的西城门。这些城门墩台至上的鹊台和女墙等设施已经全部不存，有的城门如苦竹隘的卷洞门只保留了券拱以下部分，还有的城门如多功城西城门的墩台前半为宋代而后半为清代。此外，重庆忠县皇华城的西北门的墩台及前端下部的券拱石还有保留，但它是南宋四川山城遗址新发现的一处宋代城门，尽管残破，也值得关注。

（一）金堂云顶城北门和北月城门

云顶城的山顶环城共有 7 座城门，宋代遗构北门及北月城门都位于相对偏僻的山城北端。

北门位于月城门之内的陡坎处，大致坐南朝北。墩台内高外低，门内有阶梯而上，其上地面与城门顶面大致平齐，可以从门道两侧登城门防守。墩台右侧接在陡坎处垒砌的高墙，左侧则为颇高的悬崖，沿悬崖顶部砌筑有与城门墩台顶面城墙。墩台和城墙收分都很大，工艺也具有宋代特征，为宋代原构无疑。城门墩台面宽约 11 米、进深 6.34 米、高 5.64 米（长宽均按墩顶数据），顶面铺装片石，鹊台和女墙等已经不存。门洞由外、中、内三层券拱构成，总进深 5.72 米。外层券拱的拱顶石下方并刻两行题记，东为"忠翊郎、利州驻扎御前右军统领、兼潼川府路将领、都统使司修城提振官孔仙"，西为"保义郎、利州驻扎御前摧锋军统制、兼潼川府路兵马副都监、提督诸军修城萧世显"，两行之下刻"规划"二大字，可知北城门建于南宋末期。

北月城门或称瓮城门、耳城门。^① 从北城门出城后沿城角右（东）转，在东西向陡岩下东行，又有一道南北向的陡坎，与北侧拔地而起的崖壁和南侧陡然而下的

---

① 通常将云顶山北城门外的城门称之为"瓮城门"，蒋晓春等鉴于该城门与北城门之间的范围太大，不像瓮城，将其改称作"耳城门"。称该门为瓮城门不妥，主要是由于敌人攻入此门后，周边不能形成居高临下的对敌状态；但称之为耳城门，也不甚贴切。耳城门是指主要城门两侧对称的偏门，此门孤悬北城门外，形成一个主城门前的防御地带，类似于古代月城的作用，称之为"月城门"或许更贴切些。

断崖围合一块相对开阔的平地，城门就位于这道陡坎接近崖壁处。城门坐西朝东，左右两侧沿陡坎修筑的内低外高的城墙分别与七佛岩敌台和岩壁相连。北月城门也是在陡坎上挖出一条略宽于门道的下沉通道作城门的门道，通道前窄后宽，前部起筑石构墩台和券拱门洞，后部露天的两侧垒石为壁，下砌踏步而上。外立面计，城门墩台与左右城墙的分界不明，墩台与两侧城墙等高，高度是 6.08 米，城门洞也有外、中、内三段券拱，中段券拱略高，门洞宽 2.2 米多，高 2.8 米，进深总计 5.85 米。门洞券顶石下刻"皇宋淳祐己酉仲秋吉日，帅守姚世安改建"，淳祐己酉是淳祐九年（1249 年），城门应修筑于这年，应晚于北城门的修筑时间。原先从外之内应该分别安装有吊桥门、中券门、内券门，踏道最高处两侧各有一个直径约半米的圆形石础，可能属于城门外吊桥的升降的设施。北月城门的门道原填有石条和泥土，估计也与元人毁城有关。[1]

（二）苍溪大获城卷洞门

大获城有外城和内城两重，外城共有 5 个城门，卷洞门是其西南门。城门位于西南山谷悬崖顶部，地势险要。门前一米处还有 3 米多高的陡坎，原先应该需要借助木梯才能上下。门道已被泥土填塞（是废弃后为元军所堵还是后世所堵，不明），只有上部拱券部分露出地面，故没有城门的尺度数据。拱券为双层拱，城门及其两侧高约 10 米的城墙都保存较好，墙的外立面倾斜度都大，条石的砌筑方式和加工方式都是宋代常见形式，应为宋代原物。[2]

（三）剑阁苦竹隘卷洞门

卷洞门就是文献中记载的东南门，"卷洞"应该是"券洞"的方言读音。门位于苦竹隘东南山腰接近山顶处，是沿山路登山进入山城的唯一通道。这里峭壁有一处岩石脱离山体形成的裂缝，山路从这道裂缝而过，宋末主持筑城的隆庆府知府段元鉴利用这道裂缝，垒砌石条作为城门，以控扼这条上山的唯一通道。城门相当简单，就用石条砌在裂缝两侧，其上起券拱，门洞内仅高 1.71 米、宽 0.96 米、进深 1.65 米。

---

① 金堂云顶城北城门和北月城门数据，主要引自陈筱、童瑞雪、南晶晶：《南宋四川抗蒙山城所见拱券式城门勘察》2020 年初稿本。

② 蒋晓春、蔡东洲、罗洪彬等著：《南宋末川渝陕军事设施的调查研究》，重庆出版社，2020 年，第 27 页。

拱门内顶部券拱石上刻有："宝祐乙卯七月吉日，武功大夫、右骁卫将军、知隆庆府事、节制屯戍军马、任责措置、捍御段元鉴创建。"可知该城门创建于宝祐三年（1255 年），是宋末原物。券拱石还保留一层，其上原先还应该有封堵顶部的石条，现在的状况应该在元军破城后拆除所致。

（四）平昌小宁城西城门、北城门和小西门

小宁城位于四川省平昌县江口镇杨柳村小宁山顶，通江河三面环绕山城，仅南面与平地相连。城建于宋淳祐五年（1245 年），以后数年多有增建修补。有内外两重城墙，内外共有 10 座城门，外城门 6 座还保存了 5 座，[①] 其中西门、小西门、北门三座城门均采为石砌券洞式门，拱顶石均保留了南宋题刻，是宋代城门。[②]

西城门位于外城西北部的陡坎边，外低内高，大致坐东朝西，两侧均与城墙相连。门顶部已残，残高约 3.5 米。门道宽约 2.04 米、深约 2 米、门洞高约 2.32 米，单层券拱。拱顶石自外向内有"皇宋淳祐己酉孟秋吉日，武显大夫、利东路马步军副总管、权知巴州军州事、节制军马、任责城壁、捍御边西谭渊创建"的题刻，可知，西门修建于宋淳祐九年（1249 年）。

北门位于外城东北部，北临悬崖，南依山崖，门坐西朝东，地面外低内高。门前地势局促。左（北）侧至悬崖然后西拐，沿悬崖向西砌筑城墙；右（南）抵崖壁直角东折，也顺山崖砌筑城墙向东延展。城门上部已残，残高 3.29 米。城门洞宽 1.87 米、深 1.81 米、现高 1.48 米，单层券拱，拱顶石自外向内刻有"皇宋淳祐辛亥仲冬吉日，武功大夫、利东路马步军副总管、改差知渠州、节制屯驻屯戍军马□□□□□"的文字，左侧还有一行小字为"成忠郎、利路路将、充御前分屯制帐前军统领、部辖军马、渠州捍御王□忠"。可知，北门修建于宋淳祐十一年（1251 年）。城门内填有石块封堵门洞，或许也是元代毁城时的遗迹。

小西门位于外城西部西门与南门间的陡坎边，坐东北面西南，城门两侧与外城墙相连。门可能也被有意封堵，券顶中部有券石塌落，门洞内积满泥土，门洞高度不明，只知道门道宽 1.95 米、深 1.86 米。单层券顶，拱顶石上自内向外刻有文字："皇

---

① 刘禄山等：《四川平昌县小宁城遗址调查简报》，《四川文物》，2019 年第 1 期，第 33 页。
② 平昌小宁城城门数据，也主要参考数据，主要引自陈筱、童瑞雪、南晶晶：《南宋四川抗蒙山城所见拱券式城门勘察》2020 年初稿本。

宋淳祐壬子季夏吉日，武功大夫、□改差权□□渠州军州事、兼节制本屯军屯……"；右侧小字为："监修统制赵国兴石匠……"；左侧小字为："忠训郎、利路路将、充御前分屯□帐前军统……拨发官杨顺，将官王立。"可知，小西门修建于宋淳祐十二年（1252 年）。

（五）荣县大刀寨友信门

大刀寨又名虎头寨，位于四川荣县双古镇北，为宋元战争期间绍熙府（荣州）府治所。城寨修建于南宋宝祐五年（1257 年），[①]明末张献忠之乱时，乡民又避乱入城，但被攻陷屠城。城内崖壁上有清末民国荣县名人赵熙于民国四年题书的《宋砦堡胥吏军籍》摩崖题刻，记载了宋末明季城守概况。[②]由于还没有经过考古勘察，城的基本信息不明，只知道城址还保留数段城墙，两座城门，其中南城门即友信门为南宋遗构。该城门进深不大，似为一段式城门。墩台的收分很大，门洞处下部基本垂直，券拱以上收分与墩台同。券拱为单层券，其上压券石中央嵌有石板门额，其上阴刻"友信"二字。城门形制和石工工艺与川渝其他南宋山城城门相同，券顶石上又有"宝祐丁巳季冬吉日书"的题刻，为南宋城门无疑。城门的门洞内部为大石块封堵，其中有些石块显然为城门上或城门附近的石构件，封堵现象也应该是元人毁城的遗存。

从以上 5 座山城 8 座宋代城门看，路司的怀安军云顶城和驻扎戎司的阆州大获城，其城门都是前、中、后三段式，双层券顶，规模也明显较大；而其他府州的山城城门，规模就要小些，多为一段或两段，券顶也只有一层。

我国自古以来在"筑城以卫君，造郭以保民"的思想影响下，就注重城市城池的建设，营建了大量的带有城墙和城濠防御设施的城市。不过，由于擅长骑兵野战的蒙古入主中原以后，鉴于城池防御设施在地方发生叛乱之时，很可能给反叛者提供据守的方便，不利于朝廷调动军队快速平叛，因而元朝有计划地平毁了统治区的

---

① 民国《荣县志》建置第二堡砦："北，大刀寨，宝祐五年建。"民国十八年刻本，第 13 页。

② 赵熙《宋砦堡胥吏军籍》："宝祐中，元兵乱蜀，各地据险筑隘。四年秋，战叙州，势偪荣。是砦，五年冬立。天下骚然，理宗顾倚贾似道后二十二年，宋遂亡。明张献忠之难，燧羊山麓，砦中礌弩得发，既尽，贼大至，遂破。耕人往往得遗骨，惨哉！古今递嬗，念未来之世，苍苍者，浩劫何穷。砦名虎头，后标其险，曰大刀云。乙卯夏，赵熙题。"

城池。^① 保存至今的城池几乎都是明朝建国后逐步重建的，所以在中国世界文化遗产预备名单中还有"明清城墙"的项目。川渝地区保存的南宋城墙和城门，尤其是上述 8 座城门，是我国古代明清以前硕果仅存的城门，值得关注并加强保护。

---

① 《元朝名臣传》。脱因修、俞希鲁编修的《至顺镇江志》卷二《地理城池》中记载："元混一海宇，凡诸郡之有城郭皆撤而去之，以示天下为公之义。"

钓鱼城遗址军事防御价值研究

杜晓帆　复旦大学国土与文化资源研究中心
　　　　联合国教科文组织活态遗产与社区发展教席
王一飞　复旦大学国土与文化资源研究中心
　　　　联合国教科文组织活态遗产与社区发展教席

一、引言

钓鱼城位于重庆市合川区东城半岛的钓鱼山上，地处三江交汇处，自古以来是巴蜀要冲。凭借地形优势和防守策略，在南宋与蒙古战争中曾发挥了巨大的防御作用，合州军民凭借钓鱼城抵抗蒙古军队长达 36 年。此外，当时蒙古帝国的最高统治者，忽必烈的兄长元宪宗在征伐南宋的过程中战死钓鱼城，间接改变了南宋的国祚和亚非大陆的历史格局。这与钓鱼城的防御策略、选址布局和营建技术有着密切的关系。

二、钓鱼城的营建背景

（一）蒙古的扩张与四川战略防线的转移

12 世纪，成吉思汗建立帝国后，开始了军事扩张。到了 13 世纪，蒙古帝国的统治区域不断扩大，并开始了近半个世纪的西征。1252 年，从蒙哥汗即位时期开始，由蒙哥之弟旭烈兀率领大军沿着祖辈的足迹一路向西，兵锋直指中亚地区，在行军过程中灭亡木剌夷、阿拔斯王朝等统治力量。与此同时，蒙古也加紧了对南宋的征伐。蒙古取宋，四川地区是蒙方最先攻伐的区域，面对南宋东西绵延数千公里的防线，蒙方制定了"取蜀出峡，南北对进，会师鄂州，南下临安"的策略，即在四川地区沿江一带自西向东进军，顺江而下然后直取临安。

在宋蒙战争前期，川陕地区一是由于防守的疏漏，二是成都平原无险可守，四川的"三关""五州"防线失效，平原地区的州县也由于蒙古骑兵的抄掠名存实亡。在这种局面下，为应对蒙古的攻势，以余玠为代表的四川守将继"三关""五州"

防线失效以后，以重庆为中心，以四川的水系作为防御线，在短时期内对四川防线进行重建，设置若干座山城形成防御体系。

（二）山城防御体系的确立

军事工程中的防御体系是指在一定规模及范围内，具有相似特征或相同性质的事物按照一定的防御理念和策略建立联系和秩序，成为一个整体，发挥单个防御设施所无法发挥的作用，防御体系更强调整体性，是一个系统性的概念。

四川所建立的山城防御体系，姚从吾称其为"四川保蜀防御网"，本质上都着眼于各个山城共同发挥的作用，它是由沿川江和陆路要道所分布的，借助天然险阻所营建的各个山城所组成，形成点线结合、纵深梯次相贯的大型防御体系。它的形成并非是一种偶然的结果，而是由建造者有计划、有目的、有策略的加以营建完成的，作为纵深地带，其防守范围约达 20 万平方公里。

（三）钓鱼城的军事防御价值

1. 以山水要素为形胜的选址理念

从当时的文献记载来看，"形胜"是钓鱼城营建者布局选址的主要理念。《宋史·余玠传》记载："蜀口形胜之地莫若钓鱼山，请徙诸此，若任得其人，积粟以守之，贤于十万师远矣，巴蜀不足守也。"在选址上，钓鱼城的山形水势优越体现出古人择险设防的传统。

钓鱼山作为方山地貌，山势呈现出明显的阶地特征，每层之间落差较大，利用山体构筑防御城墙，以及山体不同海拔的落差，增大防守优势。因此城墙多利用天然山崖加少量人工垒砌城墙；城门利用门前和门后的落差形成制高点优势。

其次，将山水要素巧妙纳入到防御体系。一字城是最重要的方法。钓鱼城与其他山城进行比较，其最大特点是嘉陵江和渠江、涪江在此蜿蜒而过，形成了 C 型的水湾，营造者因形就势设置了"北一字城"和"南一字城"，将钓鱼城的外围城防与河岸南北相连，让蒙军无法靠岸，且无法继续沿嘉陵江而下，形成天然的屏障。"一字城"充分发挥了山水要素的联动作用，这种以山、江、城墙构成的封闭区域成为居高临下、控山扼江、阻敌制胜的关键，既能有效的阻击来自东西两侧的敌军，避免被合围包抄，又能便利的连通钓鱼城与嘉陵江，保证水路联系、补给运输畅通。

至此，钓鱼城实际上形成了多重防御体系的结构——位于山顶的钓鱼城可以看作内层防御体系，而"一字城"与嘉陵江共同围合的区域可视作具有"瓮城"作用的外围防御体系。这可以看作中国古代城防体系中"内城""外城"的双重城垣结构在山区的变体。

2. 充分利用地形条件强化防御

首先，充分利用地形依险砌筑山墙。钓鱼城环山城墙皆利用山势建成，城墙外侧紧贴山体，墙基落在地质坚硬的山坡上。例如环山城墙南侧镇西门至薄刀岭一段直接利用高度在30米以上的悬崖作为天然屏障，其余城墙依山势而建。城墙的高度随山势的变化而有所不同。

其次，巧妙利用地形，增加攻取难度。目前所见8座城门中，除了始关门和小东门两座城门被水淹没以外，其余六座城门基址坡度均大于45度，其中护国门、东新门、奇胜门和出奇门基址坡度均大于70度。山地陡峭，为蒙军攻城造成极大障碍。

三、钓鱼城军事防御价值小结

第一是山水形胜的理念。钓鱼城是依托山水形胜基础上所构成特殊的空间。在防御体系中将自然山水要素纳入，主城墙外还有强化防御的"一字城"与天然河道相连，利用江河的阻隔作用，形成天然的城壕。因此，山体与水体都成为山城防御

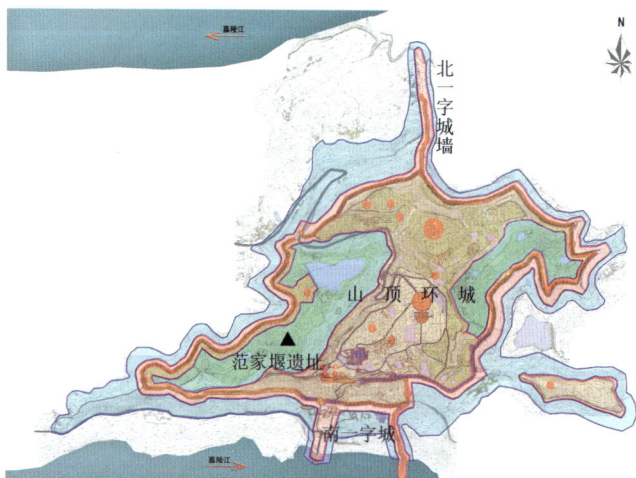

▲图1 钓鱼城遗址的多重防御体系（重庆市文物考古研究院供图）

的一部分。

第二是自然适应性原则。在天然要素的基础上，结合人工防御设施，顺应天然地形规划设计，最大限度通过人工营建，发挥了地形的形胜并利用自然要素的防御功能，体现了对自然地形的适应性原则；沿着天然的悬崖陡壁修筑城垣，不追求平面的规整和对称，体现营建实用主义追求。

第三，东方山城：人与自然的共同作品。钓鱼城遗址为代表的南宋山城及其周边山水环境是典型的自然与人类的共同作品，是西南地区山城营建智慧的载体，与国际上的防御工事相比，钓鱼城等东亚山城的独特性在于，其空间营建活动注意勘察山川形势与水土之宜，并且在实践中受天人合一的观念影响，形成了顺应自然，因地制宜的营建理念，体现了根植于传统中对自然的理解以及人文观念。

基于石构技术的汉唐山城形态研究
——以城子山山城为例

王　鹤　沈阳建筑大学规划建筑设计研究院
　　　　建筑遗产保护研究所
吕海平　沈阳建筑大学建筑与规划学院
杨忠良　铁岭市西丰县文物管理局

摘　要：中古时期，与传统中原地区的平原城市不同，东北地区汉唐山城具有独特的古代聚落形态。汉唐山城以避战和坚守为首要目的，其选址、布局、营建等均依赖石构技术实现。石构技术对山地条件的高度适应性造就了特有的山城形态特征。本文以辽宁北部一座典型的包谷式山城遗址——城子山山城为例，从石构技术为研究出发点，揭示了山城布局、城墙及防御设施构造、蓄排水系统构成等特点。从石构技术入手，揭示古代中国东北山居民族营城规律和特点，挖掘其聚落营造智慧和与自然的关系。

关键词：干砌石构；汉唐山城；山堡；防御策略

一、引言

城子山山城（以下简称"山城"）位于辽宁省铁岭市西丰县凉泉镇南5公里处的城子山风景区内，是辽宁省北部保存完整、规模较大的汉唐山城遗址之一（图1）。"山城"始建于唐延续至辽金。"山城"对研究东北地区少数民族史、隋唐时期东北史和古代山城营建史具有重要的价值，是古代东北地区少数民族利用天然山险与人工防御设施结合形成的古代山地城堡典型代表。"山城"属"栲栳峰"山形之上的"包谷"形态，石砌城墙呈环状布置形成山堡。石墙全长4393.4米、围合面积1.1平方千米，为采用天然石材加工后修建的古代防御性城垣等，属"石质构筑物"（stone-construction）（图2）。

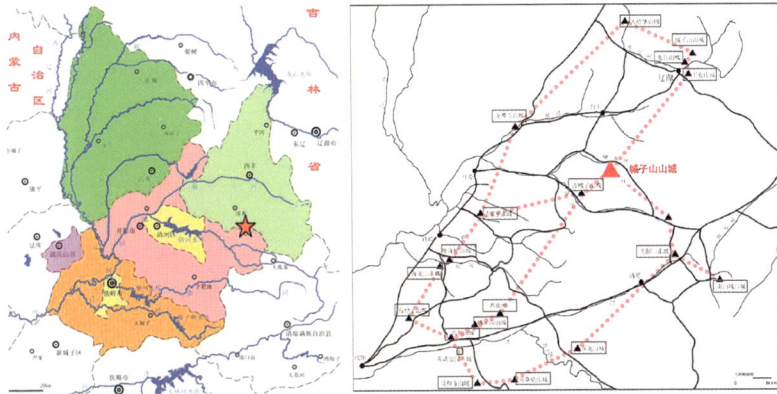

▲图1 城子山山城区位及周边山城关系示意（资料来源：西丰县文物管理所）

▲图2 城子山山城现状（资料来源：西丰县文物管理所）上：
山城航片（由西向东摄） 下：山城卫星影像图

"山城"的构筑采用了古代东北地区山居民族特有的石构技术。构筑材料为周边山体出产的火成岩（岩浆岩），石性均匀坚硬、不易风化。基本砌块为加工后的料石，形态包括楔形石、梭形石、条石和石板等。构筑的基本方式为各型石料通过干插垒砌、收分叠压，利用石料的重力和摩擦力构成咬接啮合整体，形成坚固耐久的石砌构筑物。石砌构筑物对于陡峻复杂的山地地形具有良好的适应性：第一，可以依靠山脊棱线构筑。通过与陡坡仰斜倚靠和自身较大的体积重量，获得类似于重力式挡土墙的良好平衡稳定性，甚至能够沿坡度大于 45° 的山脊线构建；第二，擅于利用山险构筑。易于与山险积岩、陡峭石壁等结合形成易守难攻的防御工事；第三，耐地表降水冲击，不易存水抗冻胀，石构物保存长久。石构技术是古代东北地区汉唐山城营建所依赖的重要技艺。

二、"山城"的布局与防御

（一）围绕完整山谷布局

"山城"位于今辽宁省铁岭市西丰县南三十千米的丘陵山地与河谷平原交界之边缘，选址于城沟河河谷东侧，城址包围一处较大的自然山谷，大致呈东西向的长圆形平面。东部最高点770.68米（登嘎拉达峰），西部最低点393.58米（泄水门门址），东西向深约1.4千米、南北向宽约0.9千米，石砌城墙沿着山脊棱线合围构成最重要的防御设施。"山城"的东脊、南脊、北脊高度接近，唯西侧有较低"缺口"作为泄水通道，呈现出近似于"桶状围合"的形态，为典型的"包谷式"山城（图3）。

"山城"城内由两条呈"Y"形的自然沟谷划分为三片区域：南坡区、东坡区和北坡区，南坡区较为开阔规整，面积约占"山城"的1/3，平均坡度40%（约22°）；东坡区亦开阔规整，面积约占"山城"的1/3，平均坡度43%（约23°）；北坡地形相对复杂，谷地、台地、坡度交错，局部地形平缓且水源充足，遗址遗迹相对集中，推测为建筑集中、活动密集的城内中心区域。总体而言，"山

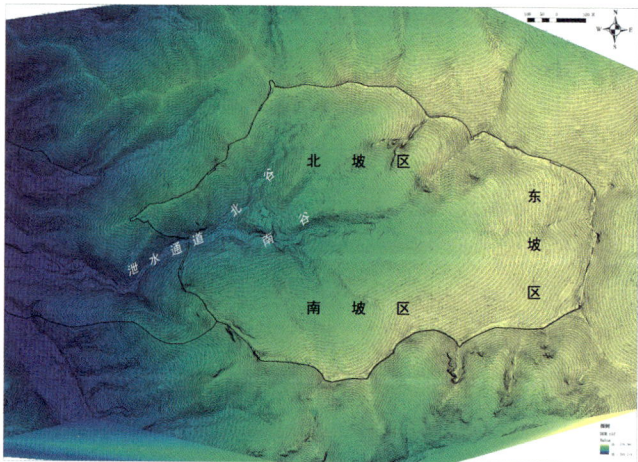

▲图3 城子山山城地形示意图

城"向北紧邻较开阔的河谷平原、向南、东、西三面倚靠连绵的丘陵山地,所包围的山谷规模适中且具有一定的战术纵深空间。"山城"石墙通过封闭自然山谷形成完整的"防御闭环",符合"战时入保"的防御战略。

（二）纳连险峰的石墙

城子山属长白山系哈达岭余脉,山体主要由花岗岩、火山岩及变质岩构成,丘顶浑圆且有尖峭的山峰,纵坡较陡。"山城"的石墙外侧坡度多为46°—52°的险坡,加之多处危岩峭壁,在冷兵器条件下的仰攻难度极大。

"山城"的石砌城墙是沿山脊棱线合围,有意识地将山谷四周险峰进行纳连,利用"峰—险—墙"的地形条件将防御优势发挥到极致。"山城"南墙全长约1238.9米,西端为高程578.31米山峰,东端为高程764.53米山峰,沿途连接5座山峰,东墙全长414.5米,沿途80%以上为自然积岩形成的山险陡崖,仅在局部山险缺口处以石构进行"堵口",城子山最高峰"登嘎拉达(海拔770.68米)"位于东墙中部,其外侧即为30余米深石壁悬崖;北墙全长1252.8米,东端接山险,西端为高程567.2米山峰,沿途连接5座山峰,城子山第二峰"固山峰(海拔729.83米)"位于北墙东侧约1/3处;西墙全长1397.9米,北端接北墙567.28米山峰,南端至南墙578.31米山峰,西墙蜿蜒迤逦、陡起骤降,沿途连接8座山峰、数处山险,是各段石墙中地形变化最大的段落(图4—5)。

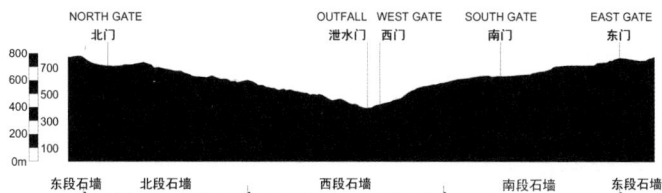

▲图4　城子山山城石墙段展开示意图

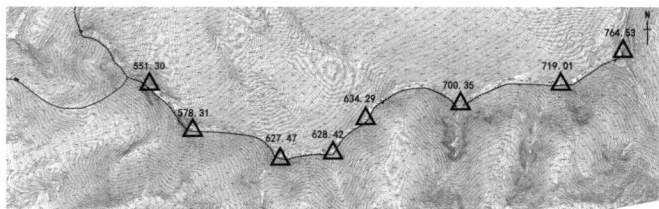

▲图5　南段石墙包含山脊险峰示意图

（三）利用视野优势的防御设置

"山城"中较清晰的遗存有四座随墙设置的石砌角台，分别位于南墙中部、北墙中部、西墙北端和西墙中部。城中西北部山脊还遗存有一座石砌方台（俗称"点将台""瞭望台"），推测为城内值守警戒之所。这五处防御设施遗存并非位于全山城中最险峻之处，而是占据良好视野的点位（图6）。

南墙中部角台为利用天然积岩石砌，高程约693.0米，凸出于石墙。角台背靠700.35米高程石峰，外侧为凸出的自然陡脊。受山脊走向影响此角台两侧石墙均向后呈弧形布置，角台获得了近270°的水平视角，南门、东门也处于防御视野范围之内，因而具有极佳的防御视野。

北墙中部角台利用固山峰积岩设置、高程在725.0米，几乎以90°角内凹于城墙。此角台于城外视野较窄，但于城内而言居高且视野开阔，270°的水平视角对"山城"的东坡和中部活动密集区形成良好的控制视野。

西墙北端角台位于北墙、西墙转折交接部位外凸于墙，台呈长条状背靠山峰沿山脊积岩设置，高程560.0米，顶部宽近7米、长度近25米，与石墙同质同料。此台向城外西部视野开阔，西墙北段七百余米几乎全部处于其视野范围之内，这对于高程降低、防御相对薄弱的西墙而言重要作用不言而喻。

西墙中部角台为全城最西端凸出点（高程465.0米），也是城墙向泄水门方向急转的拐点。由于泄水门及两侧城墙向东做大幅度内凹，此角台提供了完全开阔的

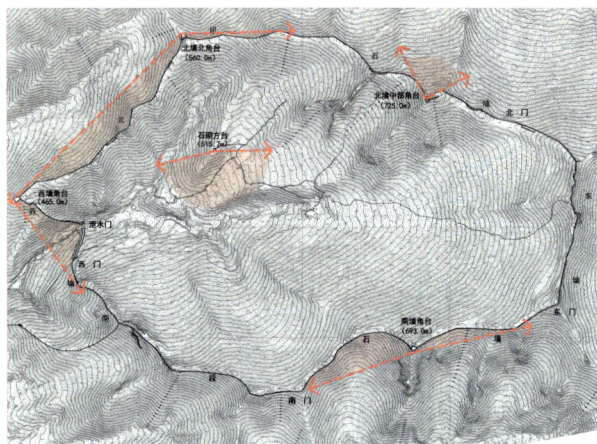

▲图6 城子山山城角台于城墙视野关系示意图

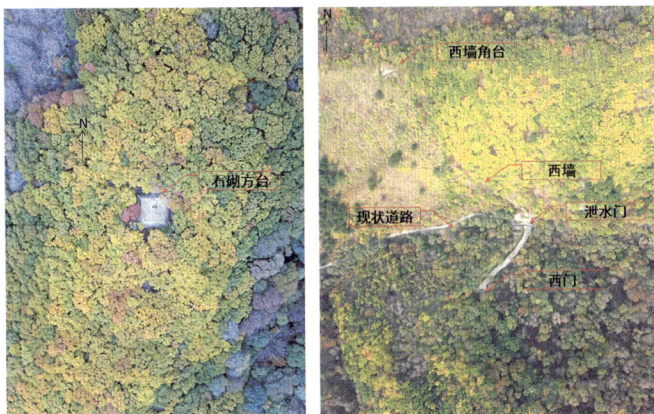

▲图7　城子山山城西墙角台、石砌方台鸟瞰

视野，将泄水门（393.58米）、城西门（415.0米）区域完全暴露在居高临下的角台防御范围内，这对于全城防御的"短板"——泄水门—西门一线具有极为重要的意义。

石砌方台位于城内主蓄水池偏西北的一道山脊前端（高程515.7米），方台对以蓄水池为中心的密集活动区域具有良好的观察视角。根据方台北侧设于脊部的戍卒营地遗址群推测，此地应为城内警戒戍卫之所（图7）。

（四）"山城"的蓄水和排水

制约古代山城选址的重要因素之一是便捷、稳定且充足的供水水源。城子山山城内有两处主要天然水源：一处为主蓄水池处的山泉（主蓄水池水源），位于北坡区中南部；一处为南坡中北部的山泉（现为井龙泉及泉池，原蓄水设施不详）。以此为基础构成城内三处较为清晰的人工蓄水设施遗迹：中部主蓄水池、西坝（蓄水）池和东坝（蓄水）池。主蓄水池位于城中部偏北499—500米高程之间的自然缓坡台，利用周围坡地所形成的"集水盆"地貌构筑而成，有效蓄水深度2.5—3.0米、推算容积约1000—1200立方米，是"山城"中最主要的给水设施。沿主蓄水池下游沟谷蜿蜒四百余米可至高程为410米的西坝池蓄水区，蓄水池向东南直线约二百米至500米高程的东坝池蓄水区，从东坝池出发沿沟谷南段下行五百余米亦可至西坝池蓄水区。东、西两坝池的蓄水来源为沟谷内溪流，而非直接来源于山泉。

"山城"的排水充分利用"Y"形沟谷，汇聚丰水期的坡面流和蓄水池的"漫溢"

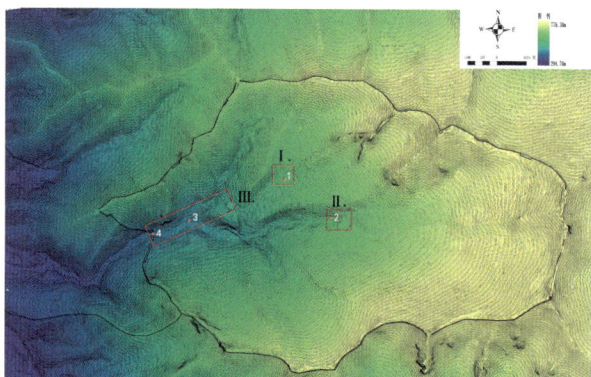

▲图8 城子山山城蓄排水设施与主要遗址区域分布平面图

Ⅰ.中部蓄水池—方台遗址区 Ⅱ.东坝池—井龙泉遗址区 Ⅲ.山神庙遗址区—西坝池—泄水门遗迹区

1.中部主蓄水池遗址组群 2.东坝池遗迹组群 3.西坝池遗址组群 4.水门遗迹组群

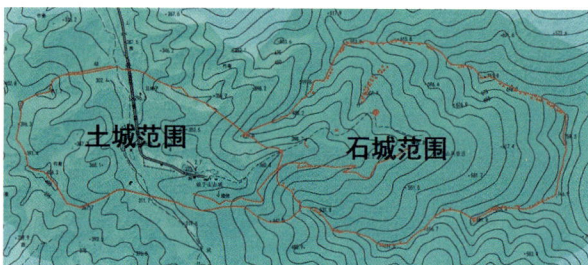

▲图9 城子山山城"石城""土城"关系示意图（资料来源：西丰县文物管理所）

通过西墙的水门排出。需要着重说明的是，蓄水设施亦为石构，石料的形制和砌筑构造与石墙无异，厚重的石砌构筑物耐受水流冲击，同时构筑方式亦适应复杂的沟谷地形，而石砌构筑物的"防水防漏"则通过"石—泥"复合方式解决。在蓄水设施周围存在较多的建筑遗址遗迹，推测城内主要的建筑群落及活动区域是以蓄水设施为中心分布的（图8）。

（五）平地山城结合二元制

根据考古资料在石砌山城的西侧还存在一座土筑城墙围合的小城（简称"土城"），两城相连、土墙交于石墙西段。"土城"规模较小，墙总长三千余米，围合面积近石砌城墙的一半。"土城"内地形相对平缓，平均高程在350—360米，城内地形以西侧较平坦的山谷和两侧缓坡丘陵为主。西侧土城处于河谷平原范围地形相对缓和开阔，适宜开展建筑及耕种等活动，推测应为当地居民"平地山城"二元制营建模式中的平地城部分。由于此"土城"部分受后世活动影响较大，加之调查及考古工作暂未开展不再赘述（图9）。

三、"山城"的石构技术与措施

石构砌体是"山城"中最重要的构筑物，是构成城墙、蓄水设施、建筑护坡和台基等的基础，也是"山城"营造中最娴熟技艺的代表。石构砌体以加工的石料为砌块，不施胶结材料而利用石料之间的穿插叠压，利用重力和摩擦力形成稳定而耐久的干砌体。石构技术在原始简单的建造条件下，充分适应于陡峻地形条件，并适于不同功能需求的建造。

（一）石料与砌式

"山城"的石料取自本地，经加工后主要形成面石（楔形石）、芯石（梭形石）及拉结石等。水平方向与竖向各层间楔形石与梭形石互相穿插、咬合，利用摩擦力形成了巨大、稳定的石构物。同时为了增加砌体的稳定性、提高其在陡坡上的抗拉及抗剪性能，在其内部规律分布拉结条石并与芯石共同作用起到良好的抗滑移、抗

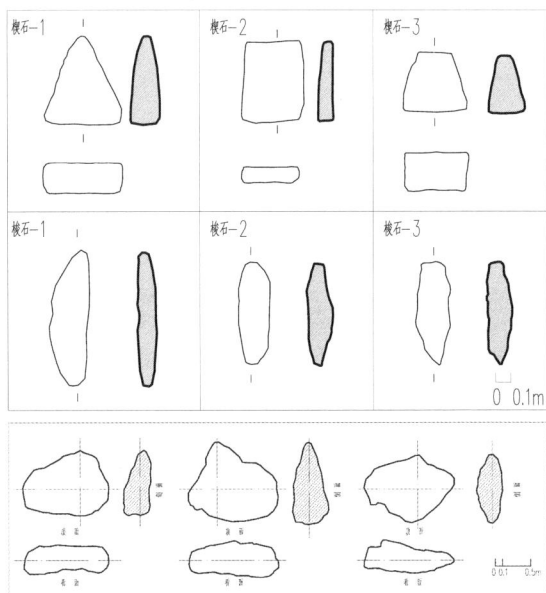

▲ 图 10　城子山山城典型石料三视图

倾覆作用。面石、芯石的基本加工体积控制在 0.02 立方米—0.05 立方米之内（重量一般小于 50 千克）（图 10）。

石构的"砌式"主要表现为外壁的石料组织形式。基本按照下大上小的规律垒砌。面石的看面是重点加工的部位，呈现为四角抹圆、中部圆凸的矩形球面，能够较好地消除石料间产生的应力、避免缝隙存水冻胀。石砌体的本质是干砌仰斜式重力式挡土墙，通过获得最小的主动土压力保证在陡峻地形上的稳定性。在转弯、攀升或易受水流冲击的部位，常利用山体积岩砌筑或在石砌体中增大较大石料体积以提升稳定性。这种不施加胶结材料的构筑方式大大增加了石构的体积，客观上也提升了"山城"的防御能力，在冷兵器时代大规模的迅速毁损几乎不可能（图 11）。

（二）拉结与平衡

从某种角度而言，山城中的石砌体属于干砌式重力挡土墙，因无胶结材料砌块相对松散，而需较大的体积保持其在山地条件下具有足够的重力和摩擦力来保持稳定。经初步测算在这种石构技术条件下，每获得 1 米高的稳定石构物大约需 5—6 立方米的石砌体，而较大体积的干砌石构其抗滑动性、抗拉性和抗剪性能都降低，稳定性变差。为保证石构物的稳定，在较小的石砌块中设置较大的丁条石提升整体的拉结性并保持平衡。

在"山城"陡峻地段的石墙中，规律的分布与墙面垂直的丁条石，一般位于面

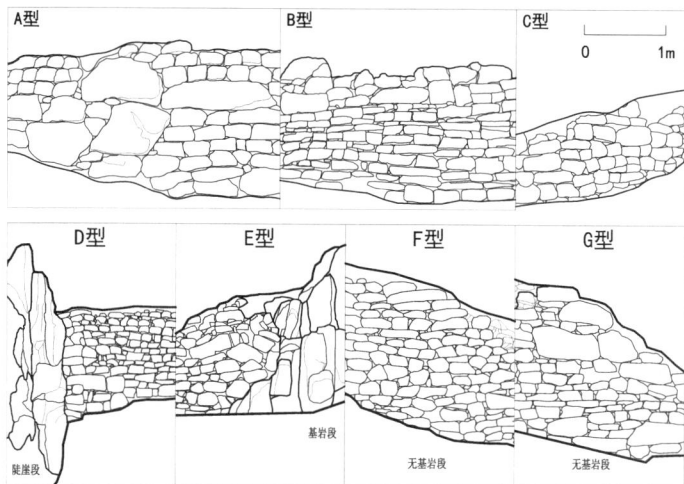

▲图 11　城子山山城石构砌式示意图

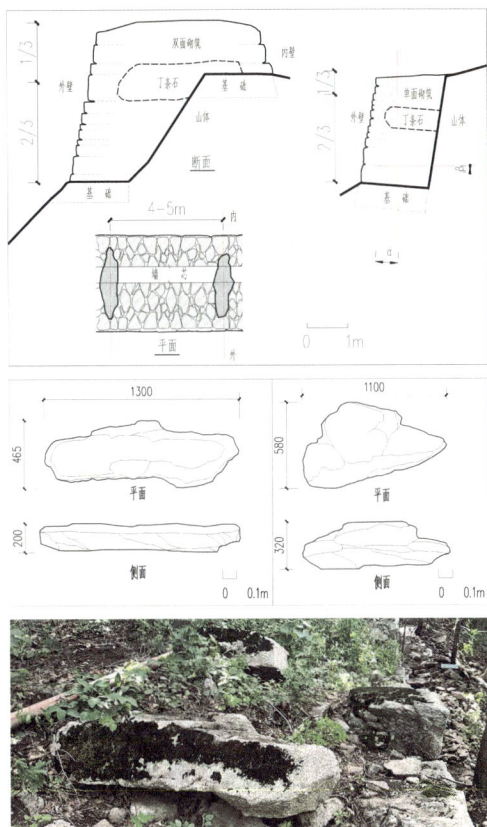

▲图 12　丁条石砌筑关系示意图
　　　　上：丁条石砌筑关系示意
　　　　中：典型丁条石线描图
　　　　下：丁条石现场照片

石之后、墙高的 1/3 至 1/2 处，水平间距 4—5 米。丁条石多呈条状，长度在 1.2—1.5 米、宽度 0.5 米左右、厚度 0.2—0.3 米、推算重量在 0.3—0.4 吨，两端呈梭状易与面石、芯石插接叠压。另一种丁条石形态似放大的芯石（梭形石），长度 1.1—1.2 米、宽度 0.6 米左右、厚度 0.3—0.4 米、推算重量在 0.2—0.3 吨。丁条石各面的形态变化较大，常见显著的凸凹部分，应起与面石、芯石穿插叠压的"锁扣"作用。丁条石对石构砌体起到较好的稳定和平衡作用，增加了内部的摩擦力，减少了较大体积的干砌石构体发生松散、滑动和倾覆的概率（图 12）。

（三）石构与夯土

在东北地区的汉唐山城中，干砌筑石技术已表现得较为娴熟，能够在各种陡峻复杂的地形上营建高度超过 5 米的稳定石砌构筑物。但在"山城"的蓄水设施中因需水量较大，干砌石砌体能够抵住水压力但是无法形成有效保水，故通过"石构—

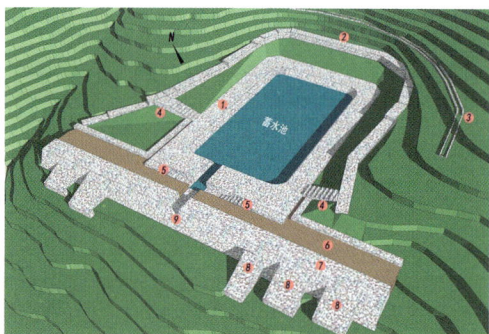

▲图 13　中部主蓄水池考古复原模型（南向北）
1. 石砌池壁　2. 石砌护坡墙　3. 石砌导水沟槽　4. 石砌坡道（台阶）　5. 取水台阶　6. 夯土坝体　7. 石砌坝体　8. 石砌扶垛　9. 泄水口

▲图 14　拦水坝发掘现场现状（2022 年 10 月摄）
1. 夯土坝体　2. 石砌坝体

夯土"相结合的工艺形成有效的蓄水设施。

"山城"主蓄水池一侧为"石砌—夯土"混合型拦水坝，用于以山泉为水源的"集水盆"式蓄水设施。经考古揭露的坝体长度约 35 米、顶部平均宽度 5.5—6.0 米，坝体外侧有多个石砌扶垛，用于增强坝体的稳定性。拦水坝主要分为三个部分：外页为石砌构造、宽度约 3.6 米，是坝体主要的受力部分；中页为夯土部分，高度略低于石坝，宽度 2.2 米，以黏土夯筑而成，主要功能为坝体防水；内页部分为石砌蓄水池池壁及两侧石砌护墙，平均宽度略小于外页部分。三部分共同构成了类似于"石砌—夯土—石砌"的"夹芯"构造，有效保证了坝体的稳定性和保水密封性。据推测，在施工时中间的夯土部分与两侧的石砌部分同期施工，石砌部分亦成为夯土的模板。石构与夯土的结合工艺是原始的"山谷型水库"式蓄水的重要保障，代表了东北古代先民在山地营造中的杰出智慧（图 13—14）。

四、结语

在古代东北地区严酷的自然环境和有限的生产条件下，石构无论在材料获取还是实施上对于山地均有较高的适应性，是能够在陡峻的地形下进行大规模营造的适宜性技术。古代先民通过较为简单的石料干插叠压、拉结平衡和土石结合等措施完成了较大规模的山城基础设施营建，解决了守卫、生活、生产的基本必要条件。

古代山城的规划和营建难度是远大于平原城的，石构技术在满足古代山城防御和利用的二元功能需求同时也决定了的其形态，从石构技术入手也是研究古代山城的有效途径和重要方法。

参考文献

[1] 王绵厚著. 高句丽古城研究 [M]. 北京：文物出版社，2002.12.

[2] 王绵厚. 高句丽的城邑制度与山城 [J]. 社会科学战线，2001(04)，171-176.

[3] 辛占山. 辽宁境内高句丽城池的考察 [J]. 辽海文物学刊，1994（2）.

[4] 朴真奭. 城子山山城和土城村土城及其筑城年代 [J]. 延边大学学报（社会科学版），1987(04).

[5] 温秀荣. 高句丽山城的排水系统 [J]. 博物馆研究，2002(02)，57-58.

[6] 赵俊杰. 试论高句丽山城城墙上石洞的功能 [J]. 博物馆研究，2008(01)，59-65.

[7] 李新全. 高句丽早期遗迹及其起源研究 [D]：吉林大学博士学位论文，2008.

[8] 郑元喆. 高句丽山城研究 [D]：吉林大学博士学位论文，2010.

[9] 周向永. 西丰城子山山城始建年代再考 [J]：东北史地，2009（02）.

[10] 陈正源修. 西丰乡土志，1907.

绥芬河流域山城防御体系的地域特征

宋吉富　东宁市文物保护中心、东宁市博物馆

刘　蕾　东宁市博物馆

穆　刚　东宁市博物馆

摘　要：绥芬河流域地处于东北亚中心地带，沃沮、靺鞨、契丹、女真等民族都曾长期繁衍生息于这片土地，诞生了绥芬河流域古族文化和以渤海国率宾府和盐州城、辽代率宾府、金代恤品路、元代开元城为标志的古代城市文明，散落于绥芬河流域的古代城墙诠释着先民在城墙防御体系建设中的智慧，对这些曾经具有军事防御功能古城墙的功能与体系探讨，对解读东北亚古代流域文明的演变和古代民族的迁徙征战具有重要意义。

关键词：绥芬河流域；东宁市；山城址；防御体系

绥芬河是黑龙江省唯一一条不注入黑龙江而直接入海的河流，也是中俄两国的国境之河，绥芬河的干流发源于吉林省珲春市西北的森林山，在东宁市三岔口镇新立村流入俄罗斯境内称拉兹多利纳亚河注入日本海，全长443公里，其中在我国境内长258公里，流域总面积17321平方公里，在我国境内达10059平方公里。绥芬河流域地处黑龙江流域与图们江流域的结合部位，兼具上述两大流域的文明特征，在东北古代流域文明史中占据重要地位。

一、绥芬河流域山城的保存现状

目前，绥芬河流域发现的古城有29座，其中山城有6座，5座山城在东宁市境内绥芬河的上游，分别是五排山城、红石砬子山城、河西山城、抽水砬子渤海山城、城子沟山城，俄罗斯境内的克拉斯诺亚尔斯克山城位于绥芬河的中下游，这些山城收藏着古代先民筑城防御的聪明和智慧。

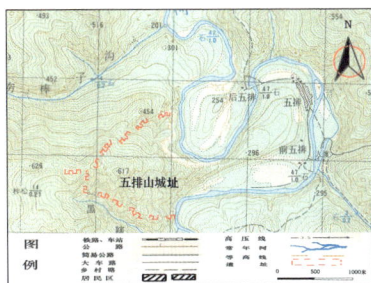

▲图 1　五排山城示意图

▲图 2　五排山城示意图

（一）五排山城

五排山城（图 1—2）位于黑龙江省东宁市道河镇小地营村五排屯儿西南约三千米处绥芬河左岸的山崖上，城墙在海拔 617 米的高峰处沿"C"形山脊走势向两侧延伸至绥芬河畔的悬崖上，制高点以东为土石混筑城墙，制高点以南为就地取材未经任何加工、大小形状各异的石块垒砌，城墙全长 1900 米，筑造方法简单、古朴。城墙未发现瓮城、马面之类的设施，城内有山泉水井、穴居坑址、人工平台。在五排山城北侧山下绥芬河左岸的冲击台地上，农民在建房、耕作活动中多次发现石器与陶器，有团结—克洛乌诺夫卡文化的典型代表性器物——陶豆的残片，据此推断这里是一处沃沮人的居住址，从史载和考古发现综合推断，五排山城很可能是沃沮人为防御挹娄人的侵扰而修筑的，后来可能又为勿吉、靺鞨人南进征战时利用。

1972 年 6 月，黑龙江省考古队在绥芬河流域进行考古调查时发现。1979 年，东宁县人民政府将其公布为县级文物保护单位。1983 年 4 月，牡丹江市文物管理站会同东宁县图书馆联合复查。1990 年 12 月，黑龙江省人民政府将其公布为省级文物保护单位。2006 年 5 月，五排山城址列为全国第六批重点文物保护单位。

（二）红石砬子山城

红石砬子山城（图 3—4）位于黑龙江省东宁市道河镇红石砬子村南大绥芬河右岸的山崖之上，是一座联体山城。西山城平面大体呈东北 - 西南走向的三角形，西端由海拔 450 米的制高点开始向东随地势渐低，分成南北两道城墙且距离渐渐加宽，北道城墙延伸至西北方向陡崖处沿山势向东南方向折返，最后两道城墙被一个小山谷分开，两道城墙又分别从两条山脊下沿至绥芬河右岸的台地上，分别抵住河

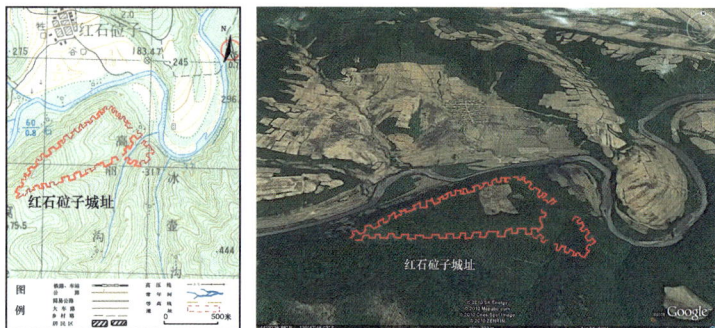

▲图3　红石砬子山城示意图　▲图4　红石砬子山城示意图

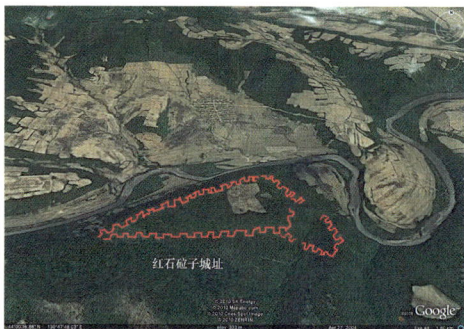

岸台地。山城北墙体多倚绥芬河右岸的陡峭山崖为屏障借山势而建城墙，地势较平缓处或跨越沟谷地带用石块垒砌城墙；南城墙西侧因处在地势较为平缓的地方，墙体多为土筑，高约3—4米，南城墙东部仍借山势之险顺势而筑，墙体多采用石块砌垒而成，西山城城墙周长2000余米，山城内平坦处有一土筑略呈正方形城池，城池的边长约30米，周长120米，城墙高约2.5米，顶宽1.2米。东山城城墙依山势而建呈半圆形，周长约300米，东山城地处高丽窝沟与冰壶沟之间的山岭西坡居高临下，具有明显的瞭望和警戒高丽窝沟与冰壶沟敌情的功能。红石砬子山城的建筑特点既有高句丽建城特征，也存在渤海早期山城的特点，故暂定此城为高句丽曾据有沃沮之地时代所修筑的山城或渤海早期山城。

1972年，黑龙江省考古队对绥芬河流域进行文物普查时发现。1983年，黑龙江省牡丹江市文物管理站对红石砬子山城址进行了全面的调查，初步认定该城址始建于汉代，金代沿用。2005年，黑龙江省人民政府将红石砬子山城公布为省级重点文物保护单位。

（三）河西山城

河西山城（图5—6）位于黑龙江省东宁市东宁镇暖二村西南抽水砬子山顶绥芬河左岸山崖上，北至悬崖边，南连耕地，山城有两道弧形城墙，两端均终止在东西两边的陡崖上。河西山城外墙西段长32米，宽2.7米，墙高2米左右，有底宽4米，深0.5米的外壕，东段墙长70米，因开垦耕地现已破坏，外墙总长约155米，距内墙40米；内墙高1.2米，总长48米，内外墙均系石块垒砌，外墙往北为40度

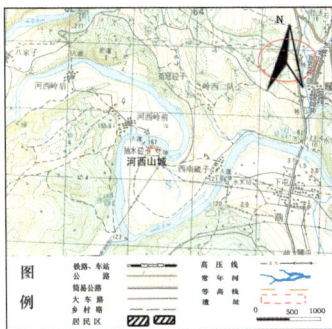

▲图 5 河西山城示意图

▲图 6 河西山城示意图

的高坡。这座山城规模较小，但具有较特殊的形制，三面依陡崖和绥芬河水，仅于南面较平缓的一面修建城墙，用作防守之用，这里应该是古代绥芬河河道上的一个重要军事哨所。

1972 年 6 月，黑龙江省考古队对绥芬河上游瑚布图河左岸考古调查时发现。

（四）城子沟山城

城子沟山城位于东宁市西南城子沟水库北侧、老城子沟村附近的山顶上，北距绥芬河右岸 6 公里，南临城子沟河，古城周长近 800 米，墙体依山势用土石混筑而成，平面呈不规则形。城内出土过灰色陶片及少量厚重的布纹瓦残片。该城为渤海时期所建，后为辽金沿用。

（五）抽水砬子渤海山城

抽水砬子渤海山城位于东宁市道河镇西北绥芬河右岸的山顶上，山城周长约1500 米，平面呈不规则形，南距红石砬子山城约 10 公里。山城墙体依山势而筑，墙体材料为土石混筑，此城当为渤海时期所筑。

（六）克拉斯诺亚尔斯克山城

克拉斯诺亚尔斯克山城位于俄罗斯境内乌苏里斯克市绥芬河（俄罗斯境内称拉兹多利纳亚河）右岸克拉斯诺亚尔斯克山岗之上，是较为典型的双联城，在城址内还有一座小型的"禁城"。"禁城"内发现了规模较大的宫殿建筑基址、门楼遗址和精美考究的建筑构件，如兽像、大块石础、灰陶龙头像等遗物，可知是按照中国传统建筑的营造法式建造的高等级建筑。山城东南边缘有平原城，沿山坡延伸，长达 570 米，宽达 200 米。平原城亦是因地势而建，其轮廓沿绥芬河（俄罗斯境内称拉兹多利纳亚河）干涸的支汊延伸，平原区充分利用天然水系，开挖沟渠运河连接湖泊和江汊，构建了复杂的水域交通系统。И·С·蔑尔库洛夫认为：古城平原城系克拉斯诺亚尔斯克"中世纪都市区"的港口，发挥航运交通的职能，古城属女真人筑城址。

二、绥芬河流域山城防御体系的选址

绥芬流域山城防御体系的选址体现出这一流域先民城防体系建造的智慧和水平，他们充分利用宽阔又湍急的绥芬河水的天然屏障作为筑城防御第一要素，其次借助绥芬河岸险峻的高山作为筑城防御的第二要素，山借水势，水借山险形成了一道难以逾越的屏障。

（一）借助自然地势选址

绥芬河流域 6 座山城中有 5 座山城是以天然的绥芬河作为山城的第一道防御屏障，另一座山城以绥芬河的支流为屏障，相当于平原城的护城河，又以河岸的悬崖峭壁为屏障修筑山城城墙，巧妙地运用了天然的大河与陡崖峭壁相结合的原则，创造了人工防御与自然防御相结合的防御体系，这一防御体系与平原城相比较，大大降低了建城的成本也大大提高了城的防御功能，这也能从一个侧面反映了城内聚落的劳动力和防御兵力的有限性，正是这一点充分体现了这一区域先民的防御智慧和生存能力。

（二）利用大河之险选址

绥芬河上游多山地丘陵，这一地形地貌塑造了许多深涧峡谷或激流险滩，古人正是充分利用了这条天然大河的险峻创造性的应用到城墙防御体系的建设当中，形成了城墙防御体系中的第一道屏障，6 座山城都充分地利用了这一资源，五排山城更是把河作为城墙的延续并作为"城墙"的一部分加以利用，绥芬河在五排山城的东面包围成"袋子"状台地，而山城就像一个"盖子"盖在袋子的开口处，"盖子状"的山城与"袋子状"的河谷台地形成了封闭的"城"，独具匠心，巧夺天工。红石砬子山城和抽水砬子渤海山城则是利用两面的绥芬河作为环形山城外围的一条"护城河"加以利用，河西山城和克拉斯诺亚尔斯克山城也同样是利用绥芬河的天险作为护城的重要元素。

（三）大山与大河结合选址

选择适合建城的河湾或峡谷还要选择利于建城的山势和山形，做到山借水势，水借山险形成多重防御系统。五排山城在山峰制高点向两侧延伸至绥芬河岸与几十米高的悬崖峭壁相连，把延伸进绥芬河里的峭壁作为城墙的一部分，主城墙沿山脊修筑，充分利用山势之险顺势修建，部分墙体直接利用突出的山峰，巧夺天工，又浑然天成，形成了绥芬河水防御，山城扼守绥芬河咽喉的防御系统。红石砬子山城和抽水砬子渤海山城更是直接利用了绥芬河上的峭壁直接做城墙。

（四）补给与防御统筹选址

作为聚落城池的防御，水和粮食是制胜的关键所在，保障城内用水和粮食生产是绥芬河流域筑城防御的重要元素，因河筑城，储水储粮于城内，确保城内有田可耕、有林木可用、有溪水或储水可饮，即使城池被围攻，也能保证城内有充足的水源和粮食，具备独立长期坚守的生活条件。

五排山城线状山城与"袋状"绥芬河形成环形闭合防御体系，城内有溪水和储水池，山下绥芬河环绕的台地相对平坦，是优良的耕种土地，可以解决城内的粮食问题。红石砬子山城在绥芬河右岸山城的西北部和东北部各有一块面积较大的平地，古人选择在绥芬河和山城之间拥有足够量可供耕种和居住的平地作为筑城的基础，这样可以依据绥芬河的天然屏障作用，和平时期在城外耕种和居住，战时退入山城据守，抽水砬子渤海山城、河西山城和克拉斯诺亚尔斯克山城也充分运用了这一筑城选址的原则。

三、绥芬河流域山城防御体系的地域特征

（一）城址建设注重战略价值因地制宜

山城防御体系做到自然环境与人工砌物有机结合，二者相互联系相互依靠，山城自然环境在人工建设后防御更加完善，人工砌物借助自然环境更加艰险。借助绥芬河水势以山为城，凭借独特的地理优势，使山城能够在短时间内初具防御规模，形成相对安全的城外防守和城内生活防御环境。

（二）城址建设形制简单适用

山城多分布于深入河谷的山岬地带，城墙随地势起伏而建造，地理位置险要，城内有梯级状台地，便于建造各类建筑和城内居民的生活，山城没有马面和瓮门，城墙充分利用山的陡峭做墙，依山势而修筑，多数为不规则形城墙，有的利用山的几面险峻地势，有的利用山的沟谷设险制障，有效节省了人力，又达到了较好的防御效果。城墙建设就地取材，巧用山体石材，完善整个防御工事。同时，城址建设充分考虑到了战时防御与非战时生产的协调关系，山城具有两种用途，一种是人们居住在城内，平时到城外周围打猎和耕种，另外一种是人们在离城外不远处地方居住、打猎、耕种，在城内存放着一些粮食和武器，一旦发生战争，人们便躲到附近山城里居住，拿起武器进行抵抗。

（三）城址建设防御设施齐备

绥芬河流域山城在修筑之初即对城防设施的建设有着充分的考虑，每座山城都是一个独立的防御主体。五排山城西端单独营建了突出山城的瞭望设施，可随时掌握山下敌情；红石砬子东山城地处高丽窝沟与冰壶沟之间的山岭西坡居高临下，具有明显的瞭望和警戒高丽窝沟与冰壶沟敌情的功能；河西山城地处抽水砬子最高点，对四周都具有良好的瞭望、警戒作用；此外，山城内有大量的生活设施，有大量的穴居坑遗址，多层台地，储水围堰等用于生活、仓储，封闭式的城墙充分利用天然山势设计了较为完备的城防设施，保障了山城长期据守的需要。

四、探讨与结语

中外学者通过考古发掘和调查研究，在绥芬河流域发现古代城址30多座，多数是绥芬河中下游河谷平地内的平原城。然而，散落在绥芬河中上游的山城，除位于俄罗斯境内的克拉斯诺亚尔斯克山城有较为系统考古挖掘外，位于东宁境内的5座山城规模宏大，分别扼守绥芬河不同河段的咽喉，具有典型的军事防御作用。然而，目前尚没有进行系统的考古和研究，这些山城什么年代建成、有什么历史作用和相互联系等问题还有待更多的专家学者研究探索。

通过现状调研发现：临绥芬河营建的山城因自然和人为两方面因素正在发生着变化，绥芬河水道变迁，山体自然侵蚀坍塌等因素正在侵蚀山城原有的历史和文化信息。

对于绥芬河流域的山城而言，不仅仅是古代东北亚文明的载体，更是今天人与自然地理环境有机融合的人文景观，今天的保护工作者已经将山城周围的自然地理环境与山城的保护结合起来了，期待着在整体性研究的基础上完善各山城遗址的考古研究，为山城防御体系的整体保护和展示利用奠定基础，为东北亚文明进程的研究提供宝贵的实物资料。

韩国代表性邑城之一
——海美邑城文化遗产价值

［韩国］李揆奭　Kyoo-seock Lee
韩国成均馆大学

一、介绍

自古以来，韩国建造了大量城堡，因此将其称为"城堡之国"并不为过。在长达五千年的历史中，韩国经历了多次古代国家间的战争以及外来侵略。朝鲜半岛上出现的每一个国家几乎都建造了城堡来加强防御，从而使朝鲜人民掌握了先进的城堡建造技术。在三国时期（公元前 1 世纪至公元 7 世纪），城堡的数量激增。这些防御工事后来在高丽（918—1392 年）和朝鲜（1392—1910 年）经历的重大国家危机中，发挥了抵御入侵者的关键作用。

从高丽王朝后期到李氏朝鲜早期，古人沿着海岸线建立了许多城墙城镇，其重要目的是抑制外敌的潜在入侵。然而，在 20 世纪前半期的日本殖民统治期间，大部分邑城都被毁损或破坏，只有极少数得以保存，海美邑城就是其中之一。

本研究将目光聚焦于这样一个城墙城镇——海美邑城（Haemieupseong Walled Town，HMWT），旨在通过研究其作为重要军事和行政中心的重要性、城镇城堡的建造以及伴随的精神元素（如遗产的概念价值和意义），为文化遗产的保护和推广做出贡献。

二、韩国城堡

按地理位置和地形，韩国城堡可以分为三类：山城、平地城和平山城。山城是建在山上的城堡。由于韩国地形多山，使得山城在历史的早期便得到了发展。一般来说，山城位于平原后面的高山上，一旦敌人出现，人们就躲进山里，从而实现抵御入侵。由于具有居高临下的地形优势，其防御能力远高于平地上的城堡，因此常被用作防御的军事城堡或紧急情况下的避难所。山城从三国时期开始兴起，其中具有代表性的山城之一是南汉山城，已被联合国教科文组织列为世界文化遗产。

平地城是建在平地上的城堡。这种城堡样式在中国发展较早，主要通过在平地上占有民房和农田，从而能够在一定时期内实现自给自足。包括都城在内的重要城堡大多建在平地上。然而，在多山的朝鲜，平地城的例子并不多。

平山城是指建在地形既有平原又有山脉的地区，或者建在背后有山脉的地区。韩国的大多数城市位于山地和海滨地形中，在这种地形中的城墙城镇通常以平山城的形式建造（Choi，2007 年）。这种城堡形式结合了山城和平地城的优点，兼具军事防御设施和聚落行政功能。其中，列入联合国教科文组织世界遗产名录的韩国水原华城就是典型例子，并且本研究的对象海美邑城也属于平山城。

三、海美邑城

韩国的传统守城战术主要采取的是"清野守城"，即当敌人入侵时，居住在平原上的人们带着食物躲进山城，然后军民联合作战。自高句丽以来，这种战术被有效地用于防止外敌入侵。高丽王朝时期的蒙古入侵和朝鲜王朝时期的壬辰战争的大部分胜仗都发生在山城战中。

朝鲜在平原地区建造城池的原因是，从高丽王朝末期到李氏王朝初期，倭寇的持续掠夺使得国家财政一蹶不振，领土满目疮痍，这也成为高丽王朝灭亡的重要因素。经历这些挑战后，朝鲜王朝在早期阶段重组了国防系统。在此期间，朝鲜政府认识到在城镇附近建造城池的重要性，而不是在高山上建造山城。这是因为，当外国军队从海上入侵时，人们很难及时躲进位于高山上的山城。因此，王朝在平地上建造了许多城池。例如，在忠清道、全罗道和庆尚道等靠近海岸线的地方建有许多城池。朝鲜王朝初期，全国共建造了约 160 座城池（Sohn，2011 年）。遗憾的是，其中许多建筑在 20 世纪初的日本殖民时期遭到了严重破坏。随后，由于城市化和城市扩张，这些历史遗址大多被拆除，如今只剩下一小部分。忠清南道地区现存的城堡约有 10 座，而海美邑城是唯一得到妥善保存的城堡。

海美邑城建于 1421 年（世宗三年），位于韩国忠清南道瑞山市，周长约 1.8 公里，高 5 米，总面积为 196381 平方米。海美邑城是朝鲜王朝早期建造的众多城堡中具有代表性的一座，它与全罗北道的高敞邑城和全罗南道的落雁邑城齐名，也是韩国保存最完好的城堡之一。

（一）考古环境

海美邑城所在的瑞山地区拥有发达的海岸线，天水湾（Cheonsu Bay）以及加罗林湾（Garorim Bay）沿岸的平原，这些天然优势自史前时代起就为人类提供了良好的居住条件。考古学家在瑞山地区的多个地方发现了旧石器时代的遗迹，其中，贝丘被认定为新石器时代的遗物。在大山邑熊岛里（Ungdo-ri, Daesan-eup）的地面调查中，人们还发现了磨石和磨盘。通过最近几年的发掘，考古人员还在机智里（Giji-ri）和布江里（Bujang-ri）确认了青铜时代文化层的存在，其中青铜时代的遗物包括贝丘和石墓。此外，从三国到百济时代的遗物有土庙、棺椁墓、石室以及百济时代的立石。

（二）地理环境

海美邑城西面是与西海岸接壤的填海地，东面则是从海拔678米的伽倻山（Mt. Gayasan）延伸出来的地脉，形成像树根一样蔓延的低矮山丘。填海地曾经是海水进入的地方，海水穿过泰安半岛和洪城形成一个海湾，与海岸深处的陆地相连。海美邑城东面通往礼山、德山和洪城的内陆交通路线与围绕伽倻山形成的山丘相连。此外，邑城西北部与瑞山接壤，并在同一海岸线有一条长长的低海拔陆路通过瑞山与泰安半岛相连。

换句话说，海美地区是连接西海岸和内陆的交通要道，而海美邑城正位于这些交通线路的中间。在从伽倻山向西延伸的多条地脉中，海美邑城的一部分环绕着海拔130米的丘陵山。城墙是通过适当利用平地和丘陵修建而成的，周长约1800米，城堡面积为64463平方米。城墙向东北方向穿过丘陵和山顶，将东、南、西三面的低地平原包围起来。因此，城堡的地形分为北部丘陵区和南部平原区，平面形状为东西两侧城墙。现如今，从首尔驱车1.5小时即可到达位于西海岸高速公路（SeoHaeahn Highway）的"Haemi"出口附近。

（三）海美邑城的建造

海美邑城建于朝鲜太宗十七年（1417年）至世宗三年（1421年）之间。在1652年忠清军迁往清州之前的230多年间，它一直是忠清道的军事中心（Shim, 1999年），不仅承担国防任务，还负责防止暴动等任务。随着军营搬迁到清州并建立湖西左营城（Hoseo Jwayeongseong Castle），这里的行政结构也发生了重大变化。由于海美县监（HaemiHyeongam）兼任湖西指挥官（Hoseo Jwajangjang commander），海美邑继续作为内浦地区的行政和军事中心。海美邑城作为一座兵营城堡，是现存城镇城堡的典型代表，被指定为第 116 号历史遗迹。

海美邑城是根据该地区的地理条件建造的。南门前面是由杨陵浦形成的水系，北侧则与石门峰和庆城山相连。这一战略位置的选择很可能考虑了风水因素。城堡的四个门都可以从东、西、南、北四个方向看到。东门和西门的设计呈扁平状。特别值得注意的是，东门的城楼名为岑阳楼（Jamyangru），西门的城楼名为枳城楼（Jiseongru），其中西门南侧城墙底部有一个出水口。南门被称为虹霓门（Hongyemun），设有一座单层门楼，名为镇南楼（Jinnamru）。最近，邑城的北门正在进行修复工作。这座城堡与高敞邑城和落雁邑城一起，被认为是朝鲜王朝的代表作。城堡周长约 1.8 公里，高 5 米，总面积为 196381 平方米。现如今，虽然邑城并没有护城河，但有文献记载，并且 2005 年的发掘也证实了北部地区曾经存在护城河（Kim，2011 年）。除此之外，为了使敌人难以靠近，古人还在城墙周围种植了带刺的枸橘树（Thorny tangja tree，朝鲜语名称：Trifoliate orange trees，即三叶橘树，Poncirus trifoliate），因为这些树的存在，邑城也被称为"枸橘城城堡"。据说城外有护城河，东西南三面有门，北面有暗门。

工事实名制（不实工事防止法）是从三国时代延续至朝鲜王朝的我国城墙文化中重要的传统。城墙不仅承担军事防御的角色，也是国家战略设施。为了确保负责任的建设并抑制不合格项目，国家严格监督建设并承诺惩罚不履行责任的人员，实施了建设实名制度。西山海美邑城的城墙就是这一制度的一个例子。城墙上刻有来自临近城市如清州和公州等地的题字，反映了那些来自附近地区如公州和清州的个人如何被征召参与城墙的建设（韩国国立开放大学出版部，2017 年）。在这期间，每个部分都有指定的监督人员负责监督指定的建设部分。这种方法确保了责任的落实，因为如果某个指定部分存在缺陷，负责该部分的指定监督人员将承担责任。

（四）挖掘和修复

韩国的平原城堡和城墙在日本殖民统治时期遭受了严重破坏，导致一些遗产地的原貌难以追溯。这主要是由于城市扩张引起的拆除和故意破坏所致，因此通过地表调查和发掘尽可能地确认其原始形态显得尤为重要（汉江文化遗产研究所，2017年）。与其他城堡一样，在日本殖民统治时期，海美邑城内的大部分设施都被拆除，木材和石材被用作筑路和建筑的材料，土地被出售给公众。直到20世纪70年代初，海美邑城内还有海美小学、邮局和大约160栋民房。然而，从1973年开始，这些房屋都因海美邑城的修复工程而被搬迁。自1980年以来，海美邑城已进行了13次以上的发掘，主要集中在特定区域的遗址挖掘，而不是整个区域的地面勘察。海美邑城受损部分的修复工作必须尽最大努力以保持其完整性。因此，需要进行彻底的地面勘察，并重新审视过去的挖掘调查记录和遗物。

海美邑城的官舍在1909年（朝鲜时期）曾用作海美学校，1912年（日本殖民时期）被批准为公立小学，并用于小学教育。后来迁至城外，1998年进行了现有客舍的修复工作。

目前，土地利用与城堡修复之间的冲突并不明显。正如在许多欧洲城墙城镇中看到的那样，不同社会群体之间的紧张关系已被描述为旅游历史城市发展的"根本问题"和机遇。布鲁斯和奥利弗（2016年）指出，城墙小镇对不同人群有着不同的意义。尽管目前海美邑城周围的土地利用方面并未引发严重冲突，但最好制定周边土地使用法规指南，以确保未来能够提升遗产的真实性和完整性。

四、保护和传承海美邑城的文化价值

（一）裨补风水

根据《文化遗产保护法》的定义，历史文化环境指的是文物周围的自然景观或具有突出历史、学术、文化价值的空间，以及需要与文物一同保护的周边环境。当与遗产的突出普遍价值相关的要素位于城墙之外时，倾向于确保城墙和城外的要素都被纳入文化遗产范围内，以满足遗产的完整性。为了从真实性的角度维护海美邑城的世界遗产价值，有必要了解城墙建造的地形以及周围环境和位置的特征。在观察构成景观的各个元素时，必须了解其背后的理念和原则，而不仅仅是视觉方面，这样才能正确理解景观的真实性（首尔市政府，2013年）。这意味着不仅要保护遗产的物质方面，还要保护遗产的精神要素，如遗产的概念价值和意义。从这一角度出发，我们有必要审视作为城墙景观元素而修建的裨补风水（Beebo Feng Shui）

的弥勒佛。裨补风水指的是人为地补充地气或修补风水上缺气的地形。这是韩国特有的风水思想，在中国和日本都不存在，指的是人为地尝试或努力，以"帮助和弥补土地的不足"。例如，当村庄周围山脉的一侧明显低于另一侧或比另一侧更脆弱时，人们就会建造海泰（Haitai）雕像，以阻挡火的能量，从而防止火灾；或者建造假山或森林。在地气较弱的地方建造佛寺或宝塔，或建造假山来阻挡负能量，这就是"Beebo"（Choi，2022 年）。

一个很好的例子是景福宫的海泰雕像，它是为了保护景福宫免受冠岳山（Gwanak Mountain）火灾侵袭而建造的。"Beebo"具有风水象征意义和实用功能相结合的文化生态环境适应性特征，也是风水景观补充和景观重建的要素。从地形上看，海美邑城的北面背靠伽倻山山脚的地脉，东、西、南三面均为开阔平地。尤其是海美邑城的南大门镇南门前，是一片空旷的平原。水流直泻而出，前无山峦挡风。海美邑城南北东西四面都有石雕弥勒佛，似乎是根据风水学弥补地形缺陷而建。这些弥勒佛分别位于海美邑的山水里（东面）、磻阳里（西面）、朝山里（南面）、皇乐里（北面）。为了弥补风水上地势的不足，海美人象征性地在这里修建了一座小山，挡住来自前方的煞气，并立了一尊石雕弥勒佛，给人以心理上的安慰和情绪上的舒缓、稳定。镇前的邻村名叫造山里，但造山里根本没有山。不过，之所以取名为"造山"（意为"人造山"），是为了从风水方面保护南方的脆弱地区。

（二）天主教圣地

海美邑城内外都有天主教烈士遗址。在 1866 年丙寅洋乱（Byeongin Yangyo）后对天主教徒的迫害中，忠清道各城镇被俘的 1000 多名天主教徒被关押在海美邑城的监狱，遭受酷刑并被处决。在朝鲜王朝的一万名殉教者中，内浦地区的天主教徒就是在这里殉教的。现在，在城堡广场上还有一棵国槐树（Sophora Japonica），这棵古树曾用于将被囚禁的天主教徒拖出来，用铁丝绑在树上折磨他们。据说这是一棵有 600 多年树龄的古树，至今还隐约留有当年铁丝扎过的痕迹。

2014 年 8 月 17 日，教皇方济各在瑞山市海美神社主教座堂会见了亚洲主教，进行了时辰礼仪祈祷，参观了博物馆，瞻仰了烈士遗骸，并在海美神社举行了弥撒。海美神社是天主教神社，每年都有许多天主教徒前往参拜。

（三）海美邑城节

今年即将迎来海美邑城节的 20 周年纪念，这是一个可以让游客欣赏到 600 年历史经验和祖先的筑城技术所创造的古城文化以及海美邑城周围自然风光的节日。祭祀活动包括以下项目：

告由祭（Goyuje）：为祈求祭祀成功而举行的传统仪式。祭祀期间举行的太宗皇帝游行是朝鲜王朝时期原型的再现。这样做的目的是向当代人展示海美邑城建设的意义与历史。在介绍兵营城的意义和历史的同时，还将重点介绍各种民间游戏。增强项目包括与兵营相关的体验活动以及围绕兵营城堡主题的跑步活动等。

五、结论

HMWT 又称海美邑城（Haemieupseong），是韩国具有代表性的平原山城之一，具有重要的文化遗产价值。这座城堡位于瑞山市，在社区内具有独特的军事防御功能和行政职能。海美邑城的重要性在于其历史、建筑、文化和宗教意义，有助于加深对韩国过去的了解。

历史意义：海美邑城提供了对韩国防御战略和地区冲突的历史背景的深入了解。这类城堡的建造和使用与韩国抵抗侵略、维护主权的的历史密切相关。海美邑城的存在证明了韩国各个王朝所面临的挑战以及他们为保卫领土所做的努力。

建筑价值： 海美邑城和周边"Beebo"的建筑元素展示了朝鲜人几个世纪以来发展起来的城堡建造技术。小镇的布局与自然环境的融合，突出了"裨补风水"人为地补充地气或修补风水上缺乏地气的地形。这种韩国特有的风水思想，是指人类对抗自然的人为尝试或努力，以帮助和弥补土地的不足。

文化和社会意义：海美邑城不仅是一座军事城堡，也是行政和社区生活的中心。从城堡的布局、建筑和组织让我们可以了解当时的社会结构、治理和居民的日常生活。军事和民用的功能在同一城墙内共存，反映了安全与地方治理之间的共生关系。

宗教圣地：作为天主教的圣地，海美邑城是展示 19 世纪末韩国天主教徒遭受迫害和殉难的历史遗迹。

旅游和教育：作为国家历史遗址，海美邑城吸引了有兴趣探索韩国历史和文化的国内外游客。该遗址为游客提供了了解韩国过去的文化、历史和社会的教育机会。

保护和宣传此类遗址有助于提高人们对文化遗产保护重要性的认识。总之，海美邑城因其历史、文化和社会意义而具有巨大的文化遗产价值。它作为平山城的代表，为人们了解韩国的过去提供了一扇窗口，并彰显了韩国对保护其文化特性和遗产的持久承诺。

南京城墙伏龟楼的性质及相关问题再议

王志高　南京师范大学

摘　要：南京城墙东角隅的伏龟楼始建于南唐，两宋至元代沿用，并多次增创，毁于元末明初的大规模筑城。伏龟楼得名，或说其地势如龟仰首，或说与附近的伏龟山有关。伏龟楼段城墙外西南侧城壕没有打通，是当年城墙防御最薄弱的环节，这是修筑伏龟楼的主要原因。文献记载可以证实，这里是北宋初年曹彬军队及元末朱元璋军队攻城突防地之一。伏龟楼的核心功能是军事防御，因其地势高亢，在和平时期，这里还是文人骚客观览金陵胜景之地。2001年，明代城墙东南转角内侧土岗上发现的大型砖构遗迹，可以确认就是南唐伏龟楼建筑基址的局部墩台。

关键词：南唐；伏龟楼；南京城墙；军事防御

2001年5月，有关部门在明代南京城墙维修过程中，于武定门至雨花门之间的明代城墙东南转角内侧土岗上发现一处大型建筑遗迹。随后的清理发掘由笔者主持。从其形制及构筑特征看，该建筑遗迹的修建年代应为杨吴、南唐时期，通过对历史文献的进一步梳理，可以确认为南唐伏龟楼建筑基址的局部墩台[①]。伏龟楼地势高亢，可以俯瞰旧时金陵全城，在宋元时期一直是文人骚客观览金陵胜景之地，留下了不少名篇佳句。由于传世诗词的影响，长期以来人们都将伏龟楼看作一处观景楼，未有深入研究。经仔细梳理文献，并结合所在地理位置分析，笔者认为伏龟楼的性质值得进一步讨论，其核心功能实为军事防御。本文结合相关考古发现，就伏龟楼的历史沿革、性质等问题做一专题讨论，以推动这一金陵胜迹的研究。

一、伏龟楼的历史沿革

关于伏龟楼的始建年代，相关文献中虽未见明确记载，但从宋代文人骚客创作

[①] 王志高、马涛：《南京雨花门发现的南唐大型砖构遗迹》，南京市博物馆编《南京文物考古新发现：南京历史文化新探二》，江苏人民出版社，2006年，第115-117页。

的诗词、游记中可寻得一些线索。如杨万里诗云："周遭故国是山围，对景方知此
句奇。偶上伏龟楼上望，一环碧玉缺城西。菰蒲深处拓重城，城上立楼龟唤名。应
卜南唐不多岁，何妨俯首纳天兵。"此外，据后引范成大《吴船录》录文，他曾于
南宋淳熙四年（1177 年）九月登上"伏龟楼基"，并相传北宋曹彬攻灭南唐即由
此入城①，可见该楼早见于南唐。

关于伏龟楼名称的由来，此前观点多据《吴船录》等记载认为其地势如龟仰首，
故名"伏龟"。但通过进一步梳理史料，笔者疑其得名与伏龟山有关。《至正金陵
新志》卷十四《摭遗》引《宋朝事实》："周广顺中（951—953 年），江南伏龟
山圮，得石函，长二尺八寸。"②此为当时有名的谶纬事件，在《宋史》卷六十六
中也有详细记载③。此伏龟山，据宋人王象之《舆地纪胜》卷十七《江南东路·建
康府》所载，"在（建康）府城东角隅"④，恰与伏龟楼所在位置相符。按周广顺
年间正值南唐中主李璟对外武力扩张之时，此次伏龟山得石函事件在当时可能被认
为是祥瑞之兆。如此来看，伏龟楼颇疑就是此际建于伏龟山之上，楼因山得名。

宋元时期，伏龟楼一直沿用，并经历了多次改建。据《吴船录》："（淳熙四
年九月）甲寅、乙卯。泊建康。从留守枢密刘公行视新修外城。"⑤可知在淳熙四年(1177
年），建康府城墙刚刚有过一次修缮，作为附属建筑的伏龟楼或许也有所涉及。而
据《景定建康志》卷二十《城阙志一·今城郭》和卷二十一《城阙志二·楼阁》记载，
伏龟楼位于南宋建康府城东南隅，楼在城上。景定元年（1260 年），马光祖还在

---

① ［宋］范成大：《吴船录》卷下，《范成大笔记六种》，中华书局，2002 年，第 233-234 页。
② ［元］张铉：《至正金陵新志》卷十四《摭遗》，台北成文出版社，1983 年，第 2141 页。
③ ［元］脱脱：《宋史》卷六十六《五行志四》："周广顺初，江南伏龟山圮，得石函，长二尺、广八寸，
中有铁铭，云：'维天监十四年秋八月，葬安公于是。'铭有引曰：'宝公尝为偈，大事书于版，帛幂之。
人欲读之者，必施数钱乃得，读讫即幂之。是时，名士陆倕、王筠、姚察而下皆莫知其旨。或问之，
云在五百年后。至卒，乃归其铭同葬焉。'铭曰：'莫问江南事，江南自有冯。乘鸡登宝位，跨犬出
金陵。子建司南位，安仁秉夜灯。东邻家道阙，随虎遇明兴。'其字皆小篆，体势完具，徐铉、徐锴、
韩熙载皆不能解。及煜归朝，好事者云：煜丁酉年袭位，即乘鸡也；开宝八年甲戌，江南国灭，是跨
犬也；当王师围其城而曹彬营其南，是子建司南位；潘美营其北，是安仁秉夜灯也；其后太平兴国三
年，淮海王钱俶举国入觐，即东邻也；家道阙，意无钱也；随虎遇，戊寅年也。"中华书局，1985 年，
第 1447 页。
④ ［宋］王象之：《舆地纪胜》卷十七《江南东路·建康府》，浙江古籍出版社，2013 年，第 537 页。
⑤ ［宋］范成大：《吴船录》卷下，《范成大笔记六种》，中华书局，2002 年，第 233-234 页。

伏龟楼上增创硬楼八十八间[①]。《至正金陵新志》卷五载："城壕绕城阔二十五丈，周四十五里，其水引钟山南源，即古清溪，经流故迹，绕城东北，复南出月子河，过秦淮南，经伏龟楼，而西接大城港。其在西北者，亦与古清溪故道通流，自西入秦淮。"[②]可见元代晚期伏龟楼仍在使用。

在元末至正十六年（1356 年）三月的集庆之战中，伏龟楼仍是朱元璋所率义军攻城突防地之一。据《明史》卷一百二十四及《明太祖实录》卷四记载，朱元璋攻破集庆城时，元行台御史大夫福寿战败，犹督兵巷战，坐镇伏龟楼指挥，力战不降，遂死于兵。[③]此后伏龟楼不再见于史籍，应该是毁于元末明初的大规模筑城。

二、伏龟楼的性质

从前引杨万里诗看，伏龟楼可以观景。而据《吴船录》卷下，当年范成大"自赏心亭渡南岸，由旧二水亭基登小舆，转至伏龟楼基，徘徊四望，金陵山本止三面，至此则形势回互，江南诸山与淮山团圞应接，无复空阙。唐人诗所谓'山围故国周遭在'者，唯此处所见为然。凡游金陵者，若不至伏龟，则如未始游焉。一城之势，此地最高，如龟昂首状。楼之外，即是坡垄绵延，无濠堑，自古为受敌处。相传曹彬取李煜，自此入也。"[④]"凡游金陵者，若不至伏龟，则如未始游焉"，这是范成大对伏龟楼作为观景胜地的高度评价。然而这只是伏龟楼在和平时期的衍生功能，其造楼之初的性质是什么？

经仔细梳理文献，并结合地理位置分析，可知伏龟楼的核心功能实为军事防御，

---

① ［宋］周应合：《景定建康志》卷二十《城阙志一·今城郭》、卷二十一《城阙志二·楼阁》，南京出版社，2009 年，第 493、516 页。

② ［元］张铉：《至正金陵新志》卷五《山川志二·河港》，台北成文出版社，1983 年，第 1789 页。

③ ［清］张廷玉等：《明史》卷一百二十四："当元亡时，守土臣仗节死者甚众。明兵克太平，总管靳义赴水死。攻集庆，行台御史大夫福寿战败，婴城固守。城破，犹督兵巷战，坐伏龟楼指挥。左右或劝之遁，福寿叱而射之，遂死于兵。"中华书局，1974 年，第 3718 页；《明太祖实录》卷四："（丙申春三月）庚寅，上进兵集庆，未及城五里，诸军鼓噪而进，元兵皆破胆。行台御史大夫福寿督兵出战，我师击败之，福寿闭城拒守。大军傅城下，将士以云梯登城，城中莫能支，遂克之。福寿犹督兵巷战，兵溃，坐伏龟楼前指挥。左右更欲拒战，或劝之遁，福寿叱而射之，督战不已，遂死于兵。"台北"中研院"历史语言研究所，1962 年，第 42 页。

④ ［宋］范成大：《吴船录》卷下，《范成大笔记六种》，中华书局，2002 年，第 233-234 页。文中"淮山"疑是"淮水"之误。"淮水"者，秦淮河也。

兼具角楼性质。据《景定建康志》记载，杨吴顺义年间（921—927 年），徐温改筑金陵城，新城"夹淮带江，以尽地利。城西隅据石头冈阜之脊，其南接长干山势，又有伏龟楼在城上东南隅"。① 此次金陵城的改筑，充分利用了沿线的自然山形水势，所谓"夹淮带江""据石头冈阜之脊""接长干山势"即是，而伏龟楼所在的金陵城东南隅则属"一城之势，此地最高"，在此筑城筑楼，既可控制军事制高点，以利防守，亦可减少筑城所需的劳动。不过，据前引《吴船录》卷下，由于"（伏龟）楼之外，即是坡垄绵延，无濠堑"，这一段城墙无疑是明代之前金陵城整体防御中最薄弱的环节，故有"自古为受敌处"之说。宋初曹彬攻占南唐都城、元末朱元璋攻克集庆路城，伏龟楼均为重要突防处，可以为证。

综上所析，从杨吴、南唐到宋元时期，南唐金陵城、北宋江宁府城、南宋建康城及元代集庆路城东南隅伏龟楼外的这一段城濠，一直没有完全贯通。这一点虽在地方文献中没有明确记载，但却有诗词的线索为证。前引杨万里诗云"偶上伏龟楼上望，一环碧玉缺城西"，有学者根据这一描述，认为文献记载的伏龟楼有可能在金陵城的城西②。这里存在明显的误读，杨诗所说的"城西"不是指金陵城的城西，而是指伏龟楼所在的这段城墙的西面，因这一段城濠没有贯通，即《吴船录》所谓"坡垄绵延，无濠堑"，故诗云"一环碧玉缺城西"。

众所周知，伏龟楼所在的这段城墙的西面正是赤石矶，因为山石岗阜，护城河的开凿不易，故杨吴以来并未凿通。《同治上江两县志》认为，南门外的赤石矶，本与城内的周处台相连，杨吴筑城时被一分为二，遂隔河相望。③ 现在看来，这个判断显然是错误的。赤石矶段城壕的打通，应该始于元末明初朱元璋的大规模筑城。④

城东南隅没有城壕贯通，这样的城防薄弱节点必然需要加强守备，伏龟楼应该就是在此背景下修建的。按《景定建康志》卷二十《城阙志一·今城廓》"建康府

① ［宋］周应合：《景定建康志》卷二十《城阙志一·今城郭》，南京出版社，2009 年，第 493 页。
② 王聿诚：《南唐伏龟楼遗址考》，《江苏地方志》2017 年第 3 期。
③ ［清］莫祥芝等：《同治上江两县志》卷三《山考》："赤石矶在南门外，隔河本与周处台为一，杨吴筑城时凿为二也。"江苏古籍出版社，1991 年，第 106 页。
④ 《景定建康志》卷五《府城之图》显示当时的建康府城城壕是贯通的，与杨万里诗文及《吴船录》的记载相矛盾。这个问题比较复杂，留待实地详勘并进一步梳理文献后再做专文考辨。

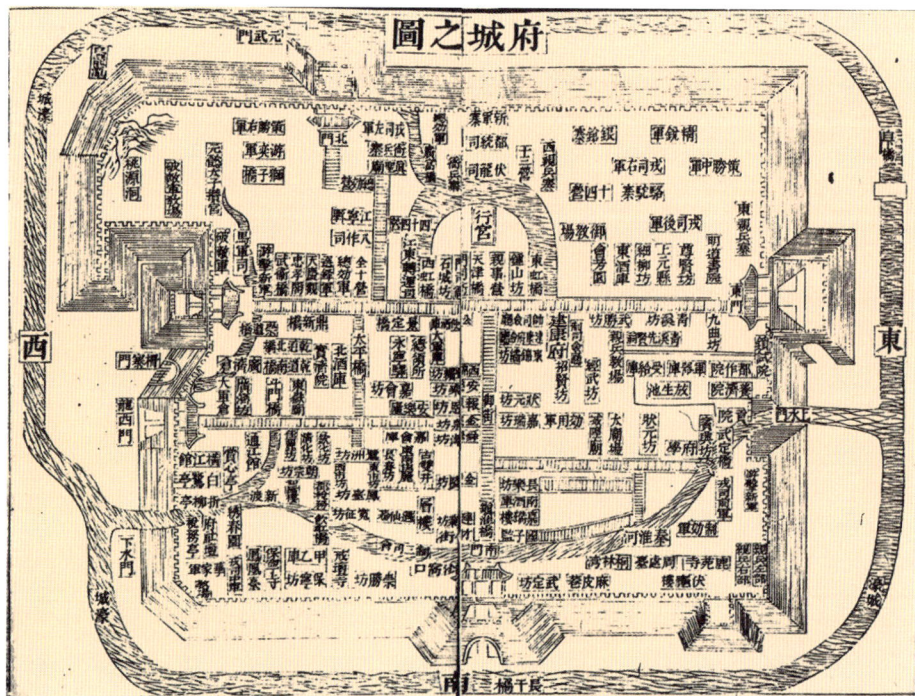

▲图1　《景定建康志》卷五《府城之图》

城条"记，景定元年（1260年）马光祖创筑"硬楼四所，一百七十八间"①。这四座硬楼的具体位置未见明确记载，推测位于城墙转角、城门附近等重要城防节点。同书卷二十一《城阙志二·楼阁》又记，景定元年马光祖在建康府城东南隅伏龟楼上增创硬楼八十八间②，此当属四所硬楼之一，则伏龟楼具有角楼性质，兼备瞭望守御、控制军事制高点等作用。马光祖在伏龟楼上一次增创硬楼八十八间，可见其规模不小。由于地势高亢，适合登高望远，在和平期，伏龟楼则是文人骚客观览金陵胜景之地。范成大《吴船录》赞之"凡游金陵者，若不至伏龟，则如未始游焉"，堪称金陵第一胜迹。

　　关于伏龟楼的形制，《吴船录》仅记其地"如龟昂首状"，《景定建康志》卷五《府城之图》有其台基比较形象的图绘（图1）③。从图中可以看出，该楼在府

① ［宋］周应合：《景定建康志》卷二十《城阙志一·今城郭》，南京出版社，2009年，第493页。
② ［宋］周应合：《景定建康志》卷二十一《城阙志二·楼阁》，南京出版社，2009年，第516页。
③ ［宋］周应合：《景定建康志》卷五《府城之图》，南京出版社，2009年，第72页。

▲图2　马和之《早秋夜泊图》

▲图3　考古发现的伏龟楼遗址

城东南隅南侧城外倚墙而建，突出于城外，其下为与城墙相连的底部较大、向上收分的覆斗形台基。南宋马和之绘《早秋夜泊图》中有一座城楼（图2），有专家怀疑伏龟楼的形制可能与此相似①。

三、考古发现的伏龟楼建筑基址

2001年5月，有关部门在明代南京城墙维修过程中，于武定门至雨花门之间的明代城墙东南转角内侧土岗上发现一处大型建筑遗迹。随后的清理发掘，由笔者主持。

发掘表明，遗迹平面形状为长方形，东西残长15.85米，南北残宽7.61米，残高1.6米。遗迹东距明代城墙约1米，东西向，与明代城墙南段基本平行，南侧部分墙体被叠压于明代城墙之下（图3）。遗迹内外均用长方形青灰大砖垒砌，砖长33.8—39.6厘米、宽16.5—18.4厘米、厚5.1—6.4厘米，上下残存砖21层。这处砖构建筑遗迹砌筑考究坚固，规模较大，从其形制及构筑特征看，应为一处向上略有收分的大型建筑台基，用砖则大多与南唐二陵及南京地区发现的其他南唐墓砖相仿，故始建时代推测为杨吴或南唐时期，遗迹北侧向外延伸的一层砖砌台面则可能铺设于明初。依据遗迹位置以及实砌砖构礅台的构筑特征，笔者认为它可能是作为南唐都

---

① 杨献文、金戈：《南唐伏龟楼遗址及南唐城垣遗址展览馆》，《江苏地方志》2006年第3期。

▲图 4　1930 年代所见明代南京城墙东南隅

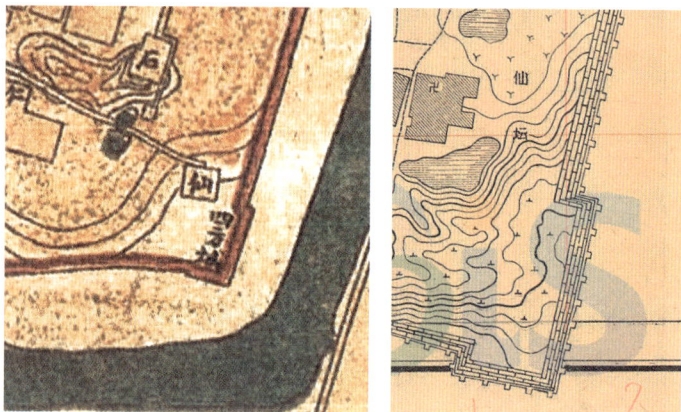

▲图 5　晚清、民国时期地图中的南京城墙东南隅
（左图：陆师学堂实测金陵省城全图局部　右图：1929 年南京地图局部）

城城垣附属建筑的伏龟楼建筑基址。[①]

　　2005—2006 年，考古人员在伏龟楼遗址东侧明代城墙内部的一处防空洞中，又发现了同属于伏龟楼建筑基址的地下台基部分，并且规模还要庞大。换言之，伏龟楼的建筑基址，除了现在展厅所能看到的这一部分以外，在其东侧明代城墙内部还保存了一部分。当年这个建筑基址的规模应该远远大于目前保存下来的部分。

　　值得注意的还有，明代南京城墙东南角并非直拐，而是东、南两面均向外突出，形成比较特殊的马面形状，民国时期拍摄的明代南京城墙东南隅照片还清晰显示了城墙两面折拐的面貌（图 4）。此外，在 1910 年左右陆师学堂实测金陵省城全图、1929 年南京地图等图像资料中，均能看到南京明代城墙东南角存在明显的两面拐

① 杨国庆、王志高：《南京城墙志》，凤凰出版社，2008 年，第 109–110 页。

折（图5），其地还标注有"四方城"字样。造成这一现象的原因，过去未见史料记载和学者进行分析。现在看来，有可能是明初筑城时，因此处原有雄伟牢固的伏龟楼基址，为节省劳动而把旧伏龟楼大部基址包括于城内，并利用其东、南侧部分台基作为明代城墙墙基。同时紧贴其北侧台基用砖向外铺筑一层，形成一处大型台面。此台面有可能作为明代城墙东南角日常驻军之操练场地。[①]

总之，新发现的伏龟楼建筑台基遗迹是除江宁祖堂山南唐二陵外，南京地区南唐时期大型建筑遗存的又一次重要发现。而本文对伏龟楼军事防御功能的确认，将有助于进一步揭示明代之前金陵城特殊的城防体系。它的发现为研究南京古代城垣格局、城市发展等，提供了比较重要的实物资料。在蒋赞初等著名学者的呼吁下，伏龟楼遗址已得到科学保护，并在原地辟建有专门的展厅对公众开放。

附记：2023 年 11 月，笔者受邀参加由南京大学、南京城墙保护管理中心、中国古迹遗址保护协会、国际古迹遗址理事会防御和军事遗产科学委员会联合主办，在南京大学召开的"古代城墙军事防御与遗产保护国际学术研讨会"，并在会上发表专题演讲，本文即是演讲稿的修订本。本文的资料搜集由门下博士生马健涛协助完成，谨此致谢。

---

① 王志高、马涛：《南京雨花门发现的南唐大型砖构遗迹》，南京市博物馆编，《南京文物考古新发现：南京历史文化新探二》，江苏人民出版社，2006 年，第 115-117 页。

明长城边墙等级研究
——以蓟昌二镇碑刻为中心

尚　珩　北京市考古研究院（北京市文化遗产研究院）

摘　要：明长城沿线遗存有众多碑刻，其中不乏记载长城建筑规制者，本文对涉及蓟镇、昌镇长城等级的碑刻进行考释，从而得知蓟、昌二镇所修边墙分一、二、三等，不同等级长城的结构和具体筑法均有一定的法式规格。

关键词：长城；建筑；等级；碑刻

一、引言

终明一世，明人投入了大量的人力、物力、财力营建长城防御建筑设施。特别是隆万朝，长城作为时人最重要的军事防御工程体系，由军方主持、实施修建，其选址和营造，充满了军事性、科学性、实用性特征，特别是在建筑规制方面，不仅涉及营建成本高低，而且关乎军事效力的使用和发挥，因而在建筑外观上差异显著。本文拟根据蓟、昌二镇长城沿线现存、出土碑刻，分析边墙的建筑规制与等级的关系。

在《明实录》等正史文献中，未见边墙等级之说的详细记载，徐日久的《五边典则·蓟辽总》仅以"各墙原分三等"[①]一语带过，其时间为嘉靖三十六年四月。到嘉靖四十二年至隆庆元年，刘焘出任蓟辽总督，主政期间大修蓟镇边墙，仍分为三等。

"又据密云道兵备佥事张守中呈称，所辖古北、石塘、墙子三路沿边一带，境外临边紧要工程先已修完，俱有大壕二道，极冲之处有四五道者，其峻山亦有三等城墙，重险足恃，若壕梁倘有淋漓，每年洗刷根底，使之不聚水，再无紧要可

---

① [明]徐日久《五边典则·卷3》，王雄：《明代蒙古汉籍史料汇编》（第五辑），内蒙古大学出版社，2009年，第90页。

修之处。"①

但是，奏疏中并未描述三等城墙的建筑形制和尺寸。这一时期的长城墙体以毛石垒砌的石墙为主而未甃砖，因此，边墙等级的差别应以墙体的规模——底阔、收顶和高为显著特征加以区别。隆万以降，随着长城建筑材料种类的丰富和建筑工艺的提升、完善，长城墙体的建筑类别日益多样化。现存有关修建长城的碑刻中，大量记载长城墙体等级信息，从中可得知长城结构、尺寸与等级间的关系。实地调查中，现存长城墙体无论从建筑材料还是规格尺寸均有明显的差异，亦是等级之别的体现。

二、一等边墙碑

明蓟镇长城区域内现存众多长城施工碑中，许多碑刻记录了所修边墙为一等边墙，其中，不乏记录了一等边墙的形制和尺寸②，如：

河北迁安县徐流口村西北转角楼内《万历三十五年修建冷板台子一等边记事碑》：

"……万历三十五年秋防，客兵河南营官军，原蒙派修建冷板台子七十四号台西空起，至鸡林山七十六号台东空止，一等边墙八十六丈一尺，下用条石，上接砖垒砌，底阔一丈六尺，收顶一丈三尺，高连垛口二丈五尺。万历三十五年岁次丁未吉孟冬旦立。"③

迁安县河流口村西山徐流口台 43 号敌台内《河流口西山残碑》：

"……□春防，建昌营军□七百六十二□建冷陀子新号一百五号台西空，□路见修新城头起，拆修一等砖边墙二□丈四尺，底阔一丈七尺，收顶一丈四尺，□垛口二丈五尺。□□□□吉旦立。……"④

河北迁西县擦崖子村《万历十八年春防城工碑（一）》：

"万历十八年岁次庚寅春防，……创修完太擦东稍城四十九号台西空一等边墙

---

① [明]刘焘：《蓟辽奏议·卷6·奏报缓急边工疏》，国家图书馆藏明刻本。
② 明代营造尺 1 丈 =3.2 米，1 尺 =32 厘米。
③ 河北省文物研究所：《明蓟镇长城石刻》，文物出版社，2017 年，第 80 页。
④ 河北省文物研究所：《明蓟镇长城石刻》，文物出版社，2017 年，第 79 页。

一十一丈二尺，底阔一丈六尺，收顶一丈三尺，高连垛口二丈五尺。"[1]

河北遵化市文物管理所文物档案《遵化市修建马兰路鲇鱼石正关边墙碑》：

"钦差河南都司军政金书，轮领蓟镇春班，都指挥金事熊□□工程事。万历十三年二月十七日，抄蒙钦差总督军务，兵部尚书张宪票前事，分派本营修建马兰路鲇鱼石正关一等边墙，东自桥工起，长二十五丈五尺，底阔四丈，收顶三丈，高连垛口三丈六尺，办料完足，于四月初三日动工拆墙……"[2]

蓟、昌二镇本为一体，昌镇虽于嘉靖三十年从蓟镇中析出，但从现存的两镇长城的建筑形制、结构等方面考察，均极为相似。昌镇长城区域内现存长城施工碑中，许多碑刻亦记录了所修边墙为一等边墙，如：

北京怀柔区慕田峪村《万历三十八年山东右营修边城工碑》[3]：

"万历三十八年山东秋防右营修工军士二千一百□」□，分修慕田峪一等边城，长三千六百十一丈八尺，」收顶一丈四尺，高连垛口三丈五尺，□□□□□□」……万历三十八年……日立。"[4]

怀柔区石湖峪村北257号马面—258号敌台间长城墙体内侧立面上镶嵌有《万历六年横岭路主兵分修撞道口一等边墙城工题名碑》（拓1）：

"万历陆年分秋防，横岭路」主兵分修黄花镇撞道」口壹等墙伍拾丈。」……"[5]

2022年，笔者在主持怀柔箭扣长城考古发掘中，在西栅子村南143号敌台外侧山坡上出土《万历二十五年修边城工题名碑》：

"万历贰拾伍年春防。钦差统领昌镇标下右车营游击将军署都指挥金事杨，督率本营官军贰千叁百捌员名，分修黄花路渤海所田仙峪地方，东接山东营秋防工尾起，西至左车营工头止，一等边墙贰拾柒丈伍尺，叁等边墙叁拾丈玖尺，贰项共长伍拾捌丈肆尺，内警门壹座。"

① 河北省文物局长城资源调查队：《河北省明代长城碑刻辑录》，科学出版社，2009年，第72页。
② 河北省文物局长城资源调查队：《河北省明代长城碑刻辑录》，科学出版社，2009年，第105页。
③ 吴元真、吴梦麟：《北京市怀柔县慕田峪关长城调查》，《文物》1990年12期。
④ 河北省文物研究所：《明蓟镇长城1981—1987年考古报告·第十卷·白马关沅连口》，文物出版社，2013年，第495页，北京市古代建筑研究所、密云县文化文物局：《司马台长城》，北京燕山出版社，1992年，第21-22页。
⑤ 于书文：《龙脊沧桑——行走怀柔古长城》，中国文联出版社，2016年，第215页。

▲图 1　北京密云古北蟠龙山长城（密云 298—297 号敌台间长城墙体）

▲图 2　怀柔撞道口长城（石湖峪村北 260 号马面—261 号敌台间长城墙体）

依据上述碑文可知，一等边墙的规制中，墙基（脚）宽度为"底阔一丈六尺"，合今 5.12 米；"底阔一丈七尺"，合今 5.44 米。墙体顶部宽度为"收顶一丈三尺"，合今 4.16 米；"收顶一丈四尺"，合今 4.48 米。墙体高度为"高连垛口二丈五尺"，合今 8 米。这应是明朝"法式"规定的一等边墙的规格。

从上述石碑所在位置的现存长城墙体考察，一等边墙墙体形制结构可分为 3 种类型：

A 型：内、外檐墙砖墙

墙体内、外檐墙均为青砖包砌。即墙根以 2—3 层、最多到 7 层不等的条石砌筑墙基，基础以上用青砖垒砌至顶部，顶部漫砖并修建垛口墙。墙体建筑高大雄伟，修造综合成本较高，是调查所见中为最上乘的边墙，如北京密云古北口蟠龙山长城（图 1）、怀柔撞道口长城（图 2）等。

B 型：外檐砖墙，内檐石墙

▲图3　北京密云司马台长城（司马台东 1—2 台间长城墙体内侧）

▲图4　河北抚宁界岭口长城（罗汉洞 15—16 号敌台间长城墙体内侧）

　　墙体外墙檐（即迎敌面）为青砖包砌，与 A 型墙相近。内墙檐（即背敌面）为毛石垒砌，白灰勾缝。如北京密云司马台长城（图3）、河北抚宁界岭口长城（图4），这类墙体修造综合成本较 A 型低。

　　此外，昌镇地区的一等边墙存在一定的特殊性，即 C 型，值得我们特别关注。

　　C 型：条石墙身，顶部漫砖

　　墙体的墙身部分以规整的条石砌筑，顶部漫砖，并砖砌垛口，如北京延庆八达岭长城，以巨大、规整的条石砌筑墙身，顶部铺砖并砌垛口。类似的还有北京怀柔慕田峪长城、箭扣长城，只是墙身所用条石在表面修治上不如八达岭的规整，慕田峪长城的墙体尺寸一般连垛口高约 8 米、底宽 6 米、顶宽 4 米。[①] 箭扣长城的西栅

---

① 吴元真、吴梦麟：《北京市怀柔县慕田峪关长城调查》，《文物》1990 年 12 期。

子村南 143 号敌台附近的墙体底宽 5.9 米，顶宽 5.1 米，高 5 米（高度因为墙身高度，垛口墙损毁无存）。

综上所述，一等边墙建筑规格最高，工程质量好，造价较高，现存主要分布在重要关隘及两侧或山势平漫等"极冲"之处。

三、二等边墙碑

明蓟镇长城区域内现存众多长城施工碑中，许多碑刻记录了所修边墙为二等边墙，其中，不乏记录了二等边墙的形制和尺寸，如下：

河北抚宁县董家口黄土岭台 82 号楼内南壁《万历三十四年修大毛山长城记事碑》：

"……真定标下车营秋防，兵□修完石门路大毛山断虏墩八十九号台起，至九十号台西空止，二等砖边墙六十丈六尺，高连垛口二丈，底阔一丈六尺，收顶一丈三尺。万历三十四年□月日立石。"[1]

抚宁县板厂峪义院口台 134—135 号楼之间长城内侧的墙体上《万历四十年修二等边城记事碑》：

"真定民兵营春防，修完二等边城，长九丈三尺□□一丈五尺，垛口五尺。分为四工，西接山头起，俞朝斗修头工，张维翰修二工，张振武修三工，陈三策修四工，接口山头止。……万历四十年五月日全立。"[2]

抚宁东厂峪义院口台 47—48 号敌台间长城墙体顶部马道上《万历三十五年秋防修二等边墙碑》[3]：

"万历三十五年秋防，德州营分修二等边墙一段，长一十二丈八尺……"

抚宁车厂峪义院口台 58 号敌台南 58 米墙体马道垛口墙上《万历三十六年修完青石山二等边墙碑》[4]：

"真定标下车营左部头司把总官郭矿，管修青石山敌台西空，本台根起，二等边墙一十丈六尺……"

---

[1] 河北省文物研究所：《明蓟镇长城石刻》，文物出版社，2017 年，第 105 页。
[2] 河北省文物研究所：《明蓟镇长城石刻》，文物出版社，2017 年，第 101 页。
[3] 河北省文物研究所：《明蓟镇长城石刻》，文物出版社，2017 年，第 93 页。
[4] 河北省文物研究所：《明蓟镇长城石刻》，文物出版社，2017 年，第 97 页。

抚宁车厂峪义院口台 58 号敌台南 53 米处垛口墙上《万历三十六年左部二司修建二等边墙碑》[①]：

"秋防，德州营左部二司修完二等边墙，东接真定营新城头起五丈九尺四寸。左部二司把总百户陈永胤管修砌。"

抚宁车厂峪义院口台 58 号敌台南 70 米处处垛口墙上《万历三十六年右部二司修完二等边墙碑》[②]：

"秋防，德州营右部二司修完二等边墙，东接本营中部新城头起，五丈九尺三寸。"

抚宁董家口黄土岭台 72 号楼内《万历二十三年修墙台记事碑》[③]：

"大明万历二十三年秋防，德州营修完石口木马峪七十八号台西空起，至西山口止。拆修二等边墙四十丈，创修三等边墙五丈，敌台一座。"

河北遵化洪山口野鸡峪楼天喜家《万历十九年长城记事碑》[④]：

"万历十九年秋工，保定左营秋防修完，接二司工头起，迤西二等边城一段，长十三丈三尺三寸，底阔一丈六尺，收顶一丈三尺，高连垛口二丈。……"

昌镇长城地区，同样有诸多二等边墙碑刻，如：

北京怀柔区西栅子村东南 127 号敌台东台门外侧、长城墙体顶部出土《万历四十五年山东右营修边城工碑》（拓 2）：

"山东右营中军薛口，督 」工把总倪胜干，分修口口 」二等边墙二丈九尺二寸。」万历四十五年九月日。」"

怀柔区庄户村至铁峪关村间一座敌楼内《万历四十二年山东都司修大榛峪边墙城工题名碑》[⑤]：

"钦差山东都司军政佥事，统领昌镇秋防左营官军，都指挥佥事顾，奉文分发黄花路、渤海所地方，派修大榛峪二等边墙长四十五丈，底阔一丈六尺，收顶一丈

---

① 河北省文物研究所：《明蓟镇长城石刻》，文物出版社，2017 年，第 97 页。
② 河北省文物研究所：《明蓟镇长城石刻》，文物出版社，2017 年，第 98 页。
③ 河北省文物研究所：《明蓟镇长城石刻》，文物出版社，2017 年，第 103 页。
④ 河北省文物研究所：《明蓟镇长城石刻》，文物出版社，2017 年。
⑤ 河北省文物研究所：《明蓟镇长城 1981—1987 年考古报告·第十卷·白马关亓连口》，文物出版社，2013 年 12 月，第 498 页。

二尺，高建垛二丈又三，窑部并安门口。移修空心敌台一座，周围一十六丈，高建垛口三丈。万历四十二年九月。"

怀柔区大榛峪村北 207 号敌台（西大楼子）东侧长城墙体内侧墙下出土《城工题名碑》：

"钦差山东都司军政佥书统领昌镇秋防左营官军都指挥佥事口口，」奉文分发黄花路渤海所地方派修大榛峪二等边墙长四十五」丈，底阔一丈六尺，收顶一丈二尺，高连垛口二丈。又三部口口口」口修空心敌台一座，周围十六丈，高连垛口三丈口尺，……」口遵口原行，俱用纯灰如法口口，坚固合式，通修完讫。」……"

怀柔区大榛峪村北 207—208 号敌台间长城墙体顶部《万历四十三年修大榛峪边墙城工题名碑》（拓 3）[①]：

"山东右营春防军士三千名，内除杂流火兵四百名，实在修工军士二千六百名，奉文派」修大榛峪，东接主兵工尾起，迤西二等边墙五十八丈五寸，内修便门二」座，铁裹门四扇，又修匣光墩台起迤西二等边墙六丈九尺五寸，共墙六」十五丈，底阔一丈六尺，收顶一丈二尺，高连垛口二丈，自本年二月二十」日兴工办料，遵照原行，如法修筑，于四月初八日通修完，因记。」……万历四十三年四月日立。」

怀柔区西水峪村《万历三十三年山东右营修西水峪边墙城工题名碑》：

"山东右营中部千总灵山卫指挥李轻，督同把总口口所百户江登仕，分修黄花城西水峪第二段二等边墙二十一丈七尺，底阔一丈六尺，收顶一丈二尺，高连垛口二丈。万历三十三年日。"[②]

依据碑文记载，二等边墙的规格尺寸中，墙基（脚）宽度为"底阔一丈六尺"，合今 5.12 米。墙体顶部宽度为"收顶一丈二尺"，合今 3.84 米；"收顶一丈三尺"，合今 4.16 米。墙体高度为"高连垛口二丈"，合今 6.4 米。这应是明朝"法式"规定二等边墙的规格。

与一等边墙相较，在墙体各部分尺寸上，规格较一等边墙小。从上述石碑所在

① 政协北京市怀柔区文史资料委员会：《怀柔碑刻选》（内部资料），2007 年，第 87 页，河北省文物研究所：《明蓟镇长城 1981—1987 年考古报告·第十卷·白马关亓连口》，文物出版社，2013 年 12 月，第 498 页，怀柔县文化文物局：《怀柔文物集成》（内部资料），1998 年，第 137 页。
② 怀柔县文化文物局：《怀柔文物集成》（内部资料），1998 年，第 127 页。

▲图5　北京怀柔箭扣长城（西栅子村南 134—133 号敌台间长城墙体东望 133 号敌台）

位置的现存长城墙体考察，所用建筑材料差异明显。二等边墙的整体建筑特点是砖石合筑，其修筑方法也区别于一等边墙。即墙体内、外侧檐墙均为毛石垒砌，墙顶部分漫砖并修建砖砌垛口，如北京怀柔箭扣长城（图5）。这种结构的墙体，明人称之为"石脚砖顶"。相对于一等边墙使用条石并大量使用青砖而言，其综合成本较低。

四、三等边墙碑

明蓟镇长城区域内现存众多长城施工碑中，许多碑刻记录了所修边墙为三等边墙，其中，不乏记录了三等边墙的形制和尺寸，如下：

北京密云区五座楼长城《万历四十三年山东左营春防分修石塘路大水峪地方空心敌台城工题名碑》（拓4）：

"山东左营春防，分修石塘路大水谷地方天精涧摔牛顶大石□□」□峯门顶敌台五座，每座底阔周围一十二丈，收顶一十一丈，高连」垛口三丈五尺，上盖望房三间。又修峯门顶敌台迤东三等边墙」……底阔……尺，收顶一丈，高连垛口一丈五尺，俱遵式于本年……」……修筑完固。」……万历四十三年五月吉日立。」"①

此外，北京密云区密云 256—257 号敌台间长城墙体垛口墙上，尚存"山东左营三等墙止"②刻字砖（拓 5 ）。

明昌镇长城地区碑刻中，现存涉及三等边墙石碑如下：

北京怀柔区石湖峪村《万历四十五年杨镇分修西皇口三等边墙城工题名碑》（拓 6 ）：

"钦差分守黄花镇参将都指挥」杨镇，守备都指挥周大观等」下修工军士四百五十七名，」修西皇口驮儿峪台迤西三」等边墙一十五丈口尺三寸」四分，底阔一丈四尺，收顶一」丈，高连垛口一丈五尺，遵照」原行，俱用纯灰如法修筑。于」本年五月口一日通修完讫。」……万历四十五年五月日立。」"

北京延庆区香屯村《天启三年分修长城城工题名碑》（拓 7 ）：

"钦差分守黄花镇等处地方，驻扎西星口堡参将，都指挥徐镇邻；」钦差守备黄花镇地方，付都指挥，黑坨行事，指挥佥事赵文魁；」主兵，黄花镇秋防把总赵应时。将下修工匠夫四百七十五」名，修完西星口迤西，接山东春防右车营工尾，起」三等边墙一十五丈八尺八寸四分，底阔一丈四尺，收」顶一丈四尺，墙垛口一丈五尺。遵照施行，如法修筑合」式，竖石，十月十四日迄修完讫。」"③

怀柔西栅子村南 143 号敌台《万历二十五年修边城工题名碑》：

"万历贰拾伍年春防。钦差统领昌镇标下右车营游击将军署都指挥佥事杨，督率本营官军贰千叁佰捌员名，分修黄花路渤海所田仙峪地方，东接山东营秋防工尾起，西至左车营工头止，一等边墙贰拾柒丈伍尺，叁等边墙叁拾丈玖尺，贰项共长伍拾捌丈肆尺，内警门壹座。"

① 北京市地方志编纂委员会：《北京志·世界文化遗产卷·长城志》，北京出版社，2008 年，第 148 页，河北省文物研究所：《明蓟镇长城石刻》，文物出版社，2017 年，第 20 页。
② 河北省文物研究所：《明蓟镇长城 1981—1987 年考古报告·第九卷·金山岭古北口》，文物出版社，2013 年，第 55 页，北京市古代建筑研究所、密云县文化文物局：《司马台长城》，北京燕山出版社，1992 年，第 48 页。
③ 河北省文物研究所：《明蓟镇长城 1981—1987 年考古报告·第十卷·白马关亓连口》，文物出版社，2013 年，第 500 页，国家文物局：《中国文物地图集·北京分册》（下册），科学出版社，2008 年，第 410 页。程金龙：《妫川碑石录》，北京美术摄影出版社，2014 年，第 295 页。

▲图6　北京密云司马台长城

▲图7　北京密云司马台长城(仙女楼—望京楼段)

依据碑文记载，三等边墙的规格尺寸中，墙基（脚）宽度为"底阔一丈四尺"，合今 4.48 米。墙体顶部宽度为"收顶一丈"，合今 3.2 米；"收顶一丈四尺"，合今 4.48 米。墙体高度为"高连垛口一丈五尺"，合今 4.8 米。这应是明朝"法式"规定三等边墙的规格。需要注意的是，墙体高度在一丈五尺几乎达到了戚继光要求的筑城高度的安全下限值。

与二等边墙相较，在墙体各部分尺寸上，规制明显小于二等边墙。从上述石碑所在位置的现存长城墙体考察，所用材料差异明显。三等边墙以毛石垒砌，顶部石砌垛口为其主流特点，依据其建筑形制，大致分为 3 种类型：

A 型：宽体石墙，石墙整体较宽，顶部石砌单面垛口墙，如北京密云司马台长城（图 6）。部分墙体有"帮修"即加厚墙体宽度的痕迹。这或许是改造"平头薄墙"

加修垛口时的痕迹。

B型：窄体石墙，石墙顶部较窄。几乎无法列兵戍守，如北京密云司马台长城（图7）。

在砌筑做法上，分为白灰勾缝和干插边两种。相对于一、二等边墙的规制和所用建筑材料，其综合成本最低。

C型："石脚砖顶"，与二等边墙类似，只是尺寸窄小，此类型的墙体目前已知仅见于怀柔箭扣长城，应为特例。

综上所述，三等边墙建筑规格最低，造价较低，现存主要分布在山势险峻，防御压力最小的地区。

五、结语

通过现存碑刻，我们可以总结出边墙等级和规制尺寸的关系，如表一：

表一 长城墙体等级、尺寸表

边墙等级	底阔	收顶	通高
一等	1丈6尺（5.12米） 1丈7尺（5.44米） 4丈（12.8米）	1丈3尺（4.16米） 1丈4尺（4.48米） 3丈（9.6米） 1丈4尺（4.48米）	2丈5尺（8米） 2丈5尺（8米） 3丈6尺（11.52米） 3丈5尺（11.2米）
二等	1丈6尺（5.12米） 1丈6尺（5.12米） 1丈6尺（5.12米）	1丈3尺（4.16米） 1丈2尺（3.84米） 1丈2尺（3.84米）	2丈（6.4米） 2丈3尺（7.36米） 2丈（6.4米）
三等	1丈4尺（4.48米） 1丈4尺（4.48米）	1丈（3.2米） 1丈（3.2米） 1丈4尺（4.48米）	1丈5尺（4.8米） 1丈5尺（4.8米） 1丈5尺（4.8米）

需要说明的是，一、二、三等边墙的碑文中记载的尺寸不是绝对的，只是法定式样控制数字，在具体施工中还会因地而异。

上表中所表现的边墙等级、尺寸是万历及以后的边墙。嘉靖朝创建蓟昌二镇边墙的规制尺寸在嘉靖二十九年（1550年），何栋的《提督副都御史何栋修举边防疏略》一疏中有所体现，当时蓟镇要冲古北口地方的边墙规格为"高一丈五尺，共高二丈，根脚一丈，收顶九尺。若山势渐高稍低，若山势斜起，墙难横筑，斩斜取平，势如阶梯，截长捕短"①。

嘉靖四十二年至隆庆元年，刘焘出任蓟辽总督，主政期间全面修筑蓟镇边墙，在其《举刻防春官员疏》中，记述了所修边墙规格"通将十路，自正月初八日兴工起，至四月初十日住工止……修过边城墙一丈五六尺以上不等，至高二丈者，共一千二十七丈二尺……"②，可见其所建长城尺寸与何栋大体相当。

现存嘉靖朝的修边刻石数量较少，蓟镇长城地区有三方可供参考，一方现藏于北京密云区冶仙塔风景区密云碑林内的《嘉靖三十一年修边分段施工分界刻石》（拓8）：

"协委官经历张绪，」调度官千户张爵，」管工官百户□金，」盐山县」部夫委官李贤，修」完马镫城二十丈」尺，底阔一丈二尺，高」连垛口一丈七尺。」嘉靖三十一年六月十七日□」至七月二十三日完。」迤南」工界。」"

另一方为现存于河北兴隆县水厂大龙门南侧长城上（将军关水厂台32号西侧墙体上）《嘉靖四十五年遵化游兵修边城工碑》③：

"遵化游兵李中□，」哨总指挥褚章，丁」除公差，实修工军」士二百三十八名，」自嘉靖四十五年」三月十九日起，四」月十九日止一月，」接本营□哨，修完」本空石崖一百二」十七丈六尺，高二」丈二尺。」"

最后一方现存于河北卢龙县水峪村水峪沟东侧城墙上，《嘉靖三十七年修边城记事碑》④：

"……边城二十丈，底阔一丈，高连垛口二丈五尺……"

几方相较，可见何栋、刘焘所建边墙尺寸在当时来说是比较普遍的现象。但古

---

① [明]刘效祖撰，彭勇、崔继来校注：《四镇三关志校注·卷7·制疏考·蓟镇制疏·题奏》，中州古籍出版社，2018年，第298页。

② [明]刘焘：《蓟辽奏议·卷3·举刻防春官员疏》，国家图书馆藏明刻本。

③ 河北省地方志编纂委员会：《河北省志·第81卷·长城志》，文物出版社，2011年，第574页；河北省文物局长城资源调查队：《河北省明代长城碑刻辑录》（上），科学出版社，2009年，第113页；河北省文物研究所：《明蓟镇长城石刻》，文物出版社，2017年，第28页。

④ 河北省文物研究所：《明蓟镇长城石刻》，文物出版社，2017年，第83页。

北口作为"京畿北门重地",明人认为古北口"通大川,平漫,通众骑,冲。"①
作为蓟镇重要关口之一,嘉靖时期所修边墙规格却十分低矮、窄小,"根脚一丈"
合今 3.2 米,"收顶九尺"合今 2.88 米,"高二丈"合今 6.4 米,嘉靖时期所修边
墙仅相当于万历时期的二、三等边墙,明朝的"要害"之地却修建如此简陋的防御
设施,或许也是"庚戌之变"中蒙古俺答部能够突破古北口长城防线的重要因素。

附记:本文所用碑刻拓片由李春宇、张晨、于世发先生传拓,照片为尚珩同志
拍摄,参与长城田野调查的人主要有:尚珩、李春宇、梁斌、周丽英、于世发、关琪。

---

① [明]刘效祖撰,彭勇、崔继来校注:《四镇三关志校注》,中州古籍出版社,2018 年,第 73 页。

▲拓 1　万历六年横岭路主兵分修撞道口一等边墙城工题名碑

▲拓 2　万历四十五年山东右营修边城工碑

▲拓 3　万历四十三年修大榛峪边墙城工题名碑

▲拓 4　万历四十三年山东左营春防分修石塘路大水峪地方空心敌台城工题名碑

▲拓 5　"山东左营三等墙止"刻字砖

▲拓 6　万历四十五年修西皇口三等边墙城工题名碑

▲拓 7　天启三年分修长城城工题名碑

▲拓 8　嘉靖三十一年修边墙城工刻石

南京城墙砖文"总甲、甲首、小甲"组织
施行时间研究 ①

周　源　南京城墙保护管理中心

摘　要:"总甲、甲首、小甲"组织是南京城墙砖文责任制的重要标志和核心内容。通过对方志中官员任职时间的梳理,结合砖文中责任制的表现形态,共得出39例"总甲、甲首、小甲"组织在地方上推行的大致时间。在对这些数据进行统计与分析的基础上,可以初步判断"总甲、甲首、小甲"组织制定并向各地推行于洪武八年之后,具体开始时间很可能是洪武九年之后,至洪武十三年左右达到高峰,最晚至洪武二十七年前完全停止,这为深入研究南京城墙砖文责任制的形成、南京城墙营建阶段乃至明代里甲制度起源打下了基础。

关键词:南京城墙砖文;"总甲、甲首、小甲"组织;施行时间

南京城墙砖文中独具特色的九级责任制将中国古代砖文物勒工名制度推上了巅峰,其中总甲、甲首、小甲三个固定层级的形成是九级责任制出现的重要标志,笔者将其称之为"总甲、甲首、小甲"组织(本文简称"总甲小"组织)。② "总甲小"

---

① 基金项目:此文系笔者主持南京市委宣传部第二批南京市百名优秀文化人才资助项目《南京城墙砖文中的官员研究》(项目编号:20BM1003)的阶段性研究成果,经修改而成。后文将本课题简称为"官员砖文课题"。

② 陈瑞、王裕明先生将其称之为"'总甲、甲首、小甲'类组织"(《南京明城墙砖铭文三题》,《东南文化》2004 年第 1 期),夏维中、杨国庆先生将其称之为"总甲制"(《南京明代城墙砖文的历史价值——代绪论》,引自南京市明城垣史博物馆编撰,南京师范大学出版社,2008 年版,第 2 页),后杨国庆先生又称之为"以'甲'为建制的基层组织形式"(杨国庆:《南京城墙砖文中的基层组织研究》,《东南文化》2011 年第 1 期)。笔者认为,"总甲、甲首、小甲"是一种临时性的劳役组织,国家按照田产多少来确定人员所应承担的管理角色,目前对此研究还不充分,与明代基层组织"里甲"制之间的关系也并不明确。陈瑞、王裕明先生所称"总甲、甲首、小甲"类组织相对稳妥,笔者称之为"总甲、甲首、小甲"组织,本文简称"总甲小"组织。

组织究竟是明初基层组织还是劳役制度，对明代里甲制有无影响，又是如何组织并运作的，学界莫衷一是。[①] 究其原因，是一些关键问题研究还不充分，如对该组织施行时间的认识就较为模糊。[②] 南京城墙造砖时间长，涉及面广，[③] 很难通过个别府县研究管窥该制度在明初推行的全貌，只有加大样本搜集与分析，才能加深认识。南京城墙砖文中官员的大规模研究为解决这一问题提供了契机和新视角，明清方志在"轶官志"中对历任官员多有记载，通过对砖文官员的查梳，可以发现不少他们任职时间的线索，结合同一砖文中"总甲小"组织的有无，特别是一些砖文还有洪武纪年，可以判断出当地施行"总甲小"组织的大致时间。[④] 最后，将对各地研究的结果汇总，进行数据统计与分析，再结合历史学的解读，或许可以得到更接近史实的真相。基于这一思路，本文对南京城墙砖文中"总甲小"组织的施行时间做一研究。

一、各地"总甲小"组织的施行时间判断

笔者通过在明清方志中对 261 名南京城墙砖文官员进行查梳，[⑤] 共发现 39 例可供探讨"总甲小"组织的施行时间，下文逐一分析：

---

① 杨国庆：《南京城墙砖文中的基层组织研究》，《东南文化》2011 年第 1 期。

② "应该说，就目前掌握的砖文而言，我们并不能在上述的问题上有根本性的突破，因为我们至今仍无法确定现存数量最多的一类砖文即'总甲□□□甲首□□□小甲□□□窑匠□□□造砖人夫□□□'这种格式实施的准确年代以及与里甲制度的具体关系，而这些却又是至关重要的。"杨国庆《南京明代城墙》，南京出版社，2002 年，第 164 页。其后，杨先生又认为"该建制应该始于洪武十年，在洪武十一年（1378 年）得到推广"。杨国庆：《南京城墙砖文中的基层组织研究》，《东南文化》2011 年第 1 期。

③ 据学者统计，南京城墙砖来源涵盖明初长江中下游 35 府、11 州、174 个县。杨国庆、王志高：《南京城墙志》，凤凰出版传媒集团、凤凰出版社，2008 年版，第 27 页。

④ 即便方志中没有对洪武砖文官员的直接记载，也会有这一时期其他官员的姓名与任职时间，结合砖文，通过排除法也可以了解该地方"总甲小"组织推行的大体时间。除官员任职外，明初地方行政建置的变迁也可为"总甲小"组织的推行时间提供参考。

⑤ 本文方志主要来源"中国数字方志库"（北京籍古轩图书数字技术有限公司发行）等。261 名官员具体情况见笔者《南京城墙砖文中的官员研究——从砖文与方志互证视角》附表（《中国地方志》2024 年第 1 期）。

砖文一：图 0037 扬州府提调官同知　竹祥（有"总甲小"组织）①

考：万历《扬州府志》未载同知竹祥，但他所任其他职务在方志中有所记载。如：1. 康熙《滁州志》卷 13 "竹祥，洪武十二年任（少卿）"；2. 光绪《滁州志》卷 53 "竹祥，洪武十二年任"；3.［明］雷礼《国朝列卿记》卷 152 "明竹祥，昌黎人，洪武中任太仆寺少卿"。观察砖文，竹祥任职期间施行了"总甲小"组织，其后没有别人担任府级提调官，说明扬州府执行"总甲小"组织很可能早于洪武十二年。

砖文二：图 0057 扬州府泰州……如皋县提调官主簿　王炳原（有"总甲小"组织）

考：嘉靖重修县志载"王丙原，十一年任"，鉴于该县志中洪武十二年有别官在任，且并未发现别官在砖文中有担任提调官记录。由此我们可以认为，王炳原在洪武十一年任官一年，从而推测该县"总甲小"组织的施行时间为洪武十一年。

砖文三：图 0061 常州府宜兴县提调官主簿　许穆　洪武七年（无"总甲小"组织）

考：嘉庆重修县志载"许穆，乐平人，（洪武）三年任。"结合砖文"洪武七年"纪年，可知县志记载大体可靠，许穆任职于洪武初期无疑。在他任上还没有施行"总甲小"组织。其后任"郭献，迁安人，八年任"。由此可知，宜兴县"总甲小"组织应当实施于洪武八年以后，不过此时县级提调官已经由主簿许穆变为县丞邓跃，见图 0062。

砖文四：图 0068 常州府提调官通判　汤德（有"总甲小"组织）

考：康熙府志记载"汤德，高邮人，升苏州知府，有传"。传中只称他洪武中任常州府通判，没写具体时间。查乾隆《苏州府志》，在其传中记载"洪武十一年迁守苏郡"。由此可见汤德任常州府通判在洪武十一年之前。又因为本府大量洪武七年的县级提调官砖文，且没有执行"总甲小"组织，如图 0067，所以该府推行"总甲小"组织不会早于洪武七年。此外，常州府在府级提调官中没有除汤德以外的其他官员，我们可以认为烧砖任务结束于汤德的任内。因此洪武八年至洪武十一年间

---

① 凡所标识"图 **"均引自南京市明城垣史博物馆编撰：《南京城墙砖文》，南京师范大学出版社，2008 年版。本文按图的序号大小排列考证。砖文节选有关"官员"的关键信息，主要包括府、州、县名、官员职务、姓名、纪年。在《南京城墙砖文》一书中，当同一名官员有许多图片涉及时，选取文字清晰的一张作为分析文本。括号中注明该例砖文中有无"总甲小"组织，以便分析。

应当是常州府"总甲小"组织的施行时间。①

砖文五（a）：图0073常州府武进县主簿□□□，洪武七年（无"总甲小"组织）

砖文五（b）：图0074常州府武进县主簿　张荣□（祖），洪武□年（无"总甲小"组织）

考：乾隆《武进县志》卷六（上）载"主簿，张荣祖，泌水人，五年任"。从砖文来看，由于图0073虽主簿名字缺失，但有洪武七年纪年。图0074虽有主簿姓名，但纪年看不清楚，二者砖文格式都一样，司吏都是郑从道，县级提调官都是主簿，可以结合起来释读，主簿应当都是张荣祖。也就是说洪武五年至洪武七年间张荣祖肯定在任，期间没有实行"总甲小"组织，那么武进县"总甲小"组织施行的时间最早在洪武八年以后。此后砖文进入府级提调官责任制阶段，县级提调官则由张荣祖的后任主簿娄谷俊担任。

砖文六（a）：图0080常州府江阴县提调官主簿　魏勉　洪武七年（无"总甲小"组织）

砖文六（b）：图0083常州府江阴县提调官主簿　王克礼（有"总甲小"组织）

考：本例魏勉砖文中有"洪武七年"纪年；图0079、图0083常州府江阴县主簿王克礼则无纪年有"总甲小"组织。据嘉靖、光绪《江阴县志》卷11"职官"载"五年，魏勉，安徽宿州人""九年，王克礼，陕西太原人"。魏勉洪武五年上任，洪武七年出现在砖铭文上，此时没有出现"总甲小"组织，此处方志与砖文再次相互佐证其真实性。洪武九年王克礼上任，其姓名出现在铭文上且有了"总甲小"组织，这说明江阴县的"总甲小"组织最早可能从洪武九年开始推进的。由于嘉靖、光绪县志中王克礼的下一任李秉忠上任时间为洪武十四年，砖文未发现李秉忠其人，由此笔者判断洪武九年至洪武十四年间是"总甲小"组织在常州府江阴县施行的时间。

砖文七（a）：图0112安庆府太湖县提调官县丞　高岳中（无"总甲小"组织）

砖文七（b）：图0108安庆府……太湖县提调官县丞　高岳中（有"总甲小"组织）

考：高岳中，民国、道光、同治《太湖县志》有载，仅记姓名，未记任职年份。但县志中高岳中的职务是主簿，正九品，当据砖文改为县丞。

高岳中是一个重要的人物，在他的任期内，砖文责任制完成了从县级（图

① 陈瑞、王裕明先生分析过汤德后认为"由此可知'总甲、甲首、小甲'类组织形式至少在洪武十一年已经存在"。（《南京明城墙砖铭文三题》，《东南文化》2004年第1期）。

0112）到府级（图 0108）的转变，这个转变是何时发生的非常重要。据南京城墙砖文数据库项目拍摄的砖文，洪武七年主簿是汤叔亨（图片编号 JFM_NQ_0426），此时也还是县级提调官责任制期间。从责任制由简单到复杂的形式变化来看，汤叔亨与高岳中应当有一个承继关系，汤叔亨在前，高岳中在后。倘若汤叔亨洪武七年还在任，则高岳中接过提调官职责后完成从县级到府级责任制的转变，则高岳中推行"总甲小"组织肯定不会早于洪武七年，比较合理的时间是洪武八年以后。所以，安庆府太湖县"总甲小"组织的施行时间至少在洪武八年以后。

砖文八：图 0173 池州府提调官同知　彭子冲（有"总甲小"组织）

考：嘉靖《池州府志》"彭子冲、洪武初任；聂茂先，洪武七年任"；乾隆《池州府志》"太祖丁酉，孙炎；戊戌，聂茂先；洪武初，彭子冲"；明李贤《明一统志》卷 41 清文渊阁四库全书本"本朝彭子冲洪武初知寿昌县，莅事勤敏，尝建会通桥以济不通，未几，升池州府同知"；万历《寿昌县志》"知县，五年，彭子冲"，"国朝彭子冲，字允升，福建安福人，洪武五年我太祖知其贤，擢知县事，秉性刚介，举动光明，惟……九……"；民国《寿昌县志》"彭子冲，有传""明，彭子冲，字允升，江西安福人，洪武五年知寿昌县，性刚介，时承元末兵燹后，市井残破，廨宇草创，子冲慨然以起废为己任，首新学宫，次建会通桥，修塘堰，筑坛壝，在任四年，政平讼息，升池州府同知"。

由万历、民国《寿昌县志》可知，彭子冲在洪武五年任寿昌知县，在任四年后，因政绩卓著，于洪武九年升任池州府同知。这可帮助嘉靖《池州府志》理清洪武初年任官的顺序，即彭子冲实际上是晚于聂茂先担任池州府同知的，而非之前担任。就砖文来说，因为同时有"总甲小"组织，因此我们可以认为池州府执行"总甲小"组织时间在洪武九年以后。①

①　笔者与陈瑞、王裕明先生的观点截然相反。二位先生通过对彭子冲的任职时间分析后认为"据方志所载池州同知洪武七年为聂茂先，而彭小冲又早于聂茂先，则彭小冲担任池州府同知当在洪武七年之前。如果情况属实的话，'总甲、甲首、小甲'类组织形式则在洪武七年之前已经出现。"（《南京明城墙砖铭文三题》，《东南文化》2004 年第 1 期）。笔者认为，作者只参考了嘉靖府志，从而得出彭子冲是聂茂先前任的结论，他们认为，既然聂茂先是洪武七年任官，那么彭子冲自然是在洪武七年前任同知。但笔者扩大文献搜索可以得知，乾隆府志的记载是正确的，即彭子冲任职于聂茂先之后，而非之前。这也得到了万历、民国《寿昌县志》的印证。

砖文九：图0223 南昌府……奉新县提调官县丞　金玉成（有"总甲小"组织）

考：道光《奉新县志》卷6"秩官"载"王伯晕，六年任，金玉成，八年任，湖广罗田人，石可攻，十一年任，南直高邮人"。若县志记载无误，且金玉成和石可攻之间无官员缺载。则南昌府奉新县执行"总甲小"组织的时间当在洪武八年至洪武十一年之间。

砖文十：图0251—0253 南昌府……进贤县提调官主簿　王礼（有甲小组织，无"总甲小"组织）

考：康熙《进贤县志》载"（主簿）孟继芳，洪武初任，陈思可，洪武六年任，苏茂章，洪武七年任"。由此可见，虽然县志中没有记载王礼，但洪武初期的几个官员任期都比较清楚。从大量的纪年砖文显示，"洪武七年"是一个分界线。洪武七年以前的提调官责任制均是县级，而府级提调官责任制只可能出现在洪武七年以后。就王礼砖文来看，虽然没有成熟的"总甲小"组织，但也进入了府级提调官责任制阶段，甲首、小甲组织的出现也预示着这一阶段责任制相对成熟。所以从王礼砖文的责任制形态来看，王礼只有可能任职于洪武七年以后，不会是"洪武初"。因而排除了他与孟继芳一样任职于洪武初的可能性。再结合县志，苏茂章是洪武七年任，那么，王礼任职肯定晚于苏茂章，最早任职于洪武八年比较合适。这也预示着进贤县甲首、小甲组织的施行晚于洪武八年。结合前文所述，"总甲小"组织比甲首、小甲组织更为成熟，执行时间只有可能与甲首小甲组织施行同时期或者更迟。这么以来，我们可以判断洪武八年以后是南昌府进贤县施行"总甲小"组织的时间。

砖文十一（a）：图0279 江西瑞州府新昌县提调官主簿　孙惟一　洪武七年（无"总甲小"组织）

砖文十一（b）：图0280 江西瑞州府新昌县提调官主簿　崔仲郁　洪武十年（无"总甲小"组织）

砖文十一（c）：图0282 江西瑞州府……新昌县提调官主簿　崔仲郁（有"总甲小"组织）

考：虽然万历《新昌县志》未载主簿孙惟一和崔仲郁，但该县砖文中出现"洪武七年""洪武十年"两个年号却给我们判定"总甲小"组织的施行时间提供了线索。

分析三例砖文，砖文十一（a）中，孙惟一洪武七年在任，无"总甲小"组织。

砖文十一（b）中，崔仲郁洪武十年在任，无"总甲小"组织。砖文十一（c）中，同样是崔仲郁，但已经出现"总甲小"组织。这说明总甲小组织在洪武七年还没有形成，在主簿崔仲郁任上经历了一个从无到有的转变过程，即洪武十年新昌县还没有执行总甲小组织，洪武十年以后在崔仲郁的任期内开始推行。我们可以认为江西瑞州府新昌县总甲小组织的施行时间是洪武十年以后。

砖文十二（a）：图0309南康府提调官通判　赵斌（无"总甲小"组织）

砖文十二（b）：图0319南康府提调官通判　赵斌（有"总甲小"组织）

考：据正德《南康府志》"彭仲显，洪武六年在任；赵斌，洪武十一年在任；李守中，洪武十四年在任"。在所有南康府砖文中，通判都是赵斌，但是其名下砖文除官吏层级外，有两种类型，第一是某某都人夫某某，如图0309，第二类就是"总甲小"组织，如图0319。这说明在其任上，砖文责任制实现了从第一类型向第二类型的转变，这个时期是洪武十一年至洪武十四年间。假设赵斌洪武十一年就任后立刻执行了第一种类型砖文责任制，那么第二种类型即"总甲小"组织的执行时间最早也只能是在当年。至于结束时间，鉴于该府基本上所有的府级提调官都是赵斌，没有一例涉及其后任李守中。可以推测南康府烧砖工程结束于赵斌任上，最晚不会晚于李守中就任的洪武十四年。

因此，若方志记载不误的话，总甲小组织在该府的推行时间应当就是洪武十一年至洪武十四年之间，[1] 进而我们可以初步判断南康府的烧砖任务结束于洪武十四年之前。

砖文十三（a）：图0309南康府……都昌县提调官主簿　房秉正（无"总甲小"组织）

砖文十三（b）：图0319南康府……都昌县提调官主簿　房秉正（有"总甲小"组织）

考：康熙《都昌县志》有记载房秉正，但是仅记其名，同治《都昌县志》卷三

---

[1] 陈瑞、王裕明先生分析过赵斌后认为"就是说，'总甲、甲首、小甲'类组织形式在洪武六年至十四年间应已存在"。笔者认为，产生分歧的原因是方志中对于"在任"的理解不同。究竟是指开始任官还是正在任中。结合大量方志提"任"，很少提"在任"的记载，"任"与"在任"应当是同一回事。所以笔者持赵斌是于洪武十一年开始任通判的理解而得出相关结论。

记在"洪武元年"之中，而且还有一段关键的文字"尝与建柴栅、御亭，为提调官"。此后洪武五年帅伯昇、洪武九年柴敬在任，至少说明方志中认为房秉正洪武五年之前任主簿的，但这与砖文所体现的年代有很大的出入。

由于涉及房秉正的砖文都处于府级提调官责任制的阶段，大量砖文显示，这个阶段不可能早于洪武七年。所以笔者认为同治县志将房秉正记载"洪武元年"之下可能有误。处于府级责任制阶段的房秉正，其任期只可能是在洪武七年之后，而洪武九年又有官在任。鉴于责任制的发展在房秉正任上经历了"总甲小"组织从无到有的重要转变，房秉正任职时间不会太短，所以很可能房秉正任职于柴敬之后。综合各种因素，笔者认为洪武九年以后是南康府都昌县"总甲小"组织的推行开始时间比较合适。

砖文十四：图 0356 饶州府提调官同知　金声（有"总甲小"组织）

考：正德《饶州府志》卷四《名宦》"金声，华亭人，洪武间同知，有文学名"，康熙《饶州府志》卷十四"金声，华亭人，洪武十年任，有文学名"，同知府志与康熙府志记载同。

在金声任职具体时间上，康熙府志比正德府志更加明确，即"洪武十年"，不知来源何处。《砖文》中所有饶州府砖文责任制所反映出来的时代面貌是一致的，说明在金声任上，"总甲小"组织得到了全面的贯彻，没有过渡期的存在，处于鼎盛发展的阶段。这与康熙府志中，金声洪武十年的任期是比较符合的。由此我们可以判断，饶州府推行"总甲小"组织至少在洪武十年以后，何时结束尚不明确。

砖文十五：图 0360—0361 饶州府……乐平县提调官县承（丞）　赵廉（有"总甲小"组织）

按：据康熙《乐平县志》卷五"秩官"，"赵廉，洪武七年至，建厉坛；蒋惟贤，洪武十年至；张护，事见名臣（洪武十八年至）"，若按照县志的记载，则"总甲小"组织在乐平的出现只能是在洪武七年至洪武十年之间。但这与上例砖文有矛盾之处。

金声与赵廉同时出现在砖铭文中（图 0360—0361），如果方志无误的话，金声最早执行"总甲小"组织的时间是洪武十年，而赵廉最晚执行"总甲小"组织的时间也是洪武十年。他们俩时间的交集只能是洪武十年。难道"总甲小"组织在乐平县只执行了一年？即从洪武十年开始，于当年结束。如果这种可能性成立，且没有发现县级责任制城砖，则说明乐平县只参与了一年的南京城墙砖烧造，迅即停止。这可能也说明烧砖时间每府每县各不相同，要根据完成摊派任务的进度来确定。

砖文十六（a）：图0368饶州府鄱阳县提调官县丞　张翔（无"总甲小"组织）

砖文十六（b）：图0369饶州府……鄱阳县提调官县丞　张翔（有"总甲小"组织）

考：张翔也是个经历了砖文形式从县级到府级过渡的官员。康熙县志未载其人，但肯定不是洪武八年、二十三年、二十八年，因为这几个年份都有官员在任。结合砖文责任制过渡的特征，张翔任职不可能早于洪武八年，最迟不会超过洪武二十三年。因为无"总甲小"组织形式在张翔任上执行了一段时间，所以实际上"总甲小"组织的推行应当还要靠后一段时间。但保守认为鄱阳县推行"总甲小"组织应当在洪武八年至洪武二十三年之间。

砖文十七：图0445抚州府……崇仁县提调官　奚天□（才）（无"总甲小"组织）

考：据同治县志记载，奚天才1366年到任，是元代该县最后一任县丞。而明县丞王锡洪武五年任，之前没有人。我们有理由相信从元至正二十六年（1366）至洪武五年（1372）间，都是奚天才担任县丞。显然此时已有县级提调官制度，说明崇仁县县级提调官制度最早推行于1366—1372年间。结束时间则要参考后任官员李保辰的任职时间。总之，由于奚天才砖文中无"总甲小"组织，我们可以保守推测该县"总甲小"组织在洪武五年之后执行。

砖文十八（a）：图0446抚州府崇仁县提调官县丞　李保辰（无"总甲小"组织）

砖文十八（b）：图0448抚州府崇仁县提调官县丞　李保辰（有"总甲小"组织）

考：本例同是崇仁县官员，可以接着奚天才继续思考，由于奚天才时期尚没有总甲小组织，明洪武时期首个有记载官员王锡之后又有刘穆（洪武六年）、李宝臣（砖文中"李宝辰"）、刘冲霄、蔡琮（洪武十三年）、陈武卿（洪武十六年）、李成（洪武十七年）、刘□（洪武十九年）、王景延（洪武二十一年）、李□（洪武二十四年）、潘文（洪武二十五年）等官员。值得注意的是李宝辰，砖文中有他的姓名，在他的任上经历了从县级到府级责任制的转变，最终有"总甲小"组织的层级。笔者认为洪武六年是刘穆，这一年基本不可能同时完成李宝辰继任和砖文从县级到府级的转变。因此，推测崇仁县"总甲小"组织的推行时间应当在洪武七年至洪武十三年之间。

砖文十九：图0467 抚州府……宜黄县提调官主簿　田观（有"总甲小"组织）

考：康熙、道光《宜黄县志》卷四《官职志》载"田观，洪武八年"。按照康熙县志记载，田观只在洪武八年任官一年，洪武六年有曹德，洪武九年有弋景方、十一、十四、十六年等关键年份均有官员在任。结合砖文，该县目前只发现提调官田观，没有发现别的提调官员，这说明烧砖工程只有田观一人参与。而田观只任职一年，在其任上执行府级提调官责任制即"总甲小"组织。倘若县志记载不误，宜黄县实行"总甲小"组织的准确年份是洪武八年。

砖文二十：图0476 吉安府……永宁县提调官　韩伯（惟）善（推测有"总甲小"组织）

考：图0476只反映了城砖的一面砖文，其背面还有砖文没显示。因此不能确定其背面有无"总甲小"组织，但按照府级提调官责任制的固定格式，背面大概率是有"总甲小"组织的。韩惟善姓名与职务前文已考辨。同治《永宁县志》有重要发现，卷六《明知县》"韩惟善，四年任"，洪武元年、二年、三年均有官在任。这就大概为这段砖铭文确定了时间。说明韩惟善任职在洪武四年，倘若砖文背面有"总甲小"组织，至少说明该县"总甲小"组织推行于洪武四年之后。但这个时间较早，不太符合一般府级责任制推行于洪武八年以后的大趋势。

砖文二十一（a）：图0554 吉安府泰和县提调官县丞　臧普（浦）（无"总甲小"组织）

砖文二十一（b）：图0555 吉安府 泰和县提调官县丞　臧浦（有"总甲小"组织）

考：臧浦与砖文十七中的陈文弼一样，在其任上砖文责任制发展经历了三个阶段，从县三级制，到府六级，再到府九级责任制。这说明臧浦的任期不短。再看县志，据道光县志，其前任陈能洪武三年任，其后任程翱洪武十二年任，由此可知，臧浦任县丞一职发生在洪武三年至洪武十二年之间。尽管"总甲小"组织发生于臧浦任职的后期，但在没有更明确证据之前，我们只能保守认为泰和县"总甲小"组织推行于洪武三年至洪武十二年之间。

砖文二十二：图0562 临江府新喻县提调官知县　李公让（有"总甲小"组织）

考：康熙县志卷五"李公让，洪武七年任；高执中，洪武十四年任"；道光县志卷八《名宦》，"李公让，洪武八年任，廉洁有能名，开设在城东北坊，西南坊"。

　　李公让的任职时间在方志中略有差异，鉴于笔者课题砖文拍摄中发现知县闵焕"洪武七年八月"的纪年砖，因此道光县志知县李公让"洪武八年任"的记载更加合理，可以采纳。结合砖文，笔者认为新喻县"总甲小"组织实行于洪武八年至洪武十四年之间。

　　砖文二十三：图0617袁州府万载县提调官　韩及古，洪武十年纪年。（无"总甲小"组织）

　　考：据康熙、雍正县志，洪武三年黄自忠任，洪武三十五年舒庆任，中间没有记载其他官员。所以砖文中韩及古洪武十年在任合理，可以弥补方志之失。从砖文内容看，"洪武十年"万载县尚没有执行"总甲小"组织，说明其施行是在洪武十年以后。

　　砖文二十四（a）：图0666赣州府石城县提调官县丞　吴敬（无"总甲小"组织）

　　砖文二十四（b）：图0668赣州府……石城县提调官主簿　王时进（有"总甲小"组织）

　　考：乾隆县志"王理……洪武十年任。王时进，字允升，籍失考，本邑主簿升官。顾恭，……本邑主簿升任""明主簿，吴敬，籍失考，洪武元年任。王时进，洪武九年任。顾恭，洪武十三年任"。王时进任官时间在洪武九年至洪武十三年之间，在任期间推行了"总甲小"组织，则说明石城县的"总甲小"组织应当在洪武九年至洪武十三年之间执行。

　　砖文二十五：图0669赣州府……信丰县提调官主簿　□□（郜宽）（有"总甲小"组织）

　　考：砖文未释读出的官员姓名为郜宽。据康熙、乾隆县志载"主簿……郜宽，洪武八年任"。其后两名洪武官员任期都没有记载。所以笔者判断信丰县"总甲小"组织实施于洪武八年之后，结束时间尚不能确定。

　　砖文二十六：图0674赣州府雩都县提调官　苏恪（无"总甲小"组织）

　　考：顺治县志"知县，苏恪，洪武八年任；宫好礼，洪武十七年任""苏恪，洪武八年季任知县，持己廉能，吏民无不畏怀，四境之内，乐有升平，升福州府同知"。查福州府志，对苏恪缺载。雩都县知县苏恪洪武八年至洪武十七年在任，在他任提调官的时间中没有施行"总甲小"组织，说明该县"总甲小"组织的施行最早在洪武九年之后，很可能在下一任知县宫好礼洪武十七年任职前结束。这段时间苏恪不再做提调官，而是让砖文中的主簿刘泰（图0671）、典史刘讷（图0673）相继担任。

砖文二十七（a）：图0679赣州府……兴国县提调官主簿　张皓（有"总甲小"组织）

砖文二十七（b）：图0683赣州府……兴国县提调官主簿□（张）子春（有"总甲小"组织）

考：据乾隆县志卷八《官师》载"陆吕，北平人，洪武五年任，张子春，洪武六年任。张浩，江南泰安人，洪武七年任。刘源，山西人，洪武十八年任"，同治县志记载与之相同。结合砖文，张子春和张皓在任期间都施行了"总甲小"组织，所以兴国县"总甲小"的施行时间大约在洪武六年至洪武十八年间。

砖文二十八（a）：图0689赣州府……宁都县提调官典史　郑文允（有"总甲小"组织）

砖文二十八（b）：图0692赣州府……宁都县提调官知县　王敬（有"总甲小"组织）

考：据乾隆县志卷四载"（知县）王敬，洪武十三年任；王德辅，马平人，洪武十五年任"，乾隆县志卷四载"（典史）郑文允，青州人，洪武十二年任"。主簿王易、安僧、县丞马鹏乾隆县志中都没有记载。

从文献中我们可以看到，砖文中的典史郑文允洪武十二年任，知县王敬洪武十三年任，在他们两人任期中都施行了"总甲小"组织。所以我们认为宁都县"总甲小"组织的施行时间至少在洪武十二年以后。

砖文二十九：图0723武昌府……嘉鱼县知县提调官　吴启文（半面砖，推测有"总甲小"组织）

考：乾隆县志卷三载"吴启文，洪武乙卯任，迁建山川等坛；刘秉政，洪武壬戌任，"，查干支，乙卯为洪武八年，他的下任洪武十五年任。如中间没有插入未记载的知县的话，那么吴启文的任期就是洪武八年至洪武十五年间。则嘉鱼县"总甲小"组织施行时间也应当在洪武八年至洪武十五年间。

砖文三十：图0725武昌府……兴国州提调官　连敏、张善庆（有"总甲小"组织）

考：据光绪县志"知州，洪武九年降为州省永兴县入之；洪武丁巳，连敏，由江西瑞昌知县升；乙丑，郭口 进士"。丁巳即洪武十年，乙丑是洪武十八年；由此可见，连敏的任期从洪武十年开始，最迟不会晚于洪武十八年。再查光绪县志"吏目，张善庆"，未记载任职时间。通过对知州连敏的任期考察，我们可以推断兴国州"总甲小"组织的推行时间在洪武十年至洪武十八年之间。

砖文三十一：图0731 武昌府……德安州州判　瞿大易　应山县　洪武十年三月（无"总甲小"组织）

考：查光绪《德安府》志，德安府九年为州，十三年复为府。从砖文案例来看，德安州共收录五例，涉及三个县，均没有出现德安府，其它各种信息来源也没有德安府。因此砖文体现出来的责任制形态应该发生在洪武九年至十三年之间。应山县一例，无"总甲小"组织，有洪武十年三月纪年。这说明应山县"总甲小"组织的执行大约在洪武十年至洪武十三年之间。

砖文三十二：图0732—0733 武昌府德安州……随县提调官　段博（一例不确定，一例无"总甲小"组织）

考：据同治府志"段博，洪武三年任，是年降州为县"。其后有官员陈萃和刘率右。其中刘率右"洪武十三年任，是年复升为州"。乾隆府志记载"九年四月降为县""十三年五月复升为州"。

笔者认为，首先要解决方志记载的分歧。段博砖文显示，这一时期砖文已经进入了府级提调官阶段，而府级提调官责任制的时间至少在洪武七年之后。因此，乾隆府志"九年四月降为县"的记载是较为可靠的。鉴于随县洪武时期建置是在洪武九年至洪武十三年之间，目前也没发现随州的砖文，因此我们认为"总甲小"组织最有可能发生于这一期间。

砖文三十三：图0764 长沙府……湘潭县提调官县丞　杜守中（有"总甲小"组织）

考：查乾隆县志，洪武五年和洪武十五年均有官在任，根据杜守中砖文是府级提调官责任制的特征，所以杜某的任职期间大概在这十年内。湘潭县"总甲小"组织大约施行于洪武五年至洪武十五年之间。

砖文三十四：图0782—图0786 长沙府……浏阳县提调官知县　傅理（有"总甲小"组织）

考：有五块砖文上同时显示傅理的名字，且该县并无其他提调官。可以确定傅理是实施"总甲小"组织的主要官吏。雍正、嘉庆县志均有载，如嘉庆县志"陈宗铭，浙江丽水人，洪武七年任；黎庸，龙阳人。交趾籍进，洪武十六年任；傅理，洪武十七年，蔡常德，江西乐平人，洪武二十七年任"。由此可见，县志中所反映的傅理任职时间为洪武十七年至洪武二十七年间，"总甲小"组织在该县最早的出现时间为洪武十七年。

砖文三十五：图0802 沔阳府玉沙县提调官知县（蓝）□（无"总甲小"组织）

考：据嘉靖州志卷一"明兴初为沔阳府隶湖广行省，高皇帝洪武九年改为沔阳州，省玉沙入焉。直隶湖广布政司，编户四十里，领县一景陵"。由此可见沔阳府玉沙县知县蓝□任职于洪武九年之前，此时为县级提调官制度。洪武九年之后才发展出州级提调官和"总甲小"责任制的。

砖文三十六（a）：岳州府平江县提调官　洪武七年（无"总甲小"组织）

砖文三十六（b）：岳州府 平江县提调官知县　潘惟亮（有"总甲小"组织）

考：砖文三十六（b）非图录所载，是笔者在长沙火宫殿金砖照壁考察时发现[1]。嘉庆县志记载潘惟亮洪武十七年任。最接近其且有任官时间的后任是石池，洪武二十五年任。说明该县"总甲小"组织可能执行于洪武十七年至洪武二十五年之间。

砖文三十七：武昌府……德安州……应城县知县　吴均美（无"总甲小"组织）

考：本例为笔者砖文课题在南京城墙上的拍摄成果。雍正县志没有记载吴均美，但洪武元年、六年、十三年、二十一年、二十二年、二十四年均有官在任。根据砖

---

[1] 对于外地发现，南京城墙上尚未发现的城砖，笔者持慎重的态度选录。其标准必须是外地城砖的格式必须与南京城墙砖文格式完全一致。理由是南京城墙砖（包括同时期所见明中都凤阳城砖）因为是都城砖，其提调官格式有严格标准，与地方提调官城墙砖都是有明显差异的，如荆州府城砖，虽然也执行提调官责任制，但是与南京城墙砖文有较明显的区别，表现在第一，有洪武十六年的纪年砖，而南京城墙从来没有发现过洪武十年以后的纪年砖；第二，"能干人""所委人""所委监造人""的当人"这些常见的称呼在南京城墙砖文中没有发现过；第三，虽然荆州府砖文也有总甲、小甲、甲首，但"总甲小"组织没有在同一块砖文上出现过，似乎有意区别于南京砖文。（参考张世春编著：《荆州城文字砖》，武汉出版社，1999年版）。如果外地城砖没有任何差异，则很有可能是在南京城墙罢建后，后世将未用之城砖用于本地城墙建设，如赣州府城砖，在当地府城城墙上留下了很多。（参考李帆编著：《赣州城墙铭文城砖拓片图集》，岭南美术出版社，2021年版）。所以，只有在格式完全一致的情况下，我们才能认为外地发现的城砖未来是可以在南京城墙上发现的，毕竟南京城墙砖数以亿计，我们目前的认识是极其有限的。

文中府级责任制，但又有没有发展到"总甲小"组织，不会太晚的特征。笔者判断吴均美可能任职于洪武六年至十三年之间，这一期间是"总甲小"组织推行的可能时间。

砖文三十八：铅山县提调官知县　张原（无"总甲小"组织）

考：本例为笔者砖文课题在南京城墙上的拍摄成果。据嘉靖县志"丘木，洪武元年任；张原，洪武八年任；吴仲晦，洪武十五年任"，同治县志"张原，洪武八年任，建明伦堂，社稷、山川两坛；吴仲晦，洪武十五年任，立射圃"。由此可见广信府铅山县推行"总甲小"组织当在洪武八年至洪武十五年之间。

砖文三十九：吉安府……永新县提调官知县　乌斯道（有"总甲小"组织）

考：本例为南京城墙保护管理中心库房砖文信息采集项目成果。（图1）据万历县志"乌斯道，鄞县人，洪武九年任，有传；於仲宽，黄岩人，洪武十三年任，有传"。由此可见，吉安府永新县推行"总甲小"组织当在洪武九年至洪武十三年之间。

二、案例统计与相关思考

通过考证，我们共得到39例有关"总甲小"组织在地方上施行时间的大致判断，共有38组数据[①]见表1：

▲图1　永新县城砖拓片

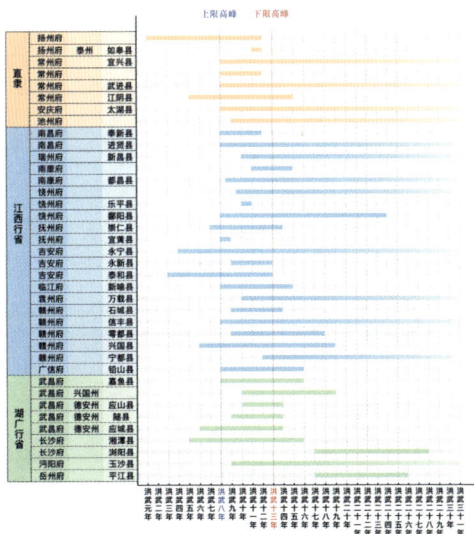

▲表1　"总甲"小组织施行时间区间图

_____

① 抚州府崇仁县的两例可合并为一例。

　　表1反映了"总甲小"组织在直隶、江西、湖广行省中18府3州32县施行的大致时间，虽然在总的35府11州174县中只占约24.1%的比例，但由于这些数据来源于笔者对五省砖文官员全面统计下的明清方志零星记载，所以仍具有一定的代表性，是可以通过分析大体了解南京城墙"总甲小"组织在明初长江中下游地区的执行情况的。在表1的基础上，笔者将"总甲小"组织的开始时间与结束时间按照出现次数分别列表并逐一分析。见表2、表3：

　　通过表2可以看出，出现频率最高的是洪武八年（12例），其次是洪武九年（6例），洪武十年（5例），再次是洪武五年、洪武六年、十一年、十七年（2例）。整个数据基本呈正态分布，洪武八年达到高峰，两侧递减。

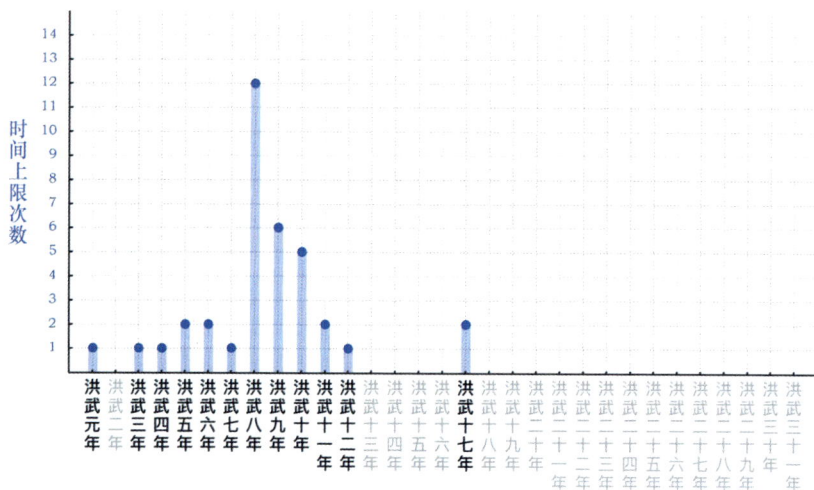

▲表2 "总甲小"组织施行时间上限统计

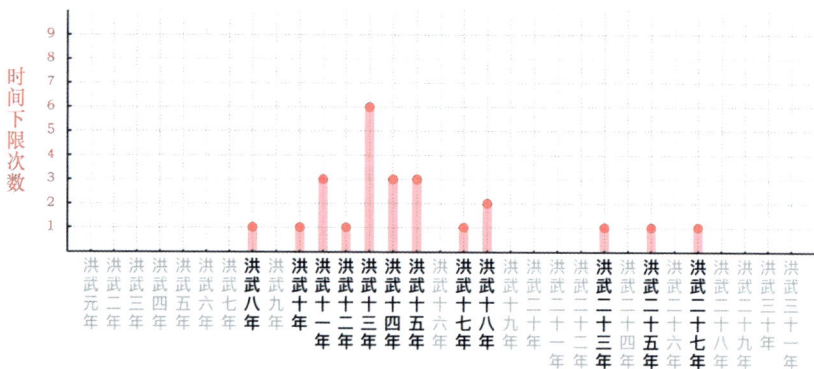

▲表3 "总甲小"组织施行时间下限统计

通过表3，我们可以看出：洪武十三年作为"总甲小"组织施行的时间下限次数最多，为6例，其次是洪武十一年、洪武十四年、洪武十五年各3例，剩下的除洪武十八年2例外，其余均为1例，最晚的时间下限是洪武二十七年。

通过表1至表3的数据统计，我们可以得出三点初步认识。第一，除去方志记载官员任职时间错误而带来的孤证外，"总甲小"组织在长江中下游五省各地施行时间是有差异的。① 第二，洪武八年是一个关键的年份，作为最高频率的时间上限，远远高于其它年份，这不是偶然现象，很可能最接近"总甲小"组织政策制定并推广的时间。第三，"总甲小"组织施行的时间下限多集中在洪武十三年及其前后两年，说明地方为南京城墙供砖的高峰期应当是在这个时期，此后走向衰落。

笔者认为，上述认识是与史实基本吻合的。

从开始时间的角度来说，因为"劳费"②，明太祖朱元璋不得已于洪武八年罢建了营建六年之久、"功将完成"的明中都（今安徽凤阳），从而结束了地方同时向南京、中都两地供砖，以南京为主的局面。在明中都地方砖砖文责任制中，只发现了县级提调官责任制，没有发现以"总甲小"组织为特征的府级提调官责任制。这说明以"总甲小"组织为主要特征的九级砖文责任制很可能是朱元璋在洪武八年后确立和发展起来的。至于具体时间，文献中也留下了一些蛛丝马迹，以永新县为例，知县乌斯道参与了城砖的烧造，期间又施行了"总甲小"组织。据乌斯道《春草斋集·骈义传》载"洪武朝丙辰年冬，朝廷下诏江西湖广郡县民验田多寡，陶大甓"。这里的"大甓"指的就是明南京城砖，文献中明确指出洪武丙辰即洪武九年朝廷下诏制大砖，笔者推测在这一过程中朱元璋很可能同时确立了新的城砖标准，其中就包括带有"总甲小"组织的九级责任制，而这也标志着南京城墙砖文责任制进入了一个新的阶段。

将文献记载与表2分析相结合，"总甲小"组织施行的开始时间应当在洪武八

---

① 陈瑞、王裕明先生通过分析南康府通判赵斌、池州府同知彭子冲、常州府通判汤德三个例子后认为，"综上所述，'总甲、甲首、小甲'类组织形式在洪武七年之前，无论如何不至于洪武十一年，而不是洪武十四年以后出现的"。陈瑞、王裕明：《南京明城墙砖铭文三题》，《东南文化》2004年第1期。
② "中央研究院"历史语言研究所校勘：《明太祖实录》，上海书店，1982年影印本，卷九儿，洪武八年夏四月丁己，第1685页。

年以后，具体时间很可能就是乌斯道文集中所提及的洪武九年下诏之际。朱元璋在罢建中都后，经过短暂的反思与调整，在第二年重新确立营建南京的总方针。为保证工程质量，进一步发展了之前施行的县级提调官砖文责任制，形成以"总甲小"组织为特征的府级提调官责任制，在新一波建设浪潮中施行并推广。

从结束时间的角度来说，由于九级责任制是南京城墙砖文发展中的成熟阶段，也是最后一个阶段。所以作为九级责任制的重要特征"总甲小"组织的实施结束时间，实际上也就标志着各地烧砖工程的结束。鉴于明初"均工夫"役推行时间和区域的差异，各地烧砖任务量的大小，官员组织管理能力的高低，地方与都城距离的远近，水路运输程度的难易等，各地为南京供砖不会有一个统一的开始和结束时间，特别是结束时间存在较大差异是符合常理的。从表3可以看出，洪武十三年左右地方为南京供砖达到下限高峰，洪武十七年又出现一个明显波动，此后地方为中央供砖几乎绝迹。

这与文献记载也基本吻合，洪武十一年，朱元璋下诏正式立南京为京师，南京摇摆不定的都城地位此时才最终确立下来，都城建设必然随之进入高峰期。南京城墙砖不仅仅用于城墙筑造，还用于官署、坛庙、陵寝、佛寺、桥梁、开国功臣墓等高等级建筑当中。用砖量的激增可以想见，地方在随后的两三年即洪武十三年左右供砖量也会达到峰值。然而地方供砖毕竟劳民伤财，妨碍生产，非长久之计。当国家政权稳定，工程量相对减少时，对地方的依赖程度也会降低。洪武十七年，朱元璋下令陕西秦州卫只可让军士筑城，不再劳民。[①] 说明这一时期朱元璋已经开始注意减轻百姓负担，重视发挥士兵在筑城、造砖中的主体作用了。这一重要思想转变很可能会影响到南京城墙的建设，在这一年以后长江中下游各府州县的百姓造砖工程因而停止或走向尾声，这与表3所体现出来的总体趋势也是基本吻合的。此外，文献中洪武二十六年南京城墙建设基本完成，洪武二十八年朱元璋命礼部编纂《洪武京城图志》版示天下，标志着南京城墙建设的最终完成，因此表3中"总甲小"

---

① "陕西秦州卫奏修理城隍请兼军民为之，上谕都督府臣曰：修治城隍，借用民力，盖权时宜，役之于旷闲之月耳。今民将治田之时，而欲兼用其力，失权宜之道。止令军士修理，毋得役民。""中央研究院"历史语言研究所校勘：《明太祖实录》，上海书店，1982年影印，卷一五九，洪武十七年春正月癸卯，第2453页。

组织施行时间下限"洪武二十七年"落在这个时间区间内也是可以理解的。

三、结语

本文从方志与砖文结合的角度，首先对 39 例南京城墙砖文官员的任职时间进行史料梳理，再结合相关砖文中总甲小组织的有无，分别推测出各地施行"总甲小"组织的时间区间。在进行数量统计并结合史料分析后，认为"总甲小"组织很可能于洪武八年朱元璋罢建中都后确立，具体来说极有可能是洪武九年制定并向各地逐步推行。迟至洪武十三年左右达到该责任制实施的高峰后，地方为中央供砖逐渐减少，最晚至洪武二十七年前完全停止。需要指出的是，洪武十三年是一个关键的年份，这一年"处州、温州等府在洪武二、三年间攒造的黄册，全部轮役完毕。同年年底，明政府正式确立赋役黄册之法"。[①] 这说明明初黄册里甲制度在经过一段时间的摸索后，正式确立并向全国推广。笔者认为，明代黄册里甲制度与"总甲、甲首、小甲"组织在推行时间、组织构架、实施内容上有一定的重合，其中很可能蕴含着某种联系或朱元璋的制度安排，值得进一步研究。

此外，鉴于以"总甲小"组织为典型特征的府级提调官责任制，是南京城墙砖文发展的成熟期和高峰期，在中国古代砖文及物勒工名制度发展史上有着重要的地位。本研究可以有助于我们判断府级提调官责任制的推行时间，加强府级提调官责任制推行时间的研究，也为笔者构架南京城墙砖文责任制发展"两阶段、四时期"理论打下基础。[②] 同时，作为洪武砖文责任制发展的最后一个阶段，其开始与结束时间也有助于我们从总体上把握南京城墙的建设时间，为南京城墙乃至明代南京城营建过程的研究提供参考。

---

① 尹敏志：《明洪武初年浙江黄册的起源与演变》，《安徽大学学报（哲社版）》2024 年第 1 期。
② 该理论表述见笔者《南京城墙砖文中的官员研究——从砖文与方志互证视角》（《中国地方志》2024 年第 1 期）一文。

荆州城墙11号马面考古新发现与新认识

李正贵　荆州博物馆

胡　鑫　荆州博物馆

汤琪琪　荆州博物馆

摘　要：2019年3月，荆州博物馆在荆州城墙11号马面及两侧城墙实施加固修缮施工过程中发现明代砖城墙下叠压早期砖城墙遗迹，其青砖规格、纹饰、收分等做法与明清城墙存在明显差异。为进一步弄清该马面的建筑结构和建造工艺特征，荆州博物馆自2020年至2022年对11号马面进行了科学发掘，揭露出五代十国时期采用两汉及南北朝墓砖砌筑的砖墙、宋代夯土城垣和铺墁及排水冲沟、明代砖城墙和清代夯土城垣以及各时期城垣的叠压关系，与历史文献记载相印证，具有重要的研究价值，是荆州城墙修缮施工发现重要遗迹后经考古发掘取得重要收获的典范，荣获"2022年湖北省六大考古发现"之一。本文对考古发掘及其收获做简要介绍，期与同仁交流探讨。

关键词：荆州城墙；11号马面；新发现与新认识

一、引言

荆州，禹划九州之一，历史悠久，是国务院1982年首批公布的24座历史文化名城之一。历时二千多年，文物资源丰富、文化底蕴深厚，被誉为"地下文物宝库"。仅荆州古城周边的古城遗址就有：新石器时代——阴湘城遗址，战国时期楚国都城——楚纪南故城遗址，秦汉时期南郡——郢城遗址，三国至明清时期——荆州城墙，宋代卫城——万城遗址，宋元时期——沙市城遗址，基本贯穿了荆州二千多年的历史演变与发展过程。

荆州城墙，作为荆州古城的标志性建筑，已历经1800余年沧桑岁月，经历了多次战火、水患和人为损毁，因其北据汉沔、利尽南海、东连吴会、西通巴蜀的重

▲图1　荆州城墙区位图

▲图2　荆州城墙东门（寅宾门）护城河全景

要战略地理位置，历朝历代屡毁屡建，至今仍保存完整，依然巍峨耸立，其价值尤为珍贵。1956 年 11 月，公布为第一批湖北省文物保护单位；1996 年 11 月，公布为全国重点文物保护单位；2006 年、2012 年两次列入国家文物局实行动态管理的"中国世界文化遗产预备名单"。

二、荆州城墙现状

荆州城墙位于湖北省荆州市荆州区，平面呈不规则长方形，由外侧砖墙和内侧夯土城垣构成。城墙周长 11.28 公里，东西长约 3.75 公里，南北宽约 1.2 公里，面积 4.5 平方公里。有 6 座古城门，均设外瓮城，建城楼、箭楼。大东门曰寅宾门、宾阳楼，小东门曰公安门、楚望楼（又称望江楼），南门曰南纪门、曲江楼，西门曰安澜门、九阳楼，大北门曰拱极门、朝宗楼，小北门曰远安门、景龙楼。现存朝宗楼为清道光十八年（公元 1838 年）重建，宾阳楼为 1986 年复建，其他城楼已毁，

▲图 3 荆州城墙寅宾门宾阳楼—瓮城

仅存台基遗址。城墙上设敌楼 3 座：仲宣楼、雄楚楼、明月楼，均已毁仅存基址。马面（炮台）20 座，藏兵洞 5 座，碟垛 4700 多个，是冷兵器时代重要军事防御设施，防御体系完备，易守难攻，且保存完整，具有重要的历史、艺术和科学价值。同时，对地处水网地带的荆州城具有较好防洪功能。

三、历次修缮

1978 年以来，在国家文物局、湖北省文物局大力支持和精心指导下，先后实施了 40 余项保护维修工程：

1978—1996 年实施了远安门城台、拱极门城台、安澜门城台、仲宣楼至明月楼之间城墙、寅宾门箭楼城台、明月楼至远安门段城墙、6 号藏兵洞、15 号马面、卸甲山段城墙维修工程。共计投入资金 241 余万元。

1996—2012 年实施了公安门段城墙、16 号马面、仲宣楼西段城墙、24 号藏兵洞、远安门城台、南纪门城台、卸甲山遗址、13 号藏兵洞、13 号藏兵洞至新北门段城墙、1—5 号马面及两侧城墙修缮工程。共计投入资金 1536 余万元。

2014—2016 年实施了南城墙修缮工程、20 号马面修缮工程、拱极门城台朝宗楼修缮工程。共计投入资金 1103 余万元。

2018—2021 年利用世界银行贷款资金，实施了西城墙文物保护工程、土城垣

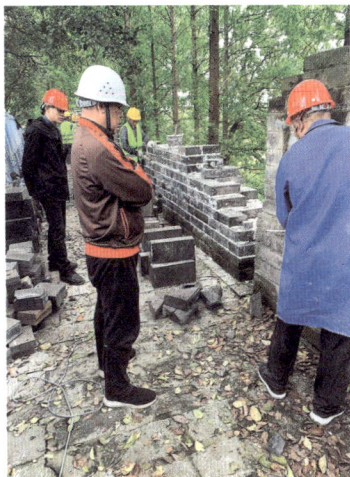

▲图 4　荆州城墙修缮施工

保护修缮工程、城墙顶部环通与保护设施建设工程，为荆州城墙展示利用工作奠定了坚实基础和必要条件。其中，西城墙文物保护工程荣获湖北省文化和旅游厅"2023年度湖北省优秀文物建筑保护利用项目"。

四、建造历史沿革

荆州城墙的修筑史，源远流长，隋唐以前，史书上已不乏记载。荆州城墙原为土城，《通典》载"汉故城，即旧城，偏在西北，迤逦向东南；关羽筑城在西南，桓温筑城包括为一"。据《江陵县志》记载：后梁太祖开平元年，五代十国初，乾化二年即公元 921 年，守将高季兴驻守荆州，令十数万军民掘方圆冢墓砖石大筑重城；南宋淳熙十二年，公元 1186 年，荆州安抚使赵雄修复"靖康之乱"战乱倒塌城墙，周长 21 里，设敌楼战屋一千余间。元世祖十二年（公元 1275 年），元军攻占荆州城，次年诏令隳坏城墙。元至正二十四年（公元 1364 年），朱元璋所部攻占荆州后，依宋代旧基复修复，周长 18 里 381 步，计 3399 丈，高 2.65 丈，并设六门。明崇祯十六年（公元 1643 年），张献忠部攻占荆州城，将部分城墙拆毁。清顺治三年（公元 1646 年），荆南道镇守李栖凤、总兵郑四维率兵民修筑荆州城，保持了明代的规模和风格。清乾隆五十三年（公元 1788 年 6 月），荆江大提溃口二十一处，水淹荆州城，冲垮西门至大北门数段城墙，次年，清廷拨帑银二十万零六千两修复。

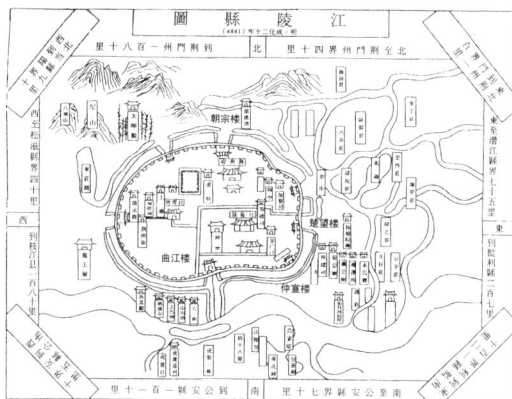

▲图5 明成化年间文献图

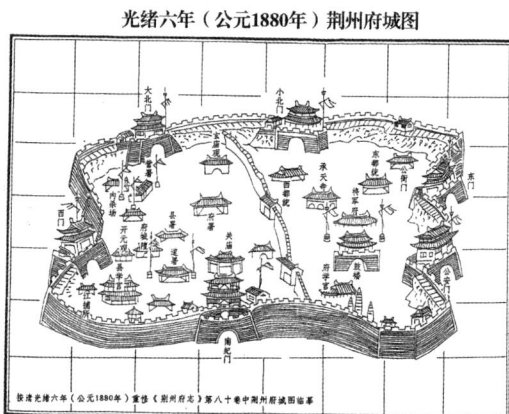

▲图6 清乾光绪六年荆州府城全图

此后，清嘉庆、道光、同治、光绪年间和民国时期局部修缮。

五、既往考古发掘工作

2019年之前，荆州博物馆对荆州城墙进行过四次考古发掘。

第一次：1988年，为配合破垣设新南门建设，荆州博物馆解剖发掘南城墙西段卸甲山西侧城垣，发掘面积300平方米，发现五代至明清时期遗存，发现了较多明代文字砖。

第二次：1997年10月至1998年3月，在荆州城南垣东端仲宣楼西段因暴雨致垮塌城墙修复过程中，荆州博物馆对城墙体进行解剖，布设南北向探沟一条，探

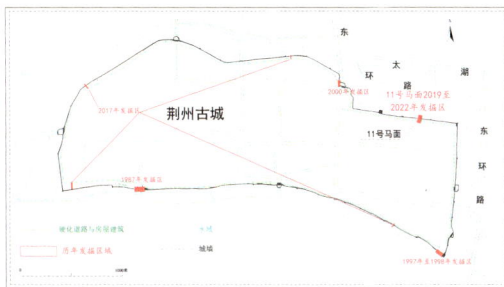

▲图 7　荆州城墙历次考古发掘平面示意图

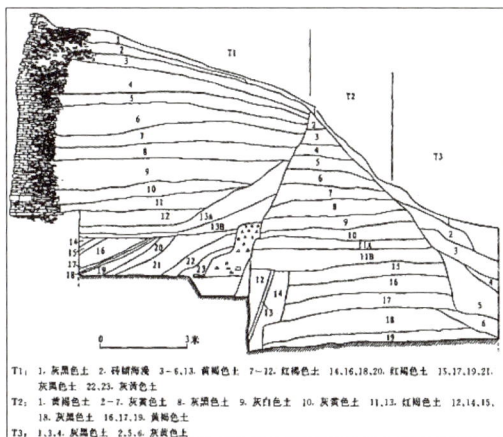

▲图 8　荆州城墙南垣东端发掘探沟西壁剖面图

沟西壁长 19 米, 东壁残长 18.65 米、宽 5 米, 探沟最深处为 9.5 米。发现隐藏于城墙内侧的宋代砖墙、五代时期砖墙以及叠压在现存城墙之下的三国、两晋时期的土城垣, 发掘出土文物 1500 余件。

第三次: 2000 年, 配合小北门城台及瓮城修缮而进行了考古发掘, 发现一段用版筑法筑造的石灰糯米浆夯筑墙体, 根据出土器物判断是修建于明成化年间。

第四次: 2017 年 5 月至 7 月, 根据国家文物局关于查明土城垣边界的批复意见, 荆州博物馆对荆州城墙三处土城垣坡面边界进行了考古发掘工作, 发掘面积 300 平方米。发掘情况表明, 荆州城墙土城垣各段护坡的堆积形态、坡度、高程、厚度等状况各不相同, 体现出荆州城墙依地而建、随形就势、形态不规则等特征, 土城垣坡面边界均已被后期建设的内环道占压在路面之下。

六、荆州城墙 11 号马面早期遗存的考古发现与收获

（一）发掘源起

荆州城墙 11 号马面位于北城墙东段，明月楼遗址与雄楚楼遗址之间，东距东北角明月楼遗址约 360 米、10 号马面约 177 米，西距 12 号马面 210 米、雄楚楼遗址约 300 米。该马面东西长 22.05 米，向北外突 1.9 米、2.16 米，城墙墙基北面紧邻外环道、护城河，距离河岸约 10 米，土城垣内侧坡脚紧临内环道。由于年久失修，地基不均匀沉降，导致马面正面局部墙体下沉、外闪、纵向贯穿裂缝，存在严重安全隐患，危及城墙主体结构稳定。经国家文物局批准，2019 年 1 月动工实施局部保护性拆除，拟卸载后加固基础、修复。

2019 年 3 月 20 日，修缮工程施工发现明代万历十年（即公元 1582 年，该段城墙留存大量铭文砖均为万历十年，无其他年代，因此可以准确断定其年代，且与文献记载一致。作者注）城墙下部叠压薄砖垒砌的墙体，其砖块规格、纹饰和收分等做法与明清城墙具有明显差异。为查明该段墙体的年代与结构构造，立即上报申

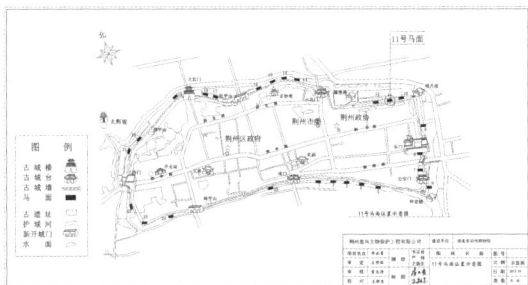

▲图 9　11 号马面位置示意图

▲图 10　万历十年铭文砖

请停工并开展局部试掘，发现疑似文献记载的五代时期城墙遗迹。随即向国家文物局申报考古发掘，经国家文物局批准并颁发《考古发掘执照》，由荆州博物馆对该段墙体进行考古发掘工作。

（二）考古发掘情况

2019 年 7 月，荆州博物馆考古队开始发掘工作。在城墙北侧布设 5 米 ×5 米探方 5 个（编号为 T1—T5）、在城墙上布设一条长 15 米、宽 10 米垂直于墙体的探沟 1 条（编号为 TG1），其中 T1 在发掘后期向北增扩 2 米，发掘至唐代地层；T2—T5 发掘至早期墙基后结束。发掘面积 345 平方米，出土遗物 198 件，发现了明代早期马面基础、五代至宋代包砖城墙。

通过考古发掘，发现位于荆州城墙 11 号马面段的明清城墙、明早期墙基、宋代城墙、五代城墙等重要遗迹，并对唐代地层下的沙土层进行了勘探。

现以 T1 和 TG1 为例，对荆州城墙 11 号马面发掘情况进行介绍。

T1 地层堆积从上至下共分 8 层：

第①层表土层，灰褐色，土质结构疏松，厚 0.1—0.25 米，含少量砖瓦残片、石灰颗粒、植物根茎，分布于整个探方。其下发现早期墙基与五代时期外包砖城墙。

第②层夯土层，灰褐夹黄斑色土，距地表深 0.25 米，厚 0—1.5 米，土质结构较紧密。

第③层夯土层，灰褐夹黄斑、棕红色土，距地表深 1.52 米，厚约 1.1 米，土质结构较紧密。沿着五代时期外包砖城墙填土夯筑而成，夯土致密，夯窝不明显。较纯净，无包含物。

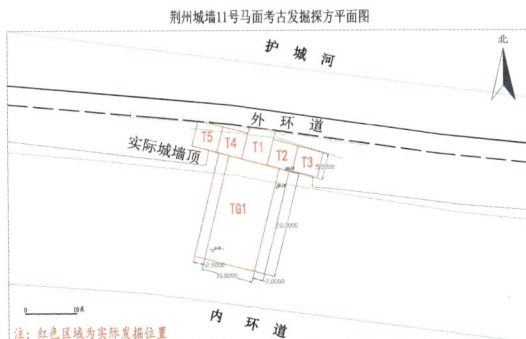

荆州城墙11号马面考古发掘探方平面图

▲图 11　荆州城墙 11 号马面发掘探沟（2019—2020）-Model

▲图 12　T1 西壁剖面（东→ 　　▲图 13　图 19T1 西壁剖面（东→西）　　▲图 14　明代早期城墙基础（北→南）
　　　　西）

第④层夯土层，灰黄色夹褐斑土，距地表深 2.5 米，厚约 0.64 米，土质结构较紧密。沿着五代时期外包砖城墙填土夯筑而成，夯土致密，夯窝不明显。较纯净，无包含物。

第⑤层夯土层，黄褐色夹棕红斑点土，距地表深 3.1 米，厚 0.47—0.54 米，土质结构较紧密。沿着五代时期外包砖城墙填土夯筑而成，夯土致密，夯窝不明显。较纯净，无包含物。

第⑥层夯土层，褐灰夹棕红色土，距地表深 3.6 米，厚约 0.52 米，土质结构较紧密。沿着五代时期外包砖城墙填土夯筑而成，夯土致密，夯窝不明显。夯土内出土少量唐宋时期的瓷片、釉陶片、陶片以及砖瓦残片等。

第⑦层夯土层，深褐色夹黄斑土，距地表深 4.1 米，厚约 0.5 米，土质结构较紧密。沿着五代时期外包砖城墙填土夯筑而成，夯土致密，夯窝不明显。其下叠压着五代时期包砖墙体散水。

第⑧层唐代地层，青灰夹黄褐斑土。由于邻近护城河，渗水严重，未继续向下发掘。

早期墙基：南距荆州城墙 11 号马面墙体 1.5 米，建造在厚 3.9—4.6 米的夯土之上，为东西走向，剖面呈"U"形，开口宽约 2.2 米、底宽约 1.2 米、深 0.5—1.58 米，堆积形态为南高北低。

五代时期的包砖外墙：建造在唐代地层之上，土城垣外包砖结构，墙残高 7.13 米、顶宽 4.25 米、墙体底宽 16.22 米，坡度 55°。外侧包砖 116 层，墙面还留有

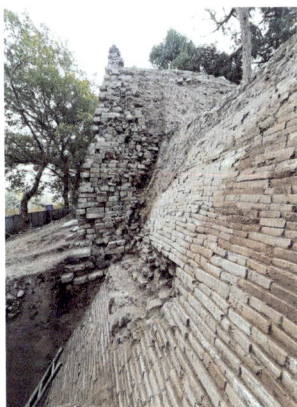

▲图 15 明代墙体外侧包砖与五代—宋代外墙的关系（西→东）　　▲图 16 五代砖包墙中的结跏趺坐纹砖　　▲图 17 五代砖包墙中的六朝侍女纹砖

方形排水孔，墙体底部有宽 0.6 米的砖铺散水。

包砖外墙由较多素面砖与西汉、东汉、六朝、唐等时期不同规格的砖错缝垒砌而成，散水由 3 层砖错缝平铺垒砌而成。

TG1 是为了弄清城墙结构而进行的解剖性发掘，从下至上发现有唐代地层、五代时期城墙、宋代城墙、明代城墙和清代城墙。

唐代地层，土色为青灰夹黄褐斑，距现地表（内环路）深 2.76 米，厚 1.17 米。土质较紧密，含水分较重，包含少量的瓷器残片。其下为沙土层。

五代时期城墙，五代时期城墙为土城垣内外包砖，包砖为错缝垒砌而成，外墙坡度 55°，内墙坡度 69°。墙体距城内地表高约 5.7 米，墙顶宽约 2.5 米。墙砖时代不一，形制各异，有东汉、西汉、六朝以及唐代的青砖，多为长 0.3—0.38 米、宽 17.5—18 米、厚 0.05—0.06 米的素面青砖。

宋代城墙，宋代城墙可分为三期。

一期城墙，沿用五代城墙的外墙，在五代城墙内侧加筑夯土护坡而形成，墙残高 7.13 米、顶宽 4.25 米、墙体底宽 18.46 米。护坡内遗物有两汉时期、唐、五代时期的砖瓦残片以及陶瓷残片，较少宋代瓷片。发现 1 块印有"後"字的文字砖，砖长 0.34 米、宽 0.16 米、厚 0.04 米。

二期城墙，在一期城墙夯土护坡上加筑夯土而形成，墙残高 7.52 米、顶宽 5.76 米、墙体底宽 19.9 米。护坡夯层可分 21 层，由细碎砖瓦残片夹土混夯而成，厚 0.1—

▲图18　宋二期代城墙墁铺（上→下）

▲图19　宋代二期夯土层夯窝（北→南）

0.3 米。夯土护坡内遗物有两汉时期、唐、五代时期以及宋代的砖瓦残片以及陶片、釉陶、青瓷、白瓷残片，可辨器形为碗、盏、碟、盘、钵、罐等。二期城墙顶部有青砖铺设的墁铺，墁铺宽约 4.5 米。砖块分为两种尺寸，第一种砖长 0.33 米、宽 0.15米、厚 0.06 米，第二种砖长 0.37 米、宽 0.18 米、厚 0.06 米。

三期城墙在二期城墙顶部加高而成，残高 8.12 米，顶宽和底宽与二期墙体相近。顶部有青砖铺设的墁铺，墁铺宽约 4.3 米。在宋代三期城墙内护坡上发现一条完整的砖砌排水沟。

明代城墙，明代城墙残高 6.65 米、顶宽 5.72 米、墙体底宽 18.08 米，由包砖外墙与土城垣两部分组成，外墙与土城垣之间填有碎砖与散土。墙体距城内地表高约 8.5 米，坡度 82°，土城垣高约 7.85 米。护坡夯层可分 22 层，夯层厚 0.18—0.32米，由细碎砖瓦残片夹土混夯而成。

明代砖墙的营造有以下五个步骤，先是打基础，沿宋代砖墙外侧堆土夯筑加高，形成夯土基础；然后是在宋砖墙壁上开挖横槽，槽高约 0.5 米、深 0.45 米；接着在横槽内以"梅花丁"砌法垒砌砖墙，垒砌的墙砖向外凸出唐宋面约 0.4 米，槽内墙砖与宋砖墙相互咬合形成明代包砖墙体的基础；随后在宋砖墙外侧由下向而上涂抹一层细泥浆；最后待泥浆凝固后就开始在宋砖墙外侧砌墙，一边砌墙一边在砖墙与抹过泥浆的宋墙体之间填充细碎砖瓦与泥土。明代墙砖形制相同，规格一致，均为长 0.41 米、宽 0.2 米、厚 0.10 米的青砖，另有少量"万历十年"的文字砖。

清代城墙，沿用明代城墙。墙顶高 7.2 米，顶宽与底宽与明代城墙相近。城墙顶部墁铺宽约 2.1 米。墙体距城内地表高约 10.35 米，土城垣高约 8.85 米，城外地表比城内地表高约 1.4 米。

▲图20 宋代一期二期三期夯土层（西→东）

▲图21 清代城墙墁铺（北→南）

▲图22 宋代三期城墙内坡排水沟（南→北）

在宋代三期城墙护坡上发现一条砖砌排水沟，排水沟长 8.2 米、宽约 1.2 米、深 0.08 米，沟底与排水口表面抹有石灰，或防渗漏及加固之用，下口用砖围成近方形排水口，排水口边长约 1.46、深 0.14 米。在沟壁发现 2 块印"鄂"字的文字砖。

出土遗物为各个时期城墙土城垣、护坡以及唐代地层中出土，共采集陶、瓷、铜、石等材质的器物标本 194 件，多为口沿、底部等残片，其中完整或修复的有 28 件，主要器型有罐、钵、碗、盆、盘、壶、盏等，另有少量铜钱和礌石等。

①唐代地层出土遗物

4 件。瓷碗与瓷盏各 2 件，均为残片。

②五代时期城墙出土遗物

4 件。瓷罐 2 件、陶罐与釉陶罐各 1 件。

③宋代一期城墙出土遗物

13 件。瓷碗 2 件、陶盆 5 件、陶罐 4 件、陶碗与陶盘各 1 件。

④宋代二期城墙出土遗物

14 件。瓷罐 3 件、陶盆 2 件、陶罐 6 件、陶板瓦 2 件及陶盘 1 件。

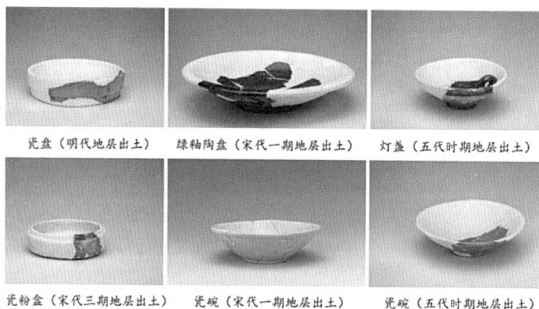

瓷盘（明代地层出土）　　绿釉陶盆（宋代一期地层出土）　　灯盏（五代时期地层出土）

瓷粉盒（宋代三期地层出土）　　瓷碗（宋代一期地层出土）　　瓷碗（五代时期地层出土）

▲图23　部分已修复的出土遗物

▲图24　五代时期砌筑墙体的部分纹饰砖，时代为两汉—南北朝时期墓砖

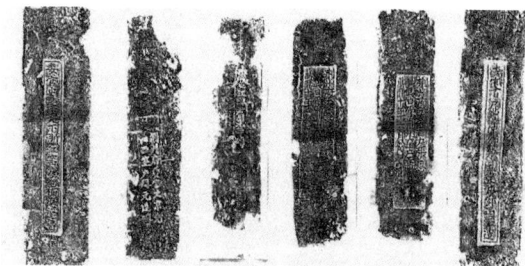

▲图25　发掘过程中发现的部分明代文字砖拓片

⑤宋代三期城墙出土遗物

14件。瓷罐2件、陶盆5件、陶罐3件、陶筒瓦2件、陶板瓦与釉陶罐各1件。

⑥明代城墙出土遗物

145件。瓷碗41件、瓷罐8件、瓷盘8件、瓷盏7件、釉陶罐8件、陶罐26件、陶盆24件、陶碗6件、陶筒瓦6件、陶板瓦4件、铜钱5件、礌石2件。

（三）发掘收获

荆州城墙11号马面的发掘，发现了明代早期马面基础遗址、五代—宋代包砖城墙，揭示出荆州城墙由五代到清代的建造与使用过程，丰富了荆州古城历史文化内涵，为荆州城墙历史演变研究提供了最新的考古学材料。

七、荆州城墙 11 号马面考古发掘的新认识

（一）考古发掘资料与历史文献能互证与互补

《荆州府志》："后梁乾化二年（公元 912 年），（南平王）高季兴大筑重城……""郭外五十里冢墓多发掘取砖，以甃城"。发掘情况表明五代城墙的墙砖中有较多的两汉、南北朝至隋唐时期的墓砖，证实这段文献记载可靠性。

光绪《续修江陵县志》："淳熙间，安抚使赵雄奏请修筑，始于十二年九月（公元 1174 年），越明年七月乃成，为砖城二十一里，营敌楼战屋一千余间"，"淳祐十年五月（公元 1250 年），贾似道檄兴山主簿王登浚筑城濠"。宋代的三期城墙证实了这两次修筑城墙的史料记载：宋代在五代墙的基础上夯筑护坡形成一期城墙；公元 1174 年开始加高加厚形成二期城墙；76 年后再次加高形成三期城墙。

《荆州府志》："元世祖至元十二年（公元 1278 年），诏隳襄汉荆湖诸城"。在发掘过程中，从宋代城墙倒塌堆积以及外墙大面积损坏表明荆州城墙在元代的确遭到过破坏，但并没有对城墙进行彻底损毁，应为象征性的人为损坏。

明太祖甲辰年（公元 1364 年，元至正二十四年），湖广平章杨景依旧基修筑元代被破坏的荆州城墙，城垣周一十八里三百八十一步，高二丈六尺五寸。考古发掘所见在五代至宋代城墙外侧进行夯筑加高的现象，反映的应该就是这段史实。首次发现荆州城墙存在"墙包墙"的重要现象，明代砖墙直接修建在五代至宋代城墙之上的"墙包墙"现象，展示了荆州城墙的历史沿革，丰富荆州城墙的文化内涵提供了直观的历史场景。

袁宏道《荆州修复北城记》："万历壬午（万历十年，1582 年），始拓城北隅取方幅，而地故凹，肆庐不具，每春夏间，积潦浸城根，时有崩剥……以丈计之得若干丈，高厚如旧城制"。明代城墙自早期墙基内缩约 3 米，并发现了"万历十年"文字砖，证实了该段文献的可靠性，同时也确定了当时修复北城的具体位置。

考古发掘情况表明，该段墙体叠压在唐代地层之上，明确了该段墙体的年代上限；明确了五代时期该段墙体为土城垣内外包砖结构，宋代为外包砖内土垣护坡并

有内侧护坡排水沟结构，明清为土城垣外侧包砖结构；宋代的三期城墙一直沿用五代时期的墙体，仅在不同时期对五代的墙体内侧进行增加护坡厚度与高度。早期墙基在五代—宋代城墙外侧进行夯土垫高后修建城墙，在万历十年城墙向内缩 3.7 米，清代沿用明代城墙。

在宋代三期城墙内护坡上发现一条完整的砖砌排水沟，其中有 2 件"鄂"字铭文砖出土，为研究城墙附属建筑及城墙砖制作与来源增添了新的实物资料。

（二）明确了不同时期城墙墙体的结构与营建方式

五代时期城墙内外均有错缝包砖，外墙由下至上全部由砖块垒砌而成，局部还留有方形排水孔，内墙仅上部包砖。土城垣由泥土夯筑而成，夯层较厚，夯窝不明显，质地紧密。

宋代护坡夯层较薄，为砖土混夯，夯窝明显，质地极为紧密。尤其是宋代三期城墙内侧排水沟的发现，为研究中国古代城墙结构提供了不可多得的实物资料。

明代土城垣夯层较厚，为碎砖瓦与黏土混夯，间或杂有石灰粒，夯窝不明显，质地紧密，坡面外侧用专门烧制的青砖以"梅花丁"砌法砌成包砖墙体。

营建方式的异同以及墙体形态的变化反映出不同时期的营造技术以及城墙功能的转化，为多角度、多视角阐释荆州城墙的历史信息提供考古学实证。

（三）实证了荆州城墙的构筑年代和使用时间

考古发掘情况表明，该段砖城墙最早建于五代时期，经宋、明、清三代不断增补修建，历经千年，使用至今而从未间断。说明荆州城是一座持续使用时间最长、保存最完整的砖城墙。

八、结语

本次考古发掘工作按照《田野考古工作规程》和国家文物局批准的范围和规模，顺利完成。通过对发掘揭露出的包砖规格、纹饰以及地层堆积、各夯层的包含物、遗迹的研究分析，实证其年代及其工艺特征。研究成果与历史文献记载相互印证，充分证实了荆州城墙夯土城垣采取外包砖墙的年代应为五代十国时期，属我国现存城墙中最早的砖城墙，将始筑砖城墙的年代提前了 452 年，权威地体现了荆州城墙建造历史沿革及其发展演变脉络，对其蕴含的文化与研究价值得到更深层次的阐释，该发掘项目荣获"2022 年湖北六大考古新发现"。为更好地开展文物保护与活化利用工作，有效促进文旅融合，讲好荆州故事，国家文物局和湖北省文化和旅游厅已批准保护展示项目计划和设计方案，计划于2024年实施11号马面保护展示工程，打造荆州城墙新的参观景点，现场展示荆州城墙丰富的文化内涵及其价值。

因受地下水位和场地狭小、时间关系等客观条件限制，未能对五代及唐代以下地层进行继续挖掘，暂不能断定夯土城垣的最早始筑年代，确有缺憾，期待下一步工作取得更大收获。

西陲屏藩——清代伊犁九城的城墙构造与形制 [①]

郝园林　天津师范大学历史文化学院

摘　要：伊犁九城城防体系作为清代区域驻防体系的典型代表，体现了清代乃至前工业社会中国地方性城址修筑的最高水平。通过考古调查与勘探，结合乾隆年间"式样图"、近代外国人所绘平、剖面图，可以清晰地了解伊犁九城城墙的构造与形制。伊犁九城城墙体系完善，包括垛墙、墙体等，形制等级严密，修筑技术采用了传统的分段夯筑法，夹杂植物草筋等。附属建筑城门、瓮城、角台、马面及护城河，作为典型的军事防御设施，具有严格的大小规制，并且随着时间的演变，形制上存在着内在演变与发展的规律。

关键词：伊犁九城；城墙；形制

清廷平定新疆后，于乾隆二十七年（1762年）批准设立"伊犁将军"，驻绥定城。乾隆二十八年（1763年），伊犁将军明瑞在伊犁河北岸筑惠远城，伊犁将军移驻该城，惠远城便成为新疆的政治军事中心，左宗棠曾谓之"西路第一重镇"。从乾隆二十六年至四十五年（1761—1780年），除建绥定、惠远两城外，伊犁将军还筑塔勒奇城、广仁城、瞻德城、拱宸城、宁远城、惠宁城、熙春城等城池，时人统称"伊犁九城"。光绪八年（1882年），始修惠远新城，次年九月十八日正式竣工。伊犁九城作为清代统一新疆后在其腹地设置的九座城池，其营建贯穿了清廷从鼎盛至末期，作为清代中前期统治新疆的中心以及区域驻防体系的典型代表，体现了清代乃至古代中国西北边疆城址营建的最高水平。具有传统性、民族性、复杂性等多重特点。近些年，我们已对伊犁九城做过系统的考古勘探与

① 本文为国家社科基金青年项目"新疆清代城址设制的考古调查与综合研究"（19CKG018）、国家民委民族研究重点课题项目"各民族交往交流交融重要文物文献保护利用现状研究：以古代边疆城址为中心"（2022-GMA-015）的阶段性成果。

调查,并有相关成果发表。①本文旨在通过综合利用清宫档案中乾隆年间"式样图"、近代外国人所绘制"伊犁九城"形制平、剖面图,结合实地调查和勘探,借助锁眼卫星影像等科技手段,深入研究伊犁九城的城墙构造与形态,探讨其历史背景与现状。

一、城墙的构造形态

城墙本身的规制体现在城墙的形态及构筑方式上,形态包括城墙的高度、厚度、附属建筑等,构筑方式包括夯筑的方式、夯层的厚度等。对于伊犁九城城墙的高度和厚度,"式样图"中有所记载。"式样图"指的是新疆地方官员在驻防城建好后,给皇帝上陈的奏疏中所附的城图。根据惠远城、惠宁城"式样图"所载"城身高一丈六尺,垛墙高五尺五寸,共高二丈一尺五寸"②,可知二者墙高5.12米,垛墙高1.76米,共高6.88米,为最高(图1);较次的是绥定城、宁远城、拱宸城、广仁城和瞻德城,统高均为5.76米,绥定城与宁远城均为"城身高一丈二尺,垛墙高六尺,共高一丈八尺"③,其余三城为"城墙高一丈三尺,底厚一丈四尺,顶厚八尺五寸。垛墙高五尺,拦马墙高一尺六寸"④(图2);最低的是熙春城,高4.64米,其"城墙高一丈,底厚一丈,顶厚六尺五寸,垛墙高四尺五寸,拦马墙高一尺二寸"⑤。

---

① 任冠、郝园林:《惠远老城调查、勘探与研究》,《北方民族考古》第6辑,2018年;郝园林:《新疆清代城址的调查与研究》,《中国文物报》2020年4月17日第6版;郝园林、魏坚、任冠:《新疆伊犁九城的调查及初步研究》,《中国国家博物馆馆刊》2021年第1期;郝园林:《清代伊犁卡伦的考古调查与初步研究》,《北方文物》2021年第1期;郝园林:《清代伊犁锡伯营城堡的考古调查与研究》,《北方文物》2022年第2期。
② 《奏将建造伊犁惠宁城奋勉效力绿营官兵交兵部议叙奖赏并绘制城图呈览折》,军机处满文录副奏折,乾隆三十五年八月,中国第一历史档案馆藏,档号:03-0184-2384-032。
③ 《奏报伊犁城垣竣工折》,军机处满文录副奏折,乾隆二十七年七月初九日奏,中国第一历史档案馆藏,档号:03-0179-1958-036。
④ 拱宸城可见于《为呈览伊犁新建霍尔果斯城图事图》,军机处满文录副奏折,乾隆四十五年十二月,中国第一历史档案馆藏,档号:03-0189-2862-031;广仁城可见于《呈览伊犁乌可儿博尔素克城图事图》,军机处满文录副奏折,乾隆四十五年十二月,中国第一历史档案馆藏,档号:03-0189-2862-032;瞻德城可见于《为呈览伊犁新建东察汗乌苏城图事》,军机处满文录副奏折,乾隆四十五年十二月,中国第一历史档案馆藏,档号:03-0189-2862-034。
⑤ 《为呈览伊犁新建巴彦岱城图事》,军机处满文录副奏折,乾隆四十五年十二月,中国第一历史档案馆藏,档号:03-0189-2862-033。

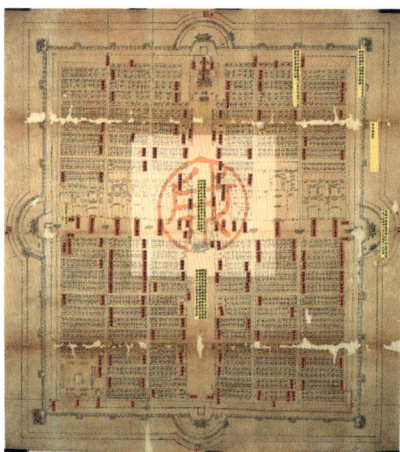

▲图1 惠远老城"式样图"

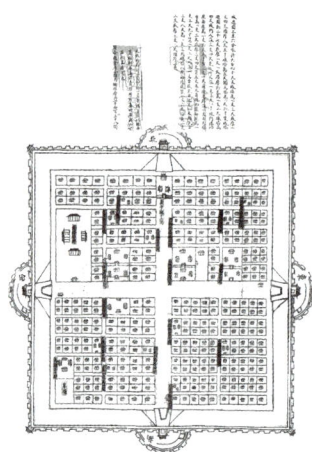

▲图2 瞻德城"式样图"

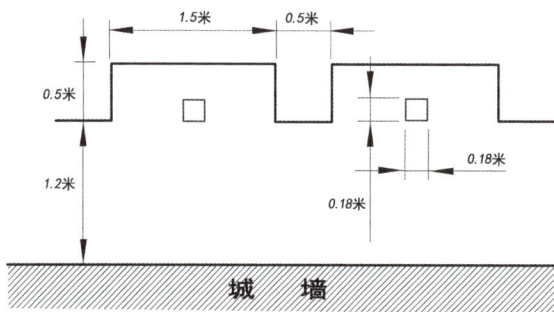

▲图3 惠远新城垛墙立面图

　　垛墙，即垛口墙，是城墙顶面靠外边缘的呈齿形的矮墙，是城墙防御的重要设施。伊犁九城的垛墙总体来看，垛墙的高度在1.44米、1.6米和1.76米不等，此处的高度指的是垛下墙和垛墙的总和。经实测，惠远新城的垛墙总高度是1.7米（图3）。城墙顶面靠内边缘一般会设置拦马墙，拦马墙的高度见于记载的是拱宸城、广仁城和瞻德城的0.512米和熙春城的0.384米，可见其高度也有一定差异，但整体较矮。垛墙和拦马墙是城墙的一部分，各城在二者的高度的差异反映了城址在等级上的差异。

　　城墙在高度和厚度上显示出的等级性，是与规模的等级性相对应的，即城墙最高的是惠远老城、惠远新城、惠宁城，下来是绥定城、宁远城、广仁城、瞻德城、拱宸城，最低的是熙春城、塔勒奇城。高度及厚度较大的城墙，一方面可以加强对古城的防御，另一方面使得古城在景观上更显示出其威势。相反，稍小规模的城墙在防御及观感上的功能就逊色。因此，这种在高度及厚度上的等级性根本上是由古城的地位及重要性所决定的，其存在也是出于客观需要。

伊犁九城城墙的设计规制并没有像古城的边长那样采用十倍整数。理论上讲，城墙的高度要在防御效果与构筑成本之间实现均衡，从这个角度来讲，统一的均衡值就很可能不是整数。尽管如此，城墙的规制还是在内部实现了统一。首先是古城内部城墙规格的统一，这一方面可以从舆图中的介绍反映出来，即每个城址只叙述了一种规制。另一方面可以从城址的扩建中反映出来。例如，惠宁城"其新筑城墙，按照旧城底宽一丈四尺（4.48米），收顶宽一丈（3.2米），城身高一丈四尺（4.48米），周围垛口高四尺五寸（1.44米），女墙高二尺（0.64米）"①，此处既反映惠宁城城墙的高度、厚度在建好之后有所削弱，也反映出城墙新修的部分是按照旧城的规制建造的。

城墙规制的统一还反映在了相同时期修建的城址的规格的统一。绥定城与宁远城均在乾隆二十七年修筑，拱宸城、广仁城和瞻德城也都是在乾隆四十五年修筑，虽然城墙的总高度是一样的，但他们形成了两套不同的墙高和垛高的体系。熙春城虽然也是乾隆四十五年所建，但其明显是等级最小，功能最弱的一个城，规制上较其他同时修筑城墙小也是理所应当。

惠远老城二普调查时城墙高约4—5米，宽3—5米，我们调查的残墙高约3—4.5米，顶宽3.5—3.7米。惠宁城经调查城墙最高5米，最低1.5米，顶部最宽达4米，最窄约2.5米。两座城池的墙体现存最高处在5米左右，这与文献所载惠宁城城墙身高5.12米非常接近。由此可见两座城池城墙保存好的位置的高度与始建几乎一致。城墙顶部的宽度也应在4米左右。惠远新城残高约5.8米，其墙体更高。

绥定城二普调查城墙高4.5米，宽5.5米，三普调查高3.85米，宽3.5米，笔者调查为高4.5米，顶宽5.5米。广仁城二普调查墙高2—4米，宽3—5.3米。我们调查时仅残存北门瓮城一段，残高约3.8米，墙体顶宽2.3米。瞻德城二普调查

① 《奏为展筑惠宁城垣移建教饬工竣查明取据册结咨部备案事》，朱批奏折。嘉庆十二年十二月十七日。中国第一历史档案馆藏。档号：04-01-37-0058-030。

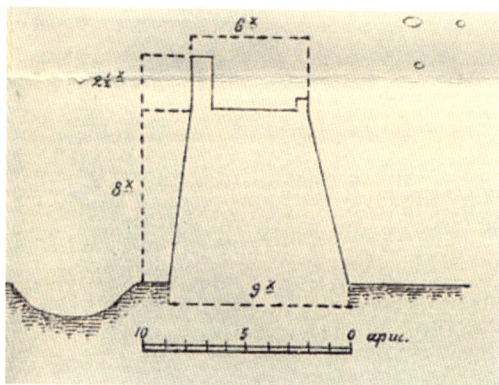

▲图 4 费德罗夫所绘瞻德城城墙剖面

时城高 3.5 米，顶宽 5 米，笔者调查时城墙以护城河起高 5 米，顶宽 2.3 米。东墙北部基本完整，残高 5 米，顶宽 4.5 米，底宽 6 米。整体数值与费德罗夫所绘较为接近，说明现在瞻德城墙体仍维持了清末时期的原貌（图 4）。拱宸城西墙南段残高约 3.6 米，顶宽约 1.2 米。塔勒奇城西墙北段残高 3.5 米，宽 3 米。从整体来看，这几座城址残存的高度集中分布在 3—5 米，以 3 米居多，仅瞻德城高 5 米，略显高大。宽度也分布在 1.2—5.5 米不等。尽管与文献所记略有出入，但仍大体看出城墙的高度较惠远城、惠宁城低。

城墙除了露出地表的墙体外，城墙在夯筑时底部还加夯了一层地基，形成"压槽"。这在惠远老城始建东门南段的勘探发现可看出来，其夯层地基宽约 6.8 米（合 2.1 丈），厚约 0.4—0.9 米（合 1.2—2.8 丈），该地基在扩建中并没有完全拆除。因为埋在地下，城墙拆除后该墙基就丧失功能。再通过惠远老城北墙城墙及基础的勘探，可知夯土地基向城墙外侧延伸了 3.5 米，向城墙内侧延伸了 1.8 米。由于惠远老城宽 3—5 米，这基本可与《清式营造则例》规定的官式建筑基础的槽宽应为砖墙的 2 倍相符合。[1]惠宁城亦是这种构筑模式，规制略有不同，惠宁城城墙底部挖槽构建夯土基础，形成类似梯形基槽，深度约为 0.8 米，之后再在基槽顶部内外各内收 0.8 米的位置开始砌筑城墙。

[1] 见李剑平：《中国古建筑名词图解辞典》"压槽"条，山西出版集团，山西科学技术出版社，2013 年，第 272 页。

综合以上，可知伊犁九城的城墙在形态上体现出了一定的规律性。城墙由墙体、垛墙、拦马墙、墙基等部分组成，城墙的高度体现出一定的等级性，即城址越大，城墙的规格也越大，这在文献及调查中均可以反映出来。

伊犁九城城墙的构建方式为分段夯筑。夯筑城墙可以比较清楚地观察到，一般表现为分层的形式，不同层之间土质土色一般会稍有不同，或者在刮面后夯层间的缝隙会清楚地表现出来。地下的夯筑堆积可以通过勘探判断出来，一般表现为土质较硬，夹杂细小石粒或者碳灰粒。

分段夯筑的标准一般不固定。首先表现为分段的长度不一，以瞻德城为例，其长度从 1.5 米至 2.5 米不等，这反映了版筑所用木板的尺寸每次都略有不同。另一个表现是夯层的厚度不一，惠远老城夯层厚为 8—10 厘米，塔勒奇城约 11 厘米，绥定城为 8—12 厘米，惠宁城为 10 厘米，广仁城为 7 厘米，瞻德城为 7—15 厘米，拱宸城为 10—25 厘米。以上数据均为城墙某一点测量所得，其实每个城不同地方的夯层厚度都不太一样，以瞻德城为例，其北墙夯层厚 10—12 厘米，东城门墙体夯层厚 7—12 厘米，北门瓮城的夯层厚为 12—15 厘米。夯层的厚度应与每夯筑一层时加土的量有关系，因此具有一定的随机性。

为了使城墙更加坚固，部分城址在墙体夯层间加入木棍、树枝或者藤条，充当木筋（或连接筋），起到进一步连接和加固建筑的作用。比如绥定城墙体 4 米以下的夯层间夹杂有芦苇、榆树枝等，夹层间厚度为 18—25 厘米。另如拱宸城城墙外侧 1 米厚为后来加筑而，加筑部分的夯层厚约 11 厘米，夯层间夹有芦苇、树枝等。从调查看来，植物枝条基本都是呈水平布置，并且枝条摆放方向与墙体走向垂直。

二、城墙的附属建筑

伊犁九城城墙上置用于防卫的城门、瓮城、角台、马面等设施，以增强城垣的军事防御属性。这些设施具有鲜明的防御属性，同时，形制上也具有鲜明的特征。

（一）城门

城门是沟通城墙内外的媒介，伊犁九城的城门是一个较为复杂的结构，是由城门楼台（简称楼台）、城门楼（简称城楼）及城门组成的。

目前看来，伊犁九城除塔勒奇城只有东、西门外，其余城址在初建时均有四组城门结构。结合调查及舆图，城门结构均位于城墙的中部位置。城门位置一经选择，其相对位置很难再做改变。其后有城址发生扩建，由于城门及街道的位置难以变动，城门就偏向某一侧了，这在惠远老城、惠宁城及塔勒奇城都可反映出来，但新扩建部分的城址城门也都尽量设在墙体的中央或者三分之一处。

城门楼台是城门结构的核心，构成了城门楼的台基，同时，城门也是由楼台包围而成，部分楼台附有马道。伊犁九城的楼台由城内正面看均为梯形，城址间楼台的规格也不太一样。惠宁城楼台规格有文献记载，为："顶厚二丈七尺（8.64米），底厚三丈一尺（9.92米），顶宽四丈七尺（15.04米），底宽五丈一尺（16.32米），高一丈八尺（5.76米）"[1]，我们在惠宁城西北门的位置发现向城内突出2.3米的结构，应为楼台向城内突出部分。拱宸城、广仁城、瞻德城较小："楼台高一丈三尺（4.16米），底厚三丈四尺（10.88米），宽五丈五尺（17.6米）。"[2]；熙春城则更小："高一丈（3.2米），底厚二丈一尺（6.72米）"[3]。

通过考古勘探，可摸清惠远老城、惠远新城的楼台规格。经勘探，惠远老城的北门及初建东门处均发现有夯土基址，在北门发现的东西长23米，南北宽22米的夯土基址，距地表深达1.4米，夯土下即见生土，应为北门楼台基址；在初建东门发现的东西长约36米，地表深0.3—0.6米的夯土基址，夯土下即见生土，应为东门楼台基址，楼台规格较其他城址大，再结合勘探出的东门道路位于夯土台的南侧，可判断该夯土台应为楼台的北半部分。惠远新城西门、南门勘探仅发现有楼台所附马道，西门马道宽约4.5米，南门马道宽约4.4米，均是夯土构造（图5）。

尽管城楼的形制大体相似，均为梯形，但按照建筑规格可以大体分为两型：Ⅰ型，楼台的高度高于两侧城墙，其中包括有惠远老城、绥定城、宁远城和惠宁城，

---

① 《奏将建造伊犁惠宁城奋勉效力绿营官兵交兵部议叙奖赏并绘制城图呈览折》，军机处满文录副奏折，乾隆三十五年八月，中国第一历史档案馆藏，档号：03-0184-2384-032。

② 拱宸城可见于《为呈览伊犁新建霍尔果斯城图事图》，军机处满文录副奏折，乾隆四十五年十二月，中国第一历史档案馆藏，档号：03-0189-2862-031；广仁城可见于《呈览伊犁乌可儿博尔素克城图事图》，军机处满文录副奏折，乾隆四十五年十二月，中国第一历史档案馆藏，档号：03-0189-2862-032；瞻德城可见于《为呈览伊犁新建东察汗乌苏城图事》，军机处满文录副奏折，乾隆四十五年十二月，中国第一历史档案馆藏，档号：03-0189-2862-034。

③ 《为呈览伊犁新建巴彦岱城图事》，军机处满文录副奏折，乾隆四十五年十二月，中国第一历史档案馆藏，档号：03-0189-2862-033。

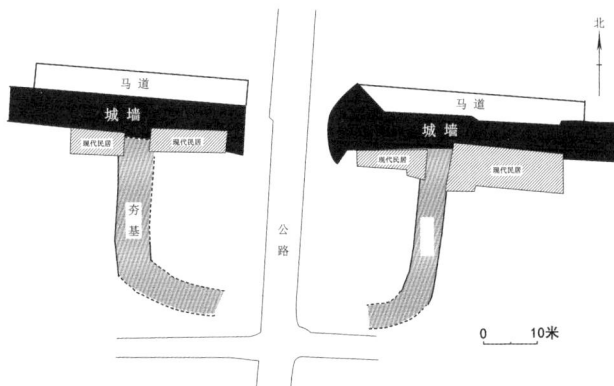

▲图 5　惠远新城南门勘探示意图

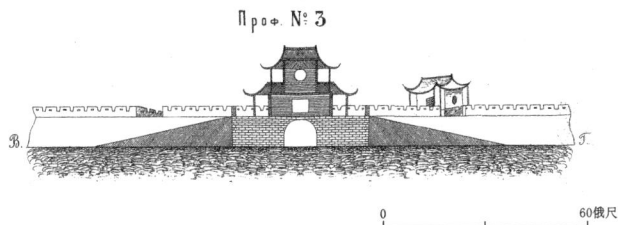

▲图 6　费德罗夫所绘惠远新城城门立面图

均可通过舆图反映出来，惠宁城的楼台高一丈八尺（5.76米），城墙高一丈四尺（4.48米）；Ⅱ型，楼台的高度与城墙相同，其中包括广仁城、瞻德城、拱宸城和熙春城和惠远新城（图6），可通过舆图及其所记反映出来，其中前三者楼台与城墙均高一丈三尺（4.16米），熙春城为一丈（3.2米）。两种类型的形成一方面与城址的等级有关系，惠远城楼台最高，显示了其等级上的最高地位。另一方面也体现了不同时期城址设计思路上的差别，其中Ⅰ型均是伊犁九城里较早的一批，Ⅱ型则较晚。从以上分析来看，楼台的规格按照大小也是有一定等级的：惠远老城、惠远新城、惠宁城、绥定城、宁远城、广仁城、瞻德城和拱宸城较大，熙春城较小，大体与城墙规格所反映的等级特征一致。

　　城门楼是设置于城门楼台上的土木建筑，既可起到防御作用，也起到装饰作用。伊犁九城城门楼大体采用了单檐或双檐两种模式，面阔三间或一间，构建较为精美。

城楼之间的规格并不完全一致：宁远城"城楼四座，每座高一丈五尺（4.8 米）"①，绥定城"城楼四座，每座高一丈（3.2 米）"②，拱宸城、广仁城、瞻德城："城门楼四座，每座高一丈六尺五寸（5.28 米），宽二丈一尺（6.72 米）。前后连廊深一丈七尺（5.44 米）"③。熙春城："城门楼四座，每座高一丈三尺八寸（4.416 米），宽一丈六寸。前后连廊深九尺（2.88 米）"④。

城门位于楼台里面，但并不是每个楼台都有城门。伊犁九城除塔勒奇城外，始建时均建有四个楼台，但绥定城、拱宸城、广仁城、瞻德城、熙春城北楼台均没开城门，扩建后的塔勒奇城也没北门。绥定城始开东门，名曰"宁漠"，后将城门堵塞。不开北门是中国古代城市的一个传统，受到了风水观念的影响。传统观念里，东北门一般是不开的，所谓"东北开门，多招怪异之事"⑤，这显然受到了《易经·坤卦》中"西南得朋，东北丧朋"⑥观念的影响。北面的城门一直被视为煞气的入侵口，这可能与中国大陆季风气候冬天寒冷的北风有关，于是风水观念里北方位被认为是凶方，一般不选择开北门⑦。惠远老城、惠宁城作为本地区内等级最高的城址，均开北门，应是出于实际需求而设。惠远新城沿用了惠远老城的规制，而宁远城作为"回城"，受中原传统影响小一些，开北门也是情理之中。

城门同楼台一样，可分为Ⅰ型和Ⅱ型。Ⅰ型立面为长方形，包括惠远老城、绥

---

① 《奏报伊犁城垣竣工折》，军机处满文录副奏折，乾隆二十七年七月初九日奏，中国第一历史档案馆藏，档号：03-0179-1958-036。

② 《奏报伊犁城垣竣工折》，军机处满文录副奏折，乾隆二十七年七月初九日奏，中国第一历史档案馆藏，档号：03-0179-1958-036。

③ 拱宸城可见于《为呈览伊犁新建霍尔果斯城图事图》，军机处满文录副奏折，乾隆四十五年十二月，中国第一历史档案馆藏，档号：03-0189-2862-031；广仁城可见于《呈览伊犁乌可儿博尔素克城图事图》，军机处满文录副奏折，乾隆四十五年十二月，中国第一历史档案馆藏，档号：03-0189-2862-032；瞻德城可见于《为呈览伊犁新建东察汗乌苏城图事》，军机处满文录副奏折，乾隆四十五年十二月，中国第一历史档案馆藏，档号：03-0189-2862-034。

④ 《为呈览伊犁新建巴彦岱城图事》，军机处满文录副奏折，乾隆四十五年十二月，中国第一历史档案馆藏，档号：03-0189-2862-033。

⑤ ［明］邝璠：《便民图纂》卷10《起居类》，《续修四库全书》第975册，上海：上海古籍出版社，1995-2002年，第275页。

⑥ ［唐］李鼎祚撰，王丰先点校：《周易集解》，北京，中华书局，2016年，第30页。

⑦ 陈宏、刘沛林：《风水的空间模式对中国传统城市规划的影响》，《城市规划》1995年第4期。

定城、宁远城和惠宁城；Ⅱ型立面为梯形，包括广仁城、瞻德城、拱宸城和熙春城，分类与楼台分型一样的。Ⅰ型兴建时间比Ⅱ型早，可见伊犁九城的兴建在规格上曾做过一些调整。一般来讲，梯形城门相对更稳定，因此乾隆四十五年兴建的城门的Ⅱ型城门应为一种改进。进深一般同楼台的底厚相同，例如拱宸城、广仁城、瞻德城的城门入深同楼台底厚均为三丈四尺（10.88 米）。城门的宽度也各有不同，宁远城"面阔三丈五尺（11.2 米）"，绥定城"（北）无门，东、西、南城门三座……高一丈二尺（3.84 米），面阔一丈二（尺？）……"，绥定城城门要远远小于宁远城，说明每个城门在规格上是不同的，体现在城门的宽、高、深度数值的不同。绥定城与宁远城在城市等级上大体相近，但在城门的设计上有所不同，反映了城门的规制应根据情况会有所调整，侧面凸显了城门的实用性。

就考古调查来讲，伊犁九城城门均破坏较为严重，基本不存。早年调查时塔勒奇城东门保存情况较好，调查者认为其"有过廊，门宽约 4.4 米"，规格远逊于文献中所记宁远城城门，却比绥定城城门稍宽。但由于塔勒奇城城门损坏已然较为严重，这个结论仍有待于进一步发掘研究。

（二）瓮城

瓮城是城门外的设施，与城门结构连为一体，既然除塔勒奇城外，伊犁九城每个城均设有四组城门结构，那么每个城也有四座瓮城。瓮城均为圆形，体现出了统一性。但瓮城在周长、门洞、墙高等方面大小不一，翁城门的数量也不一致有的甚而不设，在规制上体现出了复杂性和一定的等级性。

从瓮城规模上来讲，惠远新城最大，圆形墙体周长达 140 米（图 7），惠远老城和惠宁城次之。文献记惠远老城瓮城周长为三十二丈（102.4 米），与实测的 104 米基本吻合，惠宁城实测长 102 米，三座城址瓮城均是在百米以上。宁远城、绥定城、广仁城、瞻德城、拱宸城次之，周长均为 80 多米。最小的为熙春城，仅为 30 多米。由此可见，瓮城的等级同城址规模的等级是统一的。

瓮城城墙的规格也不相同。较早兴建的一批城池舆图都没有记载瓮城城墙的规格，但通过对惠远老城、惠远新城的勘探，可知惠远老城瓮城的地基宽约 5 米，惠远新城瓮城地基宽在 5.2—5.5 米范围。据文献，广仁城、瞻德城、拱宸城瓮城的规格是一样的，均为底厚一丈一尺（3.52 米），顶厚六尺（1.92 米），高一丈二尺（3.84

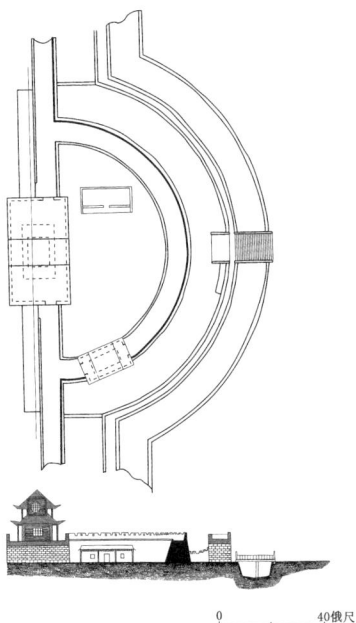

0   40俄尺

▲图7 费德罗夫所绘惠远新城瓮城平面图
及剖视图

米）。垛墙高四尺（1.28 米），其在城墙底厚方面要小于惠远老城和惠远新城。三城瓮城城墙厚度比古城城墙小了不到 1 米，墙体和垛墙高度上小了 30 厘米多，具体来说城墙底厚小了三尺（0.96 米），顶厚小了二尺五寸（0.8 米），高度小一尺（0.32 米），垛墙高小一尺（0.32 米）。熙春城瓮城的规格为底厚六尺（1.92 米），顶厚三尺（0.96 米），高九尺五寸（3.04 米），垛墙高四尺（1.28 米），底厚小了四尺（1.28 米），顶厚小了三尺五寸（1.12 米），城墙高度小了五寸（0.16 米），垛墙高度小了五寸（0.16 米）。

从以上分析看来，伊犁九城的瓮城在城墙规格上也是有等级差异的，这种差异的分布与城址的规格是一致的。并且，就单个城址来说，瓮城城墙的规格要比古城城墙小一档，在视觉上会体现出差异。

每个瓮城城门的数量有所不同，有的瓮城没有城门，有的为一个，个别为两个。凡是不开古城城门的，瓮城城门也不开，比如绥定城北门、瞻德城北门、广仁城北门、拱宸城北门及熙春城北门。古城及瓮城都不开城门，意味着瓮城应该成为一个封闭的结构，似乎很难利用起来。不过根据文献，绥定城的北瓮城被利用成为火药库，这说明其并不完全封闭。结合文献，绥定城北门开始是有的，后来堵上了，那么可以推测北门可能并没有完全被堵上，而是留下了小门，充当了火药库的门。大多数瓮城是开一个城门，而宁远城南门瓮城则开了两个城门。综合来看，瓮城城门数量不能反映城市的等级，更多的是一种筑城观念和实际需求结合后的产物。瓮城城门的朝向也有所不同，一般来讲瓮城城门的朝向同古城的城门朝向是不一样的。伊犁九城的南、北瓮城城门均朝向东开，东西瓮城城门均朝向南开。

每个瓮城城门的规格也略有不同，其中惠远老城为"瓮城……门洞高一丈一尺（3.52 米），面阔一丈一尺（3.52 米），进深一丈二尺（3.84 米）"①，而绥定城为："瓮城四座……瓮城门三座，每座门洞高一丈（3.2 米），面阔一丈（3.2 米），进深一丈一尺（3.52 米）"②，两座城门正面看均是正方形，进深稍微比门宽大一点。拱宸城、广仁城、瞻德城的规格一致："瓮城门入深一丈五尺一寸（4.832 米）"③，其进深值比瓮城底厚一丈一尺（3.52 米）要大，说明瓮城门门洞内外部进行了额外加筑。熙春城的瓮城门"入深六尺（1.92 米）"④，与瓮城城墙底厚相同，应是没有加筑。

塔勒奇城无论是从文献还是考古调查中均没有发现存在瓮城的直接证据，据锁眼卫星影像可知西门外有一长方形遗址，有可能是瓮城，但有待于进一步探索。

（三）角台

伊犁九城城址四角均设有角台。角台有重要的防御作用，如惠远城角楼，在"回变"时，伊犁将军距其迎敌，取得胜利："臣亲赴西北城楼，督饬官兵奋勇攻击，

① 军机处满文录副奏折，乾隆三十一年正月，中国第一历史档案馆藏，档号：03-0182-2177-034。
② 《奏报伊犁城垣竣工折》，军机处满文录副奏折，乾隆二十七年七月初九日奏，中国第一历史档案馆藏，档号：03-0179-1958-036。
③ 拱宸城可见于《为呈览伊犁新建霍尔果斯城图事图》，军机处满文录副奏折，乾隆四十五年十二月，中国第一历史档案馆藏，档号：03-0189-2862-031；广仁城可见于《呈览伊犁乌可儿博尔素克城图事图》，军机处满文录副奏折，乾隆四十五年十二月，中国第一历史档案馆藏，档号：03-0189-2862-032；瞻德城可见于《为呈览伊犁新建东察汗乌苏城图事》，军机处满文录副奏折，乾隆四十五年十二月，中国第一历史档案馆藏，档号：03-0189-2862-034。
④ 《为呈览伊犁新建巴彦岱城图事》，军机处满文录副奏折，乾隆四十五年十二月，中国第一历史档案馆藏，档号：03-0189-2862-033。

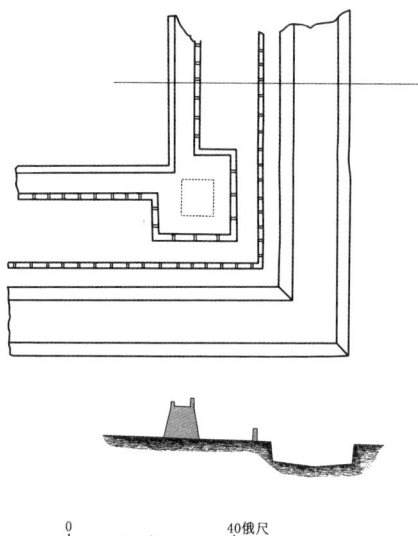

▲图8　费德罗夫所绘惠远新城角台平面图及剖视图

枪箭齐施，将围城扑营之贼同时击退"①。

角台的规格可分为三等，最大的为惠远老城和惠宁城，惠远老城"高一丈四尺（4.48米），见方三丈（9.6米）"，惠远新城规模与之接近（图8）。惠宁城无高度记录，但其角台宽度是一样的："每处顶子见方二丈五尺（8米），底子见方三丈（9.6米）"，所以其高度也应同惠远老城接近。稍小一点的是绥定城、宁远城、拱宸城、广仁城和瞻德城，绥定城和宁远城规格较为接近，绥定城更大一点，台基宽度为二丈二尺（7.04米），宁远城稍小，为二丈（6.4米）。拱宸城、广仁城和瞻德城的规格是一样的，均为高一丈三尺（4.16米），台底见方三丈一尺（9.92米），顶见方二丈八尺（8.96米），在规格上比绥定城、宁远城稍大。瞻德城在实地调查时，测得其角台的规格为南北宽12米，数值多出2米，可能是因为调查测量的数据包括了角台坍塌裂缝在内。楼台最小的是熙春城和塔勒奇城，熙春城楼台底部宽二丈四尺（7.68米），顶部宽一丈八尺（5.76米）。塔勒奇城角台文献无载，但通过调查可知其西北角台南北残长5.6米，东西宽宽2.7米，分别向西墙、北墙突出1.2米、1.5米，西南角台的边长约4米，残高1米。

① ［清］奕欣等：《平定陕甘新疆回匪方略》卷109，中国书店，1985年，第10页。

楼台上之角楼的形态和规格也不一致，惠远老城的角楼最为复杂，其"各盖房三间"，构成曲尺形平面，即"L"型，类似于北京城宫城之东南角楼，屋顶为单檐歇山顶。惠宁城与绥定城为双檐顶，面阔一间，但规格不详。除惠远新城不清楚外，其他城址楼台的结构均较为简单，面阔一间，单檐顶。楼台之间的规格不太一样，宁远城为："角楼四座，每座高一丈二尺（3.84 米），面阔二丈（6.4 米）"[①]，拱宸城、广仁城、瞻德城为："高一丈三尺九寸（4.448 米），宽一丈二尺（3.84 米），入深一丈（3.2 米）。"[②]，熙春城则最小："高一丈一尺五寸（3.68 米），宽六尺（1.92 米），入深六尺（1.92 米）"[③]。从目前掌握的资料来看，角楼的形态与规制与其建设的早晚有一定的关系（表一）。

表一 "式样图"所绘伊犁九城城址角楼形态

惠远老城角楼	绥定城角楼	宁远城角楼	惠宁城角楼
拱宸城角楼	广仁城角楼	瞻德城角楼	熙春城角楼

---

① 《奏报伊犁城垣竣工折》，军机处满文录副奏折，乾隆二十七年七月初九日奏，中国第一历史档案馆藏，档号：03-0179-1958-036。

② 拱宸城可见于《为呈览伊犁新建霍尔果斯城图事图》，军机处满文录副奏折，乾隆四十五年十二月，中国第一历史档案馆藏，档号：03-0189-2862-031；广仁城可见于《呈览伊犁乌可儿博尔素克城图事图》，军机处满文录副奏折，乾隆四十五年十二月，中国第一历史档案馆藏，档号：03-0189-2862-032；瞻德城可见于《为呈览伊犁新建东察汗乌苏城图事》，军机处满文录副奏折，乾隆四十五年十二月，中国第一历史档案馆藏，档号：03-0189-2862-034。

③ 《为呈览伊犁新建巴彦岱城图事》，军机处满文录副奏折，乾隆四十五年十二月，中国第一历史档案馆藏，档号：03-0189-2862-033。

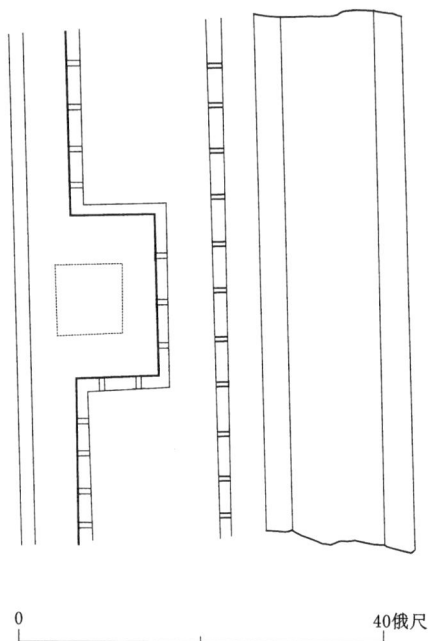

0   40俄尺

▲图9　费德罗夫所绘惠远新城马面平面图

（四）马面

马面，也称为墙垛或者墩台，在"式样图"中被称作"炮台"。马面既可以用来支撑加固墙体，同时也可以用来观察和防御。理论上讲，两个相邻马面之间的距离不会超过 120 米，因为古代弓箭的射程是 60 米。[①]

伊犁九城除熙春城外，均设有马面，基本都是均匀分布在四周城墙之上，因此每城马面的总个数为四的倍数。马面现存情况一般，每个城址残存不到一半数量，有的甚至都不存。通过调查可知马面间距不等，在 110 米至 170 米之间，110 米为塔勒奇北墙的两个马面间距，170 米为惠宁城北墙东北的两个马面间距。目前看来，同一个城址内马面的间距也是不同的，分布跨度可能会很大，这一点可以惠远老城和惠宁城为例。马面间距常见的是 128—133 米的范围，即清代 40 丈左右。根据现有数据统计得马面的平均距离为 138.4 米。惠远新城的马面分布与老城接近（图9）。

① 王其钧：《中国建筑图解词典》，北京：机械工业出版社，2006 年，第 223 页。

根据文献所记，马面的规格大体相近，基本为梯形，上宽下窄。底部面宽均在5—6米左右，底部进深4—5米，拱宸城、广仁城和瞻德城进深为7米，规格稍大。我们通过调查发现实际情况与文献比较接近，以惠远老城马面为例，文献记其统一为"面阔一丈八尺（5.76米），进深一丈五尺（4.8米）"①，我们测得一个北墙马面进深约3.8米、面宽约5.8米、高约4.5米，与文献所记比较接近。另有绥定城马面，文献记"每座面阔二丈（6.4米），进深一丈八尺（5.76米）"②，实际调查发现进深为5.6米，面宽约6米，现外侧残存约4米。也与文献接近。也有个别发现与文献不同，惠远老城北墙另一个马面进深5米，面宽8.4米，高约4.5米，面宽值大出许多，其应是由惠远老城角台改建而成，规格也与角台更接近一些，这也成为惠远老城向东扩建的证据之一。

大多数城址马面上无建筑，仅有惠远老城在马面上盖了一间房屋。房屋规制非常简单，面阔一间，舆图上没有绘制多余装饰。

（五）护城河

护城河，亦可称为"城壕"，式样图中称之为"海壕"。文献或调查中发现仅惠远老城、惠远新城、惠宁城、绥定城有护城河，其他均没有发现。对于护城河的规格，有明确文献记载的是惠远老城和绥定城，其中惠远老城的规模稍大，其规模为"宽三丈五尺（11.2米），深八尺五寸（2.72米）"，绥定城仅为"宽二丈四尺（7.68米），深六尺（1.92米）"，护城河离城墙有一定的距离，惠远老城该值为七丈（22.4米），而绥定城仅为三丈（9.6米）。三普调查时惠远老城东墙外护城河为"宽30米，长860米"，北墙护城河经勘探，可知护城河距古城现保留北墙约21米，护城河宽约7.5米，底部距地表深1.2—3.5米，与文献中记载非常接近（图10）。所以东墙外"护城河"可能是后来被人为扩大变宽，原始宽度应该在10米左右。

护城河上设置有桥，以供人员出入。一般来讲，桥的位置与城门的位置正对，而瓮城城门是偏向一侧的，所以行人进出古城时往往走的并不是直线，而是要在瓮

---

① 军机处满文录副奏折，乾隆三十一年正月，中国第一历史档案馆藏，档号：03-0182-2177-034。

② 《奏报伊犁城垣竣工折》，军机处满文录副奏折，乾隆二十七年七月初九日奏，中国第一历史档案馆藏，档号：03-0179-1958-036。

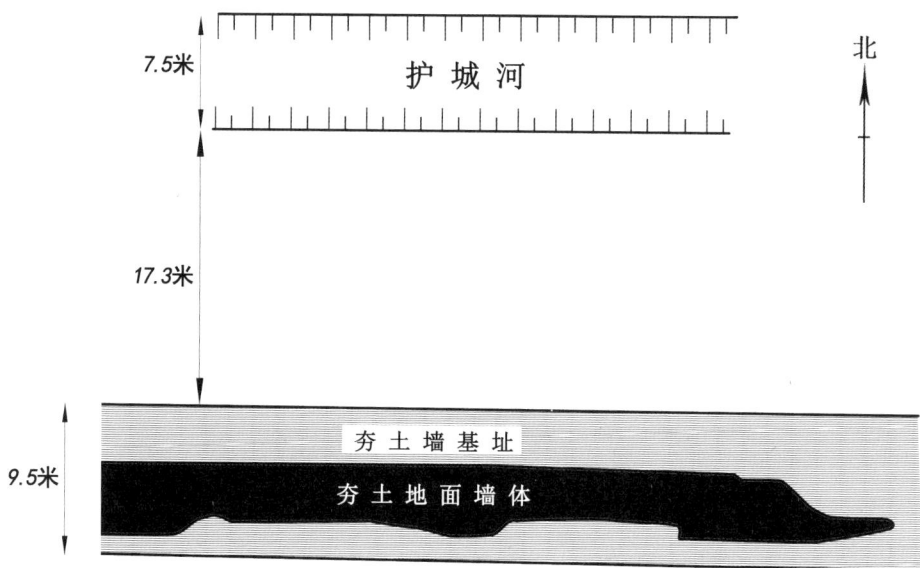

▲图 10 惠远老城北墙护城河位置示意图

城城门处绕一下。这在军事上可以起到缓冲敌人进攻，以有效组织防御的作用，但在日常中会带来诸多不便。

三、结语

城墙作为古代城市研究的核心组成部分，在城市的发展与演变中扮演着重要角色。城墙不仅是城市防御的重要物理屏障，更承载着历史文化与社会结构的重要象征。伊犁九城除在平面布局外，在城墙的形态上体现出了一定的规律性。城墙由墙体、垛墙、拦马墙、墙基等部分组成，城墙在规格上体现出一定的等级性，即城址越大，城墙的规格也越大。城墙均采用夯筑的方式，关键部位夯层间加筑植物纤维，以增强墙体的链接强度。城墙的附属建筑包括城门、瓮城、角台、马面及护城河等，不但在规格上，还在形态上体现出了城址的等级性特征。

元明之际，北方新筑城池日益趋于规整，尤以明代卫所城为典型。明代卫所城基本上是新筑城池，形制非常规整，基本为方形，有瓮城、角台及马面等设施，城内为十字大街或丁字大街结构，城内供奉关帝庙，体现了较强的统一性。这一筑城传统，被清廷所继承，通过绿营兵的规划建设，最终体现在伊犁九城的建设上。

伊犁九城先后有两次营建高潮，分别是乾隆年间和光绪年间。后者主要的筑城活动是建造惠远新城以及补修瞻德城、拱宸城等。补修的部分现在仍可辩。比如我们看到瞻德城现在城墙的高度基本与光绪年间所记载一致，而较乾隆年间初建时高出 1 米多，这多出的 1 米应是补筑的部分。此外在拱宸城我们看到西城墙外壁附有 1 米厚的夹芦苇、树枝的墙体，这也应是光绪年间所为。而光绪年建惠远新城较乾隆年建惠远老城、惠宁城高出 1 米甚至更多，这也是历经战乱后，筑城者有意为之，以增强防御性能。

在中国城市考古的实践与研究中，清代的城市遗存因其丰富的文献资料以及相对近的历史时期，常常被忽视。然而，作为前工业时代的最终者，清代古城所蕴含的宝贵信息（不仅限于文本，还包括大量地图、图片、视频等影像资料），为深入探索中国古代城市制度提供了广泛的可能性。这一时期的遗存也为研究传统社会各类城市问题提供了有益的参照。尤其需要强调的是，清代城市考古，特别是对边疆地区城址遗存的调查、发掘和研究，具有极大的学术价值和实践意义。这些遗址不仅见证了清代政治、军事、文化等多方面的历史变迁，更揭示了当时社会的结构与功能。通过对这些遗址的深入研究，我们可以更好地理解中国历史上多元而丰富的城市生态，从而拓展我们对古代社会的认识，也为现代城市发展提供有益的借鉴与启示。

考古视野下中国古代城门拱券技术
早期演进过程及背景试探

陈　筱　浙江大学艺术与考古学院
南晶晶　浙江大学建筑设计研究院
童瑞雪　四川大学考古文博学院

摘　要：结合历史文献、图像与迄今已经掌握的考古调查、发掘资料，本研究尽可能全面地考察了汉唐至宋元时期砖石拱券技术运用于中国古代城市地上、地下各类门洞（含陆城门、水城门、水关涵洞等）的典型实例，可以看到影响城门洞口材料及结构选型的因素涉及经济、技术、社会等多个方面，将历史悠久的拱券技术大规模运用在陆城门的营建主要缘于军事防御方面的迫切需求，可谓非常之时，行非常之法，随着明代对城池防御的重视及砖石建筑意义的变化，成为中国城市普遍使用的城门形式。四川地区现存南宋拱券式城门建筑所显示的石作发券工艺已相对成熟，则反映了城门防御工事与本土技术传承、战时资源供给的密切关系，为认识中国古代城门拱券技术的多样性提供了线索。

关键词：拱券技术；城门；砖；石；水关；军事防御；营造特征

拱券是一种建筑结构，是拱和券的合称，又称券洞、发券，是用块状料（例如土坯、石、砖）砌筑而成的跨空砌体，利用块状料之间的相互挤压所产生的侧向压力形成的跨空间结构体系。我国古代砖石拱券最早应用于西汉的墓室营建中，至东汉时期应用于修砌石桥，至隋唐以后石拱桥已相当普遍，南北朝时期，拱券技术还被运用在修砌佛塔的门窗。随着考古材料的丰富，可以看到拱券技术应用于中国古代城池营建的丰富形式，包括地下的水涵洞、地道，半地下的水城门和地上城门洞、藏兵洞，都曾利用拱券结构形成较大跨度的空间。结合历史文献、图像与迄今已经掌握的考古调查、发掘资料，本文将拱券技术运用于城池营建的发展历程分为四个阶段，以剖析拱券材料和结构的丰富性，讨论可能存在区域性传统的延续与变革。

一、汉唐时期：运用于地下工程的砖砌拱券技术

砖石材料在干湿交替的环境中更加稳定和耐久，很早就被用来修筑水关涵洞。自西汉修筑都城长安之初，就以砖砌拱券用来修建地下排水涵洞，在隋开皇年间修筑皇城含光门①，同样以砖砌拱券修建穿越皇城城墙的地下引水道。在地方城市中，也不乏延续这一传统的实例，如五代时期的南汉政权修筑广州城，也采用了砖砌拱券式排水道，近年对邓州城展开的考古工作中也发现了砖砌拱券排水设施。

此外，南北朝时期的邺城很可能秘密修建了一条穿越城墙、长达数公里的砖砌券顶地下通道，或为曹魏至十六国时期邺北城的南城门。这一观点是否符实，有待考古材料的正式公布。

将上述考古材料总结如表一，可以看到，汉唐帝国的都城在城墙下方2—3米以青砖砌筑了拱券式排水涵洞，将券脚落在石砌墙壁上，以砖或石精心铺砌涵洞地面，作为修筑城墙的前置工作，应被纳入了营城之初的都城整体规划中。相较于西汉时期，隋唐长安、洛阳城的地下涵洞均增设铁栅，可见都城军事防御的加强。相较于汉唐长安以木梁柱构建的城门道宽度约6—8米，地下拱券式涵洞的宽度都在1米左右，后者仍是比较简易和粗糙的设施。

由于这一时期南方城市水城门相关的考古材料有限，在湿润多雨的地区，河流如何穿越城墙、过水涵洞或水门的尺寸和形制如何，还存在较多疑问。

---

① 庞任隆.隋唐长安皇城墙含光门西过涵洞遗址水源考略 [J]. 文博，2008（12）.

表一　西汉至唐代典型拱券式涵洞、地道形制比较

城	位置	年代	形制	功能	截面尺寸	其他材料	是否设栅栏／闸门	备注
汉长安	直城门北门道下（西段）	西汉	单层砖砌拱券	排水道	券洞内宽 0.8—0.85 米、内高 0.73—0.76 米	水渠底部铺以青石板，壁、顶全部用条砖砌筑	否	
	南门道下	西汉	单层砖砌拱券	排水道	券洞内宽 1.4 米、内高 1.33 米		否	
隋大兴	含光门下西涵洞	隋开皇年间	五层青砖混砌拱券	引水涵洞	根据复原，券洞内宽 0.6 米、高 1.5 米	底部铺地砖数层，侧壁石砌	设铁栅	
邺城	南城墙下	曹魏至十六国时期？	青砖混砌拱券	地下通道	宽 3.4、高 4 米	底部铺石板；用糯米汁和石灰混合物浇浆	设门	仅见新闻，未见考古报告
番禺（广州）	行春门水关	南汉	多层青砖混砌拱券	排水涵洞	内宽 1.4—2.2 米、残高处 1.6 米		设闸门、铁栅栏	上部叠压南宋石构叠涩式涵洞

二、唐末五代至北宋：将拱券技术应用于跨度较大的水涵洞、城门的探索阶段

迄今尚未发现唐末五代至北宋时期修筑的拱券式城门的完整实例，从文献和考古等材料来看，唐宋之交的国内战争和国家经济文化中心的南移很可能促成了将拱券技术应用于跨度较大的水涵洞、水门乃至陆城门的尝试。

成书于北宋仁宗时期的《武经总要》，其"城制"图中将城门画作拱券结构，北宋崇宁年间刊布的《营造法式》中有对"卷輂水窗"和"卷輂河渠口"①即砖石拱券水涵洞做法的详细记载，可见拱券式城门的做法在北宋时期已得到官方认可。

从考古方面，也发现了一些唐宋之交的实例：

成都（五代时期的益州）笮桥门建于晚唐的 1 号门址中并未发现排叉柱遗迹。

---

① 李诫：《营造法式》卷三"石作制度"中"卷輂水窗"条；卷十五"砖作制度"中"城壁水道"条。

发掘者注意到，该门道两侧的硬土路面与包砖下的基础条石相连接，未发现有柱础及其痕迹，也不见后期扰乱的迹象；门道两侧包砖壁上无焚烧痕迹，红烧土主要集中在门扉两侧，说明包砖外侧并无立柱之类的木构件；门道内的堆积中只有门道上部和两侧垮塌下来的包砖、夯土，而无木炭或灰烬痕迹。种种迹象表明，较之木梁柱结构，该门道的承重方式更有可能为拱券。在 1 号门址因战火焚毁之后，北宋时期又在该处兴建了 2 号门址，保守地重新采用了立柱过梁式门道。

考古工作者根据扬州城北宋时期修建的大城西门洞壁以砖垒砌，洞壁内不见任何木柱痕等遗迹现象推测，北宋时期的西门已采用拱券结构。研究者结合考古遗迹和复原参考推测，始建于五代时期的扬州宋大城北水门属于单拱券式水门。

江苏泰州城南门水关遗址分为早晚两期。发掘者认为，泰州城南水关遗址早期水关的年代在后周到北宋之交，晚期水关将早期水关封闭在内，修筑年代为1106—1214 年（最有可能为 1183 年）。早期水关遗迹平面呈 "）（" 状，全部用石条垒砌而成，水关剖面上宽下窄券顶部分全部被毁，仅剩内壁及 4 个摆手；晚期水关券顶大面积坍塌，但近立壁处的券顶得到一定程度的保存，青砖砌法为两组一侧一平相间砌筑。发掘者还注意到，早期水关遗址制作精细，用料考究，其结构和制作的方法与扬州宋大城北门水门遗址的方法相同，和李诫的《营造法式・石作制度・卷輂水窗》记载一致。

真州东水门于南宋初建，上半部砖砌券顶建筑已毁，仅有下部券脚和水门基础留存。水门券顶的高度不详，从门洞河床里清理出许多青砖，考古工作者认为这些是门洞券顶倒塌后的砖。砖长 35 厘米、宽 16.5 厘米、厚 5 厘米，或长 39 厘米、宽 18.5 厘米、厚 6 厘米，部分青砖顶端刻有 "淮东运司" "囗烧部" 等铭文，砖之间勾缝使用白灰膏。门洞过道地面用长 1.2 米、宽 0.6 米、厚 0.25 米的石板平铺而成，表面平整，石板接缝处填满糯米汁灰浆。

平江城齐门水城门仅存木排基础，共一百余根圆木分三层叠压，以长 40 厘米、截面为 2 厘米 ×2 厘米的铁钉加固，并在圆木间的空隙填嵌石块或石片。中层原木两端上由青石分四层叠压厢壁，现存残高 1.1 米、长 11.5 米。根据放射性碳素测年，原木属南宋嘉定年间。发掘者推测，齐门水门的建筑，其下限不会晚于宋代，并推测厢壁顶层起砖砌拱券①。

　　将上述材料整理如表二，可以看到，目前所知推测为拱券结构的城门均来自长江流域，经过解剖的多座水城门具有相似的结构，以木为基，上部砌石为水道的底、侧厢，上部以砖砌拱券为顶，反映出单拱券式水门平面型制已逐渐规范化，其构造方式与《营造法式》的规定大致相同，表明水城门做法的普遍性，也有助于理解《营造法式》的成书背景。此时推测为拱券式城门的宽度一般在4—5米以上，其中的水城门应当允许通航。

表二　唐末至南宋初南方地区拱券式城门遗址形制比较

城	位置	年代	形制	功能	截面尺寸	其他材料	是否设栅栏/闸门	备注
益州	笮桥门1号门址	唐代晚期—北宋初期	砖砌券拱?	陆城门	宽6.6—6.7米			
苏州平江府	齐门水城门	南宋嘉定年间（不晚于宋）	砖砌券拱?	水城门	约5米?	共百余根圆木分三层叠压形成木排基础		基础上存由青石分四层叠砌的厢壁，厢壁顶层起券
扬州宋大城	西门	北宋	砖砌拱券?	陆城门	石壁内侧间距7.1米	洞壁以砖垒砌		存北侧摆手
	北水门	北宋	砖砌拱券?	水城门				
真州	东水门	南宋初建	砖砌拱券?	水城门	内边距为7.7米，内侧有木护板		推测曾有升降水栅	从门洞河床里清理出许多青砖，或为门洞券顶倒塌遗迹
泰州	南水关	后周到北宋之交	砖砌拱券?	水城门	其两侧厢壁有收分，底部宽4.95米			
	南水关	1106—1214年（1183年）	砖砌拱券	水城门	其两侧厢壁有收分，底部宽2.6米		具有可升降的水闸设施	青砖砌法为两组一侧一平相间砌筑

① 丁金龙，米伟峰. 苏州发现齐门古水门基础[J]. 文物，1983：56-59.

三、南宋及金、元时期：拱券技术广泛运用于大跨度城门洞

在宋金、宋元的交战中，热兵器在攻城战中大量使用，进一步促成了以砖、石等砌体材料修筑的拱券式城门取代沿袭千余年的木构过梁式城门，将拱券技术运用于修筑地上城门。南宋咸淳八年（1272 年）刻于广西桂林鹦鹉山的《静江府修筑城池图》，除旧城内的府治城门、瓮城门等仍采用过梁结构外，已有多座城门采用双层拱券结构①。2015 年，四川省文物考古研究院等在对礼义城的考古调查中发现了《礼义城图》残片 9 块，图中共标示了城门 2 座，方向均朝外，门洞呈半圆形，中间竖线代表左右两门扇，门上有矩形方框，应为门楼。

经过多年围绕川渝地区抗蒙山城遗址的考古工作，在苦竹寨、小宁城、运山城、云顶城和多功城等山城遗址中，已经发现了相当数量的宋代石砌拱券式城门，通过保留在城门拱洞煞尖石②位置的题刻，可证其基本保存了南宋时期的原始面貌。这些山城遗址在南宋末年抗击蒙古军队的战争中发挥了重要的军事作用，其拱券式城门选址于地势险要之处，以巨大的方石、条石垒筑而成，门洞狭小，城门坚固，能有效增进城墙防御体系抵御热兵器侵袭的能力。

尽管四川抗蒙山城现存 6 座宋代券洞式城门的规模有所不同，所在山城的建置级别不同，又分布在抗蒙山城体系的不同军事防线上③，但其城门选址与布局、城门结构、拱券形制、石材加工等多方面都具有相似性，显示了较为成熟的券洞式城门营建技艺，极大地丰富了我们对宋代筑城技术发展的认识。从城门顶保存较完整的云顶城北门、北瓮城门来看，城墙底宽与高度之比均为 1.31∶1，小于《静江府修筑城池图》文字所载 2.25∶1 至 2.8∶1，大于《通典》和《武经总要》规定的 1∶2、北宋熙宁七年《中书门下筑城看详》规定的 3∶4，与《营造法式》记载的 3∶2 最

---

① 据《静江府修筑城池图》所绘，除旧城内府治的双门、瓮城门为木构梯形门道外，其余城门，包括旧城各门，均广泛使用砖石券门道。傅熹年先生指出，图中所绘券洞，多画作内外两圈，表示砌了二重砖券，或是"一券一伏"做法，个别城门只画一重，并划分为若干块，表示其为石券门道。
② 即处于拱券中心的石块，一般称券心石或拱顶石，川渝地区俗称"煞尖石"。
③ 四川抗蒙山城的建置级别可分为四级，第一级为制司级，第二级为路、安抚司级，第三级为府州军监级，第四级为县级，本文调查的云顶城属于第二级，苦竹寨为第二级，小宁城为第四级。从分布空间上，四川抗蒙山城可分外围防线、主要防御区域和后方阵地三个防御层次，本文调查的苦竹寨、云顶城属于外围防线的据点，小宁城更接近后方阵地，可视为主要防御区域的据点。参见周思言：《南宋四川抗蒙山城体系初探》，11 页。

为接近；云顶城北门、北瓮城门两侧城墙外壁内收之宽与城墙高度之比为1∶2.85—1∶2.86，小宁城西门、北门略陡，城墙外呈74°—78°，约合坡度1∶3.49—1∶4.70，大于《通典》《中书门下筑城看详》规定的1∶8，与《营造法式》规定的1∶4、《静江府修筑城池图》记载的1∶1.3—1∶2.1相对接近，反映了南宋以来城墙不断加厚，坡度不断放缓以抵御热兵器的变化趋势[①]。从保存较好、受地形限制较少的云顶城北门和北瓮城门，小宁城西门和北门来看（表三），这4座城门在高度、深度上虽差距较大，拱券的净跨度、净矢高和形态都非常接近。这4座城门的净宽1.87—2.25米，门洞高2.4—2.93米，拱券净矢高0.97—1.14米，拱券净跨/净矢高约1.82—2.27米，考虑到拱顶塌陷、拱券变形等因素，基本可视为半圆形拱。其中，云顶城北门采用双层券石，拱券厚80厘米，门洞顶至城门顶约2米；小宁城西门采用单层券石，拱券厚37.5—40厘米，门洞顶至城门顶推测高约1米，南宋时期券洞式城门的结构设计可能考虑了拱券厚度与门洞上方荷载的正比例关系。

表三　四川地区南宋拱券式城门形制比较

城址	城门	修筑时间	形制		门洞高（米）	门净宽（米）	拱净矢高（米）	净跨/净矢高	门洞进深（拱石长，米）	城墙（门）高（米）	城墙宽（米）	推测门板数量（个）
云顶城	北门	约1243年	三道筒拱，内外拱均为双层券石	外拱	2.77	2.24	1.08	2.07	1.79	总计5.72	5.64	底7.40，顶5.43	1
				中拱	3.55	2.70	0.52	5.19	1.35				
				内拱	2.64	2.09	1.15	1.82	2.58				

[①] 杜佑：《通典》卷一百五十二《兵五》"守据法附"条，"凡筑城，下阔与高倍。城高五丈，下阔二丈五尺，上阔一丈二尺五寸。高下阔狭，以此为准"，清武英殿刻本，叶14a-b；曾公亮撰：《武经总要》前集卷一二《守城》："筑城下阔与上倍，其高又与下倍"，清文渊阁四库全书本，叶3a；徐松辑，刘琳等点校：《宋会要辑稿·方域八之四》"诸城修改移并上"条："……即以二丈为城，底阔一丈五尺，上收五尺"，上海古籍出版社，2014年，第9427页；李诫撰：《营造法式》卷三《壕寨制度》"城"条"筑城之制，每高四十尺，则厚加高二十尺，其上斜收减高之半……"，清文渊阁四库全书本，叶5a；《静江府修筑城池图》载记。

（续表）

城址	城门	修筑时间	形制		门洞高（米）	门洞宽（米）	拱净矢高（米）	净跨/净矢高	门洞进深（拱石长,米）	城墙(门)高（米）	城墙宽（米）	推测门板数量（个）
云顶城	北瓮城门	1249年	三道筒拱，内外拱均为双层券石	外拱	2.87	2.21	1.14	1.94	1.94	6.08	底7.98，顶5.85	2
				中拱	3.57	2.88	0.66	4.36	1.31			
				内拱	2.93	2.25	1.14	1.97	2.60（总计5.85）			
小宁城	西门	1249年	单券		2.4	2.04	0.78至0.98	2.27	2.02	存高约3.5	底2.77，顶2.06	2
	北门	1251年	单券		1.48	1.87	0.97	1.93	1.81	存高约3.39	底2.43，顶1.81	1
	小西门	1252年	单券		存高0.73	存宽1.90，推测1.95	推测1.15	1.70	1.86	—	—	—
苦竹寨	卷洞门	1255年	单券		1.93	0.96	0.53	1.81	1.66	2.21	—	1

位于金中都景风门西侧的金中都水关修建于1151—1153年，至元代中晚期毁弃。全长43.4米，过水涵洞长21.35米，宽7.7米，南北两端的出水口和入水口分别宽12.8米、11.4米，进出水口及泊岸两侧设有掭石桩。有研究者根据元大都北城墙水关拱券券高和两厢石壁高度的比例关系，推算出金中都南城垣水关的两厢石壁高度应在2.88—3.05米，水关的城门高度应在6.73—6.9米，具备通航的条件。

考古发掘表明，元大都和义门瓮城门、元上都宫城门均采用了砖砌拱券结构。和义门残存高22米，门洞长9.92米、宽4.62米，内券高6.68米，外券高4.56米，拱券由一种薄型砖砌筑，门洞上还发现了1米多高的城楼残壁。迄今为止元大都水关共发现三处，分别是东城墙水关（转角楼水关）、西城墙水关（学院路水关）和北城墙水关（塔院水关）。东城墙水关和西城墙水关形制、构造大体相同，都构筑于夯筑城墙之前，地面和两壁用石板铺砌筑，顶部用砖起券，洞身宽 2.5 米、长约 20 米。北城墙水关洞口高 3.45 米、宽 4 米，顶部为青砖与白灰错缝砌筑，现留券砖两层，复原券顶应有三层券砖。

地方城市也留存了元代拱券城门的实例。如表四所载目前所知元代修建的拱券式城门中最大一例为河北正定城的正阳门，其两个城门洞均以条石起券，石券上再砌三层砖券，惜早年已毁。在南方，元代张士诚于元至正十九年（1359 年）新筑杭州城，设旱门十座、水门五座，将南城墙北移二里，迄今留下了位于南城墙的水门凤山门。其城楼已毁，仅存单拱门洞，城门残长 9.95 米，残高 3.8 米，宽 12.8 米，门洞由两个不同跨径的石拱券并联组合，以块石纵联并列分节叠砌而成，其中南拱券高 2.8 米，跨径 5.7 米，北拱券高 1.92 米，跨径 4.3 米。南拱券中还有石砌方形闸槽，闸档后有石雕门臼，原安有两扇木门可以启闭，现无存。门洞上城门南北两侧墙壁包砖，内筑夯土。现存苏州盘门的总体布局和建筑结构也基本为元末明初遗存，其第一道水、陆城门年代较早。第一道外城门偏在瓮城的北端，由三道纵联分节并列式拱券结构组成，全用石质坚硬的花岗岩石砌筑。第一道拱券宽 2.5 米、高 3 米，第二道拱券宽 3.3 米、高 4.5 米，第三道拱券高宽与第一道拱券相同，在第一道拱券墙身中部有闸门槽一道，与拱券顶闸槽勾通。第一道水城门净跨 5.7 米、深 5.2 米、通高 10.2 米，金刚墙下有排列有序的木桩地丁基础。拱券的砌法作分节并列式，由宽狭不一的八块拱石组成，拱石中间留出闸槽。全拱断面近半圆形，由七块拱石圈成，每石两端做出子母榫。

明初出现用筒拱修建的房屋，随着支模技术的改进以及胶凝材料采用石灰黏土浆替代，拱券结构在明清时期广泛使用在门洞、无梁殿、桥涵、地宫等不同类型的官式建筑及构筑物。到了清朝以后，在官式建筑中拱券技术的应用成为普遍形式。

表四　南宋、金、元时期典型拱券城门形制比较

城	位置	年代	形制	功能	截面尺寸	其他材料	是否设栅栏/闸门	备注
云顶城	北门	南宋（1243年）	石砌券拱	陆城门	最大净跨2.70 米		设闸门	

（续表）

城	位置	年代	形制	功能	截面尺寸	其他材料	是否设栅栏/闸门	备注
云顶城	北瓮城门	南宋（1249年）	石砌券拱	陆城门	最大2.88米		设悬门	
金中都水关	景风门西侧	1151至1153年	砖砌券拱？	水城门	长43.4米、宽7.7米	采用木石结构，残存基础部分		
元大都	和义门瓮城门	元	以薄型砖起券	陆城门	宽4.62米	存城楼残壁		有砖墩
	东城墙水关	元	砖砌拱券？	水涵洞	长20米、宽2.5米		有栅栏	
	西城墙水关	元	砖砌拱券？	水涵洞	长20米、宽2.5米		有栅栏	
	北城墙水关	元	三皮砖砌拱券？	水涵洞	长14.5米、宽4米		有栅栏	有砖墩
正定	阳和门	金末元初	以条石起券，石券上再砌三层砖券	陆城门	宽约5米？		有门	阳和楼砖砌台基高8.6、东西66米、南北21.6米
杭州	凤山门	1359年	块石纵联并列分节叠砌起券	水城门	南拱券高2.8米，跨径5.7米；北拱券高1.92米，跨径4.3米	城门南北两侧墙壁包砖	有门	原安有两扇木门可以启闭
苏州	盘门	元末明初	花岗岩砌筑/城砖砌筑	陆城门	最大跨度4.5/4.8米	外侧为分节并列式拱券，内侧两道石拱券采用纵联分节并列式		北/南
			块石分节并列叠砌起券	水城门	净跨5.7米、深5.2米、通高10.2米	金刚墙下有排列有序的木桩地丁基础	拱石中间留出闸槽设门	第一道水城门

四、小结

回顾中国古代城门拱券技术的早期演进历程可以看到，将拱券技术应用于构建穿越城墙的涵洞、地道、城门大致经历了一个从地下到地上，跨度从1米左右增大到5米以上，发券材料从砖到石，附属设施增多并逐渐规范的变化过程。这一演进过程的驱动力，既有区域间的竞争、热兵器的使用，也离不开砖石材料的耐久性优势，中国经济、文化中心的南移。由于保存至今基本完整的元代以前砌筑的拱券城门数量相当有限，拱券技术的区域性特征及其发展脉络仍有待探索，以解释为何四川地区南宋山城城门均采用了石砌拱券，而非此前极为常见的砖砌拱券，至元代正定阳和楼、杭州凤山门、苏州盘门也更为青睐累石起拱。

明代三都的营建均大量应用拱券技术，如何选择砖材、石材或两者的组合似有了更加复杂的考量，发券技术上也具备了更加规范和精良的工艺，如明初石拱券桥普遍采用分节并列式，至长陵修建城甬道入口采用券石短边发券，后期定陵地宫则完全采用券石短边发券。明中都午门除石须弥座外，其余部分为碎砖夯土芯包砌城砖，中间正面开三门，中门宽5.07米、东西两门各宽4.44米，左右两翼各一掖门，掖门宽3.10米，五门均为券门。明中都午门拱券的砌筑自下而上依次是斗砖、眠砖、斗砖、眠砖、斗砖、眠砖、丁砖、眠砖、丁砖、眠砖，共十层，逐层向中心聚拢，与南京明故宫午门券脚齐平的做法不同。建于明洪武十九年（1386年）的南京聚宝门（今称中华门）的城门拱券采用了石砌双心圆券的起拱方式，是明初洪武年间较早完整施用双心圆券的石作遗存，中门道拱券跨度5.5—6.5米，瓮城门洞跨度3—4米。东水关推测应修建于洪武十九年（1386年），原为三层，每层11个券洞，共33个券洞，下两层均为条石砌筑，最上层以城砖砌筑，下层涵洞设门三道，前后为栅栏门，中间为绞关控制的闸门。明长陵正面石拱券跨度3.3米，采用一券一伏，顶部出口各有石拱券一座，均为一券一伏。

全面认识中国古代城门拱券技术的演进过程和区域特点还有赖于进一步梳理早期材料，更需要更加仔细地调查明代拱券城门、水门、涵洞、地道等城墙设施的材料和结构选型背景，从这一砖石拱券技术的繁荣鼎盛期深入探究拱券工艺的匠意。

遗址类古城城门病害成因与保护策略研究
——以肇庆古城墙为例

王绍杰　华南理工大学建筑学院
赖　哲　华南理工大学建筑学院
张致政　广东省肇庆市博物馆

　　摘　要：为探索遗址类古城城门病害成因和保护措施；以当下历史城区古城城门遗址保护现状和困境为出发点，以广东肇庆古城墙为例，通过文档搜集、实地观察对肇庆古城城门现状及病害成因进行了分析，提出保护和利用措施。本研究揭示了历史城区中遗址类古城城门常见的病害及成因；提出了砖石城墙和夯土城墙保护策略以及遗址类古城城门的保护方法。研究深化了对遗址类古城城门保护理念的认知，使其在历史城区遗址保护方面得到进一步的论证和实践，丰富了文化遗址保护的理念，为同类型历史城区遗址保护提供了借鉴。

　　关键词：城墙遗址；城门遗址；病害；成因分析；保护；肇庆古城墙

一、引言

　　古城墙遗址是我国大遗址的重要类型之一。城墙是城市周围的一种保护和防御的障壁。经过不断的演进和发展，城墙从最初的形式发展成了完整的防御构筑体系。城墙以闭合的墙体为主，还包括城门、城台、城楼等设施。我国现有考证的城墙遗址中有考古依据的大概有 168 个。这些遗址由于年代久远大部分缺乏妥善的保护措施现都破败不堪。我国现存城墙遗址按保存状况也可分为两类；一是夯土城墙遗址，这类城墙遗址年代较早，且因夯土材质不易保存，对夯土城墙遗址很难有效地进行保护。此类城墙除了部分处于干旱区域的仍在地面留有遗迹，其他区域内地面已经没有任何遗迹，仅在地面以下残存墙基。二是砖石城墙遗址，这类遗址由于距今年代较近加上砖石材质较不易遭受破坏，所以砖石城墙遗址的现状要明显好于夯土城墙遗址，本文研究对象肇庆古城墙也属于此类城墙。但经历历史的变迁，城墙还是受到了不同程度的损害，本研究通过文献调查、现场勘察以及无人机拍摄，对肇庆古城南门、北门、西门的现状进行典型病害及机理分析，得出针对肇庆古城墙的保护策略和建议。针对肇庆古城墙主要病害的成因、表现、保护对策及其之间的联系进行分析，期望为同类砖石古城墙或砖石建筑保护提供借鉴，为保护我国传统文化遗产做出贡献。

二、理论基础

古城遗址作为人类文明的历史见证，承载着丰富的文化内涵与历史记忆，成为当代学者们关注的焦点。近年来，学界对于遗址类古城的研究兴趣与日俱增，广泛而深刻地剖析了其现状、面临的病害挑战、保护策略以及专家学者们的关注焦点。同时，在这些古城遗址中，城墙和城门作为城市的象征与入口，亦受到了广泛的研究关注，学界探讨了其历史、文化与功能等多重维度。当前，学者们对于古城类遗址的研究呈现出多样化的态势。杨一帆以镇江"铁瓮城"遗址为例，对遗址的背景、价值和保护面临的问题进行论述，通过对城市发展实际需求的分析，借鉴现有保护方法探求铁瓮城遗址保护利用的策略[①]；车欣宴通过将泰国的古城遗址保护方式与国内考古遗址公园的保护模式对比从而研究公园模式下古城遗址的保护与再利用[②]；叶苹通过对洛阳古城遗址的分析，提出了与其他遗址保护方法不同的思路：以唐宋时期名人宅园的发掘、保护为出发点，由点到面，由面到区块，分期保护、开发，逐步形成不同的功能区域的工作流程[③]。他们都着眼于古城遗址蕴含的文化内涵，从考古学、历史学、人类学等多个角度，深刻剖析了这些遗址背后的文化积淀与历史意义，为古城的保护与传承提供了理论支持。

城墙城门作为古城的重要组成部分，同样成为学者们关注的热点。在研究城墙类遗址的现状与病害方面，于晓敏从自然和环境污染及人为活动这两方面因素进行

① 杨一帆.浅谈城市中的古城遗址的保护与利用——以镇江"铁瓮城"遗址为例[J]，艺术与设计（理论），2021(2).
② 车欣宴，赵梓尧，翟辉.公园模式下古城遗址的保护与利用——以素可泰国家遗址公园为例[J]，城市建筑，2021(17).
③ 叶苹，李楠.洛阳古城遗址保护性开发规划设计构思[J]，山西建筑，2006(14).

分析，对病害类型和形成原因提出保护策略[①]；黄四平对西安明城墙进行实地调查和资料调研后发现，明城墙主要存在盐分结晶引起的墙体泛白、墙体裂缝、表面风化、墙体掏蚀和彩绘层的起翘、脱落与模糊五种病害，并对其成因进行了分析[②]。在保护与利用方面，各地积极探索适应古城特点的保护模式，涌现出一系列具有地域特色的保护实践。王霁轩对北京明城墙遗址公园保护原生价值、发掘再生价值的实践成果进行归纳整理。充分利用北京明城墙遗址公园独特的原生价值与丰富的再生价值，在一定程度上对社会、民族、个人所寄托的精神内涵进行挖掘，并探讨了遗产保护的发展方向及今后面临的问题[③]；翟嘉璐从整体和局部两个维度做好古城墙遗址的设计研究，为保护展示工作起到积极的推动作用[④]；严伟提出了以保护城墙为出发点，展示城墙的真实面貌为目的，给城墙提供一个最自然的环境的观点[⑤]；赵秀清着重考虑了历史环境与城市空间的结合，将城墙遗址整合到城市的空间发展中，创造现代自然景观与人文历史特色相互交融与契合的城市文化景观结点；李天楚探讨了将空间叙事、历史关联方法应用于城墙遗址景观设计，在保证历史原真性基础上将历史、文化和自然属性叠加于遗址城墙设计，利用了空间叙事序列和历史关联的方法讲述城墙的故事、再现历史[⑥]；郭栩东提出运用中观层面的维度划分方法对遗址公园进行规划设计研究，凸现遗址的文化价值和文化重大成就，强调文化生态系统的动态平衡，使遗址公园的存在与发展适应城市建设发展的需要，促进旅游的发展[⑦]；严天浩以挖掘城墙遗址的历史文化内涵为出发点，研究总结得出"共生式"

① 于晓敏 . 浅析土遗址病害成因与保护策略——以塔城市绥靖城城墙遗址为例 [J]，遗产与保护研究，2017(5).

② 黄四平，王肃 . 西安明城墙遗址主要病害勘察及成因分析 [J]，咸阳师范学院学报，2011(6).

③ 王霁轩 . 城市更新视角下古城墙遗产保护探究——以北京明城墙遗址公园为例 [J]， 城市建筑，2023(13).

④ 翟嘉璐，干立超 . 城墙遗址保护修缮设计研究——以衢州城墙东段为例 [J]，城市建筑空间，2022(08).

⑤ 赵秀清，赵莉莉 . 绥远古城城墙遗址公园的保护与规划构想 [J]，干旱区资源与环境，2004(3).

⑥ 李天楚 . 基于"空间叙事"和"历史关联"的城墙遗址景观设计方法研究——以翼城县城内村古城墙遗址公园设计为例 [J]，森林防火，2022(02).

⑦ 郭栩东 . 肇庆宋城墙遗址公园旅游规划设计研究——中观层面视角 [J]，热带地理，2012(01).

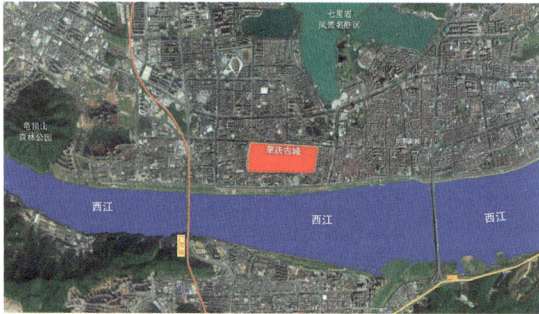

▲图1 肇庆古城航拍图

▲图2 肇庆古城与周边环境关系图

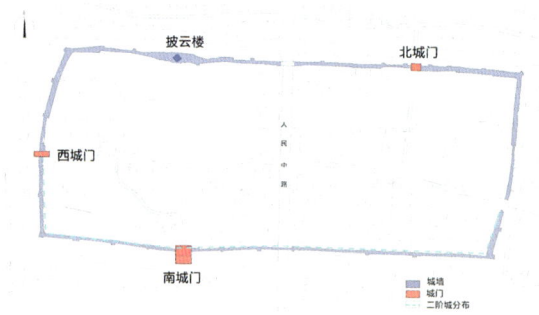

▲图3 城门分布图

活态保护的具体措施[①]。

　　然而，当前的研究也面临一些不足之处。首先，对于古城类遗址的研究仍有一定的片面性，部分地区的研究相对滞后，导致了全局把握的不足。其次，现有研究在关注历史与文化内涵的同时，对于保护技术手段与实际操作模式的深入探讨相对

---

① 严天浩，谭晓琳.城市更新视域下古城墙遗址"共生式"活态保护的新应用——以肇庆端州宋代城墙段与罗马奥勒良城墙段为例 [J]，中国住宅设施，2023(05).

较少。此外，在城门的研究中，过多侧重于历史文化的还原，对于城墙城门在现代
社会中的功能与意义认知不足。

鉴于以上现状，我们的研究旨在充分综合考虑遗址整体与细部的特点，深化对
其历史文化内涵的挖掘，同时结合现代保护技术与实际操作，探索更为切实可行的
保护模式。在本城墙保护的研究中，我们探讨了肇庆城墙在当代城市环境中的价值
与意义。通过对肇庆城墙的典型病害及机理分析，而后讨论城墙保护的具体对策。
我们期待为古城遗址及其城门的保护与传承提供新的思路与实践方法，为人类历史
文化的传承贡献一己之力。

三、肇庆城墙概况

（一）现状

肇庆古城墙位于广东省肇庆市端州区，处于广东省中部、西江流域下游，其境
内地势北高南低。肇庆城墙的建造因地制宜，择周边山形水势而定，整体格局规整，
近乎矩形（图1-2）。城门及月城形成的双重构造，加之环绕一周的山形水势，形
成了严密周全的防御与防洪体系，符合城市军事防御和防洪需求。据肇庆府记载：
四座城门均有城楼，四门之外均建有瓮城，其城墙高二丈二尺。城墙内部城市道路
规划有完整的道路系统，主次分明的街巷格局。东西城门正对，南北城门相错，双
丁字形大街贯穿四城门，其中西门大街与东门大街将城市东西两门连接，作为城市
的中轴线。

肇庆古城墙始建于宋皇祐五年（1053年），到清代为止，城墙修缮记录有近
二十次，直至民国初年城池仍保持完好，民国四年，乙卯洪灾之后对城墙进行了最
后一次修葺。民国十三至十五年（1924—1926年）间，城墙之上的城门楼、雉角楼、
文昌阁、月城炮台俱被拆毁，城墙披云楼段外全部拆低约7尺，并填塞城门，修成
斜坡以利交通。

肇庆古城墙本体格局保存完整，平面呈长方形，东西长、南北窄（图3），
周长2801.2米，东城墙长403.4米，宽8.47—9.14米；西城墙长376.9米，宽
16.1—18米；南城墙长992.3米，宽8—10米，高出地面6.5米；北城墙长1028.6
米，宽8—11米，披云楼附近城墙高出地面约10米。城墙四面各开一座城门，四

门之上各建有城楼一座，东曰"宋崇"，西曰"镇南"，南曰"端溪"，北曰"朝天"。四门之外各有屏蔽城门的半月形子城，月城开廊门，廊门之上又各有小楼一座。西、北月城与里城城门基本相对，南月城开东、西两门，东月城开东、北两门。现城墙内外两侧包砖整体保存较为完整，但东墙北段墙体、南墙外侧部分、西墙内侧、北墙东段内侧部分被周边建筑占压掩埋严重，边界难以分辨。南北城墙，由于人民南路的修建，有宽约 25 米的缺口。

表 1　肇庆古城墙现存尺度

城墙方向	长度	宽度
东城	403.4 米	8.47—9.14 米
西城	376.9 米	16.1—18 米
南城	992.3 米	8—10 米
北城	1028.6 米	8—11 米
周长	2801.2 米（实际是总长度）	

（二）研究价值

肇庆古城墙结构精巧，科学史料价值较高，城墙、城门及相关的建筑构成极具历史感的城市景观。城门城墙与七星岩、梅庵等其他古迹可以形成文化旅游资源体系，提升地区知名度，带动当地综合经济发展。肇庆古城墙作为古城"边城形制"和历史文化名城的重要载体，是宣传肇庆的历史文化和进行爱国主义教育的重要物质遗存。城门遗址发掘的回纹瓦保存完整，一周采用回纹团当心运用了双喜及花枝纹，其构图合理，图案精美。柱础保存完整，红砂岩石质，素面，方、圆座覆盆形。体现了古代岭南人对艺术的良好认知，建筑构件兼具了增加附着力的实用功能和装饰功能。据现场实际测量，现存肇庆古城墙竖向坡度角绝大部分介于 16 度至 19 度范围之内，可见肇庆古城墙实物与"边城形制"（北宋神宗元丰年间制度）有着相当高的一致性，肇庆古城墙堪称研究宋代边城城墙形制等的精确范例。

肇庆市城墙和城门上有宋、元、明、清、民国历代的青砖，朝天门、西边的披云楼都是标志性的建筑。上千年的光阴，诉说着悠远的历史。一砖一门都为肇庆增添了古文化韵味。保留了广东唯一的、全国少见的宋代砖城墙，堪称"砖的博物馆"，有"小万里长城"之称。

肇庆古城墙虽经历了多次修葺,残损情况也较严重,但城墙的总体位置、主要城门和马面的位置、城墙的砌筑方法与形制等,都基本保留宋代城墙的原始形态,是国内现存宋代城墙完整的范例之一(其他保存较完整的古城墙:有浙江台州和安徽寿县等)。肇庆古城墙所保留的城墙内部多砖并列的砌筑方法为典型的宋代城墙砌筑方法,其历史文物价值极高。并且,古代肇庆位于岭南边陲,肇庆古城不同于中原大城,其筑城形制符合宋代边城制度的特殊规律,从广义上讲,它又是研究中国建筑等级制度的又一特殊的范例。

(三)保护现状

1. 朝天门(北门)

2001年,肇庆古城墙被国务院公布为第五批全国重点文物保护单位。城楼塌毁无存,且无任何痕迹保存,城台北侧依照宋城门形制进行了复原,其原有城台的包砌砖石及基座部分保留,但城门洞及垛堞依照宋制进行恢复,真实性遭到了一定的破坏。内侧凸出城墙的部分,为本次发掘揭露,海墁砖及垛堞坍塌缺失,城台及门洞上部坍塌严重,裸露的夯土及背里砖石砌筑松动、倾斜,现采用临时戗杆支顶,整体稳定性差。城台基座格局完整,包砌砖石及内侧夯土、城门洞均有部分得以保留,能真实地反映了城台的历史形制、用材、工艺技术等,整体真实性和完整性保存一般(图4)。

2. 南熏门(南门)

南熏门埋藏区内有清代门楼的基座与城门洞、瓮城、水闸、道路、柱洞、墙、护坡、夯土等遗迹。城楼塌毁无存,城台顶部坍塌,残存基座,城门外门洞券顶坍

▲图4 朝天门航拍图

▲图5　南城门及瓮城考古遗址俯视图

▲图6　南薰门考古遗址平面图

▲图7　瓮城航拍图

塌，两壁墙体倾斜，砌体松动。内门洞券顶坍塌，两壁残存条石及部分背里的包砌砖砌体，整体稳定性较好。城台基座、门洞位置边界清晰，原包砌的条石、条砖以及内部的夯土均有保存，建筑的用材、工艺、构造、特征均有较为完整的保留，但城台上部的坍塌，使其完整性遭到一定破坏，整体完整性一般（图5—6）。

瓮城：瓮城内全部被后期回填掩埋，本体考古挖掘仅揭露局部，城内遗迹以及墙体内侧形制尚未完全清理。墙体上部海墁及垛堞全部坍塌缺失，墙体外侧根部被覆土掩埋，三面墙体外侧均出现严重的外倾、裂缝、砌体酥碱、残破等现象，在发掘后做了临时的木板、戗杆支顶措施，以保证其稳定性。瓮城门廊券洞塌陷，后期填埋瓮城时，将门洞封堵。瓮城格局完整，墙体的形制、用材、构造特征等保存比较完整，真实性和完整性较好。埋藏区遗迹受到排水管网等城市基础设施建设影响，且现发掘后未回填保护，现在南门上部搭建临时防雨棚架，保护其安全稳定，存在雨水冲刷、苔藓植物滋生等隐患（图7）。

3. 景星门（西门）

景星门埋藏区内有城门、水闸、道路、沟、活动面、柱洞、墙、夯土等遗迹。城门保存较好，除券顶大部被破坏，其余部分较完整。城门洞为石砌长方形圆拱顶

▲图 8　景星门城门遗址

▲图 9　南瓮城墙体顶部海墁多处墙土体开裂

门洞。石构件保存完整，长条状，两端斜面有方形榫，底面中部有长条形方槽（图 8）。

四、病害及成因分析

　　城墙病害分为结构稳定性不足、砌筑材料的劣化、生物病害以及人为因素的影响四个方面。结构稳定性不足这类的病害表现在裂缝裂隙以及掏蚀出现的情况中；砌筑材料的劣化包含了表面风化以及彩绘层的起翘、脱落及彩绘模糊淡化；生物病害方面，微生物、真菌等生物的生长繁衍也在不知不觉间侵蚀着城墙的结构，加速了其病害的发展；而人为因素，诸如不当的维护方式、人为破坏等，同样在城墙的保护与维护中起到了负面作用。

　　（一）结构稳定性不足

　　1. 裂缝及断裂

　　肇庆古城墙表面的各种长短不一的裂缝无处不在。南瓮城墙体顶部海墁情况较为严重，多处墙土体开裂，城台北侧顶面出现通长裂缝 5 条，裂缝宽约 4 毫米，同时北侧南侧过梁同时断裂（图 9）。

表 2　造成裂缝成因表

成因	主要表现	说明
成因一	夯土层之间存在差异	不同时期的土体成分存在差异，且无法协同变化
成因二	雨水渗透的影响	排水系统不能正常使用，例如有些排水口被封住
成因三	墙体负载过大	旅游带来的人流、车流，另外，建设过多的高楼

2. 墙体掏蚀

城墙城门墙体普遍存在着墙体掏蚀病害，主要表现为砖体的粉化掏蚀（图10）和砖体的脱落掏蚀。掏蚀病害的发生主要与降雨有关。在降雨时，砖体与砖体之间的胶结材料，主要是白灰层和颗粒较大的砂粒，会发挥胶结作用。白灰层在空气中的二氧化碳作用下会形成碳酸钙，进而起到胶结作用。然而，随

▲图 10　朝天门房址砖体的粉化掏蚀

着长期酸雨或雨水的冲刷，以及大气中二氧化碳、二氧化硫等气体的增加，这些酸性气体与水分结合形成可溶性的碳酸氢钙。随后，这些胶结物质会随雨水流失。这些胶结物质的流失导致墙体的掏蚀，甚至使砖体不稳定、脱落等病害进一步加剧。

3. 坍塌

据民国《高要县志》纂述：幸因肇庆城墙"惟以御水患故，仍留城基"，只将雉堞、城门楼，城炮房拆去耳，并填塞城门，修成斜坡以利交通。[1] 这些不合理挖洞以及改建工程导致现在的南熏门洞顶坍塌，残存两壁墙体，上部残存背里砖砌体，砌体松动、残缺，局部砌体悬空；南瓮城顶部海墁基本坍塌残缺，墙体内侧被掩埋还未揭露，外侧墙体外倾、外鼓。墙体受力结构受到了破坏，产生应力重分布，墙体为了达到一个新的受力平衡点会出现裂缝以卸去内应力，墙体受到以上反复的作用，裂缝就会变多变宽，直至墙体坍塌。

---

① 付晓渝 . 中国古城墙保护探索 [D]. 北京林业大学，2007.

（二）砌筑材料的劣化

表 3　城墙表面风化现象原因

成因	主要表现	说明
成因一	水分作用	酸雨冲刷，工业化发展又使酸雨频率增加
成因二	温度变化	砖体内温度的不均匀以及冻融过程，产生内部应力

（三）生物破坏作用

植物（包括杂草和灌木植物）在其生长过程中，将夯土体作为自身生长的营养来源，这种作用会导致土体受到腐蚀性破坏。与此同时，植物在死亡后，其遗体会腐烂分解，释放出有机酸、CO_2、H_2S 等物质。这些物质在水中溶解后会形成酸性物质，对土体造成腐蚀性破坏，加速土体的分解过程，从而降低土体抵抗自然破坏的能力。动物如一些昆虫可能会在城墙表面建造蜂窝状的巢穴，例如蜜蜂或黄蜂。这些结构可能导致城墙表面凹凸不平，破坏外观。如某些鸟类可能会在城墙上筑巢，其粪便可能对城墙表面造成损害，腐蚀涂料或材料。除此之外，城墙还可能受到细菌和真菌的污染，特别是在潮湿环境下。这些微生物可能导致城墙表面的腐蚀和变色，影响外观。

（四）人为因素

城墙在近代以来，失去原有的防御功能，年久荒废，维护加固的缺乏，造成墙体、城门的拆毁、坍塌。据记载，民国十三年至十五年（1924—1926 年），将城墙上的城门楼、雉角楼、文昌阁、月城炮台全部拆除，城墙除披云楼段外也全部拆低约 7 市尺，并填塞城门，修成斜坡，以利交通。年久荒废的城墙、城门洞在城市发展、建设中，被掩埋或拆毁。随意的填塞城门和跨墙修筑道路，致使城墙在长期的荷载作用下，出现了砌体的残破、坍塌，尤其是墙体外壁在受到上部荷载和内部的挤压作用下，极易出现外倾、外鼓现象，进而形成裂缝等。

墙体外壁、裂缝坍塌，墙上滋生小型乔木、灌木等植被，根系扰动破坏砌体内部结构，造成包砌砖石鼓闪、裂缝、塌陷等残损。城门遗址揭露以来，仅对南城门采取了临时的保护棚搭设，北城门仅采用篷布覆盖保护，导致城门原本存在失稳的部位，在自身荷载以及外营力的作用下，进一步出现了坍塌。

表 4　遗址本体主要病害表现

病害表现	成因分析
结构稳定性不足	裂缝及断裂墙体掏蚀坍塌
砌筑材料的劣化	表面的风化彩绘层的起翘、脱落及彩绘模糊淡化
生物破坏作用	过度使用

表 5　病害表现分类表

病害成因分类	病害表现					
	裂缝及断裂	墙体掏蚀	坍塌	表面的风化	彩绘层的起翘、脱落及彩绘模糊淡化	生物破坏作用
风蚀	√	√		√	√	
水蚀	√	√		√	√	
温度变化	√	√		√		
生物腐蚀		√		√	√	√
震动	√		√			
人为因素		√	√		√	
负荷过大	√		√			

五、保护与利用策略

（一）本体保护加固

本体保护目的有三：一是研究如何延长墙体的寿命，减缓墙体材料的老化，增强抗毁损的能力；二是设法遏制外部环境对城墙损伤的影响；三是对已经发生的墙体毁损进行及时有效的治理，防止其进一步发展和恶化。不管对墙体采取怎样的保护方法，都必须遵守真实性原则、修旧如旧的原则，减小对原物的干预，最大限度保存原物，方能达到保护好城墙这一重要文物建筑的目的。[14]肇庆古城墙在这一原则下，采取了如下保护措施：

1.针对结构稳定性保护策略

（1）择砌。南城门瓮城墙的基础良好，宜采用择砌修复。局部残损，大裂缝均择砌。先划拆线，加固支托，防再损。慎用机械，整砖细心拆，分类存放。墙砖剔灰整理，规格一致，水浸接槎，灰浆固结，撤支恢复。

（2）拆砌。针对北南城门及瓮城倾斜、松动的危害，采取拆砌修复。清理毛石、石条，编号存放。缺失、风化石条按规格补配。内衬石灌白灰浆，外条石浆砌，用青白麻刀勾平缝。

（3）墙体顶部坍塌的修补。对于墙体顶部坍塌的修补，则清理坍塌部位及酥松土体，裂缝充填注浆加固，并设置排水坡度。

2. 针对砌筑材料本体保护策略

（1）剔补。针对墙体局部出现严重受潮酥碱部位进行剔补，该做法主要用于原墙体保存较好，凡局部墙体受潮酥碱且是易于抽换（不影响整体建筑的稳定性）的砖块，进行剔补修缮，剔补时先将需修复的地方凿掉，然后按原墙体砖的规格、原做法重新砌筑，里面用灰膏填充饱满。

（2）砌补。砌补主要用于城台坍塌部位。首先清理墙体表面浮土、残渣，对悬空部位进行一定的支顶稳固。然后将已经出现松动的砌体抽出，清理表面残灰，对于残破严重的砖砌体及缺失的部分，依照原制进行补配。在抽出的砖砌体表面满铺灰砌筑，其余部位以补配砖进行预摆编号后，满铺灰砌筑，砌补区域较大的部位。最后对新砌筑的墙体表面依照两侧墙体进行随色做旧处理。

（3）拆安归位。由于坍塌，导致砌体堆积，对于墙顶出现的堆积砌体，宜进行规整归安。勘察坍塌砌体的保存状态，对坍塌的堆积的砌体进行分析定位。将砌体逐块拆除，清理表面的浮土、残渣，然后依照原砌筑方式，重新砌筑归位，保证砌体的安全稳定。

（4）表面渗透技术。瓮城墙体夯土裸露，宜采取表面渗透技术进行保护改善。分析原夯土材料与工艺，改善表层。重新夯土，提升表面强度和防渗性。夯土部分拆砌，保持稳定。

（二）本体局部恢复

城墙本体的局部修复应与整体协调一致，并遵从修旧如旧原则。

1. 针对结构稳定性的保护策略

（1）券顶的补砌。拆砌券洞两侧墙体的松动、残破的砌筑，补配石砌体，修复城门洞券顶，海墁台顶。

（2）顶部海墁。为使城顶海墁有效防渗，城顶海墁采用夯筑灰土防渗层和铺筑城顶双层海墁。清除顶面潮湿土层，夯实土芯，城砖立砖错缝铺墁。挡马墙下脚和内侧女儿墙根部做立披水砖，之后，清扫地面并做排水试验，以及原地面两侧细缝的去污、麻刀灰勾抿等工作。

（3）垛堞及女儿墙。城台顶部海墁，从外包砌体直接向上砌筑垛堞，垛堞砌筑首先对城墙长度进行测量分位，确定垛口、排水口的位置，分别试摆砌然后根据定位向上砌筑。

（4）局部排水处理。城墙城门遗址积水排向墙面包砖一侧，以防止夯土被雨水冲刷，排水采用石质沟槽外出悬挑，下部设滴水石。砌筑黏结材料全部采用熟石灰，补夯土体密实度与原城墙密实度一致。

2. 针对砌筑材料的保护策略

（1）城门墙身的砌筑。城门城台上部坍塌恢复的部位按原形制、原做法修复，砌筑用砖首先使用原城墙砖，不足部分使用与原城墙砖同规格和同强度的青砖。

（2）城门通道地面修复。城门地面采用石板铺墁。

（三）本体防范

1. 针对结构稳定性的保护策略

（1）墙根积土防水措施。墙根部位积土日积月累形成坑洼、沟壑，排水不畅，加剧墙体破坏速度，故需对墙根处积土进行找坡、夯实，做排水处理。根据城墙内外两侧积土情况，对坑洼、沟壑用三七灰土进行回填、夯实，对积土进行找坡夯实。

（2）雨水冲沟、坑洼、裂缝治理。清除冲沟、坑洼、裂缝处植被及腐殖层，开挖成台阶状，对下部裂缝进行注浆处理，用土坯砖砌筑平整。

（3）孔洞的堵砌。对于结构不安全或存在结构隐患的洞口的堵砌。洞体的结构不安全或存在结构隐患，对城墙本体安全形成威胁或潜在威胁，则对其进行实心堵砌，保证城墙本体的安全。对于结构安全洞口的封堵，在城墙上开挖堆砌杂物的孔洞内部用机红砖砌筑隔墙。

2. 针对生物病害的保护策略

（1）植被清理。为了减少清理对现有城墙的破坏，清除方法为锯除其主干后，再使用化学溶液注入树根，根系灭活后，人工清除，空洞再加入素土夯实，切忌直接开挖树根，避免对城墙造成更大的破坏。对城墙城门遗址上常见的爬藤、灌木、杂草，可将其直接消除。对于一些中等大小的树木，除去其主干后，禁止直接开挖树根，避免对城墙城门遗址造成更大的伤害。

（2）苔藓、霉菌防治。在考古剖面整治后，用异噻唑啉酮溶液喷洒于遗址表面，预防苔藓、霉菌滋生。由于苔藓、霉菌滋生的易发性、反复性，该项工作需要纳入到日常的保养维护工作中。

（3）蚁、老鼠清除。对城门遗址设立界桩范围内的蚂蚁及老鼠检查和灭治，对遗址周边的土壤，凡容易滋生老鼠及蚂蚁的环境，进行细致的蚂蚁和老鼠检查，如发现已有滋生蚁情，立即进行灭杀处理，力求做到"早发现，早处理"。蚂蚁、老鼠防治工程药物的选择和使用必须遵守《中华人民共和国农药管理条例》，所使用的药物必须取得《卫生杀虫剂登记证》等相关资料手续，登记范围包括蚂蚁、老鼠防治。不得使用国家明令禁止的药物，严禁把只取得农业或其他卫生害虫登记的农药用于蚂蚁、老鼠防治工程。

（四）覆罩保护

考古遗址的保护棚搭设。保护棚主要对城门考古遗址进行原址保护、现场展示与价值阐释。遗址保护棚工程应符合对文物本体最小干预、具有可逆性、可识别性、且能和所在环境协调的原则。

表 6　效果图图表

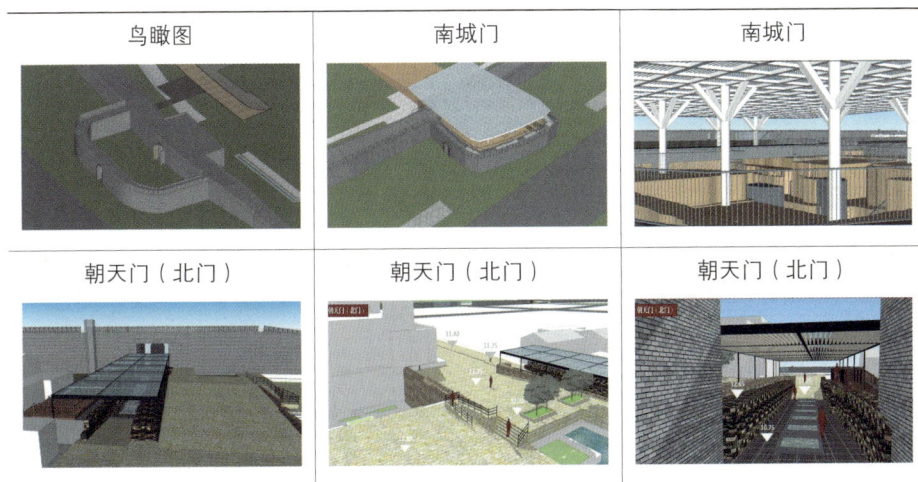

鸟瞰图	南城门	南城门
朝天门（北门）	朝天门（北门）	朝天门（北门）

六、结论

古城墙城门的病害成因有多方面，但保护流程大体可以整理为以下几个方面(图 11) 。

古城墙城门的病害成因主要由结构稳定性不足、砌筑材料的劣化、生物病害作用、人为因素等方面。在结构稳定性方面，地壳运动、温度变化、水分膨胀收缩等引起地表或物体的裂纹，地质条件不稳定、人类活动、自然灾害等也会造成土地或建筑物倒塌。在砌筑材料方面，墙体材料会经受物理化学反应的侵蚀从而破损老化。在植物方面，病原微生物、虫害、病毒等生物因素引起墙体损伤，自然生长的植物也会侵入破坏墙体。在人为方面，人为行动损伤墙体，墙体缺乏管理从而年久失修。

保护策略：在结构稳定性方面，古城墙对墙体自身进行修复加固，修旧如旧，使得墙体寿命延长；在砌筑材料方面，有针对性、局部地采用现代材料，使得现有墙体具有更好的抗腐蚀性能；在生物病害方面，根据相关法规，全方位地针对动物、植物、微生物进行防治。在人为因素方面，采取相应的保护措施，加强法规管理措施。

随着社会发展和人们文化意识的提升，人们对古城墙的历史价值和文化意义有了更深刻的认识。在现代化进程中，保护传统文化遗产成为国家发展的一项重要任务。科学的类遗类城墙城门的保护工作将推动着我国古城墙保护事业的前进方向，将这些宝贵的历史遗产传承下去，传递着文化智慧。

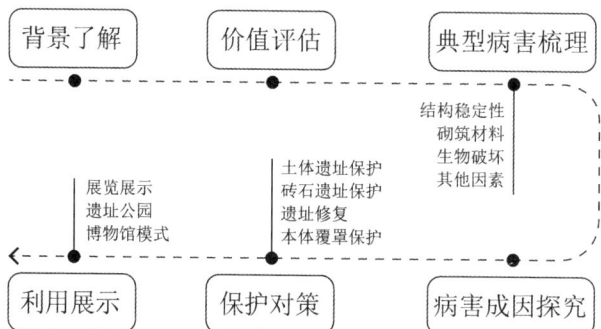

▲图 11 遗址类城墙城门保护流程图

南京城墙文化遗产数字记录、
保护与展示的创新应用与思考

金连玉　南京城墙保护管理中心

摘　要：南京城墙是南京市重要的文化地标，体量最大的文物之一，优秀的文化遗产。本文通过对文化遗产数字化转型的背景与发展瓶颈进行初步剖析，结合南京城墙文化遗产数字化记录、保护与展示的实践应用，提出科技赋能文化遗产保护与传承发展的创新尝试，以期抛砖引玉，促进学界对数字化转型中文化遗产保护与发展问题的进一步探讨。

关键词：南京城墙；文化遗产；数字记录；数字化保护；展示利用

"世界遗产"正日益成为文明交流互鉴，实现可持续性发展、构建人类命运共同体的重要平台。聚焦当下，科技创新与新型数字技术的应用、普及，使得文化传统遗产保护手段的局限性被不断突破，同时也为文化遗产保护与发展带来了诸多机遇与挑战。南京城墙始建于公元 1366 年，是明太祖朱元璋主持修筑的都城城墙，全长 36.267 千米，现存 25.091 千米，是世界上现存规模最大、保存最完好的城市城墙。1988 年，南京城墙被国务院列为全国重点文物保护单位，2012 年与西安城墙、襄阳城墙等共同组成"中国明清城墙"申遗项目，被国家文物局列入中国申报世界文化遗产预备名单。

作为南京市体量最大的文物、优秀的文化遗产，南京城墙积极借助科技力量，守正创新，多效并举，从遗产保护、展示、利用等多方面做出数字化创新尝试。本文拟对文化遗产数字化转型的背景与发展瓶颈进行初步剖析，结合南京城墙文化遗产数字化记录、保护与展示的实践应用，提出科技赋能文化遗产保护与传承发展的创新尝试，以期抛砖引玉，促进学界对数字化转型中文化遗产保护与发展问题的进一步探讨。

一、文化遗产数字化转型的基本背景与发展瓶颈

国家"十四五"规划中明确提出"加快数字化发展，发展数字经济"的重要指示，近年文化遗产保护与活化利用等工作中，也面临着数字化转型的重要任务。所谓数字化转型，即使用新型数字技术，解决文化遗产保护与利用等业务工作中的实际需求。清华大学出版的《数字化转型参考架构》中，明确指出数字化转型应系统把握的四个维度：一是数字化转型是信息技术引发的系统性变革；二是数字化转型的根本任务是价值体系优化、创新和重构；三是数字化转型的核心路径是新型能力建设；四是数字化转型的关键驱动要素是数据[①]。总体来看，数字化转型，实际是资源形态、社会动力、生活方式、服务方式等各方面的转型。就文化遗产领域而言，数字化转型需要符合遗产保护与利用的业务需求，提升公众服务方式，促进资源整合与利用，并形成促进社会发展的优质动力。然而，在文化遗产数字化转型的过程中，依然存在着一系列瓶颈与不足，具体包括：

（一）基础数据资源不足，缺乏数据采集标准

如前所述，数字化转型中的关键驱动要素是数据。对文化遗产而言，基础数据即是对文化遗产现状、历史、环境、干预等多元信息的全面记录，也是我国文物保护事业发展的重要基石。一份健全的"记录档案"不仅是文物保护单位实物本体的真实再现，更是对其所承载的社会、经济、文化、政治等内涵的深入挖掘，促进了文化遗产生命力的延续与不断增强，因此档案记录常被誉为"遗产之中的遗产"[②]。同时，国际遗产保护领域也十分重视遗产记录工作，国际古迹遗址理事会（ICOMOS）在1968年成立了国际文化遗产档案科学委员会（CIPA Heritage Documentation），以"利用测量、可视化、各类计算机技术辅助文化遗产的记录、保护和存档工作，紧跟技术前沿，保证对遗产保护、教育和传播的有效性"为工作己任[③]。

不过，由于投入资金较大，且需要一定的技术手段，目前部分文化遗产本体及环境基础信息多有缺失，多数遗产地未建立起完善的文化遗产数字化档案。此外，

---

① 《数字化转型参考架构》T/AIITRE 10001-2020（行业标准），清华大学出版社，2020年，引言。
② 王运良：《关于文保单位"四有工作"历史渊源及现状之管见》，《中国文物科学研究》2008年3期。
③ 参见CIPA网站：https://www.cipaheritagedocumentation.org.

统一的数据规范与端口规范是开展数字化工作的重要前提与基础保障，数据采集标准不清，缺乏统一的数据标准与端口规范，也为数据的采集与后期利用也带来一定不便。各文化遗产地应编制统一的数据规范与接口规范，实现各项资源成果的互联互通，便利数据资源的活化利用，提高资源利用率与使用效率，为文化遗产保护、研究、利用等业务工作做好有序的数据支撑与端口建设。

（二）数据利用率不足，无法满足业务工作需求

文化遗产数字化工作的开展，要与遗产保护、管理、研究、利用等实际业务需求相匹配，并且在这一前提下，文化遗产采集的数据资源才能被充分利用。然而，目前部分遗产地数字化建设工作，缺乏以满足实际业务工作为导向，部分采集数据无法发挥作用，无法满足实际业务工作开展的需要。同时，也陷入了唯技术论，脱离了以适度技术应用促进文化遗产地业务工作的目的。由于在数据采集时缺乏目的性，未能从实际业务出发进行数据采集，采集数据也缺乏内涵挖掘，无法满足文化遗产保护与传承发展的高质量目标。

我们认为，科技助力文化遗产保护与传承中，应以形式追求内容为原则，技术应用应立足明确的业务需求，技术创新与文化遗产地的保护、研究、展示、管理、利用等业务需求一致，以适度的技术集成为遗产地业务工作提供更为直接、快速、准确的数据支撑。

（三）技术与内容脱钩，缺乏遗产价值挖掘

在数字转型背景下，科技赋能文化遗产保护与传承，其初衷是传承历史、传承文化。党的二十大报告中指出，要"增强中华文明传播力影响力。坚守中华文化立场，提炼展示中华文明的精神标识和文化精髓，加快构建中国话语和中国叙事体系，讲好中国故事、传播好中国声音，展现可信、可爱、可敬的中国形象"。因此，数字技术的应用应充分凸显文化遗产特点与优势，形成优质的文化遗产原创内容，为文化遗产传播注入内容与活力，为文化资源走向文化产业提供基础，以实现中华优秀传统文化创造性转化、创新性发展的保护传承目标。

此外，挖掘遗产价值也是文物保护传承工作的基础和抓手。对于遗产数字化工作而言，在与文化遗产保护与利用等业务需求相匹配的同时，应通过数字化技术的应用，深化文化遗产价值内涵挖掘，让数字技术承载优质文化遗产的内涵，不断拓

展文化遗产价值传播的途径与手段，以深化文明交流互鉴，推动中华文化更好地走向世界。

二、南京城墙文化遗产数字化保护与发展的现状

文化遗产是历史的见证，是不可再生、不可替代的宝贵资源，应始终将保护放在第一位。南京城墙文化遗产数字化保护与传承工作中，积极借助数字技术，在文物保护、遗产展示传播等多方面，实现了创新突破：

（一）数字档案建设奠定保护基础

记录作为传承人类记忆的重要方式，是保存文化遗产历史信息的重要手段，更是延续遗产价值的基本途径。早在 1996 年 ICOMOS 就颁布了《记录古迹、建筑组群和遗址的准则》，明确指出"记录遗产是遗产地相关责任单位和个人的必要义务，也是保护过程的核心组成部分"。遗产数字记录与数字档案建设，是指利用数字技术对文化与自然遗产的构成、历史、现状和使用情况开展采集、分析、储存、发布等工作[1]，以满足文化遗产档案建设，实现文化遗产保护与传承的基础。南京城墙在 2017 年开始，就逐步以数字技术采集、记录南京城墙文化遗产信息，实现南京城墙全维度文物数据信息采集，建立最早的遗产数字档案，为城墙保护、修缮与管理工作持续提供精准数据支持。同时，整合前期城墙铭文数据库资源、卫星地图、修缮档案、人防工事等多元数据，利用 GIS 地理信息系统搭建了"南京城墙一张图"资源管理平台，从而实现多元数据的整合与利用。

1. 基本建设内容

建设内容主要包括：文物本体数据信息采集，对保存完整的 25 公里城墙段落完成三维数据信息采集及建模，采集完成城墙本体及周边环境景观数据信息，采集范围平面面积达 320 万平方米。并对中华门、神策门、东水关等重点城门、水关段落，进行建造结构拆分，完成建筑信息模型（BIM）制作。多元数据融合。对南京城墙文物基本信息数据、规划图纸数据、铭文数据、遥感影像数据等，并进行数据的接入与整合。从而搭建资源库及管理平台，实现资源地图、资源列表、属性查询、

---

[1] 杨晨、[澳]李·夏特：《数字化园林遗产图录：扬州何园》，同济大学出版社，2020 年，第 8 页。

空间分析等功能，通过平台可以查看南京城墙全段落精细模型、点云数据、BIM，获取南京城墙砖铭文信息、城门建造变化、逐年遥感影像变化以及城墙周围与城墙有关的南京各级文保单位分布情况等内容，实现对南京城墙属性信息和档案资料的全方位、多维度、可视化的展示效果。

总体而言，基于地理信息系统（GIS）打造"南京城墙一张图"资源管理平台，利用数字技术完成南京城墙 25.1 公里三维数据采集，以及多元数据融合，建设南京城墙最早的文化遗产数字档案，为城墙保护、修缮与管理、利用等业务工作持续提供精准数据支持。

2. 意义与创新

南京城墙"一张图"结合了 GIS 与 BIM 技术优势，配合南京城墙实际业务工作需求，对南京城墙地理信息原型系统进行建设。其中，GIS 技术的四大技术特点，即空间定位、数据分析、空间分析与多元展示等技术特点，均可应用于南京城墙地理信息原型系统研究中，实现以下几方面的突破：

第一，通过 GIS 空间定位与数据管理技术特点，探讨南京城墙文化遗产数字化档案建设、网格化档案管理模式。空间定位与数据管理是 GIS 中最核心的组成部分，利用 GIS 平台，可以为各段南京城墙在 GIS 中建立空间定位。同时，结合 BIM 技术，实现南京城墙文物本体数字化档案建设，形成遗产地文化遗产资源网格化管理。

第二，借助 GIS+BIM 手段，打造南京城墙文物本体保护工作数字化管理模式，为文物本体保护与修缮工作提供科学依据。由于 BIM 的技术核心是建立虚拟的工程三维模型，并为模型提供完整的、与实际情况一致的建筑工程信息库，借助 BIM 可以大大提高建筑工程的信息集成化程度，为项目的相关参与方提供一个信息交换和共享的平台。因此，通过 GIS 与 BIM 结合，可以建立有迹可循的文物本体维修保护档案，并可时时更新修缮保护状态与数据，形成相互协调、统筹的南京城墙保护修缮数字化管理模式，保证维修保护工作开展。

第三，通过编制南京城墙数字化工作数据规范、接口规范，为后续数字化工作开展，以及相关成果二次开发、利用打基础。统一的数据规范与端口规范是开展数字化工作的重要前提与基础保障，本项目将结合城墙中心实际工作业务需求，以国家文物局、住建部有关不可移动文物、可移动文物数字化工作指标为指导，推动文物信息数据与端口的统一规范。

（二）监测预警系统筑牢安全基石

南京城墙的保护维修工作其实从洪武朝建成以后就一直陆续存在，具有现代文保性质的大规模系统性修缮与保护工作则于 20 世纪七八十年代。2000 年前后，南京市政府开始投入大量资金用于南京城墙保护修缮工作，仅 2017 至 2018 年就投入 94.7686 亿元，用于南京城墙遗产保护、环境整治、品牌提升与文旅融合。同时，也制定了《南京城墙保护管理办法》《南京城墙保护条例》，编制了《南京城墙保护规划》，从立法层面奠定南京城墙保护工作的基础。

南京城墙矗立于南京市地面已逾650年，文物本体已经出现了臌胀、裂缝、沉降，甚至局部坍塌等情况。同时，南京城墙环绕南京市一周，与人们的生活紧密相连，城墙的保护工作不仅是传承城墙文化遗产价值的重要基础，也是保障百姓生命安全，为景区旅游筑牢安全防线的重要举措。为了提升南京城墙科学保护水平，延续城墙的遗产生命，南京城墙保护管理中心组织开展了南京城墙监测研究工作，从本体病害、自然环境、社会环境以及保护管理等方面确定了南京城墙的监测指标体系，并启动"南京城墙监测预警平台建设项目"[1]。利用现代科技对城墙本体位移、膨胀、沉降、裂缝等数据及性能及时采集并分析，监测城墙本体及周边环境实时变化，从而实现了"变化可监测、风险可预报、险情可预控、保护可提前"的文化遗产预防性保护。

1. 建设目标与主要内容

南京城墙监测预警平台综合利用地理信息技术、物联网技术、互联网技术、5G 技术，采用测绘、布设传感器、研制监测信息化系统工作等方式，开展南京城墙的监测工作[2]。通过在 25.1 公里南京城墙全线安装 263 套自动化监测设备，不间断监测 1575 个点位，并将监测图像接入拥有 8 个子系统、57 个功能模块的监测预警信息中心，形成集监测与基础数据的采集、审核与管理、动态监测与预警、数据分析与评估、工作监管与业务管理等于一体的监测预警系统。同时，结合定期的巡查、

---

① 刘斌、李敏：《南京城墙文化遗产申遗与监测预警工作研究》，《中国名城》2018 年 2 期。
② 王天文、尹吉丽、张琪、许礼林、孙勃岩：《南京城监测方法初探》，《中国文化遗产》2023 年 2 期。

全站仪测量，以及合成孔径雷达干涉测量（InSAR）数据分析，从微观病害、中观文物、宏观环境等多尺度，实现对南京城墙文物本体及周围环境的预防性保护监测。

该预警平台涉及地理信息支撑平台、保护体等压监测、保护体内保存环境监测、建筑体安全性监测、文物本体监测、游客监测及管控、遗产预警管理、数据分析与利用、管理系统等多个系统，以确保南京城墙本体安全与周边环境监测为主体目标。

2. 意义及创新

首先，南京城墙监测预警系统依托互联网、物联网、大数据和通信技术等现代科技发展的最新成果，建成集监测与基础数据的采集、审核与管理、动态监测与预警、数据分析与评估、工作监管与业务管理等于一体的，针对南京城墙本体保护与周边环境监测的实时预警系统。其覆盖范围长、影响大，是城墙类遗产引入监测预警平台的初步尝试，具有示范性作用。

其次，南京城墙监测预警系统以保护工作需求为工作前提，结合遗产材质与所处环境等特点，利用多种科技手段，满足南京城墙保护的业务需求，实现城墙文物本体的预防性保护。

最后，结合设备铺设、定期巡查、全站仪点位监测、宏观 InSAR 数据及环境数据等接入，从微观、中观本、宏观多尺度筑牢文物安全防线。南京城墙监测预警平台自 2021 年投入使用以来，排查了上千个风险点，筑牢了城墙文物安全防线，保证了景区游客人身安全，为城墙智慧旅游提供安全保障。未来随着监测数据的持续积累，将会形成更为精准的监测阈值，实现预防性保护工作机制，切实以科技手段提高文物保护工作水平。

（三）云端展示创新遗产价值传播模式

在文化遗产活化利用方面，南京城墙深挖遗产价值，搭建"云享城墙"——南京城墙云端展示与互动体验平台，在整合南京城墙展览展示资源的基础上，深挖南京城墙历史文化内涵，甄选恰当的数字科技融入"云上展"、构建旅游"历史情境"展现南京城墙文化意蕴、遗产价值、拓宽文化遗产传播渠道、增强社会关注度，助力文化遗产保护传承。

1. 基本定位与内容

南京城墙拥有多重"身份"，既是南京市地面现存最大的文物，同时又是包含中华门、解放门、石头城遗址等热门景点在内的旅游景区。"云享城墙"南京城墙景区数字化展示与互动平台作为南京城墙景区的线上延伸，目标要求借助数字化手段，绘织南京城墙旅游历史情境、构建数字旅游生态，展现南京城墙历史、文化价值，实现文化遗产智慧游、区域游协同，弥补南京城墙景区历史情境缺乏及南京城墙文化遗产传承手段单一化等不足，助力南京城墙文化遗产保护传承及活态化旅游利用。

"云享城墙"围绕"游城""探索""参与"三大功能，要求是整合南京城墙展示资源、重点增加旅游互动体验、充分发挥文化遗产的社会效益，利用互联网传播技术和数字化展示手段，丰富南京城墙遗产价值手段，助力南京城墙文化保护传承与活态化旅游利用，优化南京历史文化名城数字资源展示布局，构筑南京"文旅新基建"。该平台以展现南京城墙基本概况、城墙简史、军事防御功能，展现南京城墙人文气息、体现古今风貌变迁，与遗产地居民产生良性互动等内容为知识传递的重点，打造3大板块16分项板块内容。通过16个板块的内容设计，使得公众可以在手机上看到城墙、了解城墙、并且和城墙紧密互动。未来，将通过这一平台，让远方的客人在线上感受到南京城墙的魅力，并以一系列优质的内容和新颖的体验吸引游客到南京城墙景区，实现线上线下互动，助力南京城墙文化遗产的保护和传承。

2. 意义及创新

第一，该平台挖掘南京城墙文化遗产价值，整合多种文化资源，以适度的数字技术传播南京城墙文化遗产的突出普遍价值。南京城墙是世界现存规模最大的城市城，因此它的规模和体量是其最主要的遗产价值。"云享城墙"利用数字孪生、数字共生等技术手段，在云端复制了一座南京城墙，使得公众可以利用手机领略南京城墙的规模宏大与深厚历史。

第二，虽然是利用数字技术将城墙搬到云端，但"云享城墙"始终强调其人文气质。南京是世界文学之都，在历史上许多文人墨客都对不同城墙段，创作了大量的诗词与画作，"云享城墙"在南京城墙航拍25公里3D实景的基础上，将历史上描绘南京城墙各段景致的诗词与画作，嵌入到中华门、台城、石头城、东水关等对应城墙段落，并结合动画、视频等形式，打造书香氛围浓厚的南京城墙沉浸式互动空间场景，使得观众在云游城墙时可以直接从城墙实景中穿越古画，感受南京城墙人文气息、触摸南京千年文脉。

第三，积极利用活动策划和互动游戏，不断提升公众参与，建立了人与城的渠道。作为一款数字产品，只有增加公众参与度让能持续吸粉，保持用户量。同时，互动与活动策划的不断更新，吸引更多用户，也使得这款小程序可以持续生长，提升了产品的持续性。

三、总结

南京城墙围合于城市周围，不仅生动诉说着过去，也深刻影响着当下和未来。数字孪生、数字共生、虚拟现实等数字化技术的日新月异，互联网、人工智能的蓬勃发展，带来的以日益复杂和动态的连接，改变了传统文物保护的模式和方法，也实现了文化遗产的跨时空传播与价值共享。

南京城墙充分利用数字技术记录文化遗产、保护文化遗产；展示、传播遗产价值，传承了人类文明。未来，我们期待借助更多优质的数字技术，持续探索、储存、交流和共享丰厚的遗产价值与文化内涵，不断扩大不同人群、不同国家、不同文化的交往渠道，以实现文化遗产价值与内涵有效传播与持续传承。

拉贾斯坦邦（印度）琥珀
和斋浦尔的防御工事和城墙

［印度］莉玛·胡贾　Rima HOOJA
［印度］蔡卡·贾因　Shikha JAIN
国际古迹遗址理事会（ICOMOS）

一、引言

本文重点介绍了世界遗产斋浦尔（Jaipur）的防御工事，斋浦尔是敦达尔王国（kingdom of Dhoondhar）的首都，而敦达尔王国的前首都琥珀（Amber）则是世界遗产拉贾斯坦邦（Rajasthan）高地要塞的一部分。

从史前时代开始，人类就在创造或试图寻找天然或人工建造的保护方式。包括保护自己及其家园、居住地、自然资源和人工资源、牛和牲畜、财富、供水、路线、食物供应链、社区等方式。其中一种保护方式是使用带刺的树枝、栅栏、竹子、硬泥、砖块、泥和石头、石头和砂浆砌成的墙壁和防御工事。因此，城市聚落、"复杂"的社会经济政治单位和王国的出现往往伴随着建筑特征，如带有守卫大门、瞭望塔和堡垒的城墙保护线。本文正是在这一背景下探讨斋浦尔和琥珀（印度拉贾斯坦邦）以及印度次大陆的城墙和防御城市的传统。

斋浦尔（于2019年被列入联合国教科文组织世界遗产名录）和它的前身琥珀城（属于世界文化遗产拉贾斯坦邦高地要塞的一部分，于2013年被列入联合国教科文组织世界遗产名录）都曾是敦达尔王国（现在是印度的拉贾斯坦邦的一部分）的首都。

印度有多部关于建筑的书面文献（或称"shilpa-shastras"）。这些文献是在印度次大陆的不同时期和不同地理区域创作和编纂的。这些关于建筑的文献包括《Mansar》、《Maymtam》、《Shilpa-Ratna》、《Kashyap-Shilpa》、《Brihat-Samhita》、《Bimba-Prakarnam》、《Matsya-Purana》（《鱼往世书》）、《Agni-Purana》

（《阿格尼往世书》）和《Vishnu-dharmottar-Purana》（《毗湿奴法上往世书》）。[①]

印度各地的实践并不统一，后来的汇编通常会对相关部分进行改编。例如，在现代的拉贾斯坦邦（斋浦尔是该邦现今首府的首都），一位15世纪建筑师——苏特拉达尔·曼丹（SutradharMandan）用梵文撰写了多部关于建筑和图标的文献，包括《Vastu-Mandan》《Rupa-Mandan》《Prasad-Mandan》《Raj-Vallabh-Mandan》《Vastusaar》《Vastu-shastra》《Apatattva》和《Devata-Murti-Prakarnam》。为了编写这些内容，曼丹使用了一些先前的文本，如前述段落中列出的那些文本，还使用了一些10至13世纪期间，西印度地区内创作的文本，如布万·德夫（Bhuvan-Dev）的《Aparajit-Prachha》、博杰·帕尔玛国王（king Bhoj Parmar of Dhar）的《萨摩罗经》（SamaranganaSutradhara）和赫马德里（Hemadri）的《Chaturvarga-Chintamani》。此外，苏特拉达尔·曼丹还参考了当地的工作传统。

除了建筑风格和当地可用的材料外，印度次大陆通常遵循三种主要的建筑传统，尤其是在城市地区。它们分别是那格利（Nagari）（主要但不限于印度北部和巴基斯坦使用）、德拉维德（Dravid）（主要但不限于印度南部使用）和维萨尔（Veysar）建筑传统。当然，过去存在着（并将继续存在）许多子风格和子传统。换句话说，印度次大陆的城市规划和城墙建设使用了不止一种模板或设计主题。（本文是关于城市防御工事的文章，因此并未讨论农村聚居区）

文学和历史参考资料、考古、建筑和艺术实例提供了有关印度次大陆各种城墙和防御工事的知识。其中包括原始历史时期哈拉帕文化（Harappan culture）的遗址，如卡利班甘（Kalibangan）、哈拉帕（Harappa）、摩亨佐-达罗（Moenjodaro）等，年代大致可追溯到公元前3000年至公元前1500年左右。烧制的砖和未烧制的泥砖用于建造城门、堡垒、设有受保护入口的城堡、夯土平台、房屋、街道和被城墙保护的建筑。

在这个原始历史时期之后，印度从早期历史时期开始就有了许多有城墙的城市，如巴连弗邑（Patliputra）、奥拉奇哈（Orchha）、琥珀等，还有城市内的有城墙的圣地［如特里凡得琅（Trivandrum）、普里（Puri）、甘吉布勒姆（Kanchipuram）

---

① 译者注：由于其中一些文献尚无正式中文译名，所以译者保留了英语原文。

等]。同样，还有许多有着防护城墙和城门的前现代时期的城市，比如阿格拉（Agra）、德里（Delhi）、艾哈迈达巴德（Ahmedabad，另一处世界文化遗产）和斋浦尔。除此之外，还有数百座堡垒（城堡）。

二、关于拉贾斯坦邦的敦达尔王国的琥珀和斋浦尔

现在的斋浦尔地区位于印度拉贾斯坦邦东部的巴纳斯河（Banas River）流域，是拉贾斯坦邦东部平原的一部分。该地区由许多季节性河流，其中班甘加河（Banganga）、敦德河（Dhundh）和班迪河（Bandi）最为著名。从 11 世纪开始，这个地区就成为敦达尔王国的一部分，由卡奇瓦哈·拉杰普特（Kachchwaha Rajput）武士部族统治。敦达尔地区大致包括当前的斋普尔、道萨（Dausa）和栋格（Tonk）三个县（图 1）。

传统历史告诉我们，卡奇瓦哈·拉杰普特王朝的杜尔哈 / 杜拉·拉伊王子（Dulha/ DholaRai）（公元 1006—1036 年）在被剥夺了他在印度另一地区的原始继承权和祖先王国后，将道萨（距今斋浦尔市约 40 公里的一个城镇）作为他的第一个首都。杜哈·拉伊的儿子卡基尔·德夫（Kakil Dev，公元 1036—1038 年）占领了琥珀，并奠定了琥珀堡和琥珀城的基础。大约在 11 世纪末至 12 世纪初，敦达尔的首都从道萨迁至琥珀。

到 16 世纪，卡奇瓦哈·拉杰普特部族已经发展壮大，该部族的许多成员都曾担任莫卧儿皇帝（Mughal Emperor）的总督和军事指挥官。因此，他们也对

▲图 1　拉贾斯坦邦：行政区

其首都琥珀进行了大规模的新建和翻修。尤其是国王（即 Raja）曼·辛格（Man Singh，公元 1590—1614 年）和米尔扎·拉贾（国王）贾伊·辛格（Jai Singh，公元 1622—1667 年）对琥珀的建筑遗产和防御工事做出了重大贡献。

后来的继承者，摩诃罗阇（Maharaja，意为伟大的君王）萨瓦伊·贾伊·辛格二世（Sawai Jai Singh II，1700—1743 年），于 1727 年将敦达尔王国的首都从琥珀迁至他新建立的一座城市。这座城市以萨瓦伊·贾伊·辛格二世的名字命名，被称为斋浦尔。除此之外，他还扩建并加强了这座城市的防御边界。琥珀和斋浦尔这两个首都的防御工事都非常重要，下文将详细介绍。

（一）敦达尔地区的军事规划

11 世纪至 18 世纪期间，敦达尔地区在宏观或地区层面上受到了首都琥珀周围的石头和石灰砂浆堡垒网络的周到保护，这些堡垒后来又扩建到保护较新首都斋浦尔。这些堡垒的建造时间各不相同，但目的都是为了保护敦达尔的首都琥珀和后来的斋浦尔。

其中一些堡垒规模较小，通常用作瞭望塔。这些附属堡垒的位置具有战略意义，旨在守卫通往首都的路线。例如，从琥珀到斋浦尔的路线上有杜杜（Dudu）、比琼（Bichoon）、巴格鲁（Bagru）和卡尔瓦拉（Kalwara）等要塞，形成了一个附属要塞网络。因此，这些要塞在敦达尔的首府周围形成了一个良好的防御网络。（图 2）

如上所述，11 世纪初，卡基尔·德夫（Kakil Dev）开始在琥珀建造堡垒。在

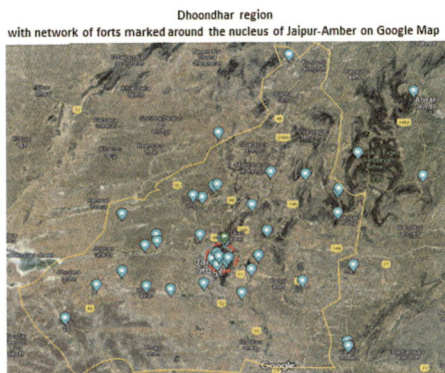

▲图 2 琥珀：第一座首都

▲图3 琥珀堡，背景为斋格尔

卡基尔·德夫（Kakil Dev）的后代统治下，琥珀不断扩大，到12世纪时，琥珀成了敦达尔王国的首都。琥珀堡（2013年被列入联合国教科文组织世界遗产名录）位于阿拉瓦利山脉（Aravalli hills）的安全地带，呈"山谷"堡垒形式（图3）。

这种山谷堡垒的类型在印度传统建筑文献中也被称为"Giri-GuhaDurg"，其中主要的宫殿空间或王室居所被很好地保护在山谷地区，而防御工事则分布在周围的山丘上，以起到保护作用。在这种情况下，进入堡垒要通过山里的特定通道，入口被特殊标记，并通过岗哨进行控制。

因此，地形和地貌就成了环绕宫殿的天然围墙，并进行了进一步的加固和强化。我们可以看到一层又一层的防御工事被逐一添加，占据了周围山丘的每一个山脊。斋格尔和昆塔尔加尔（Kuntalgarh）是两个附属堡垒，作为军事基地建在琥珀堡的西侧，以起到额外的保护作用。

这座宫殿及其防御工事位于中央山谷，周围在有北、东、南方向上的另外两层防御工事，覆盖了镇区和远处的山丘。但在西侧，通过两座附属堡垒的增加，还增加了第三层防御工事以控制整个丘陵地形，作为额外的防御措施。

第一层防御工事比第二层和第三层更厚，稍大一些，而且第一层和第二层的堡垒数量也比第三层多。这也可能意味着，这些防御工事可能是按第一、第二和第三层分阶段修建的，因为它们的强度可能逐渐减弱。这些增加可能是由于琥珀镇的扩展，如今琥珀镇已延伸到东部平原的第二层。

斋格尔（Jaigarh）和昆塔尔加尔这两个附属堡垒是第二层防御工事的一部分，

其中斋格尔由于位于琥珀宫的顶部而显得更为重要，因此被修建为军事基地。长期以来，斋格尔的建筑群中一直设有军械库、火药库和大炮铸造厂，并为军事首领提供住所。它还拥有印度最大的大炮之一——被称为 "Jai-Bana"（或 "Jai-Vana"）大炮。由于位于较高的山顶上，它的守卫范围更大，包括琥珀镇、贾尔·玛哈尔（Jal Mahal，也被称为 "水宫"）和附属山脉。

从斋格尔还可以看到从莫卧儿王朝首都阿格拉到琥珀镇的东南入口路线上最早的哨所，即阿姆巴加尔（Ambagarh）和拉古纳特加尔（Raghunathgarh）。但即使是在这样的高度，西面的视野也会被茂密的地形和森林所阻挡，因此第二层的防御工事被扩建，并增加了第三层，该层沿着西部平原的地形向下延伸，那里有一个小村庄。为了控制斋格尔要塞无法到达的西部地区，第二层防御工事上又修建了昆塔尔加尔要塞。

下侧通道的入口大门被方形防御工事包围，有两个开口和一个中央缓冲空间，避免了敌人的直接攻击。这些门两侧有两个堡垒，堡垒顶部有堞口（Machicolation），有助于在大门底部进行反击。（图4）。

堡垒大多呈圆形和半圆形，其大小因位置和用途而异。较大的堡垒建在角落和战略要地，以便更好地控制视线。这些堡垒有些有遮蔽的查特里（Chhatri），用

▲图4　a. 琥珀入口通道平面图
　　　　b. 和 c. 琥珀大门和堞口
　　　　d. 堞口内部

作瞭望塔，有些中间有一个高台，可能是用来为守卫临时遮阳的设施。堡垒和防御工事的防护墙上有这些典型的尖拱形的城齿，两侧都没有垛口（Crenel）。

这些防护墙上有各种各样的炮眼，为火炮射击提供不同角度。它们有正方形、长方形和细长形，用于不同角度的火炮射击。细长形炮眼位于两个城齿（Merlon）之间的防御墙基底处，与防御工事底部形成一定角度。在一些堡垒的城齿上有巨大的方形炮眼，用于大炮射击。但是，即使堡垒做得很大，也不一定是为了在上面安装大炮。只有在斋格尔堡上才可以看到用于大炮射击的堡垒。

作为一个山谷要塞，琥珀的整体防御系统受到要塞地形的制约，而设防的地段是沿着周围的山脊精心设计的，同时也通过斋格尔和昆塔尔加尔这两座位于战略要地的关键要塞来进行监督和管理。琥珀城的有机增长由于丘陵地形而受到限制，最终因扩张而变得拥挤不堪。到了18世纪，人们认为有必要建立一个新的首都并从琥珀城迁往那里。这是通过在琥珀以南的南部平原上建立新首都斋浦尔来实现的。

（二）斋浦尔：第二座首都

斋浦尔城墙于2019年被列入《世界遗产名录》，其"OVU（Outstanding Universal Value，即突出的普遍性价值）"条目明确提到："与该地区的其他中世纪城市不同，斋浦尔被刻意规划为一座位于平原并开放贸易的新城市，而不是过去的丘陵城市和军事城市，尽管其规划仍与周围的山顶地形相呼应。城市的选址在琥珀山以南的山谷中，地势相对平坦，并且尚未开发。斋浦尔还受到了充分的保护，依山而建，拥有一系列堡垒和防御哨所。因此，根据统治者萨瓦伊·贾伊·辛格二世和他的建筑规划师维迪亚达（Vidyadhar）的雄心壮志，新城可以被规划成一座有吸引力的贸易和商业城市"。

斋浦尔作为一个庞大王国的新首都，在防御和周边军事景观方面的设计都经过深思熟虑。城市本身呈网格状布局，用带有典型尖拱形垛口的石砌墙加固，城齿上有单个的方形炮眼，城齿底部有两个细长的炮眼。斋浦尔城有间隔较长的圆形堡垒和装饰华丽的方形两层入口大门。这后来成为城市的第一层防御工事。

斋浦尔共有9个城门（最初的数量为7个，19世纪又增加了2个）。城墙全长17公里，高度从6米到9米不等。城墙的宽度从2米到3米不等。虽然，斋浦

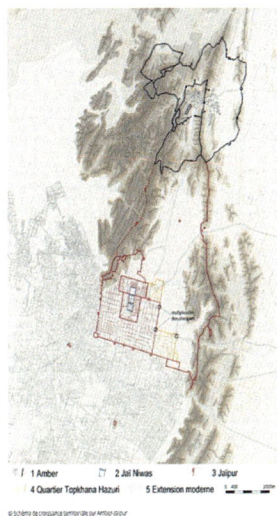

▲图 5

尔城最初在北部有较早的防御工事，如斋格尔和琥珀，而敦达尔王国的统治者则利用斋浦尔城东部、西部和南部较小的山丘修建了较小的堡垒，作为瞭望哨。此外，他们还在第一层防御工事或城墙的每个角落建立了"topkhana"（火炮和弹药基地）（在每个角落的方形区域中标示）。（图 5）

　　不同于琥珀拥有多层封闭式防御工事，斋普尔只有一层围绕主城区的防御工事，但他们最终在城市周围建立了一个堡垒网络，这些堡垒也保护着通往城市的主要入口。拉古纳特加尔（Raghunathgarh）堡垒和阿姆巴加尔（Ambagarh）堡垒位于斋浦尔城的东部山脊上，这些堡垒是在斋浦尔城规划之前建造的，用于监视从阿格拉通过加尔塔吉庙（Galtaji temple）的通道和加特基古尼（Ghat ki guni）通道进入琥珀城的情况，它们也被重新使用，以便保护斋浦尔。其他堡垒，如纳哈加尔（Nahargarh）、哈特罗伊（Hatroi）和默蒂·敦格力（珍珠山）（Moti Doongri）城堡是在斋浦尔城市规划期间规划和建造的。（图 6—7）

　　纳哈加尔城堡（Nahargarh Fort）建于 18 世纪初，坐落在斋浦尔西部山脊的一座小山上，俯瞰斋浦尔（图 8）。斋浦尔市与纳哈加尔城堡的关系类似于琥珀城和斋格尔堡。纳哈加尔城堡有两层防御工事。内堡位于山脉的尽头，提供良好的远视范围，可以从三面俯瞰整个城市。城堡内还有哈瓦曼迪尔宫（Hawa Mandir）和

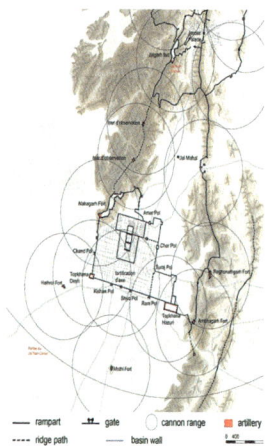

▲图6

▲图7 从西面纳哈加尔的尽头可以看到斋浦尔第一层防御墙和城门

马达文德拉·巴旺宫（Madhavendra Bhawan）等具有建筑艺术价值的宫殿建筑。纳哈加尔的防御工事一直延伸到城堡两端的山脚下。其中一端与城市的主要防御工事相连，另一端与什里加尔甘内什吉（Shri Ganesh Garh，又名 Garh-Ganesh，位于斋浦尔北部轴线上的一座小山，山上有一座防御式寺庙）相连，并通向城市。琥珀堡的防御工事非常厚实坚固，带有琥珀城中那种典型的城齿。纳哈加尔城堡的堡垒呈圆形和半圆形，大小不一。城齿的炮眼有不同的大小和角度，以便于火炮射击。城堡的一些主要堡垒还设有较大的窗口，供大炮射击。纳哈加尔覆盖了斋浦尔市西北山脊的大片范围。

哈特罗伊堡（Hatroi fort）位于城市西部，守卫着从邻近的大城市阿杰梅尔（Ajmer）出发的路线。它是一座小堡垒，入口大门隐蔽，具有堞口，但仅作为设计元素而非用于防御。由于建造在坚硬的岩石上，堡垒的形状并不规则。防御工事上有类似的尖拱形城齿，城齿上有许多小炮口和缝隙。一些堡垒上还有一些没有"石伞"（Chattri）元素的遮阴塔楼（图9）。

另一座保护斋浦尔的堡垒是默蒂·敦格力城堡（珍珠山，Moti Doongri）。它位于斋浦尔南北主轴线上的一座小山上。这座堡垒在所有堡垒中独树一帜，因为它是唯一一座受到英国堡垒建筑影响的堡垒。北部山脊上的防御工事一直延伸到山脚，末端有一个大堡垒。南侧有一个独立的堡垒，俯瞰前方开阔的高原。上堡垒有

▲图 8　纳哈加尔防御工事的景观，显示城齿、铳眼和入口大门与堞口

▲图 9　哈特罗伊防御工事

▲图10　默蒂·敦格力的防御工事，展现了受到了英国堡垒影响的六角形堡垒和方形城齿

一个从山脚看不到的隐蔽入口。堡垒有圆形和六角形堡垒和低矮的护墙。堡垒有两种类型的防护墙，北部的下部防御工事有典型的尖拱城齿，而上层堡垒有长方形城齿和垛口。这些类型的防护墙在欧洲和英国的堡垒中非常普遍，作用是发射炮弹（图10）。

　　阿姆巴加尔（Ambagarh）和拉古纳特加尔（Raghunathgarh）是位于城市东部山脊上只是作为瞭望塔而建的小型堡垒。这两座堡垒都是在琥珀堡作为首都期间建造的，以监视山谷中的通道。阿姆巴加尔堡呈长方形，四角有4个圆形堡垒，堡垒上有尖拱形城齿和小炮口。拉古纳特加尔比阿姆巴加尔稍大一些，有7个堡垒，其中2个是方形的，其他是圆形的。这些堡垒所在的东部山脊早些时候已完全设防，将琥珀防御工事的第二层与和阿姆巴加尔堡垒连接起来。它又被进一步分为两条分支，一条向下连接北面的琥珀城墙，另一条向下一直延伸到南面的纳辛巴巴（Narshingh Baba）寺。但如今，这座城墙的遗迹已所剩无几，其中一部分位于北面的曼萨加尔湖（Man Sagar lake）的坝墙上。那里有一个用石头砌成的小型岗哨，城墙从顶部向两侧延伸。类似的，防御工事有尖拱城齿和炮眼。但如今防御工事的其他部分已不可见，因此无法确定真实情况（图11）。

a

b

c

▲图 11　a. 阿姆巴加尔的入口　b. 拉古纳特加尔的位置　c. 曼萨加尔湖水坝墙的防御工事
　　　遗迹

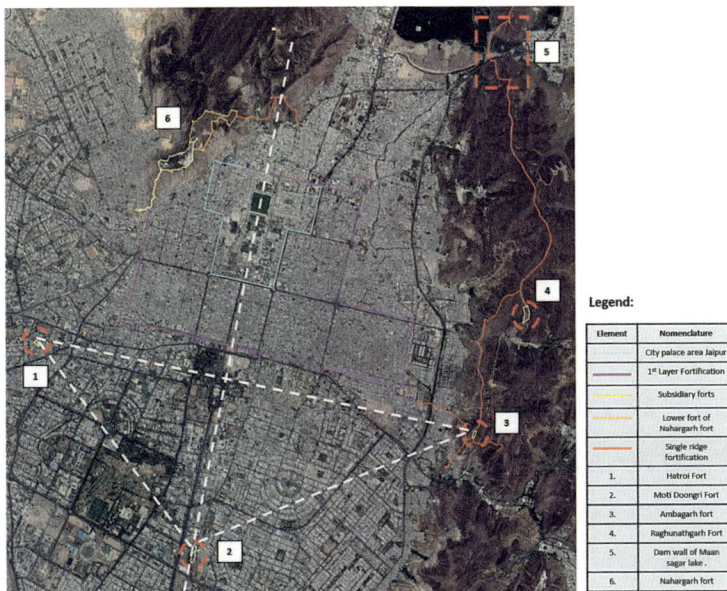

▲图 12　在斋浦尔周围地区形成的堡垒网络构成了一个三角形的防御前线

因此，斋浦尔将这些堡垒作为其精心规划的第二道防线系统。哈特罗伊（Hatroi）和默蒂·敦格力（Moti Doongri）这样的堡垒的位置非常具有战略意义。默蒂·敦格力位于从什里加尔甘内什吉寺（Shri Ganesh Garh temple）到尚卡尔加尔（Shankar Garh）/默蒂·敦格力（Moti Doongri）堡垒的中轴线上，而哈特罗伊（Hatroi）堡垒则和阿姆巴加尔位于一条线上，与城墙南边的中轴线平行。这就在斋浦尔主城的南侧形成了一个三角形的防御阵线。北侧是琥珀防御工事，西侧是纳哈加尔山脊，东侧有从琥珀到阿姆巴加尔的防御工事山脊，附属堡垒有拉古纳特加尔和阿姆巴加尔（图12）。

三、分析

（一）规划

琥珀是一个山谷堡垒，四面被丘陵地形包围。因此，其规划受到该地区地形的影响，最终在某一阶段限制了其增长，导致城镇拥挤不堪。这促成了琥珀镇南部新首都斋浦尔的形成。新首都的位置选择吸取了前首都的经验。选址位于今天向南延伸的斋格尔堡垒山脉的尽头，有助于城墙外部平稳有机增长（图13）。

（二）防御工事

琥珀位于山谷的位置为其带来了不同寻常的丘陵环绕的优势。琥珀建于公元10至11世纪，当时建造山地和山谷军事堡垒是一种需求和趋势。这种天然的防御结构成为其第一道防线。随后，宫殿周围精心规划的两层堡垒以及在西部地形上增加的第三层最终在琥珀宫的核心周围形成了庞大的防御网络。这种结构抓住并克服了自然地形，成为其第二道防线。然后，在第二层堡垒上增加的两个子堡垒斋格尔和昆塔尔加尔成为其第三道防线。因此，我们可以看出琥珀堡的建设充分利用了地形，因为在那个时代，需要建立多重防御系统来保护首都免受入侵者的威胁。但是，斋浦尔市似乎并没有如此戒备森严，因为到了18世纪，斋浦尔王国的卡奇瓦哈·拉杰普特与周围的邻国王朝关系良好，最终没有太大的威胁。与琥珀不同的是，他们没有将地形用作主要的防线，第一层的网格防御墙成为其主要防线，而具有不同特征的5个子堡垒的网络则成为次防线。第一层城墙的南城墙于18世纪还设有一条人造护城河，到了19世纪，这道护城河随着城市在南墙以外的地方扩展而被填埋（图14）。

a

b

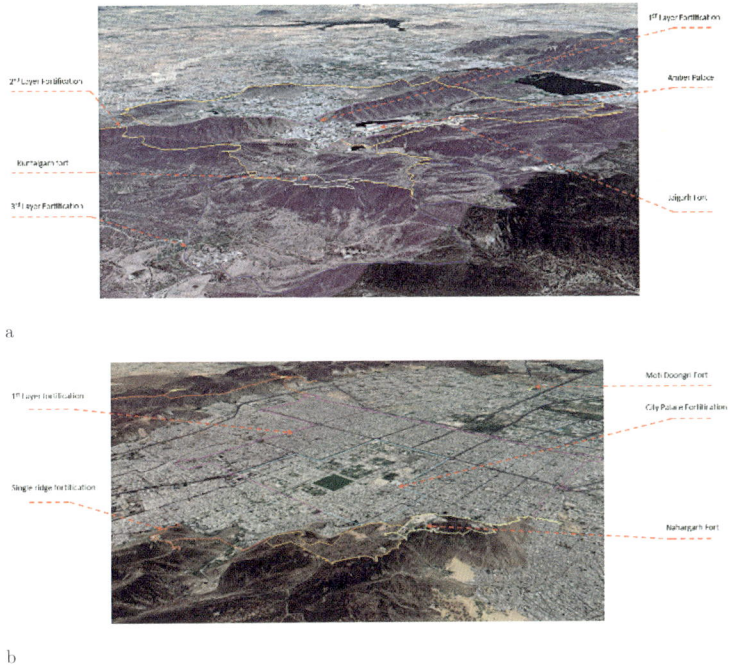

▲图 13 a. 琥珀的地形 b. 斋浦尔的地形

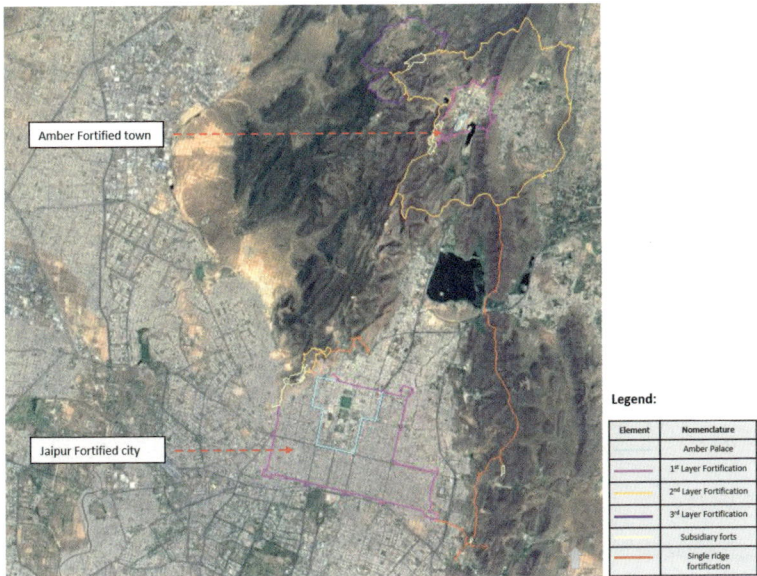

▲图 14 琥珀和斋浦尔防御工事密度的总体比较

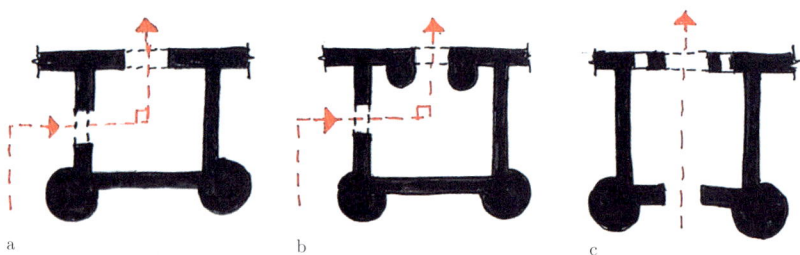

▲图15　a.琥珀第一层的入口门道　b.琥珀第二层的入口门道　c.斋浦尔市的入口

（三）入口通道

琥珀典型的入口结构是平面四边形，外角有2个堡垒，两个入口之间有一个缓冲空间。门道的上部有典型的堞口。

琥珀的大门有两个入口，位于四边形的两个相邻侧面，形成了一个隐藏的90度入口，成为其被动防御系统的一部分。

在琥珀的第一层防御工事中，我们看到主要的内门两侧各有两个堡垒，但在第二层，这两个堡垒并不是内门的一部分。

然而，在斋浦尔的城市防御工事中，我们会注意到这些门道的一些修改。这些门比琥珀的更大，更具装饰性。这些门是平面正方形的，两个入口位于平行的两侧，去掉了隐藏入口，并在上面添加了更多的装饰元素，最终表明这些门更多的是为了显示宏伟而不是提供防御。（图15）。

（四）堡垒

琥珀堡的堡垒都是圆形和半圆形的，大小取决于它们的位置和覆盖的面积。堡垒的城齿上有不同大小和不同角度的炮眼，用于射击。第一层防御工事的堡垒比第二和第三层更厚、更坚固。在第一层的许多地方，我们发现在山脊上有延伸的防御工事，末端有巨大的堡垒。除了这些火枪炮眼外，斋格尔堡的城齿上还有一些方形的大窗户，这些窗户被以适当的角度成比例放置，这些窗户是只有整个琥珀堡综合体的斋格尔堡才可以使用的炮火点。火炮窗口的数量随着堡垒尺寸的增加而按比例增加。

斋浦尔城的堡垒呈圆形和半圆形，整个防御工事的大小和比例几乎相同。它们的堡垒上也有类似的单一方形炮眼。这些堡垒的城墙上都没有火炮射击窗口。因此

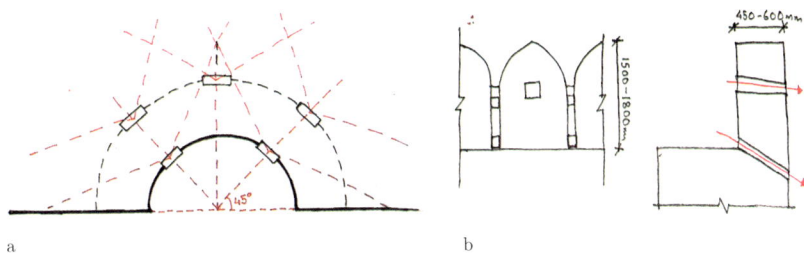

▲图 16　a. 斋格尔堡垒上的火炮堡垒及其位置　b. 典型的尖拱形城齿，显示了炮眼的截面

斋浦尔城墙的堡垒不像琥珀堡那样坚固和巨大。

　　斋浦尔市周围的 5 个附属堡垒的形状大小也有很大差异。纳哈加尔堡的堡垒比斋浦尔城墙更坚固。它的一些内部堡垒的城齿上也有用于大炮射击的巨大方形窗户，但这些窗户是随机放置在堡垒上的，不像在斋格尔堡看到的那样。纳哈加尔堡似乎与斋格尔堡非常相似，因为它是山谷城堡宫殿上的一个类似的皇冠堡垒。因此，像大炮射击窗和巨大堡垒这样的元素也被复制到了斋格尔堡。

　　哈特罗伊（Hatroi）堡的堡垒呈椭圆形，底部倾斜且不规则，这是由于其建造在坚硬岩石上。这些堡垒不是特别坚固，并有很小的炮眼。但默蒂·敦格力（珍珠山）（Moti Doongri）堡的堡垒是圆形和六角形的，带有阶梯状的石墙，显示出欧洲/英国堡垒的影响。阿姆巴加尔（Ambagarh）有坚固的圆形堡垒，拉古纳特加尔（Raghunathgarh）堡垒有 2 座方形堡垒。斋浦尔周围的这些堡垒形状、大小和设计各不相同（图 16）。

　　（五）城齿和炮眼

　　城齿是防御工事和堡垒的护墙。在琥珀和斋浦尔，我们只看到两种类型的城齿。一种是典型的尖拱，这是这些堡垒中非常突出的元素。另一种是带垛口的长方形城齿，形成锯齿状的防御工事，这种堡垒只在默蒂·敦格力（珍珠山）（Moti Doongri）堡出现过。尖头的城齿是在 16—17 世纪前使用的元素，因此它被用在琥珀和斋格尔的堡垒中，但最终在 18 世纪之后，这些元素不再是印度堡垒防御系统的一部分，而是通常作为城墙上的表面装饰元素（图 17—18）。

　　这些城齿上开有用于射击的小口，被称为炮眼。在斋格尔，纳哈加尔，哈特罗伊（Hatroi）的防御工事中，以及琥珀的第一层防御工事的某些部分里，可以看到

▲图 17　斋格尔堡上各种各样的城齿炮眼

▲图 18　纳哈加尔、斋浦尔城墙、哈特罗伊、默蒂·敦格力（珍珠山）和阿姆巴加尔堡上的各种炮眼和城齿

这些大小，形状和角度各不相同的炮眼。在斋浦尔的城墙上，有典型的单一方形炮眼位于墙头中央，底部有两个椭圆形炮眼。这表明斋浦尔城市防御工事上的这些城齿只是设计元素，而不是防御元素。（图 18）。

四、结论

琥珀堡的 11 至 17 世纪的防御工事要坚固得多，并且采用了各种被动防御策略。

▲图 19　从斋格尔俯瞰琥珀宫和城镇

▲图 20　斋 浦 尔 市 防 御 规
划 [图 片 来 源：
雷 米 · 帕 皮 约
（RemiPapillaut）]

▲图 21　斋浦尔城墙上的托普卡纳 · 哈
祖里（Topkhana Hazuri，火炮
储存角）。1927 年制的地图

这反映了那个时代的情况，因为建造这些建筑的时代正面临着外部入侵的威胁。以斋浦尔的防御工事为例，许多保护性的防御工事似乎都是复制了前皇室王朝所遵循的系统，并没有特别关注防御战略。

　　然而，强大的斋格尔堡在 11 至 17 世纪起到了保护琥珀的作用。后来，当斋浦尔于 1727 年建立时，它被很好地归入了保卫斋浦尔市的军事地形中（图 19）。

　　研究员雷米 · 帕皮约（Remi Papillaut）对这一战略进行了很好的分析（图 20—21），指出了位于斋格尔和周围较小山堡的大炮范围如何有助于保卫斋浦尔城市的安全。

朝鲜都城防御的完成：荡春台城要塞

［韩国］陈永旭　Chin Young Wook
首尔市政府文化遗产研究员

一、引言

在大韩民国的首都首尔，有一个地方从用来春日度假的皇家别墅转变首都中心防御点。今天我想介绍的这个位于首都地区而非省级地区的地方，就是荡春台城要塞（Tangchundaeseong Fortress）（图1）。

荡春台城的名字有"享受春天"的意思，它是为保卫朝鲜王朝后期的首都汉阳而修建的最后一座要塞。该城堡沿着从北部的仁王山（Mt. Inwangsan）到北汉山南部（Mt. Bukhansan）的山脊，沿南北方向建造，旨在连接汉阳都城要塞和北山上的北汉山城要塞。目前，它是被联合国教科文组织（UNESCO）列入韩国世界文化遗产暂定名单的汉阳都城城郭的一部分。

"荡春台城"的名字来源于以花天酒地闻名的燕山君（King Yeonsan）在这里建造的"荡春亭（Tangchunjeong）"。荡春亭虽然在燕山君之后消失了，但这个名字却流传了下来，并与肃宗王朝（King Sukjong）在这里建造的要塞联系在一起，因此被称为"荡春台城"。

▲图1　春日的荡春台城要塞

在《东国舆图》[DongukYeodo（Eastern Country's Geography）]、《综合地图》[Doseong Yeonyung Bukhan Hapdo（Combined Map）]、《要塞地图》[Yeonyung Daedo(Fortress Map)]等历史记录中，该要塞都被称为"Yeonyungdae"或"Yeonyungseosung"。但是，人们熟悉的名字"荡春台城"没有变过，牢固确立了它的身份。

荡春台城（Yeonyungseosung）是由坚固的石墙、土墙和天然岩层组成，体现了韩国传统的山城建筑风格。要塞跨度约5.1公里，其中4.3公里由人工建造的城墙组成，其余部分由天然岩层和地形组成。如今，它已成为一处遗址，城墙、城门、水门和暗门保存完好，证明了其历史意义。

二、主体部分

荡春台城要塞位于首尔市内的战略位置。建筑工程从1715年肃宗时期开始，到1754年英祖（King Yeongjo）王朝时期结束。

荡春台城要塞从仁王山一直延伸到北汉山，是连接首尔市西部的一座重要防御建筑。要塞范围内，地形以崎岖的山谷为特色，洪济川流经其中。它在连接首都汉阳都城要塞与北汉山城要塞方面发挥着重要作用。在首尔35.3公里的都城墙中，荡春台城堡占据了5.1公里的长度（图2）。

这座要塞的独特之处在于，它结合了人工建造的城墙和天然岩层，有效地利用了山地地形。值得注意的是，要塞北部的海拔高于南部。建造这座要塞的动机是为

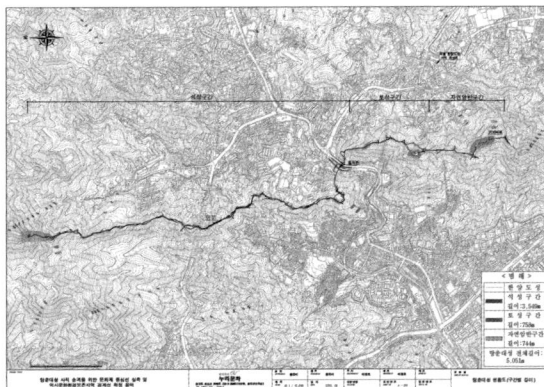

▲图2　荡春台城的地理位置

了保护平昌等重要的储藏地，以及保卫重要的运输路线。以这种方式建造荡春台城要塞，可以制定更有效的战时防御策略。

三、修建荡春台城要塞的目的

朝鲜王朝中期，首都首尔在 16 世纪末期因日本侵略而遭到严重破坏。战争结束后，部分的坍塌部分得到重建。17 世纪，与清朝的战争导致汉阳都城要塞被毁，但因清朝胜利的需要，军事设施的修复或重建工作无法进行。

直到 17 世纪末，清朝的内外形势趋于稳定的时候，包括都城要塞在内的防御设施的全面维修和加固才成为可能。对内，1681 年，清朝在"三藩之乱"之中，镇压了明朝的残余势力。对外，1690 年，清朝与俄国签订《尼布楚条约》，扩大了疆域。1697 年，清朝抵御了入侵外蒙古和内蒙古的准噶尔汗噶尔丹，实现了和平。这些事件的结果是，在东亚地区获得影响力的清朝允许朝鲜从事以前受到限制的军事设施的维护和重建。

这一系列国际事件证实了保护首都的重要性，因为失去首都就会失去民心，难以有效抵御侵略。

自孝宗（King Hyojong）统治以来，人们越来越意识到在危急时刻不能放弃首都，而是要与人民一起保卫首都。随后，在肃宗在位期间，明确承诺不仅要重建首都要塞，还要修建北汉山城要塞，强调了捍卫首都的重要性。后来，在英祖时期，为了加强首都的防御，修建了荡春台城。

16 世纪和 17 世纪，冷兵器向火药武器的过渡导致需要一种新的防御战略。此外，随着冷兵器向火药武器的重大转变，对现有要塞的改进也变得十分必要。因此，在 18 世纪，首都的防御工事进行了整修，以适应不断变化的军事环境，同时保留了首都的传统布局。这些改造是为了应对火药武器的使用。为了提高城墙的耐用性，增加了炮位，扩大了石块并对其进行了标准化处理。

在经历了壬辰倭乱（1592 年日本入侵朝鲜）和丙子战争（1636 年满洲之役）等事件后，保护首都和恢复王权的迫切需要导致了汉阳都城要塞北汉山城要塞的重建。随后，又修建了荡春台城要塞，以连接这三个要塞，从而建立了完整的都城防御体系。

▲图3　汉阳都城要塞城墙的遗址和缓冲区景观展示

荡春台城要塞的建造始于 1715 年，1754 年竣工。各种大小要塞的建造一直持续到高宗王朝（King Gojong，1866 年）。建造荡春台城要塞的主要目的是通过连接汉阳都城要塞和北汉山城要塞，从而创建一个坚固的防御系统（图 3）。

1751 年，英祖一改以往的统治方式，宣布"守城节目"①，决心在危急时刻也要保护首都，为此制定了具体的保卫首都的计划并采取了相应的措施。其中一项措施是将负责保卫北汉山城北部的山城和京畿道西南地区的青陵厂（Chongnyungchung）迁至此处。1754 年，荡春台西段建成，成为荡春台城。通过它的修建，朝鲜可以巩固其防御体系，保护首都和人民，标志着朝鲜后期王朝的首都防御系统的完成。

1754 年，荡春台更名为"炼戎台"（Yeonyungdae），它成为西部防线、首都军需补给基地以及安全的交通要道。从此，一条连接城市、荡春台城要塞和北汉山城要塞的连续线路建立了。

荡春台城要塞保卫了城市的西侧，同时储存了大量的军需物资，后来，在紧急情况下，供应给汉阳山城要塞和北汉山城要塞。它也是连接汉阳山城和北汉山城的通道。它是该国唯一的后方堡垒，负责指挥附近的防御工事和为它们提供补给。

汉阳都城要塞城墙展示了一种与 18 世纪国内外形势变化和军事技术演变（尤

---

① 译者注："守城节目"一词的翻译取自韩国百科数据库。"守城节目"的韩文原文和相关历史，可参见 https://jsg.aks.ac.kr/dir/view?catePath=%EC%88%98%EC%A7%91%EB%B6%84%EB%A5%98&dataId=JSG_K2-1859.

其是火药武器）相适应的综合防御策略。换句话说，荡春台城要塞的建成，在朝鲜王朝后期确立了一套新的城市防御系统，确保了对城市及其居民的保护，而无需疏散民众。

荡春台城建成后，汉阳都城、荡春台城和北汉山城被连接成一个扩大的新都城。这种要塞防御战略与过去大不相同，因为它考虑到了对都城和居民的保护，并考虑到了人员的疏散和保护。这种防御战略的改变是防御工事方面的杰出遗产，反映了18 世纪以来军事环境和社会文化的变迁。

四、荡春台城要塞的核心设施

荡春台城要塞的结构包括几个关键组成部分，包括弘智门（Hongjimun Gate）、五间水门（Ogansumun Watergate）以及一个暗门。为了准备炮火，要塞墙上还设置了炮眼，与汉阳都城要塞和北汉山城要塞的墙壁无缝连接，最大限度地发挥了自然地形的优势。其建造采用了传统的山寨建筑方法，即所谓的"平穿石"（Pyeonchuksik）技术，使得建造相对容易。

在西面的主要入口处，要塞设置了五间水门（Ogansumun Watergate）和水门楼（Sumunru Pavilion），两侧的壁垒均用石块坚固地建造。此外，相对脆弱的西侧还修建了防御墙和土方工程。因此，该要塞形成了一个由三个相互连接的要塞组成的防御系统，这在韩国是一个独特的案例。

荡春台城要塞的修建由青陵厂负责监督，由负责城防的军事人员、居民和技术熟练的工程师共同完成，而没有像 14 世纪修建汉阳城墙时那样从全国各地调集人员，部分原因是当时朝鲜王朝的经济发展水平。

荡春台城要塞连接着汉阳都城要塞和北汉山城要塞，延伸至仁王山的火车石山脊[①]和弘智门，然后再沿着脊线到五间水门北部，穿过香炉峰（Hyangnobong）、飞峰（Bibong）、升迦峰（Seunggabong）和文殊峰（Munsubong），最终连接到北汉山城要塞。它由石墙、土堡和自然地形（包括岩石悬崖和山脊）组成（图4—7）。目前，除了要塞城墙，要塞还包括主门（弘智门）、水门（五间水门）、暗门等设

---

① 译者注：关于 Gichabawi ridges，可参见 https://www.koreatodo.com/inwangsan-mountain.

▲图4 弘智门和五间水门

施。弘智门是荡春台城要塞的正门，最初被称为汉北门，位于城墙的北部，英祖年间被命名为弘智门。

在朝鲜国家档案馆的各种记录中，如《朝鲜王朝实录》（Joseon Wangjo Sillok）和《承政院日记》（Seungjeongwon Ilgi）中，都可以找到关于荡春台城设施的记载，这些记录主要显示了国王和高级官员围绕首都防御政策展开讨论的记录。

（一）要塞大门

要塞大门，暗门和水门是具有不同功能的开放式设施。首先，要塞门通常呈拱形，顶部设有门楼，并战略性地放置在相对易于常规进出的区域。门楼可以是多层或单层结构。值得注意的是，荡春台城要塞中有一座尚存的要塞门，最初在英祖王朝时期被称为汉北门（Hanbukmun Gate），但现在被称为弘智门。

1. 暗门（图6）

在战争期间，暗门主要用于隐蔽的军事

▲图5 弘智门

▲图6 暗门

▲图7 弘智门和五间水门

▲图8　荡春台城要塞的地形和水系的三维图

补给路线。与要塞大门不同，它们通常建在隐蔽的地形上，外观低调。荡春台城有一个暗门。

2. 水门

在荡春台城要塞中有一座水门。顾名思义，这是一个排水的门。在紧急情况下，它们发挥着确保基本资源（如饮用水）的关键作用。为了防止非法进入，水闸处安装了铁栅栏，并采取了安全措施限制对要塞的进入。

（二）要塞城墙

要塞城墙是重要的防御设施，旨在阻挡潜在的敌人入侵，并容纳防御部队。这些城墙主要由"堡垒"（Cheseong）和"女墙"（Yeojang）两部分组成（图8）。

堡垒：这部分构成了要塞城墙的核心主体。就荡春台城而言，堡垒主要由经过加工和塑造的坚固花岗岩石块建造。它遵循山脉等自然地形特征，在某些地段还建造了人工突起物，如雉城（Chiseong）和谷城（Gokseong）。在荡春台城要塞的某些地段，没有单独修建堡垒，只设置了女墙。

荡春台城的堡垒（Cheseong）高度在3到4米之间。在地势平坦的地方，建造的高度较高，而在山地，天然山脊可作为一种天然防御工事，因此建造的高度相对较低。

17世纪后，随着火药武器在亚洲的使用越来越普遍，荡春台城和其他要塞一样，采用了更大尺寸的石块，并统一了堡垒的形状。18世纪后，堡垒的高度不断降低，坡度也变得更陡，接近垂直角。这一变化旨在最大限度地降低炮击造成坍塌的风险。不过，增加坡度也是为了更有效地阻止敌人进入。

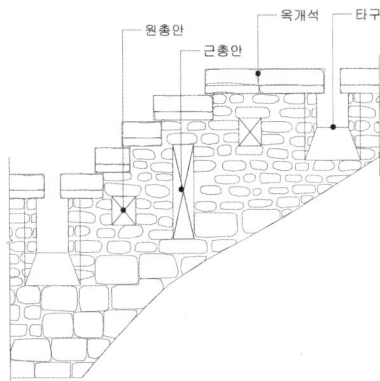

▲图9 女墙（Yeojang）　　　　　　▲图10 铳眼（Chong-an）

这些趋势是逐渐发展起来的。例如，在18世纪早期，要塞城墙所用石块的宽度和高度约为45厘米，到了18世纪晚期，石块的尺寸扩大到60厘米。要塞城墙的建造技术也在不断发展。两块石块的相邻表面被制作得完美贴合，要塞城墙的层与层之间的高度也要做到标准化，以使石块紧密牢固地结合在一起。石材加工技术的进步对要塞建筑的整体发展产生了更广泛的影响。

随着要塞城墙的结构变得更加坚固，城墙几乎可以垂直竖立而不需要大量的土方支撑，使其能更有效地防止敌人，提高了要塞的防御能力。

"女墙"是建在堡垒顶部的低矮石墙，目的是为在城墙内的士兵提供掩护，并使他们能够通过墙洞攻击敌人（图9）。女墙的单位被称为"ta（타）"，每个"ta（타）"大约有3到4米长。为了对应火药武器的使用，女墙在每个"ta（타）"上都有三个洞，用于发射火器。这些洞被称为"铳眼"（图10）。中央炮口向下和向外倾斜，以便向近距离的敌人射击，而两侧的炮口是水平的，用于瞄准远处的敌人。通常在冲突期间，每个"ta（타）"有3到5名士兵驻扎。兵营的数量根据城墙的长度而变化。考虑到与首都要塞相比，荡春台城要塞的高度更高，连通性也更强，所以有约370个女墙。

荡春台城根据地理优势，采用了传统的要塞建造方法，即沿着利用山脊的外墙建造。这就形成了一种"santak"形式，类似于汉阳都城和北汉山城等要塞的"偏角城"（Pyeonchukseong）风格。此外，正如肃宗时期的要塞建造以及北汉山城

▲图 11　北汉山 1 区城墙

▲图 12　仁王山 1 区城墙

▲图 13　北汉山城 2 区城墙

▲图 14　仁王山 2 区城墙

▲图 15　排水孔（Su-gu）

▲图 16　铳眼（Chong-an）

要塞使用的近乎方形、标准化和垂直建造的石块所显示的那样，石块的使用变得更加规范，城墙建造得更加陡峭，几乎是垂直的坡度，以有效防止敌人的攀爬（图10—16）。

为了提高效率，要塞的建造人员包括负责保卫要塞的士兵、当地居民和专门负责炮台建造的工程师。女墙加入了供火器使用的炮孔。为了加快施工进度，要塞使用了成品石块，但也使用了约 30 厘米 ×30 厘米的切割石块。

要塞建造技术的发展包括材料和建造方法的标准化。这种标准化不仅增强了要塞的防御能力，以应对历史上火药武器使用的转变，还通过缩短建造周期实现了重大的技术进步。最后，这些建造技术的发展是在要塞建造和管理组织专业化的基础上实现的。17 世纪后，包括青陵厂在内的各省军事机构逐渐开始聘用技术熟练的技术人员，系统化、专业化地进行要塞建设和管理。

▲图 17　青陵厂

　　由于多次重建，荡春台城要塞在肃宗和英祖时期建造的部分之间存在明显的区别。肃宗时期主要使用方形和加工过的石头，而英祖时期为了节约成本，主要依靠雇佣士兵，而未加工过的较小石头则被按原样堆放。

　　（三）青陵厂

　　青陵厂负责建造荡春台城要塞（图 17），它是 1624 年仁祖（King Injo）在位时创建的五个省级军事机构之一，负责保卫包括京畿道地区在内的首都周边。

　　随着朝鲜王朝逐渐进入英祖的统治时期，首都防御体系的变化促使青陵厂发挥了更重要的作用。1747 年，青陵厂不仅负责了荡春台城要塞的建设，还负责建设了北汉山城要塞，特别是在总部迁至荡春台城之后，其军事功能得到了加强。

　　青陵厂的负责人被称为"青陵侍"（Chongnyungsa），负责协调首都城北西部的防御，从北汉山城要塞一直延伸到京畿道的西南部地区。

▲图 18 平昌石碑

在此期间，青陵侍还兼任京畿道军府的长官。荡春台城最初被认为是一个辅助性要塞，负责储存防御北汉山城的军事物资，后来逐渐发展成为首都防御的重要后方战略要地。它与北汉山城要塞形成有机联系，使其能够协调一体化地应对防御需求。

（四）平昌（Pyeongchang，仓库）

1712 年，北汉山城宫殿竣工后，被称为"平昌"的军用物资储存问题亟须解决。为了解决这个问题，荡春台城附近于 1713 年开始修建一个仓库，并于 1714 年竣工。英祖时期，该仓库位于今天的"世金亭中学"（Segumjung Elementary School）和青陵厂之间，是与"尚平场"（Sangpyeongchang）齐名的最大仓库之一。它储存了大量的军用物资，为汉阳都城要塞和北汉山城要塞提供物资。在荡春台城要塞内，有一些与朝鲜王朝后期国防相关的历史遗迹，包括世金亭（Segumjung）、青陵厂地（Chongyungchung grounds）和平昌院（Pyeongchang grounds）。这些遗迹鲜明地展示了要塞的特色。如今，平昌位于荡春台城要塞范围内（图 18）。尽管《东国舆图》和《Yeonnyungdae》地图等资料对于平昌的确切位置只做出了推测，但它们提供了其在平昌洞（Pyeongchangdong）地区的大致位置。

五、荡春台城要塞相关信息

荡春台城是汉阳都城和北汉山城之间的连接要塞，其确切位置在历史文献和地图中都有详细记载。它沿着与仁王山相连的火车石山脊（Gichabawi ridges），一直延伸到弘智门，然后沿着山脊，经过几个山峰（香炉峰—飞峰—文殊峰），最后与北汉山城相连。

这座要塞于 1715 年开始修建，1754 年竣工。根据《朝鲜王朝实录》和《Biyeon Sarye Jiriji》等朝鲜王朝的记录，各种大大小小的要塞工程一直持续到 1866 年。要塞的最初建设始于 1715 年，包括水门（Ogansumun）和要塞大门（弘智门）以及左右城墙的一部分。1718 年，建筑工程从五间水门向北扩建至香炉峰。

荡春台城要塞的起源可以追溯到 1506 年由燕山君建造的荡春台（Tangchundae）。此外，它还被称为"西城"（Seoseong），位于都城要塞的西北山坡上。1754 年英祖统治时期，因为英祖不喜欢"Tangchun"这个名字，荡春台正式更名为具有军事意义的"炼戎台"（Yeonyungdae）。"炼戎"的意思是"训练军队"，而军事管理机构青陵厂被迁移到炼戎台附近管理要塞、门、仓库等。从那时起，地图和相关文物上记录了"炼戎西城"这个名字。然而，在该地区，"荡春台城要塞"这个原始名字在很长一段时间内仍然存在，而这座名为"荡春台城要塞"的要塞是肃宗时期为了防御修建的。

（一）荡春台城要塞相关地图

荡春台城要塞是重要的国防遗产，它反映了 17 世纪到 18 世纪韩国要塞建造技术的重大变化。这一遗产在相关地图文物中有详尽记载。

18 世纪竣工后，地图的制作技术不断进步，政府机构和个人绘制了各种详细地图。这些地图为了解遗产的原始形态和结构提供了宝贵资料。18 世纪的《都城炼戎北汉合图》就是一份具有代表性的历史证据（图 19）。

其中，《都城炼戎北汉合图》是在英祖统治时期制作的，收录在奎章阁的《东国舆图》中，全面展示了当时要塞的防御系统。此外，《炼戎台图》也很好地反映了荡春台城要塞的真实面貌。

另外，在日本庆道大学（Kyungdo University）川合文库收藏的《左海地图》中也发现了类似的图。与《东国地图》不同的是，这张图包括了景福宫的重建外观，据说灵感来自《东国地图》。这些地图之间有一个明显区别，《东国舆图》使用了简称，而《左海地图》则使用了全名。因此，可以推测出汉阳都城（Hanyangdoseong）、"炼戎台"（Yeonyungdae）和北汉山城（Bukhansanseong）要塞是它们的全名。

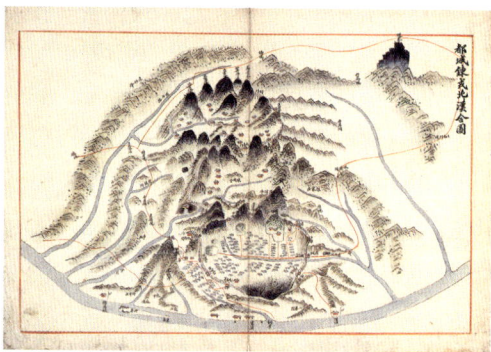

▲图 19　都城炼戎北汉合图

▲图 20　炼戎台图

然而，由于荡春台后来被改名为"炼戎台"（图 20），曾被称为荡春台城要塞的要塞现在称作"炼戎西城"。

（二）荡春台城要塞相关照片

从 19 世纪末开始，西方传教士、士兵和记者拍摄的记录和照片证实了荡春台城要塞的现状。这些记录是支持该遗产真实性和完整性的关键证据，由于自 20 世纪以来的自然灾害和人类活动，该遗产遭受了一些损害。这些记录在要塞的修复过程中起到了关键的参考作用。

多年来，由于暴雨和洪水等自然灾害以及结构老化，荡春台城要塞屡遭破坏。即使到了现代，损坏仍时有发生。1921 年，朝鲜半岛发生特大洪水，弘智门和五间水门的大部分损失殆尽。此时，一些城门已经完全消失。不过，20 世纪初拍摄的照片记录了弘智门和五间水门受损前的原貌（图 21）。

20 世纪 70 年代修复工作开始前拍摄的照片显示，五间水门已完全被毁，而弘

▲图 21　弘智门和五间水门（1910 年）

▲图 22　弘智门（1974 年）

智门的石柱残迹尚存。围绕着弘智门的左右两侧的平坦区域已经由于道路建设和住宅开发而被拆除。直到 1977 年修复工作完成之前，要塞仍然处于受损状态，如图所示。

　　直到 20 世纪 70 年代初，包括弘智门和五间水门在内的城墙一直没有进行大规模的研究、修复或复原工作（图 22）。不过，1976 年 6 月，修缮的设计工作开始了，并且在 1976 年 8 月至 1977 年 7 月期间对弘智门左右侧的城墙、五间水门和石门（Seongmun Gate）进行了修缮和恢复工作（图 23—24）。

　　目前，荡春台城要塞保留了相对保存完好的部分，如弘智门、五间水门、修复后的城墙、圆形残存墙壁和"暗门"。此外，在要塞内仍然可以找到先前由大韩民国军队使用的岗哨、壕沟和军事基地。

▲图 23　荡春台城要塞（1976 年）

▲图 24　荡春台城要塞（1977 年）

六、结语

18 世纪，朝鲜制定了一项加强首都防御的战略。从 1704 年开始到 1710 年，对汉阳都城进行了大规模修缮，并于 1711 年修建了北汉山城。随后，又修建了荡春台城，形成了一个新的省级防御体系，将汉阳都城、荡春台城和北汉山城实际连接起来。这一创新方法将城市的地势平坦功能与山地地形的防御功能相结合，形成了一个统一的大型都城要塞。

这项宏伟的工程被称为"汉阳都城要塞"，展现了韩国独特的都城防御系统的最先进水平，该系统巧妙地利用山地地形来保护都城。

荡春台城要塞在保卫首都西部地区和在平昌等地储存大量军事资源方面发挥了关键作用，最终在冲突时期成为汉阳都城要塞和北汉山城要塞的供给基地。它还是连接汉阳都城要塞和北汉山城要塞的重要通道。值得注意的是，它仍然是韩国唯一一个对附近的要塞具有战略补给和指挥作用的要塞。

▲图 25　荡春台城要塞

　　要塞城墙的建造方法与重建汉阳都城塞肃宗台（Sukjongdae）时和建造北汉山城要塞中使用的单轴技术如出一辙。因此，荡春台城要塞成为重要的要塞遗产，凸显了朝鲜晚期为准备大规模火炮战而进行的省级防御体系的转变。

　　尽管在历史上经历了日本殖民时期、朝鲜战争、工业化和城市化等各种挑战，荡春台城要塞仍然保持着其原始形态（图 25）。

　　荡春台城要塞代表了 18 世纪建立的要塞防御系统的巅峰。同时，它也是连接汉阳都城要塞和北汉山城要塞的门户要塞。从本质上讲，这三个要塞建立了一个综合的要塞防御体系，共同构成了"汉阳都城要塞"。

　　这些要塞采用了韩国传统的"三环"结构，与朝鲜半岛传统的要塞建筑风格和防御体系相一致。值得注意的是，它们在以下方面脱颖而出：

　　1. 地形和地势（利用平地、起伏地形和山地相互连接）。

　　2. 形式和规模（以"三环"结构建造大型要塞群，并考虑包容性社区参与的理念）。

　　3. 防御体系（建立永久性防御体系，并考虑到突发情况）。

　　4. 象征与信仰（采用尊重要塞主脉和遵循山岳信仰传统的建筑风格）。

　　这些遗产是要塞遗产的杰出典范，展示了朝鲜王朝在 18 世纪创建的创新要塞防御体系。目前正在努力将其列入联合国教科文组织世界遗产名录。

"公仪普请"中的城堡石墙工艺

［日本］濱田晋一　Shinichi HAMADA　日本名古屋工业大学
［日本］麓和善　Kazuyoshi FUMOTO　日本名古屋工业大学

一、概要

从室町时代末期到桃山时代，日本一直处于战国状态，各地的大名纷纷在各自的领地建造城堡。1600年，德川家族取得了关原之战的胜利，于1603年建立了德川幕府，在军事和政治上逐渐走向强大。在此之后德川家族召集各地封建领主共同建造城郭，这类合建的城堡称为"公仪普请"（Kogifushin）。此外，为了约束大名的权力，1615年，德川家族颁布了《武家诸法度》，禁止大名建筑新城。因此，自1615年起，除某些地区外，各地封建领主不再筑城。而与德川家族关系密切的名古屋城（Nagoya Castle）、江户城（Edo Castle）、大阪城（Osaka Castle）等，则是由"公仪普请"的名义从全国各地召集而来的封建领主所联合建造的。因此，这类由"公仪普请"建造的城郭的石墙展现了当时最高的建筑水平，也体现了不同封建领主之间的建造水平差异。

因此，本文旨在通过研究德川幕府时期经由"公仪普请"建造的城堡石墙的石材砌筑技术和石材加工技术，探究当时的建筑技术差异，以及建筑技术的变革与传播。

二、"公仪普请"建造的主要城堡

德川幕府建立之后，以"公仪普请"名义修建的城堡主要有：膳所城（Zeze Castle）、彦根城（Hikone Castle）、江户城（Edo Castle）、骏府城（Sunpu Castle）、丹波篠山城（TambaSasayama Castle）、名古屋城（Nagoya Castle）、丹波龟山城（TambaKameyama Castle）、高田城（Takada Castle）、二条城（Nijo Castle）和大阪城（Osaka Castle）。来自全国各地的大名被召集而来，按照"分

包工程"（Waribushin，"割り普請"）的方式共同建造城堡。其中，名古屋城、二条城和大阪城等还保留着各大名所属地区的"地块划分图"（Chobawarizu，丁場割図）。因此，从这些建筑中可以了解到不同地区之间的建筑技术差异，一些参与建造了名古屋城的封建领主后来也参与建造了大阪城，因而可以了解其建筑技术上的变化。此外，除了这两座城之外，参与建造的封建领主也参与建造了其他的石墙，这为我们了解建造技术的传播提供了线索。值得一提的是，高山城是由土垒而不是石墙建造的。

（一）膳所城

膳所城建于 1601 年，是德川家族执行"公仪普请"建造的最古老的城。尽管它主要由藤堂高虎（Takatora Todo）建造，几乎没有石墙保留下来，实际建筑情况也无从知晓。

（二）彦根城

彦根城建于 1603 年，是现存最古老的由"公仪普请"建造的城墙和城塔，有 12 位封建领主参与建造。但彦根城中未能找到"地块划分图"，因此封建领主之间的建筑技术差异也不得而知。

（三）江户城

江户城的石墙并非一次建成。1606 年，21 位大名开始建造江户城，第二年由 12 位大名建造，1614 年，由 10 位大名建造。并于 1628 年和 1636 年进行了进一步的翻新和扩建。

（四）骏府城

骏府城建于 1607 年，由 21 位封建领主共同修建。如今，城堡建造时期的石墙已所剩无几，而石材加工和砌筑技术的相关细节也不甚明确。

（五）丹波篠山城

篠山城建于 1609 年，由 21 名封建领主共同修建。然而，篠山城中未能找到"地块划分图"，因此封建领主之间的建筑技术差异也不得而知。

（六）名古屋城

名古屋城的本丸、二之丸（Ninomaru，二の丸）、西之丸（Nishinomaru）和御深井丸（Ofukemaru）的石墙是在 1610 年 6 月至 9 月的 3 个月内建成的。图 1

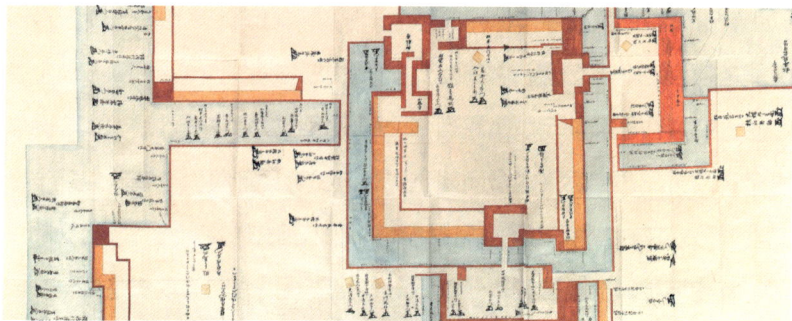

▲图1 "地块划分图"图解图（部分），名古屋城堡办公室藏品

显示了"分包工程"为各大名划分的分配区域，显示了20名大名被分配到的区域。

（七）丹波龟山城

龟山城建于1610年，由8名封建领主共同修建。如今，仅有寥寥无几的石墙幸存，各大名之间的技术差异也不得而知。

（八）二条城

二条城现存的石墙是由与德川家族有血缘关系的人（如松平家族等），在1624年至1626年间修建的。并未包括参与名古屋城、大阪城等城堡修建的大名们。

（九）大阪城

大阪城的建造于1620年至1630年间展开，分为3个阶段进行，共有65个大名门和74名封建领主参与其中。"地块划分图"至今仍保存完好，可以揭示各个封建领主的石材加工和石砌技术。

三、由"公仪普请"建造的主要城堡的石材加工和石砌技术

日本的城堡石墙由平部和被称为"角部"（Guukakubu，ぐうかくぶ，隅角部）的部分组成。本文将对每个时代的每种石材加工和砌石技术的特点进行详细研究。此外，根据石材加工程度，可以确认以下类型的石砌技术。"自然石堆砌法"（Nozurazumi，のづらづみ，野面積み）是通过堆叠未经处理的天然石块或劈开的石块来建造的；"打入式接合"（Uchikomihagi，打ち込み接ぎ）是通过堆叠天然石块和劈开的石块，在接缝边缘进行一些处理并用填充石填充缝隙建造的；"嵌入式拼接"（Kirikomihagi，切り込み接ぎ）或"切割石砌"（Kiri-ishizumi，切

▲照片 1　松本城（1595 年）

▲照片 2　松江城（1607—1611 年）

▲照片 3　彦根城（1604 年）

り石積み）是通过堆叠被称为"筑石"（Tsuki-ishi）的整形之后的建筑石块来建造的，交接处没有缝隙。这些术语出自江户时代的儒学家、文学家荻生徂徕（Sorai Ogyu，おぎゅうそらい）的军事学著作《鈐録》（Kenroku）。

顺便提一下，天正时期末期建造的犬山城和约建于 1594 年的松本城的石砌技术都属于"自然石堆砌法"类型，而建于 1607 年的松江城则属于"打入式接合"（见照片 1 和照片 2）①。

（一）彦根城

彦根城（建于 1604 年）的石材加工方面在平部使用的是未经处理的天然石块和劈开的石块。筑石的表面是自然纹理或被劈裂开后形成的自然纹理，形状不规则，大小不均。筑石之间的接缝处，用碎石块进行填补。而角部使用的是劈裂石块，石材表面与角的棱线处均未实施凿削加工。在筑石接缝处，用天然石块或劈裂

---

① 译者注：此处原文为 photo，与文中其他"图 ×"（figure）有所区分，下同。

石块填补缝隙。至于彦根城的石砌技术，其在平部建造了没有规律的横向接缝石墙，称为"无序堆积"（Ranzumi，乱積み）。至于角部，则是通过在横向和纵向交替堆叠矩形直方体角石来砌墙，称为"算木堆积法"（Sangizumi，算木積み）。此外，为了稳固纵向的石块，还会在横向石块旁边放置另一块被称为"辅助角石"（Sumiwakiishi，すみわきいし，角脇石）的石头。顺便提一下，辅助角石在 1600 年之前几乎没有使用。根据石材加工程度，堆叠方法为"自然石堆砌法"（照片 3）。

（二）江户城

建于 1606 年的江户城的石墙是否为原始石墙尚未得到明确的证实。通过实际测量调查，最有可能是其原始石墙的是建于 1606 年的伏见橹（Fushimi-yagura）的石墙。其平部的石材加工仅使用了劈裂的石块，筑石的表面是未经凿削处理的石头被劈开的自然纹理，形状不规则，大小不均。在建筑石材的接缝处，劈裂的碎石被用作填充石材来填补缝隙。角部则使用了劈裂的石块。其表面上虽然可以确认存在一些凿刻加工，但这种加工没有使用在突出角部脊线上。其形状略有整形，大小在一定程度上趋向均一化，接缝处的缝隙由填充石填补。至于江户城的石砌技术，除了平部的一些地方外，大部分墙体都采用了没有横向接缝的"无序堆积"。角部的墙体则是通过"算木堆积法"的方式建造，横向方向的石块旁边放置了辅助角石。根据石材加工程度，堆叠的方法是"打入式接合"。辅助角石使用的是筑石。与彦根城相比，江户城的石材加工和砌筑技术略有发展（照片 4）。

（三）篠山城

篠山城（建于 1609 年）在平部的石材加工仅使用了割裂石块。在表面可以确认有一些凿削痕迹。形状略有整形，大小趋于均一，劈裂的碎石被作为填充石填补筑石接缝处的缝隙。角部则使用了切割过的石头，在表面与角的棱线突出上均进行了凿削处理。石块的形状被加工成矩形直方体，大小均一。筑石的接缝边缘使用了填充石填补空隙。至于石砌技术，在平部可以看到一些稍稍通直的水平接缝。在日本，带有水平接缝的石砌技术被称为"布料堆积"（Nunozumi，布積み），类似于将布料（日语中的"nuno（ぬの）"）层叠在一起。此外，带有一些扭曲接缝的"布料堆积"法被称为"布料走样堆叠"（Nunokuzushizumi，布崩し積み），在这里可以看到这种技术。角部的墙体则是通过"算木堆积法"的方式建造的，并使

▲照片 4　江户城伏见橹台（1606 年）

▲照片 5　篠山城二之丸南侧（1609 年）

用了一些辅助角石。此外，为了稳固纵向石块，会在辅助角石旁边放置另一块石料，称为"第三石"（Mitsumeishi，三つ目石），这是日本最早使用第三石的例子之一。辅助角石和第三石都使用了筑石。根据石料加工程度，堆叠的方法是"打入式接合"（照片 5）。

（四）名古屋城

名古屋城（建于 1610 年）平部的石材加工仅使用了劈裂石块。筑石的表面因位置不同而有所差异，有些经过了一些凿刻处理以对齐表面，其他的则没有。形状也因位置而有所变化。同样，大小也因位置而不同，有些是均匀的，有些不是。劈裂石块作为填充石填补筑石接缝边缘的缝隙。角部则使用了劈裂石块，并应用凿刻处理来暴露表面和角落的脊线。尽管形状被加工成矩形正方体，但也可以确认有一些不规则形状，石块大小则趋于均一。在筑石的接缝处，用填充石来填补空隙。关于砌筑技术，在平部使用了"布料走样堆叠"和"无序堆积"两种砌筑方式。至于角部，墙体是通过"算木堆积法"的方式建造的。根据位置的不同，有些只在特定地方放置了辅助角石，有些则在所有位置都放置了，还有一些地方放置了第三石。根据石料加工程度，堆叠的方法就是"打入式接合"。名古屋城是由 20 个封建领主建造的，可以从中看到封建领主之间的技术差异。此外，保留下来的"地块划分图"可以展示每个封建领主的技术（照片 6）。

（五）二条城

二条城（建于约 1624 年）在平部的石材加工使用的是切割过的石头。一部分还可以确认出经过凿刻处理、边缘光滑的切割石料。几乎每块筑石的表面都经过凿

▲照片6 名古屋城大岳丸东北角（1610年）

▲照片7 二条城本丸东北角（1624—1626年）

刻处理。石块的形状根据位置而定，同样，就尺寸而言，有些是均匀的，而另一些则不是。劈裂的碎石作为填充石填补筑石接缝处的缝隙。角部使用的是切割过的石头，在表面与接线突出上均采用凿削处理。尽管形状被加工成矩形直方体，但也可以确认有一些形状不规则的石块大小趋于均一。至于平部使用的石砌技术，有两种类型，分别是"布料走样堆叠"和"无序堆积"。角部的墙体是通过"算木堆积法"的方式建造的。根据位置的不同，有些地方只在特定区域放置了辅助角石，有些则在所有区域都放置了辅助角石，还有一些地方放置了第三石。根据石料加工程度的进行堆叠方法是"打入式接合"。二条城可以用来确认各个大名之间的技术差异。此外，保留下来的"地块划分图"可以展示每个封建领主的技术（照片7）。

（六）大阪城

至于1620年大阪城的第一阶段建设中的石材加工，其在平部使用的是劈裂石块。石块表面通过凿刻加工平整，虽然形状略有整形，但正方形的切石仅部分使用，整体上还是有许多不规则形状的石料。某些区域的石块大小均匀，但更多区域用的是大小不均匀的石块，石块大小整体上并不统一。筑石的接缝处使用了填充石填补缝隙。此外，伏见橹的下半部分由稍大且大小均匀的筑石建造，上半部分由不规则和不均匀的劈裂石块构成。推测该情况出现的原因是，在第一阶段的建设中，使用大量符合标准的石料可能会面临很大困难（照片8）。至于角部，其整体形状被加工成矩形直方体。筑石的接缝处使用了劈裂碎石作为填充石填补缝隙。其大小基本一致，表面光滑，经过了精确的凿刻处理。其中，大手口（Oteguchi）、京桥口

▲照片 8　大阪城伏见橹台（1620 年）

（Kyobashiguchi）、青叶口（Aobaguchi）、玉造口（Tamatsukuriguchi）等其他
虎口（Koguchi）周边的地区尤其注重展示德川家族的权威，加工精度极高。至于
石砌技术，大阪城的墙体是通过"打入式接合"的方式建造的。大手口等周围的石
料都采用了"切石砌筑"，边缘经过精细加工处理。横向接缝通常约占整体长度的
1/3 至 1/2，石料的形状和大小在一定程度上相对统一。尽管在上半部分可以确认
使接缝通直的意图，但最终其采用了"布料走样堆叠"的建造方式。石料的形状不
规则，大部分大小不均，因此很难完全使接缝通直另一方面，在青叶和京桥口周边
地区，石料加工技术和石砌技术都非常精湛，石墙上一些地方的水平接缝布局整齐。

　　角部的墙体采用了切石砌筑的方式建造，接缝处经过了精确处理。换句话说，
角部整体上倾向于将辅助角石放置在一起，并在放置"角胁石"（Kadowaki-ishi，
かどわきいし，角胁石）的位置放置第三石。角胁石是一种切割的石料，但由于它
们没有被加工成完美的正方形，所以有些地方填入了填充石。此外，虽然在角部可
以看到水平接缝，但由于石料的大小差异，水平接缝几乎不会完整穿过平部和角部，
也不会形成连续的线条。

　　1624 年的第二阶段建设中的石料加工使用割石和切石作为平部的建筑石料。
石块的形状大部分是正方形，但也有一些不规则形状。与第一阶段相比，石块的尺
寸更加统一，由于接缝边缘之间的间隙略微减小，填充石的数量减少了。同时，填
充石也从割石变为了切石。这些石块经过精细的凿刻处理，加工精度高，表面光滑，
但是其中也存在一些表面稍显粗糙的石块。

▲照片 9　"隐蔽曲轮"之下的大阪城（1624 年）

▲照片 10　名古屋城本丸东二之门南侧（1610 年）

　　角部的石料整体上被塑造成长方形的矩形六面体。筑石的接缝处使用了切割石作为填充石，有些地方有填充石，有些地方则没有。例如，在本丸（Honmaru）西侧的隐蔽围墙下方的石墙中，可以在南侧看到填充石，但在北侧看不到。石料表面经过精细的凿刻加工，光滑平整。至于石砌技术，平部的墙体采用"打入式接合"法砌筑。然而，由于与第一阶段相比切石的数量增加，部分地方也可以看到切石砌筑。另一方面，由于筑石的上侧和下侧经过精确加工，水平接缝的数量增加了。在第二阶段，墙体采用了"布料走样堆叠"或"布料堆积"的方式建造。

　　角部的石砌技术采用了"算木堆积法"，主要使用了角胁石，第三石也比第一阶段使用得更多。水平接缝同样穿过墙体，平部和角部之间的边界经过了调整，使其部分相连。上文提到的本丸（Honmaru）西侧的"隐蔽曲轮"（Kakushikuruwa，隐し曲輪）的南侧部分一体化，但北侧平部的水平接缝经南侧不通的地方更多，因此没有一体化。这样看来，一个在建造角部方面技术水平很高的封建领主，并不一定在平部也有很高的技术水平（照片 9）。至于建筑的弯曲程度，从底部到大约 1/2 到 2/3 的位置是直的，上部则是弯曲的或整体上有弯曲。

　　至于 1628 年的第三阶段的建设中的石材加工，石材的加工方式有所变化。切石作为筑石使用的比例增加了，平部的石块形状更接近正方形。然而，还是可以见到割石，还有梯形和平行四边形的石块。尽管石块的大小基本统一，并且在某种程度上已经标准化，但仍然有一些大小不规则的石头存在。虽然与第二阶段相比，接缝之间的缝隙趋于减小，但仍有一些缝隙，切石被用来填充这些缝隙。石块的加工精度很高，经过了精细的凿刻加工，表面光滑。

在平部石砌技术方面，切石的使用增加，在接缝处可以看到近乎用精细加工过的切石堆积，即在建造墙体时仔细处理接缝。不过，接缝处仍然存在一些缝隙，并且在一些地方可以看到"打入式接合"的痕迹。水平接缝变得几乎笔直，"布料堆积"法的数量也有所增加。然而，建筑石的大小和形状并不完全统一，也可以发现水平接缝有变形的地方。

至于角部的石砌技术，几乎全部使用了角肋石，而且与第二阶段相比，放置第三石的地方略有增加。虽然平部水平方向的接缝线贯穿整个结构，但平部和角部之间的边界没有经过调整，因此没有一体化。其中，由有马丰氏（Yutaka Arima）建造的第一橹台可以看出连接角部和平部的意图。

四、"公仪普请"中各封建领主的技术变化

如上所述，在名古屋城、大阪城和二条城中，即使是同一时期建造的石墙，也存在技术上的差异。这三座城堡保存下来的"地块划分图"可以揭示各封建领主的石材加工和石砌技术。此外，许多参与名古屋城建设的大名也参与了大阪城的建设，但没有参与二条城的建设。因此，为了了解大名的技术发展，建议以参与名古屋城和大阪城建设的大名为例。

（一）黑田长政与忠之

1. 名古屋城

名古屋城是由福冈藩（Fukuoka Domain）的黑田（Kuroda）家族建造的，位于本丸东二门（Ninomaru）南面。其平部的筑石的石材加工规整，大小更加统一。至于石砌技术，名古屋城在平部采用了"布料走样堆叠"。角部的墙体则采用了"算木堆积法"，大部分区域都铺设角肋石，但也有一些区域没有，有一个区域则铺设了第三石（照片10）。

2. 大阪城

在第一阶段建造的西之丸西侧，其平部的筑石被加工规整，大小更加统一。角部的角石更接近切石的形状，大小统一。至于石砌技术，大阪城在一些区域的平部采用了"布料堆积"和"布料走样堆叠"。角部则采用了"算木堆积法"，所有区域都铺

▲照片 11　大阪城西之丸西侧（1620 年）

▲照片 12　大阪城本丸东侧（1624 年）

▲照片 13　大阪城二之丸南侧（1628 年）

▲照片 14　名古屋城二之丸（Omote Ninomon）西侧（1610 年）

设了角胁石，其中一些还铺设了第三石。角部和平部没有一体化（照片 11）。

在第二阶段，继承长政（Nagamasa）成为家族首领的忠之（Tadayuki）建造了本丸（Honmaru）东侧的一部分。平部的筑石被加工成了方形，并且大小均匀。至于角部，角石变成了切石，大小均匀。其石砌技术在平部采用了"布料堆积"法，在角部采用了"算木堆积法"。角部的所有区域都铺设了角胁石，其中一些区域还铺设了一些第三石。角部和平部没有一体化（照片 12）。

在忠之建造的第三阶段筑石被加工成了方形，并且大小均匀。角部采用切石作为角石，大小均匀。至于石砌技术，其在平部采用了"布料堆积法"，在角部采用了"算木堆积法"，所有区域都铺设了角胁石，其中一些还铺设了第三石。角部和平部没有一体化（照片 13）。

（二）田中忠正（Tadamasa Tanaka）

1. 名古屋城

在由柳川（Yanagawa）的田中（Tanaka）家族建造的本丸大手二之门（Honmaru

▲照片 15　大阪城西之丸西侧（1620 年）　　▲照片 16　名古屋城西之丸东南角（1610 年）

Ote Second Gate）的西侧，其平部的筑石被加工规整，大小均匀。角部的角石更接近切石的形状，大小均匀。至于石砌技术，其在平部采用了"无序堆积"（Ranzumi）或"布料走样堆积"（Nunokuzushi，布崩し），在角部采用了"算木堆积法"。角部的所有区域都铺设了角胁石，其中一些还铺设了第三石（照片 14）。

2. 大阪城

第一阶段建造的西之丸西面（western round west face）的平部和角部的筑石较为规整，有些甚至是方形，但也有不规则形状。大小在某种程度上是统一的，但也有大小混合的情况。角部正在逐渐平整均一化。角部的石砌技术采用了"算木堆积法"，使用了角胁石，一些区域也用了第三石。与名古屋城相比，大阪城的平部更加规整，并且更加均一化。角部和平部没有一体化。此外，田中忠正（Tadamasa Tanaka）并没有参与第二和第三阶段的建造（照片 15）。

（三）蜂须贺至镇（HachisukaYoshishige）和忠英（Tadateru）

1. 名古屋城

在由德岛藩（Tokushima domain）的蜂须贺（Hachisuka）家族于第一阶段建造的西之丸的东南角，筑石大多被加工成了不规则形状，部分规整，大小也不均匀。部分表面可以确认经过了凿刻加工。角部的石料是割石，规整并且大小均匀。至于石砌技术，名古屋城在平部采用了"无序堆积"，角部的墙体则采用了"算木堆积法"，大部分区域都铺设了角胁，但也有一些地方没有铺设。顶部边缘也呈弯曲状（照片 16）。

▲照片 17　大阪城本丸东侧(1624 年)

▲照片 18　名古屋城二之丸东北角(1610 年)

▲照片 19　大阪城西之丸西北角(1620 年)

▲照片 20　大阪城本丸南侧(1624 年)

2. 大阪城

虽然蜂须贺家族没有参与大阪城第一和第三阶段的建造，但作为家族的继任者，忠英（Tadayuki）在第二阶段建造了本丸东侧的一部分。石材加工方面，平部的筑石被加工成了方形，大小统一。角部的角石变成了切石，大小均匀。石砌技术方面，其在平部采用了"布料堆积"法。角部的墙体采用了"算木堆积法"，大部分区域都铺设了角胁石。角部和平部没有一体化（照片 17 ）。

（四）细川忠兴（Hosokawa Tadaoki）和忠利（Tadatoshi）

1. 名古屋城

在由小仓藩（Ogura Domain）的细川（Hosokawa）家族建造的二之丸东北角的平部，筑石的石材加工是不规则的，大小变得较为统一。至于石砌技术，其在平部采用了"无序堆积"和"布料走样堆叠"。角部采用了"算木堆积法"，大部分区域都使用了角胁石（照片 18 ）。

▲照片 21　大阪城三番櫓台（Sanban Yaguradai）
东侧（1628 年）

▲照片 22　名古屋城二之丸东南角（1610 年）

2. 大阪城

在第一阶段建造的西之丸的西北角，平部的筑石的石材加工略有不规则，大小变得较为统一。角部采用了切石，大小均匀。至于石砌技术，其在平部采用了"无序堆积"。角部则采用了"算木堆积法"，全部使用了角肋石。角部和平部没有一体化。与名古屋城相比，石材加工技术略有发展（照片 19）。

在第二阶段，继承中兴成为家族首领的忠利建设了本丸南侧的一部分。石材加工方面，平部的筑石已成型并且大小统一。角部采用了切割石，大小均匀。石砌技术方面，平部采用了"布料堆积"。角部采用了"算木堆积法"，全部使用了角肋石，一些地方还用了第三石。角部和平部不相连。与第一阶段相比，技术发展显著（照片 20）。

在第三阶段，建造了第三櫓台的东侧。至于平部的石材加工，筑石被加工成了方形，大小均匀。角部的角石变成了切石，并且大小均匀。石砌技术方面，平部采用了"布料堆积法"。角部采用了"算木堆积法"，所有地方都使用了角肋石，但没有使用第三石。角部和平部没有一体化（照片 21）。

（五）前田利常（Toshitsune Maeda）

1. 名古屋城

由加贺宗族（Kaga clan）的前田家族建造的二之丸西南角，平部筑石的石材加工略显不规则，大小也不均匀。角部角石的形状更接近切石了，并且大小均匀。石砌技术方面，其在平部采用了"无序堆积"。角部则采用了"算木堆积法"，所有地方都使用了角肋石，并且一些地方还用了第三石。这与前一年建造的金泽辰巳

▲照片 23　大阪城山里丸（Yamazatomaru）西側　▲照片 24　大阪城玉造口西側（1628 年）
　　　　（1624 年）

櫓台（Kanazawa Castle Tatsumiyaguradai）中出现的技术相一致（照片 22）。

2. 大阪城

第一阶段建造的伏见櫓台（Fushimi-yaguradai）的平部，筑石的下半部分的筑石形状规整，大小均匀，上半部分堆积的切石，形状不规则，大小不均匀。角部的角石变成了切石，同样大小均匀。至于石砌技术，其在平部下半部分采用了"布料堆积"法，上半部分采用了"布料走样堆叠"。角部的石墙是用"算木堆积法"建造的，使用了角胁石，但没用第三石。与名古屋城相比，大阪城的建筑石规整程度更高，墙体采用了"布料堆积"法，表明技术有所进步（照片 8）。

第二阶段建造了山里丸（Gokurakubashi）的东侧，平部的筑石被加工规整，大小统一。角部的角石变成了切石，大小统一。至于石砌技术，平部的石墙采用了"布料堆积"法建造。角部的石墙则采用了"算木堆积法"法建造，所有地方都使用了角胁石和少部分的第三石。角部和平部在一定程度上趋于一体化（照片 23）。

第三阶段建造了玉造口西侧，平部的筑石被加工规整，大小统一。角部的角石变成了切石，大小统一。至于石砌技术，平部的石墙采用了"布料堆积"法建造。角部的石墙则采用了"算木堆积法"法建造，所有地方都使用了角胁石和少部分的第三石。角部和平部逐渐一体化（照片 24）。

顺便提一下，由有马丰氏负责的第一櫓台（Ichiban-yaguradaishita）采用了"布料堆积"法建造其角部和平部是一体化的。然而，由锅岛胜茂（Katsushige Nabeshima）负责的第二櫓台（Niban-yaguradai）的角部和平部没有一体化，但石

▲照片 25　大阪城第一橹台（Ichiban Yaguradai）　　▲照片 26　大阪城二之丸东南角（1628 年）
　　　　（1628 年）

墙仍采用了"布料堆积"法建造（照片 25 和图片 26）。

　　在名古屋城，尽管可以确认各大名之间存在技术差异，但并不能简单地划分为技术上的高低。有些大名的石材加工技术很高超，可以在平部建造接缝通直的墙壁，但在角部的石材加工技术方面较弱，反之亦然。此外，还可以确认哪一个大名技术高超和哪一个大名技术水平较低。

　　大阪城的技术发展在十多年的建设中得到了证实，并且可以看出，在建造名古屋城时技术能力较低的细川家族通过大阪城的建造，技术上取得了巨大进步。在这背后，我们认为"分包工程"提供了学习其他封建领主的技术的机会，技术得以传播。然而，并不是所有大名的技术都得到了统一，即使在第三阶段，仍然可以确认大名之间存在技术差距。

五、结论

　　在日本，德川幕府于 1603 年建立后，国家进入了和平时期。江户时代之后，德川幕府的政策禁止大名们修建新的城郭。另一方面，即使在德川幕府成立之后，诸如名古屋城、二条城、大阪城等城堡仍由幕府的"公仪普请"负责建造。这些城堡的建造是通过"分包工程"进行的，即召集各大名来参与建造。通过调查这些城堡的石材加工方法和石砌技术，我们确认了大名之间存在技术差异。此外，通过大阪城的建设，像细川家族这样的例子表明技术取得了显著进步，相信这里的技术是从技术水平较高的大名传授给技术水平较低的大名。

皇都宗谱的南方视角
——探讨南京模式在东亚的可能性

[日本]大田省一　Shoichi OTA
日本京都工艺纤维大学

一、引言

在东亚地区古代皇家都城规划的谱系中,隋唐的都城长安对周边国家影响最大。这一点在日本尤为突出,因为平城京(Heijo-kyo)、长冈京(Nagaoka-kyo)和平安京(Heian-kyo)这三个都城的相继出现被认为是在长安的城市规划基础上发展或演变而来。然而,与古代亚洲其他地区的案例相比,这种直接的形态对应关系是相对少的。即使在日本,长安也不是唯一的模板,藤原京(Fujiwara-kyo)和平城京之间明显的规划变化就是另一个例子。从更广阔的视角来看东亚国家的皇都规划,不仅要考虑对表面规划的影响,还应考虑到城市管理、皇家仪式等多个方面对城市形态的影响。在地理范围更广泛的目标地区,包括越南在内,到传统的中国、朝鲜半岛和日本等地理目标范围内,可以对城市现象进行更多的比较研究。另一方面,即使在中国国内的皇都城市规划谱系中,长安模式也并非绝对,而是存在各种类型。从南方视角来看,可以假设在南方地区或曾受南方文化影响的地区存在某种类型或原则的皇家都城规划。

在上述条件下,本文将首先回顾那些被认为受到六朝都城建康影响的例子,然后在第二部分,将建康与越南都城进行比较研究,以探讨南方皇家都城可能存在的模式。

二、南京模式

南京,在南朝又被称为建康,与北朝的其他皇都城市相比有什么不同? 外村

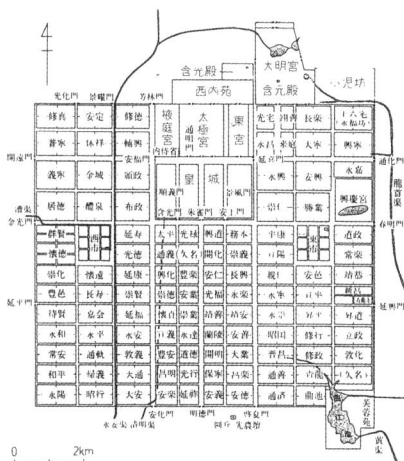

▲图1　唐代长安

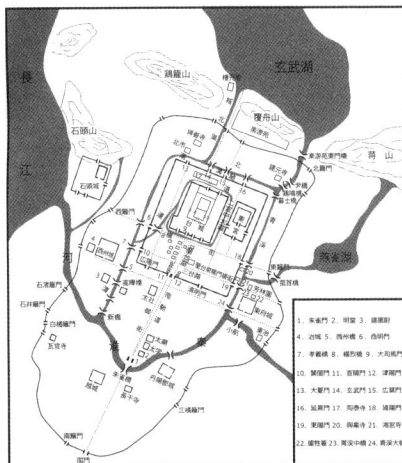

▲图2　南朝建康

（Sotomura）将其与唐代都城长安进行了比较，总结了以下特点①：长安有严密的城墙，建康没有；长安的外城墙内部布局规整，建康则不是这样；长安有单一的南北轴线，而建康还有一条平行于主轴的轴线；长安在中轴线之间的东西两侧有两个指定的市场，而建康的市场分散在外城区；长安北郊没有居住区，建康北郊则有；长安的城墙内部已划分为官署，建康不仅有官署还有居住区；长安的宫殿位于城市的北缘，而建康的宫殿位于城市内部。

此外，佐川（Sagawa）对皇家轴线街道是否按直线排列表示怀疑。②这是因为建康城基于午线的地形规划特征相对较弱。他还指出，建康的这种规划方式是由朝代礼制所决定的，这些礼制并没有绝对强调南北方的郊祀，而是平等的尊重五个方向的郊祀。而且，这种态度对城市的全方位扩展产生了影响。

三、日本的藤原京

藤原京被认为是日本第一个有规划的都城。目前认为该城呈方形，中心是宫城和按照规则排列的网格状街道模式（或方形城市街区模式）布局。这种基本的城市

① 见参考文献［7］。

② 见参考文献［6］。

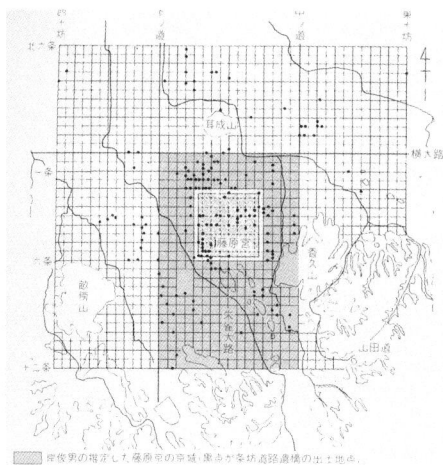

▲图3 藤原京（Toshishi Zushu，1999 年）

布局与下一个都城平城京有很大区别，平城京显然是沿袭了长安模式。因此，藤原京被认为是在《周礼》的基础上设计的，当时遣唐使被推迟了 30 多年，直到公元702 年。但实际上，这座城市与《周礼》的描述没有那么相符。如果是这样，这个城市规划的来源是哪里？一个可能的答案是，这些所需的信息或实例是通过朝鲜王朝获得的。一些具体的特征，比如没有发现外围城墙，城市化区域向四面八方延伸，或南北轴线即使设置在正午线上但定位相对较弱，等等。这些特点可以说是南朝皇家都城的共性。

相反，藤原京也有一些不同之处。藤原京在正午线上的布局，只是因为它是根据奈良盆地以前存在的古道规划的，比如南北向的中津道（Nakatsumichi）和下津道（Shimotsumichi），东西向的横尾（Yoko-oji）①。如果城区模式是根据律令制（Ritsuryo-sei）或皇家法典制将住宅分配给官僚，那么这将更进一步被应用到城市规划中。

至于作为采用新法典制的载体，藤原京本身并不具备足够的应用空间。为了解决这个问题，更新颖的城市规划，即长安模式被采用了，随后皇家都城被转移到了平城京。毫无疑问，平城京是根据长安模式设计的，其城市街区的规模与藤原京相同。

———————————

① 见参考文献［11］。

　　最早在现在的河内建立城堡或防御工事的记录是李贲（李南帝）反抗中国统治者时，在苏历江（To Lich river）河口建立防御墙。这个城市只是军事基地，公元544年，他在此宣布登基，并在该地区建造了较早的城墙，即"龙编"（Long Bien）。在唐朝统治时期，交州太守丘和于公元618年修建了规模更大的城墙，并将其改组为安南都护府。当时的城墙长达1600米。根据越南的历史记录，安南总督于767年发现了围墙（La Thanh，罗城）的修建。据说此时的城池配备了双层城墙阵，包括内墙子城和外墙罗城。经过后续的加固，至809年，这座城市的东、西、南三个城门分别建有亭子，其中东、西两个为三跨（three spans），南侧为五跨（five spans），明显体现了向南设置的优先性。858年，该城市遭到南诏的攻击，但很快被唐代将军击败，并于866年修复了罗城。这堵墙被重命名为大罗城，成为河内后来的外墙。907年唐朝灭亡后，红河三角洲仍然被中国的地区政权南汉占领。最终，吴权击败了南汉，他的皇家都城设在古螺（Co Loa），而不是当时被亲华势力控制的大罗城。

　　正如上文所述，大罗城被改建为一个地区总部。与唐代其他地区的城市相比，我们如何理解它作为一座城墙城市的特点？唐朝的许多城墙城市都可以观察到双重城墙的构造，例如规模为6到7里的桂州，5到6里的邕州，或者13里长的容州①。根据一里等于540米的换算，容州的城墙全长为7020米，因此即使是在这个时期作为地区城市的大罗城，其本身的规模仍然保持在平均水平。

　　越南在获得独立后经历了不稳定的政权，但在越南历史上第一次建立了一个持久的朝代，即李氏王朝。李氏王朝的首都是大罗城，后来改名为昇龙。第一位皇帝李太祖宣布，该地四通八达，其地貌特征代表了"龙盘虎踞之势"和"江山向背"等吉祥元素②。早期这座城墙的构成重新继承了唐朝将军的大罗城，居民区位于东部，即所谓的内城外郭或西城东郭。昇龙从唐朝继承了这些传统。城市内的苏历江是进入首都的主要通道，也是将城市划分为左右两块的中心线。与整体构造相反，内城内的皇宫区位于南部，是在从大兴门到主宫乾元殿的中轴线上向南布置的。宫

---

① 见参考文献［5］。

② Dai Viet Su ky Thon Thu, upper tom, p.211.（『大越史記全書』上卷、二一一頁）

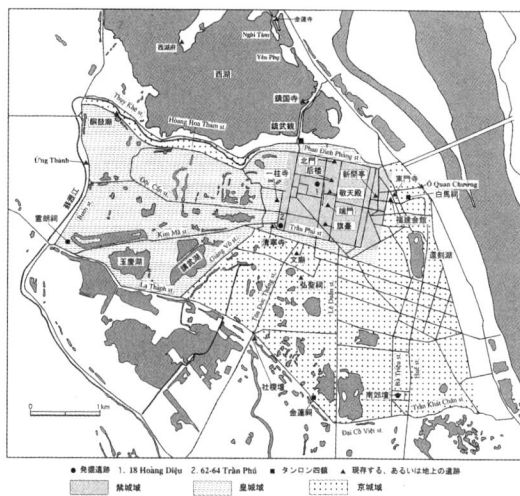

▲图5　昇龙（Nishimura，2011年）

殿内的建筑分布在这条中轴线上，其北端位于山丘上。1029 年，包括宫殿区域在内的新城墙建成，使得都城配备了三层城墙，相当于同一时期北宋的开封。除了这些建设工程之外，还分别设置了太社坛和南郊坛等祭祀场所。所有这些工程旨在实现中国皇家都城的模式。

从昇龙的宫殿或城门命名来看，很多都是效仿洛阳或开封。当都城迁至昇龙时，前都城河内被刻意改名为长安府，这可以理解为当时的昇龙与北宋的开封相提并论。在这种情况下，洛阳是开封的理想模板，因此两者都可以成为昇龙的模板。另一方面，昇龙的实际环境与南朝时期的建康有许多共同之处，从地貌方面比较，都有"龙盘虎踞之势"[①]，都修建了城墙。

或是都有方向上的规划，这些特点都是从邻近的模式——现在的南京——继承而来的。

历史上，古代越南的土地，红河三角洲及其周边地区都是唐朝的领土。那时越南没有"皇家都城"，也没有必要引入或考虑中国都城模型的影响。它没有机会接受有影响力的长安模式。因此，汉朝时期移植过来的本土城墙城市的性质或特征得以保留，即使地方政权对其进行了一些修改。而在独立后的后期，宋朝的都城形象

---

① This description also can be found in Susan, Jiankang Shilu in Tang period.（许嵩『建康实录』、苏则民『南京城市规划史稿』中国建筑工业出版社、2008 年、3-5 页）

叠加在其上，这并没有包含一个稳固的城市图像。

在越南都城的谱系中，这些特征一直传承到后来的案例。在阮朝的地理文献《大南一统志》中，对当时的皇家都城顺化皇城（Hue）的描述仍然引用了同样的范例，"龙盘虎踞之势"。有趣的是，这个说法已经流传了一千多年，并得到了儒家的认可。

六、结语

在考察三个国家的首都时，我们如何假设南京模式呢？实际上，百济和大和多少会受到南朝的影响，三个国家的都城的形态特征也有相似之处。这些可以在城市环境的构成或城市发展的方向上找到，而更直接的影响则体现在制度方面，如百济直接与南朝建立外交关系而合理采用的部巷制。

与越南的情况相比，除了地貌相似外，参考形象也有共同的描述。这更多是一个规范性问题，而不是法制性问题，因此它代表了文化方面的熟悉程度。同样，如上所述，无论是在东北亚还是东南亚，这些皇家都城在地貌和城市环境方面都具有共同的特征。

相反地，可以说长安模式的独特性在这里更加突出。它杰出的城市规划得到了皇家礼制的支持。其基本项目是北魏至隋代颁布的南北郊祀礼制，并强调了城市规划中南北轴线的优先性。另一方面，在继承正统的五郊仪式的南朝时期，城市区域向各个方向扩展，并没有过分强调建立在正午线上的优先性[1]。佐川补充说，当时的建康是为了应对城市人口的急剧增长而扩大城市化面积，但没有将其推向特定的方向。

与北朝有意建立的城市模式相反，南朝的城市模式只能产生局部的效果，而且是模糊的、不成形的效果。倒不如说，一些城市的自发形态特征在某些方面恰好是共通的。至于作为这一问题本质的城郊祭祀而言，城郊改建的基本设备都晚于都城的建设。因此，郊祀对城市规划的影响是有限的。就这些证据而言，南京模型，如果存在的话，可能是一个模糊粗糙的模型，不仅需要在城市形态方面，还需要在一些制度方面进行更多的研究。

---

① 见参考文献［6］。

参考文献

［1］Enomoto Junichi, "Comparative study on rituals", in Ritsuryo system and East Asia, Yoshikawa Gonghai Wu, City planning of Jiankang in Six dynasties（武廷海『六朝建康规画』清华大学出版社、2011 年）.

［2］Kobunkan, 2011（榎本淳一「比較儀礼論」（『律令国家と東アジア』吉川弘文館、2011 年）.

［3］Nishimura Masanari, Antiquity and Archaeology of Vietnam, Doseisha, 2011（西村昌也『ベトナムの古代学・考古学』、同成社、2011 年）.

［4］Ota Shoichi, "Study on Royal capital city", in Ito Takeshi ed., Hue-Vietnamese royal capital city and its architecture, Chuokoronbijutsu publishing, 2018（大田省一「都城論」（伊藤毅編『フエ―ベトナム都城と建築』、中央公論美術出版、2018 年）

［5］Otagi Hajime, Fortified cities in China, Chukoshinsho, 1991（愛宕元『中国の城郭都市』、中公新書、1991 年）.

［6］SagawaEiji, Planning and thought in Ancient Chinese Imperial capital cities, Benseishuppan, 2016（佐川英治『中国古代都城の設計と思想―円丘祭祀の歴史的展開』、勉誠出版、2016 年）.

［7］SotomuraAtaru, "Study on the palace and the city of Jiankang in the Six dynasties", in Tanaka Tan ed., Study on the History of Chinese technology, Institute for Research in Humanities, Kyoto University, 1998（外村中「六朝建康都城宮城攷」（田中淡篇『中国技術史の研究』、京都大学人文科学研究所、1998 年）.

［8］Sunbal Bag, "Present stage of the study on Sabi capital city", in Hashimoto Yoshinori ed., Comparative study on Capital cities in East Asia, Kyoto University Press, 2011（朴淳發「泗沘都城研究の現段階」（橋本義則編著『東アジア都城の比較研究』、京都大学学術出版会、2011 年）.

［9］Sunbal Bag, "Royal capital cities in the Three Kingdoms in Korean peninsula", in Hirose et al., op.cit.（朴淳發「韓半島三国の王都」、（広瀬和雄・山中章・吉川真司編『王宮と王都』、雄山閣、2020 年、250-275 頁）.

［10］Ze Minsu, History of urban planning of Nanjing, China Architecture and Building industry publishing, 2008（苏则民『南京城市规划史稿』中国建筑工业出版社、2008 年).

［11］Takeda Masatoshi, "Fujiwara-kyo-significance of Fujiwara-kyo from the viewpoint of distribution of housing lot", in Hirose Kazuo, Yamanaka Akira and Yoshikawa Shinji ed., Royal palace and Royal capital city, Yuzankaku, 2020, pp.250-275（竹田政敏 藤原京―宅地班給からみた藤原京の意義」広瀬他編前掲書）.

［12］ToshishiZushu editing committee, Collection of （都市史図集編集委員会編『都市史図集』、彰国社）.

"运甓斋"及戚继光创建空心敌台研究

陈引奭　临海市文化和广电旅游体育局

摘　要："运甓斋"是戚继光在蓟东官舍中的书斋名，从一个侧面说明了戚继光当时的主要工作状态。"运甓"与戚继光在台州抗倭时积累的经验有着很大关系。台州府城墙早在北宋庆历年间即已采用砖石包砌之法。戚继光在台州抗倭时，在台州府城墙和桃渚所城的原有的基础上，创造性地修建了双层空心敌台，并在整理完善之后，上奏朝廷，运用于长城的重修工程。同时戚继光还将这些总结形成完整的城墙立体防御理论体系，载入其军事著作《练兵实纪》。

关键字：戚继光；运甓斋；空心敌台；长城；防御

山西省博物院藏有戚继光自作《送小山李归蓬莱》诗轴，此轴绢本，纵 139 厘米，横 91 厘米，内容为："送小山李先生归蓬莱。蚤年结社蓬莱下，塞上重逢各二毛。天与龙蛇并笔阵，地分貔虎愧戎韬。朔原酒尽雨声细，岛屿人归海气高。丛桂芳时应入越，扁舟随处任君豪。隆庆庚午夏六月，孟诸子戚继光书于蓟东之运甓斋。"[①]就此诗前后文意看，应为戚继光自书自作的赠别诗。李小山应是他早年在蓬莱的故交好友。此诗《止止堂集》题作《送李文学归蓬莱》，其中颈联"朔原"改作"郊原"，未署诗序与后跋。[②]

一、关于戚继光"运甓斋"的考析

根据此件诗轴的落款，"隆庆庚午"为 1570 年，戚继光当时在蓟镇任上。戚继光（1528—1588 年），山东登州人，字元敬，号南塘，晚号"孟诸"。从此诗

---

① 《送李小山归蓬莱》诗轴，戚继光自作诗并书，现藏于山西省博物院。

② 戚继光著 . 止止堂集 [M].张德信校释，中华书局，2001：41.

轴落款，可知其 42 岁时，即已自号"孟诸"。"运甓斋"是其在蓟东官舍中的书斋名。曾有人将"运甓斋"释读为"莲甓斋"。大概是因为繁体的"运""莲"草法比较接近，但无论从内容、意义，还是具体的草书用笔看，应该就是"运甓斋"。

"运甓"典出《晋书·陶侃传》："侃在州无事，辄朝运百甓于斋外，暮运于斋内。人问其故，答曰：'吾方致力中原，过尔优逸，恐不堪事。'其励志勤力，皆此类也。"① 后以"运甓"比喻为珍惜光阴、刻苦自励。后人诗文中，也多有以"运甓"为典故者，如：苏轼《送公为游淮南》："负米万里缘其亲，运甓无度忧其身。"范成大《不寐》："髀弱类跨鞍，臂强如运甓。"明代初年文学家贝琼以时人汉阳湖泊使单阳之嘱托，作有《运甓斋记》，文中有表达惜时自励的愿望，同时也以陶侃北伐平定北虏，救百姓于水火的旧事为引申，阐释其书斋之名的内涵。有意思的是，清代中期后，金石学盛行，古代砖文引起许多学者的兴趣。因此有人将古砖的收藏作为爱好与研究。在临海市博物馆所收藏古籍中，有一些这样的图书，如：清代临海人陈春晖的稿本《运甓录》，陈半亭所摹的《日运百甓斋砖文》，以及汪度的《砖甓续考》稿本。② 当然这是题外话，但所提到的砖甓倒是真的，那些是有文字的汉晋时期的古砖，见证了那时人们开疆拓土，跨越万水千山，把中原文化传播到东南沿海的历史。后来，这些古砖也被用于历史与金石学研究的。

戚继光这里自题的"运甓斋"之名，除去贝琼《运甓斋记》所提到的几层意思外，应该还是其当时真实工作的反映，此斋名既是写心写意，也是写实。隆庆元年（1567年），戚继光奉召北上，调至北京。隆庆二年二月，任神机营副将，五月，任总理蓟昌保练兵事务。③ 他在《请兵破虏疏》中提到："夫摆边之说，须驻重兵以当其长驱，而又乘边墙以防其出没，方为完策。"④ 之后，他多次向朝廷申请，要求大规模维修和改造长城，以提升城墙的防御能力，如《呈修各路边墙》《添筑黑峪关重墙》；隆庆三年（1568年）又有《请建空心台疏》等。⑤ 据卢如平先生考证，戚继光有关

---

① 房玄龄．晋书·陶侃传（六十六卷）[M]．北京：中华书局，1982：1773．
② 陈春晖稿本《运甓录》、陈半亭所摹《日运百甓斋砖文》、汪度《砖甓续考》等，现藏于临海市博物馆。
③ 戚继光著．止止堂集 [M]（高扬文、陶琦《戚继光研究丛书总序》），中华书局，2001：5．
④ 戚继光著．戚少保奏议 [M]．张德信校释，中华书局，2001：37．
⑤ 戚继光著．戚少保奏议 [M]．张德信校释，中华书局，2001：191、193、54．

修建长城和敌台的奏议多达 24 件。① 朝廷同意之后，戚继光招募工匠，烧制城砖，于隆庆二年（1568 年）开始，对长城进行大规模的重修改造。"至隆庆五年（1571 年）秋，台功成，精坚雄壮，两千里声势相连，益募浙兵九千守之。"当时戚继光用了 4 年时间，重修的长城东起山海关的入海石城老龙头，西至北京延庆县的居庸关。他以原有土石所筑的长城为基础，修复倒塌毁圮处，并对长城加高加宽，包砌以城砖，建城垛边墙，同时按照确定的规制修造空心敌台。按现在计量单位，当时所修长城的总长度为 600 公里，修建空心敌台共计 1200 座。对于如此浩大的长城重修工程，所需城砖的数量可想而知。近年来，据考古发掘，于秦皇岛市板厂峪共发现明长城砖窑群古遗址 6 处，砖窑总数 200 多座，总占地面积约 27 万平方米。与明长城砖窑群同时发现的还有石雷、石炮、铁铳等戍守长城的生活用具与防御武器。长城沿线的其他地方，如大岭寨等地，也发现有一些烧造城砖的窑址。② 因此，可以想象得到，戚继光当年为重修长城，长城沿线一带，窑工日夜忙碌、窑火冲天，搬运城砖的士卒马牛络绎不绝，到处是修筑长城和建造空心敌台的工人，到处是一派繁忙景象。

所以说，戚继光一方面在长城一带摆布重兵，日夜巡防，另一方面为加强城墙防御能力，督促烧砖运砖、修城建台、管理质量，强兵壮城。其所忙碌处十分契合"运甓"这个典故。所以，"运甓斋"这个斋号，应是戚继光在蓟镇总兵任上时自命。这点出了身为儒将的戚继光良好的传统文化修养，他借此用以自况，更是为了自励自勉。

二、戚继光"运甓"修复长城与台州城墙防御历史之关系

当然，"运甓"之缘起，大概与戚继光在台州抗倭时积累的经验有着很大关系。

嘉靖三十四年（1555 年），戚继光调任浙江都司签书，嘉靖三十五年（1556 年）秋，以宁绍台参将入驻台州，开始了在台州长达 7 年的抗倭战斗。嘉靖四十一年（1562 年），基本肃清浙江沿海倭患后调往福建。隆庆元年（1567 年）再调北方防御北虏。

---

① 徐三见．台州府城墙 [M]．北京：文物出版社，2011：112．

② 见《秦皇岛新发现 200 多座古长城砖窑》，2008 年 5 月 27 日河北日报，作者高志顺。

　　在转战南北的生涯中，因为战争防御需要，戚继光在各处修筑城防，提高防御能力。在充分总结利用历代官民修复城墙智慧的同时，不断加固完善各地城墙。根据实际需要，他还对某些不利于作战的局部城防进行规制改造，这因此突显了他在军事上不因循守旧与因地制宜考虑实战的智慧与创造。正是如此，他的一生都与城墙结下了不解之缘。而其起因，主要是由于台州府城墙。

　　台州府城墙始建于东晋安帝元兴元年（402年）。《辞海》"临海"条中称："临海旧城，相传为辛景抵御孙恩所筑。"《辞源》也记载："东晋时，郡守辛景于临海北大固山筑子城以拒孙恩。"《资治通鉴·晋纪》（三十四卷）记载更为详细："元兴元年三月。孙恩寇临海，临海太守辛景击破之。恩所掳三吴男女，死亡殆尽。恩恐为官军所获，乃浮海死。"①《嘉定赤城志·山水门》记载："大固山，一名龙顾山……晋隆安末，孙恩为寇，刺史辛景于此凿堑守之，恩不能犯，遂以'大固'、'小固'名山。"②北宋咸平年间的台州知州曾会于《台州郡治厅壁记》中则云："隋平陈，并临海镇于大固山，以千人护其城。"③

　　根据这些文献可知，临海古城肇始于龙兴元年，是临海郡太守辛景为抗击孙恩。在龙顾山凿堑才成此城池雏形。临海大固山，今名北固山，也称北山，老百姓称其后山。此山多土石。按照此地乡村流传下来的最原始的做法，垒院造房，院子或者房子的墙体通常是会采用毛石干砌或卵石干砌之法，有些也会抹以黄泥。所以北固山段最早的土城，应该就是类似于农村院落的毛石（卵石）干砌围墙。20世纪70年代古城未作修复时，裸露的墙基基本上也即如此。

　　唐高祖武德四年（621年）置台州，州治临海。于是，台州城在原来基础上进行了增扩。其北固山段沿山脊而建，东为现今的钱暄路，西、南两面均沿着灵江，将巾山抱于城内。按照当时的格局和相关记载，城内有河渠多条，且桥楼相望，船只也可进入城内。五代以后，人口稠密，水系埋堵而为平陆，所以水患迭至。④宋熙宁四年（1071年），为减少城内水患，钱暄将东城墙内移至现在的东湖路，台

① 司马光.资治通鉴·晋纪（三十四卷）[M].北京：中华书局，1987：3541.
② 陈耆卿.嘉定赤城志[M].北京：中国文史出版社，2004：293.
③ 陈耆卿.嘉定赤城志[M].北京：中国文史出版社，2004：293.
④ 陈耆卿.嘉定赤城志[M].北京：中国文史出版社，2004：342.

州府城墙的基本格局在此时确定后，千余年未做大的改变。

北宋庆历五年（1045年）年的大洪水，冲垮了台州府西南两面沿江段多处城墙，"杀人万余，漂室庐几半"，到处一片悲惨景象。当时，朝廷派遣太常博士彭思永来主持修复城墙，他调集了台州各县之力，"三旬而成"。当时官员们商议："城则信美矣，然万分之一复罹水灾，而激突差久，则惧其或有颓者。不若周之以陶甓，则庶几常无害欤！"① 而当时的黄岩县令说："'陶甓虽固，犹未如石之确也'乃请兼用石。"② 所谓"陶甓"，即以黏土烧制的城砖。所以，台州府城墙早在北宋庆历年间，即已采用砖石包砌之法。

按目前资料记载，砖砌城墙始于十六国后期的后赵。隋唐时期也有个别的如长安城、洛阳的皇城、苏州城等一些重要的城池加以砖石修砌，但数量总体上不多。而戚继光调任蓟镇总兵，意欲重修长城时，在经验上一定是带着台州府城留给他直观印象的记忆。

除了对长城进行砖石包砌，戚继光还将其在台州抗倭实践中首创的空心敌台，在重建长城时进行利用推广。

据明代临海人何宠所撰的《桃渚新建敌台碑记》，嘉靖三十八年（1559年），倭寇入侵，桃渚"被围七昼夜，城几岌岌，时千户翟铨膺是城守，羽书告急"，戚继光自宁波"统大兵压境长驱，以破巢穴，城赖以全，活者数万"。歼灭倭寇后，戚继光于桃渚"补弊救偏，兴革利弊，立体统，树勤职，谨斥堠，练士卒，坠者修，废者举，增城浚濠，靡不周悉"，因为桃渚城"东西一角为薪泽，蔽塞不通"，故于此处建敌台二所"城上有台，台上有楼，高下深广，相地宜以曲全，悬了城外，纤悉莫隐藏"。③

嘉靖四十年（1561年），在时任台州知府王大可的支持下，戚继光又在台州府城墙策划建造空心敌台。《戚少保年谱耆编》卷二载："嘉靖四十年夏四月'时台城久雨，多倾圮。又因议建敌台，拆毁二十余处未修'"④，由此字面而观，当

① 林表民.赤城集[M].北京：中国文史出版社，2007：7.
② 林表民.赤城集[M].北京：中国文史出版社，2007：7.
③ 见何宽《桃渚新建敌台碑记》，原碑已残，复刻之碑现立于桃渚古城西敌台中。
④ 戚国祚.戚少保年谱耆编（卷二）[M].北京：中华书局，2001：59.

时商议建设敌台数量应为 20 多座。而 1995 年国家文物局古建筑专家组组长、中国文物学会会长、全国历史文化名城保护专家委员会副主任、中国长城学会名誉会长罗哲文先生经实地考察认定台州府城墙所建空心敌台为 13 座。[1] 这有可能是当时拆而未做敌台修建；或者当时因为抗倭需要建成，但在后来的岁月中毁圮后，重新恢复为城墙的形式。

三、戚继光《练兵实纪》对"空心敌台"的若干记录

按照戚继光在《请建空心台疏》中所云，空心台"骑墙筑一台，如民间看家楼，高五丈，四面广十二丈，虚中为三层，可驻百夫，器械糇粮设备俱足。中为疏户以居，上为雉堞可以用武。虏至即举火出台上，瞰虏方向高下，而皆以兵当埤"。[2] 由此可知，戚继光创建的空心敌台来自民间智慧，有驻扎兵士、屯粮草军械，瞭望哨所、烽火预警以及指挥和作战等多重功能。

可能是时间原因，以砖石修葺城墙，并建造双层空心敌台以增加效用的修造方式，戚继光并没将之写入他的《纪效新书》，但在《练兵实纪》中，则非常详细地加以明确规制。

兹将《练兵实纪》卷七之《敌台解》《烽堠解》的载录如下：

"先年边城低薄，倾圮，间有砖石小台，与墙各峙，势不相救。军士暴立暑雨霜雪之下，无所藉庇，军火器具，如临时起发，则运送不前，如收贮墙上，则无可藏处，敌势众大，乘高四射，守卒难立，一堵攻溃，相望奔走，大势突入，莫之能御。今见空心敌台，尽将通人马冲处堵塞，其制高三四丈不等，周围阔十二丈，有十七八丈不等者，凡冲处数十步或一百步一台，缓处或四、五十步或二百余步不等者为一台，两台相应，左右相救，骑墙面立。"

"造台法：下筑基与过墙平，外出一丈四五尺有余，内出五尺有余，中层空豁。四面箭窗，上层建楼橹，环以垛口，内卫战卒，下发火炮，外击敌人，敌矢不能及，敌骑不敢近。每台百总一名，专管调度攻打；台头副二名，专管台内军器辎重；两

① 徐三见. 台州府城墙 [M]. 北京：文物出版社，2011：108.

② 戚继光著. 戚少保奏议 [M]. 张德信校释，北京：中华书局，2001：54.

旁主客军士三、五十名不等，其常用守台。先曾用主军，因月粮一石，内供父母妻子之养，外备台上月日之炊，每有饥馁而死者，弃台而逃者，其存者往往私弃台守，下台措办米粮，且妨身役，不得操练。今将召到南兵一万，分布各台五名、十名不等，常用在台，即以为家，经年再不离台入宿人家，以此台上时刻不致乏人。故此数年无虞，遇敌则击斩全捷。五台一把总，十台一千总，节节而制之，官军得以固守无恐，即敌众大举至边，攻必难入，亦难出，此修险隘之大收效最著者也。 每台一座，设备军火器械什物：佛狼机八架，子铳七十二门，铁闩二十四根，铁锤八把，铁剪八件，铁锥八件，药匙八件，铁送八根，圆木座八个，木梃八根，合口铅子二千一百六十个，神快枪八杆，合口铅子四百八十个，木马子四百八十个，锤八把，槌八把，剪八把，药匙八件，药碗八个，火药四百斤。火绳二十根，火箭五百枝，铁顶尖棍八根，锣一面，鼓一面，旗一面，木梆一具，大小瓮四口。石炮五十位，河光大石四百块，河光小石四千块，煤炒二石，食米十石，锅二口。"①

　　"烽堠解：……凡无空心台之处，既以原墩充之，有空心台所，相近百步之内者，俱以空心台充墩。……空心台系充墩者，亦备一分。大铳五个（盏口、直口、碗口、樱子皆可），三眼铳一把，白旗三面，灯笼三盏（白纸糊务粗，径一尺五寸，长三尺），以上俱官给。大木梆二架（每架长五尺，内空六寸，深一尺，要性响体坚之木，不合式者，即行改造，每擂梆必双，庶声合而可远，该路采木造兴）旗杆三根（好绳三副），发火草六十个（用房一间覆之，毋令雨湿），火池三座（连草苫盖听用），火绳五条，火镰火石一副，旗杆三根（每根长一丈八尺，要直，每根相去五丈），扯旗绳五副（务要新粗，半年一换），火池（每座方五尺，张口，庶草多火亮）。以上俱军采办。"②

　　在这些记载中可以看出，戚继光分析了之前长城墙体和敌台存在的问题，如城墙"低""薄"，且已经倾斜毁坏。敌台虽为砖石所垒砌，但小且分布没有具体规范，和城墙防御的关联度也不高，起不到互为护卫的效果。加上将士守边，风吹日晒雨淋都无法得到庇护。武器弹药也要靠长途运送，极大削减了城墙的临时防御效

---

① 戚继光著. 练兵实纪 [M]. 邱心田校释. 北京：中华书局，2001：325-327.
② 戚继光著. 练兵实纪 [M]. 邱心田校释. 北京：中华书局，2001：328-329.

能。因此戚继光利用在台州所积累的经验，结合长城的地势山形，以在量上以明确的数据规范了长城空心敌台的具体修造与守卫方法：首先，空心敌台的位置是在容易被敌人攻破的薄弱环节；其次明确了敌台的高度与大小；第三是明确了敌台之间的距离；第四是确定了敌台的修造方法，基台与城墙平，前后挂出，中层空心，四面有箭窗，上面建楼橹；第五，敌台设百总一名、台头副二名，轮值军士三、五十名不等，同时将新招浙闽一带的兵士每台安排五至十名不等，长年住在空心敌台；第六，按照五台一把总，十台一千总进行管理节制；第七，每座敌台的武器物资储备也十分明确。

从以上可知，戚继光的空心敌台自创制之后，对其军事作用有一个不断完善、逐步缜密的过程，最后与城墙形成了一整套独立完整，互相呼应的防御体系。

四、结语

戚继光在蓟镇总兵任上，为加强防御，极力向朝廷上疏，要求修复长城。在获得朝廷的支持后，组织匠师兵士烧制城砖，自隆庆二年（1568 年）开始至隆庆五年（1571 年），历时 4 年，对长城进行大规模的重修改造。东起山海关，西至居庸关，总长度为 600 公里的长城得到整修，并修建空心敌台多达 1200 座。这一段长城至今仍巍然屹立，气象雄伟。《送小山李归蓬莱》诗轴，即戚继光在这期间所作。此诗可见戚继光在加强长城防御，热火朝天管理和修缮长城的激情岁月，以及他为国驻守边疆时的勃发英气。其落款"于蓟东之运甓斋"也正好从一个侧面说明了戚继光当时烧砖筑城的工作状态。

而戚继光"运甓"修缮长城，修造双层空心敌台的做法，在很大程度上来自于他在浙闽一带抗倭的经验。台州府城墙自宋代庆历年间以来以砖石包砌城墙的做法，可以看做是戚继光后来修复长城的实践依据。而其同时代的临海人何宠所撰《桃渚新建敌台碑记》记录了戚继光最早创建的双层空心敌台。在之后台州府城墙的修缮上，双层空心敌台也是在戚继光的主导下得到较大规模的实践应用。在后来修建长城时，双层空心敌台的规制得到了进一步的总结完善，并写入戚继光的兵书《练兵实纪》。正是因为戚继光的"运甓"，长城的立体防御体系才得以更为坚固与完善。

卢龙刘家口长城门窗形制调查研究

孙　闯　北京国文琰文化遗产保护中心有限公司
李　进　北京国文琰文化遗产保护中心有限公司

摘　要：刘家口是蓟镇长城上的一座重要关隘，而其中刘家口关楼又是蓟镇长城中现存未经全面修复的关门楼孤例。因借于该段长城保护修缮工程的开展，笔者在工程勘察阶段针对刘家口关楼和东尖楼的门窗遗存进行调查研究，以期廓清其原有形制构造，理清历史遗存信息，为更加理性的长城保护修缮提供理论依据。

关键词：明长城；刘家口；券门；箭窗

刘家口关位于河北省卢龙县城北 34 公里处，是明代蓟镇长城中的一座关隘，原依长城主线随山势建有关城一座，关城以西的山沟中建有关楼，因季节性河流从沟中流过，这座刘家口关楼又俗称水关楼。因历史上自然侵蚀与人为干预，刘家口关城已残破不全，但关楼和关城东山顶的一座敌台还基本完整，虽然保存状况堪忧，但未经大面积修复的经历，使其保留下诸多原始的建构信息。循着这些残迹步步深入调查，使我们对长城的了解更增加了一个维度：空心敌台不仅原设有门窗，其门窗如何安设槛框、门扇，如何设置门栓等历史信息竟然可以一一展露在眼前。本文即是针对刘家口建筑遗存的门窗遗迹的调查与整理，试图复原这些细部上的长城遗迹，以丰富和加深我们对长城的理解。

一、刘家口关概况

《四镇三关志》记载"（燕河路）东自桃林口，西至白道口，延袤一百三十里，南至永平府，北即口外"。其中"桃林口"辖下的关堡有五座，即刘家口关、佛儿峪寨、孤窑儿寨、正水谷寨、桃林口关，均为咽喉要冲之地。又史载："刘家口关东接卢龙县桃林口关，路出大宁，最为襟要。"永乐帝当燕王时引兵出刘家口，直

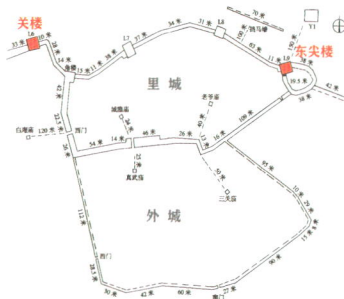

▲图1 1981—1987年测图

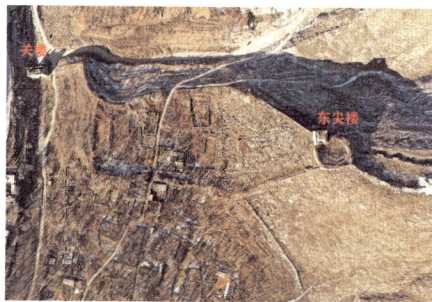

▲图2 航拍图（2020年12月）

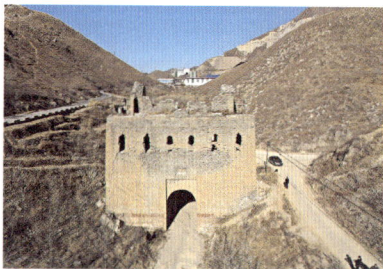

▲图3 关楼

▲图4 东尖楼及"养马城"

取大宁凯旋；嘉靖三十六年蒙古犯冷口，转攻刘家口，遂陷桃林营，大掠县（卢龙、迁安）境。可见刘家口战略地位之重。

刘家口建于永乐年间，明万历六年（1578年）经过一次重建。原关楼内中间墙壁上嵌有一石碑，题为"万历六年岁次戊寅重建刘家口关"。碑文只记录了总督其事的各级官员姓名，并未提及所谓"重建"特指哪些部分。按常规的建筑记功碑行文习惯，此处的"重建"很难从字面上与"重修"相区别，但至少可以肯定，在万历朝之后，刘家口应没有再度大修，随着时间的推移渐渐颓败了。

据《卢龙塞略》边防表记载，刘家口关原有里外城，里城砖筑，外城石筑。根据1981—1987年考古报告测图显示，刘家口关确系联璧城的模式，关城依山而建，里城东西约270米，南北120米，设有西门、南门。关城北墙即为长城主线，设有若干敌台，关城东端制高点建有一敌台，现称作东尖楼，楼下附建一小型圈城，俗称"养马城"。圈城往东即连接长城主线，关城西端也与长城相连，沿长城走向折入山沟位置建有关楼，即刘家口关。（图1—2）

刘家口关楼原本两侧与长城相连，后由于修路将两侧墙体拆去，现成为一座独立的关门楼，但也因为道路从两边通过，才使得关楼较为完整地保留了下来。关城部分已不完整，城墙仅存几个段落，但从航拍上大体还能看出整体的城墙走向。关城北墙的敌台多已成为遗址，仅东尖楼一座较为完整。关城南侧的外城现遗迹较少，大多淹没无存。（图3—4）

二、关楼门窗形制推断

刘家口关楼[①]为一座六眼楼，俗称为水关楼或水门楼。大体朝南北向，平面约长21.3米，宽9.6米，下部为门洞，中为券室，顶部原有铺房。关楼下部门洞朝北的券脸极厚，几成两段门券。北侧门券宽3米，高4米，南侧门券宽4.4米，高6米，从尺度上看可通车马，待雨季山洪流下，该门洞又成为过水通道。现南北券洞均有门栓眼痕迹，推测或因走水而设有重门或栅栏。从位置和尺度上看，此楼应具有关口和水道的双重功能，故有水关楼之称。中层券室为三个并列筒拱，中拱券又分隔

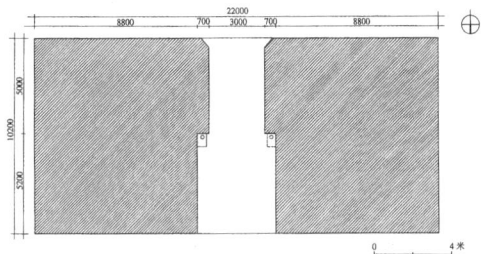

▲图5 关楼底层平面图

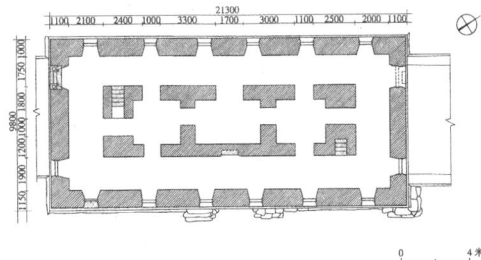

▲图6 关楼中层平面图

▲图7 关楼横剖面图

① 即刘家口关城5号敌台，长城编码1303243521011170071，其他曾用编号如：678号台。（以老龙头靖卤台为1号台计）

成三个券室，南北筒拱与东西山面拱券形成一圈回廊。南、北面各设六个箭窗，东、西面为一门一窗。顶部垛口大多缺失，北侧角部有局部残留，可见垛墙底部设有石制射孔，较为特别。城顶铺房仍为砖券结构，外观模仿硬山瓦房，其山墙极厚，墙内容纳梯道与中层券室相通，设计独具特色。现关楼顶部多处塌毁，铺房仅存山墙，券门、箭窗均有不同程度的缺损，但通过其细部残迹仍可窥知其大体建构方式。（图5—7）

（一）关楼券门

关楼的东、西两个券门都严重残缺，仅存部分墙垛和砖券，且只有西门还存有一块门槛石，从外观看券门已成不规则的破洞。东、西两门残损情况类似，因西门还存有门槛石，信息更多一些，故从西门入手，酌情参照东门来分析其原有形貌。（图8—11）

所幸西门在原位存留下一块门槛石，让笔者得以确定原门券是砖券和石券的复合体。长城空心敌台券门用石券是较为常见的模式。关楼残存的这个门槛石上凿有门槛与内外两对圆形卯口，外侧卯口用于树立门框石，内侧卯口则是门扇的海窝。

▲图8　西券门外侧残迹（2020年12月）

▲图9　西券门内侧残迹

▲图10　西券门门槛石

▲图11　东券门外侧残迹

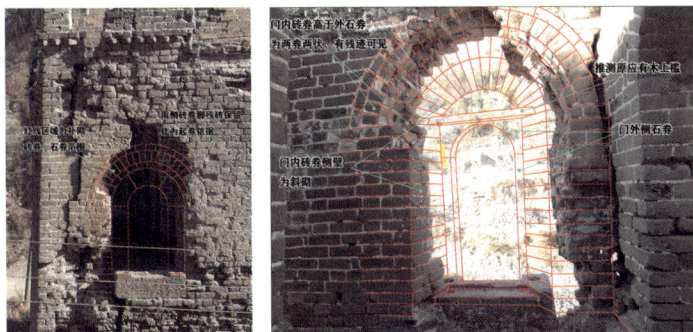

▲图 12　西券门外侧门券推想　　▲图 13　西券门内侧门券推想

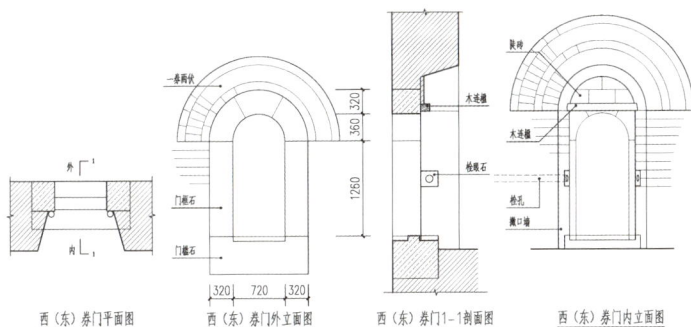

▲图 14　券门复原图（未表示门扇）

内外卯口均是圆形，较有迷惑性，但外侧门框的方形石台轮廓仍较为清晰，且圆卯直径已达 160 毫米，排除了内外双层门的可能性。西墙外侧的砖券已残缺，但好在保留了南北两个券脚和墙垛，门框石的高度随即有了约束，结合长城门券多为圆券的特征，这个石门框就可以完美复原了。石券之上则是一券两伏的砖券，考其宽厚尺寸，与石门券可以准确贴合。另外，西门内侧的南面还能看到撇口的墙垛砖，与门槛石上凿出的斜平台尚能吻合，循此则可以揣测券门内侧是个喇叭口的平面，那么砌到券顶处显然也需做取斜处理。现存东、西门均无完整的内券存留，但关楼的箭窗都是内券斜砌的，可以作为参照。门内券残迹可见两券两伏做法，结合券脚痕迹其高度也可大体确定。据此则可勾勒原有构造关系：门券为内外两层，外侧为砖石复合圆券，内侧则为砖砌喇叭口斜券，内券高而外券低，利用这个高差从而便于安设连楹及门扇。（图 12—14）

　　关楼门券还有一个比较特别的遗存需要提及，就是门栓孔。虽然栓孔石已无存，

▲图 16　西券门栓眼残迹

▲图 15　西券门栓眼残迹

▲图 17　西券门内侧复原模型（按实榻门式样复原）

但西门南墙尚存有一个砖砌的栓孔，实测深度竟有 1.4 米，如果它是刻意砌成这样的话，那么说明原本的门栓是在这个孔洞中抽拉上栓的，而不需要像常规的门栓那样摘卸取用。栓孔下面的方砖上仍可见到磨损的弧形浅槽，或许就是不断抽拉的痕迹。（图 15—17）

（二）关楼箭窗

相对来说，关楼箭窗有 14 个，存留信息就更多了，但破损情况都较严重，也没有完整样本存留。箭窗原本也安有窗扇，所以也呈内高外低的两层券顶结构，内外均是一券一伏，其中内外墙垛均做喇叭口，可以扩大视野和射界[1]。这残存下的 14 个窗洞只有南面东数第二窗还存留下一块窗台石，所幸从这块残破的窗台石上基本可以窥知箭窗的原始构造。（图 18）

这块唯一存留下来的窗台石基本完整，但细节风化较严重，需参照其他长城案

① 戚继光：《纪效新书·守哨篇·垛口解》："若垛口内外平直，大则人身可入，小则不能左右射。必照今式，将口砖削为脊。"

▲图 18 南面箭窗外侧（2020 年 12 月）

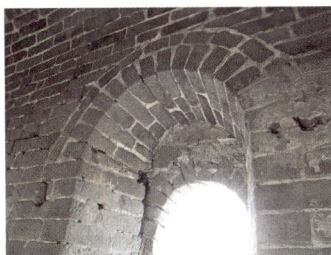

▲图 19 南面西三窗上槛卯孔与陡砖残迹 ▲图 20 南面东二窗台石

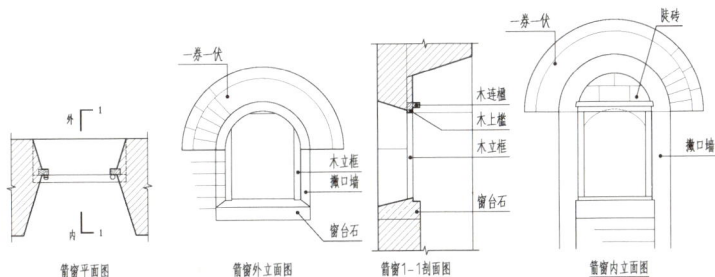

▲图 21 箭窗复原图（未表示窗扇）

例辅助识别。整体看出是一个外低内高的楔形截面，这个向外的坡向既可以当做披水又便于向下射击，一举两得。窗台石宽度随槛墙约 400 毫米厚，顶面凿有方形和圆形的卯口各一对，外方内圆，圆形卯口是窗扇海窝无疑，而方形卯口则应是窗框的卯口。因为方卯口很小，约 95 毫米 ×25 毫米，推测窗框材质应为木质。在窗内券两侧墙上也多见砌筑时留下的卯孔，尺度约在 120 毫米 ×100 毫米，这个位置显然是插入木上槛和连槛的。这条上槛位置以上仍可见到残破的陡砖贴面，用以覆盖窗外券背面的粗糙灰缝。据此推测券门的上槛之上大体也应是这种处理方式。（图19—21）

　　由遗存测量推测，竖向木窗框会局部裸露在砖墙之外，并未完全做隐蔽处理。

▲图22 箭窗外侧复原模型

▲图23 箭窗内侧复原模型（按撒带门扇
式样复原）

窗扇的样子暂无从探究，只能认定为双扇对开，具体是板窗还是带棂条的无从知晓。因窗扇尺度较小，推测窗栓杆处理应较为简易，或按撒带门扇的方式自带插关。（图22—23）

（三）射孔质疑

射孔又称铳眼，是长城的标配构造，多开在垛墙下部，箭窗下部也多有开设，但刘家口关楼的箭窗下是否有射孔则显得不太明朗。现关楼14个箭窗的下槛墙都损坏成破洞，有的甚至已经成为通高的豁口，已看不出原有射孔的轮廓，但窗下均有孔洞这种现象还是让人容易联想到原初的射孔。从老照片中已可以看到关楼箭窗下的残损破洞，但因缺少近照而无法认定其具体形态。（图24）笔者经勘察，发现南面东数第三窗下的孔洞最小，从内侧看破洞呈喇叭口状，其残损特征与其他南侧窗槛墙类似，但从外侧看则破洞只有一皮砖高而已。也就是说这个残破的洞口内大外小，最小处只有一皮砖高，那么可以断定这个位置显然不是射孔，目前发现的各种射孔都在两皮砖高以上，过小的尺度显然不适宜明代的火铳口径。而这个破洞的内侧残损特征又与南侧其他槛墙相似，是否可以推断那些破洞也不是因射孔破损而演变来的呢？（图25—27）

长城建筑既是千城一面又是千城千面，作为一座城关，槛墙下是否要做射孔的问题还需要联系明代武备才好客观分析，但就从建筑遗存方面的考察，虽然也不能排除第三窗的特异性和偶然性，但笔者倾向于此处本无射孔，其残损可能另有原因，

PASSING THROUGH THE GREAT WALL AT LIU CHIA K'OU.

▲图24　刘家口南面（20世纪初）　　▲图25　常见的长城射孔样式

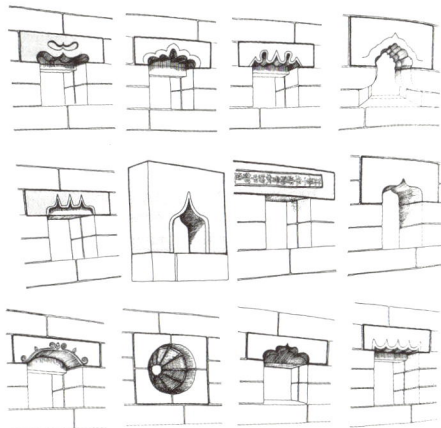

孔洞一皮砖高

▲图26　南面东三窗槛墙外侧　　　▲图27　南面东三窗槛墙内侧

但与射孔未必有直接关系。

三、东尖楼门窗形制推断

　　东尖楼[①]位于关城东端制高点，其尖楼之名或源于位于山尖而得，目前刘家口关城也仅有这一座敌台较为完整。东尖楼为一座近乎方形的三眼楼，东西约12.1米，南北12.5米，内部结构为三列南北向的筒拱，东西向开券洞，形成类似田字格的平面。东、西外墙面中部开门，两侧设窗，南北面则均为三个箭窗，共计两门十窗。原楼顶部也设有铺房，现仅存基址。登顶梯道设于南墙内侧，出顶面后未见护棚遗迹。东尖楼与关楼应划为一个区域内的建筑类型，但具体的建构特征并不相同，比如垛

---

① 即刘家口关城2号敌台，长城编号1303243521 01170068，其他曾用编号如：676号台（以老龙头靖卤台为1号台计）；天桥台9号。

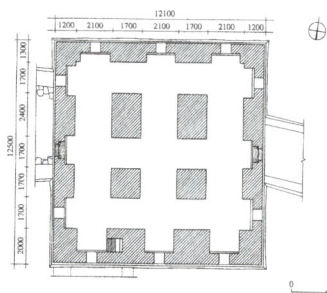

▲图28 东尖楼平面图

▲图29 东尖楼剖面图

▲图30 东尖楼西券门外侧

▲图31 东尖楼西券门内侧

口射孔的样式、门窗券的具体构造，均有明显差异。（图28—29）

（一）东尖楼券门

东尖楼券门比之刘家口关楼要简单一些，虽也为外石内砖两层券结构，但外石券为一个方顶的整块券石，故而在门楣以上不再需要砌筑砖券。需要指出一点，这个石券的轮廓并非一个半圆，而是在半圆券下增加了一段直脚。券门内侧则没有关楼那种喇叭口的斜墙，墙垛方正平直，显得简洁很多。顶部内外券高差部分裸露的是石门楣的背面，石头表面处理较为平整，也就不再贴附陡砖了。（图30—31）

（二）东尖楼箭窗

箭窗构造与关楼做法完全不同，虽也是内外两层券的模式，但内券宽大，两券两伏，俨然形成一个窗前的券室空间。其中南墙因嵌入了登顶楼梯而使得墙厚达到2米，其箭窗的内券已经完全成为一个小券室了。箭窗的外券很简单，就是一个平

▲图 32　东尖楼北二窗外侧

▲图 33　东尖楼北二窗内侧

▲图 34　北二窗内侧上槛孔洞

▲图 35　北二窗内侧下槛孔洞

▲图 36　东尖楼窗框复原推想图

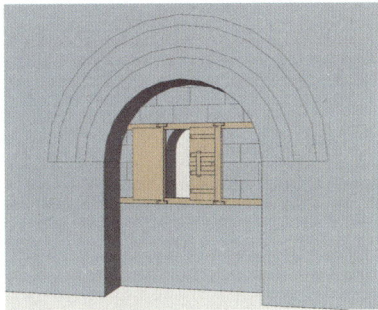
▲图 37　东尖楼窗内侧复原模型（按撤带门扇
　　　　式样复原）

直的券洞窗口，一券一伏，没有什么特殊处理，也没见到窗台石，其门窗框的安设
均在外券的内墙面上完成。因内券宽大，外券的内墙裸露面也较为宽阔。从残迹上
可以发现，窗口上下均有出现较为平直的凹槽痕迹，凹槽两端则深入内券侧墙。从
侧墙孔洞的宽厚看，这上下的两道痕迹应该就是安设上下槛的位置，且上下槛看面
与墙体取平，如同嵌入墙体一样。而墙面上残存的部分陡砖则反映出木槛框之外的
地方都用陡砖贴附，以遮挡外券墙粗糙的背面。（图 32—35）

　　其原初的构造即是上下两道通常的木槛，两端插入墙体，木槛上对应窗洞的位

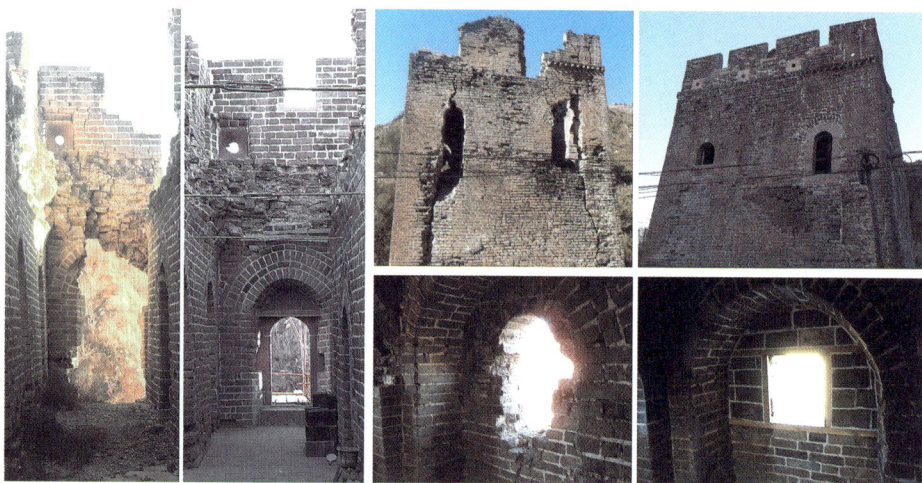

▲图 38　文物修复前后对比（关楼东门内侧、外侧、东尖楼东窗内侧）

置再加竖框，形成窗口的完整形态。但因木框的看面与砖墙表面取平了，窗扇就只能贴附于槛内安装了。推测如在上下槛相应位置钉附上下槛，安装对开窗扇，并在槛中部再加设立栓或卧栓相关构件。（图 36—38）

四、余论

通过上文对刘家口关楼和东尖楼门窗的逐一分解，其大体的原初构造关系已较为清楚了。客观地说，长城的建构工艺往往并非十分精美，这些由边军或征调民夫建造的城防建筑主要是出于军事上的实用而非美观。虽然留存至今的长城灰浆往往钙化得非常彻底，但砖材的砌筑则多为铺灰糙砌，比之那些华美的宫观坛庙不可同日而语。比如关楼西券门残留的门槛石，可以看到雕凿的喇叭口形台面以适应撇口的墙垛，但细看其轮廓，竟与门轴海窝出现冲突，似有随意凿斜处理的痕迹。而残存的砖墙垛虽然与门槛石有咬合关系，但显然在边角上存在较大灰缝的余地，正所谓"齐不齐一把泥"是也。

诚然如此，对长城的勘察则不宜只观其大概，深入到细节之中对发掘文物价值的阐释也有其现实意义。就敌台门窗而言，它既是重要的城防设施，又具有出入与通风采光的作用，其设置需考虑军事与日常使用的双重功能，正所谓"虚中为三层……中为疏户以居，上为雉堞可以用武 ①"。理清其原始构造使得我们对敌台的建构逻辑与使用状况有了更为具体的了解，扩展了对长城的认知维度，使长城不再是远观的轮廓，而带有近距离的场景感，这是讲好文物故事并实现文物活化的基础。另外，对文物本体的深入认知也是做好文物保护修复的前提，准确、理性的保护修复又将为文物价值阐释创造条件，毕竟文物信息和价值的表达首先是以物质遗存为根本的。

参考文献

［1］［明］刘效祖.四镇三关志.明万历四年刻本.全国图书馆文献缩微复制中心，1991.

［2］沈朝阳.秦皇岛长城[M].方志出版社，2002.

［3］河北省文物研究所.明蓟镇长城：1981—1987年考古报告.第4卷，界岭口、刘家口[M].文物出版社，2012.

［4］［明］戚继光.纪效新书：十四卷本.北京：中华书局.2001.

［5］JOHN HEDLEY.TRAMPS IN DARK MONGOLIA[M],1910.(Google books)

［6］连达.不一样的长城[M].机械工业出版社，2021.

［7］邓阳雪.明代蓟镇长城空心敌台研究[D].清华大学，2016.

---

① ［明］戚祚国.戚少保年谱耆编·隆庆三年二月·请筑空心台疏.转引自文献[7]P40.

厦门明清石砌城墙石构技术刍议 [①]

孙泽鑫　华侨大学建筑学院、福建省城乡建筑遗产保护技术重点实验室
陈志宏　华侨大学建筑学院、福建省城乡建筑遗产保护技术重点实验室
成　丽　华侨大学建筑学院、福建省城乡建筑遗产保护技术重点实验室
潘子虹　华侨大学建筑学院、福建省城乡建筑遗产保护技术重点实验室

摘　要：厦门古代石砌城墙与北方、江南地区的城墙在形制特征、用料、构造、工艺等方面具有显著的地域差别，展现出典型的闽南石构特征。至今遗存的厦门古代石砌城墙以及传统石匠参与的城墙保护修缮和仿古营建仍能体现出本地传统石构技术要点。因此，本文以现存厦门古代城墙遗迹、城墙工程实例为主要研究对象，运用文献梳理、田野调查、工程跟踪、匠师访谈等方法，对明清时期厦门现存石砌城墙的石料加工技术、构造做法、砌筑方法、保护修缮等内容进行梳理与探析，以期为闽南沿海地区石砌城墙的研究与工程实践助力。

关键词：城墙；石构技术；构造做法；砌筑方法；保护修缮；闽南传统建筑

一、引言

厦门地处我国东南沿海地区，水深港阔，具备优良的港口条件，是对外交流的重要门户，其特殊的地理位置，自古以来常受倭寇侵扰，因此历代皆有军队驻扎于此，逐渐成为福建东南部的军事重镇。城墙 [②] 是古代城市、聚落的边界，也是重要的军事防御设施。依据《泉州府志》《同安县志》等史料的记载，厦门地区历史上建有同安、厦门、高浦、灌口、石浔、后溪等多座古城，此外还有数十余座古寨，

---

① 国家重点研发计划资助，"传统村落保护适宜性技术和活态利用策略研究"课题——"传统村落价值评价及环境风貌控制研究"（2020YFC1522301）教育部人文社会科学规划基金资助项目"闽南传统建筑营造术语综合研究"（项目编号：20YJAZH016）。

② 本文所指的厦门城墙无特别说明以外，均指古城类城墙，不包括堡寨类城墙。

1. 同安城墙

2. 高浦城墙

3. 厦门城墙（图片来源：紫日收藏）

4. 后溪城墙

▲图1　厦门明清城墙

如高崎寨、东澳寨、五通寨等。城与寨的建设,增强了海防的力量,形成了有效的防御体系。至今遗存的城墙还有同安城墙、厦门城墙、高浦城墙、后溪城内城墙等,均是研究本地城墙特征、城市发展、社会文化等方面的重要实物依据。

闽南传统石构建筑类型丰富多样,厦门作为闽南文化圈的重要组成部分,城墙主要采用本地常见的花岗岩石进行建造,与同属闽南地区的泉州古代城墙存在诸多相似之处,但相比南京、西安、开封、荆州、平遥、寿县、兴城等地的城墙,在形制特征、材料运用、构造做法、砌筑方法上具有明显的差异,展现出独具地方特色的石砌城墙风貌。随着时间的推移,现存石砌城墙面临失稳、坍塌、灭失等诸多问题。城墙防御功能的减弱,也决定了当今社会不再需要过多地从实用性角度进行城墙营造,取而代之的是修建景观性质的仿古城墙。然而,仿古城墙营建效果参差不齐,扰乱了对本地传统城墙的认知。此外,关于本地城墙的研究尚有不足,如在考古勘探、形制特征、结构构造、营造工艺等方面仍可深入探析。

因此,本文选取现存厦门同安城墙、高浦城墙、厦门城墙、后溪城内城墙(图1)等具有明清时期原构遗存的古代城墙遗迹及传统石匠参与的保护修缮、仿古营建工程作为研究对象,对厦门传统石砌城墙的石料加工技术、构造做法进行探析;通过城墙遗迹测绘、仿古城墙施工跟踪,与传统工匠[①]进行口述访谈,对古代厦门石砌城墙的砌筑方法进行推测;通过梳理现存传统石砌城墙面临的问题,结合实际修缮项目,对城墙的修缮措施进行归纳总结,以期为厦门及闽南沿海地区石砌城墙的研究贡献微薄之力,为城墙的保护修缮、仿古设计提供有力支撑。

---

① 本文口述访谈的传统工匠为廖志堂,1968年出生于惠安县廖厝村,长期从事闽南古建筑修缮工作,18岁向康灶生(外公)、康荣忠(舅舅)及同宗兄弟廖进兴学习泥水作、打石技术。

二、厦门古代城墙的历史沿革及遗存状况

始建于宋绍兴十五年（1145 年）的同安城墙是厦门目前已知较早的城墙。[①]
明洪武二十四年（1391 年）建高浦城墙，[②] 明洪武二十七年（1394 年）建厦

---

① 清嘉庆《同安县志》记载了各时期同安城始建、修建、扩建的历史信息："宋绍兴十五年，知县王轼创筑；十八年，知县刘宽成之，周七百九十五丈，高丈二尺，濠深、广各一丈二尺，为门五，东曰朝天，西曰厚德，南曰铜鱼，北曰拱辰，西北曰庆丰；庆元元年，知县余元一增修；绍定三年，知县韩木重修并浚濠。元至正十四年，安溪寇攻陷；十五年，达鲁花赤马哈谋沙用石内外砌之。明正统十四年，沙尤寇复陷城；景泰元年，泉州卫指挥使杨海及主簿蔡鳞重修增高五尺；成化十八年，知县张俶重修，改本东门曰迎阳，西曰镇兑，南曰来薰，北曰绿野，惟西北仍旧；嘉靖三十七年，倭寇至，知县徐宗奭增高三尺，西、南各为重门，设窝铺五十有九；明年大雨，城多圮，贼大至，时署令兴化府同知李时芳用木栅捍蔽，募山中药、弩手，选各澳渔民与居民相参，防御署教谕吴金亦率诸生与乡士大夫分门共守，贼不得入，其后有圮辄葺。又置敌楼十所，先后置贡铳五门，佛郎机十五门，鸟铳一百七十二门；万历十九年，知县柴焘年浚濠而广之，后以凿伤龙脉不利城居，绅士请于葫芦山后少加培补；二十五年，知县洪世俊增高二尺，复改门名，东曰鸿渐，西曰丰泽，南曰朱紫，北曰拱秀，西北曰朝元；后二年，稍圮，主簿谢与源督修坚牢；三十三年，知县王世德议以县前直街年征税银四十四两专备修城费，云城周围八百四十六丈八尺，高二丈三尺，泊岸八百六十九丈，濠深六尺、阔二丈四尺，堞一千三百九十二，门楼五，浮台四，敌楼一，窝铺一百有八；知县鲍际明复于三十五年雨坏重修；天启壬戌，红毛侵入，知县李灿然始会绅士襄筑大炮台十座；崇祯十三年，司李姜应龙署邑篆鸠工修葺。国朝顺治五年，戊子四月，海氛，围城掳之；八月廿六日，城克，复屠焉；十一年，甲午复啖折城及官署民居运入丙洲，金华总兵马进宝、知县梅应魁复完筑，周围八百四十六丈二尺三寸，基阔一丈一尺九寸，顶阔一丈，高一丈九尺九寸，垛子并为六百七十五，窝铺三十三，炮台四座，筑护城，短垣八百六十九丈，高七尺，濠沟长一千九十六丈，东、西、南、北门楼四，废西北朝元门；康熙十七年八月，海氛复陷，官民舍洗折无存，署县齐宗孔修筑增高一尺一寸；康熙五十一年，东、西、南三楼损坏，知县朱奇珍重修；雍正十一年六月，大水崩其东隅，知县胡格修之，时西北久废朝元门，论者以城既增高，则朝元似不宜少，盖豁达则亨，幽塞则闭；乾隆元年，知县唐孝本会集绅士复开西北门，城门依旧有五；乾隆十七年七月，大水为灾，城不浸者三版，崩其西隅，署县熊定猷修之；廿六年，儒学前城堞复建观澜亭，绅士叶廷梅、林其新董其事；嘉庆元年，邑绅高以彰改复西北门原向，盖楼其上，以固防御；二年，东隅临溪城崩，高以彰修筑……国朝顺治三年，调镇将折光秋等守同安；康熙二年，总兵黄翼屯札；十八年，筑城，设游击防守；雍正八年，改设参将县治，虽属泉州，而武营乃属漳镇。"

② 清嘉庆《同安县志》记载了高浦城的历史信息："高浦城在安仁里，离县城六十里。洪武二十四年，从永宁卫，千户所于此，江夏侯周德兴建城，周四百三十二丈，高连女墙一丈七尺，基广一丈，窝铺十六，门四，砌月城建楼；永乐十五年，都指挥谷祥增高三尺；正统八年，刘亮督千户赵瑶增筑敌楼，今旧城尚存。又一曰，高浦司城在嘉禾里二十二都高浦，明江夏侯周德兴建，周一百四十丈，基广七尺，高一丈八尺，窝铺四，南、北门二，此司自万历已经裁汰，城亦圮，无存。"

门城墙 ①，是明代周德兴在闽展开建城守郭、整顿军备的重要措施。清顺治十八年（1661 年），建设灌口城、石浔城；康熙元年（1662 年），由福建总督李率泰、同安总兵施琅等督造后溪城内城墙 ②。

值得关注的是，在砌筑材料方面，清光绪《同安县志》卷一《城池》在同安城、厦门城的部分分别记载了"元至正十四年，安溪寇攻陷，十五年，达鲁花赤马哈谋沙用石内外砌之"和"正统八年……复增筑四门敌楼，城内外皆甃以石"，相关城墙建设的历史信息可以说明厦门至迟到元代已出现石砌城墙的做法，而"用石内外砌之""城内外皆甃以石"，也体现了本地善于运用石料进行城墙营建的特点。

厦门古代城墙在不同历史时期存在不同程度增建、改建和拆除重建的情况，现存遗迹局部保留了明清时期的原构。同安城墙东门至南门段，长约 450 米，高 3—5 米，顶宽 3.8—5.1 米；③ 高浦城墙南门西侧墙垣，长约 12 米，高约 2.5 米，厚 2—3 米；厦门城墙北门段墙垣，长约 80 米，顶宽 3.5—6 米；④ 后溪城内城墙北侧拱辰门，长约 11 米，高约 5 米，其中门洞面宽 2.2 米，进深 3.4 米，净高 3.7 米，门洞两侧墙体厚约 8 米。从遗存实物及相关历史照片来看，明清时期的厦门城墙在形制特征、石料加工工艺、构造做法和砌筑方法等方面具有一定特色，是本地传统石构技术的一个缩影。

---

① 清嘉庆《同安县志》记载了厦门城的历史信息："厦门城在嘉禾屿，离县城六十里，水程七十里，一潮可至。明为中左所。洪武二十七年，江夏侯周德兴造，周四百二十五丈九尺，高连女墙一丈九尺，窝铺二十二，门四，东曰启明，西曰怀音，南曰洽德，北曰潢枢，各建楼其上；永乐十五年，都指挥谷祥增高三尺，四门增砌月城；正统八年，都指挥刘亮督，同千户韩添复增筑四门敌楼，城内外皆甃以石，城北有望高石，可收山海之胜。国朝顺治六年，海氛，入城掳之，提督马得功攻而不克；康熙二年，马得功取之，总督李率泰令堕岛城，弃其地；十九年，提督万正色复两岛，疏留总兵官镇之；二十二年，靖海将军施琅挂侯印，驻劄于此，琅遂表奏重葺城窝；二十四年，拓而广之，周六百丈，嗣是水师提督开府于此；二十五年，以泉同知驻此；雍正二年，又以兴泉永道驻焉。"
② 依据《泉州府志》的记载，从清顺治十八年（1661 年）开始，清政府为围困郑成功的抗清武装，实行"迁界禁海"政策，沿海居民以城墙为界，三十里以外不得居住。清康熙元年（1662 年）八月，朝廷下旨，命人负责督造城池，命其城名为"城内"，又称"霞城"。
③ 详见叶红旗.同安文物大观 [M]. 厦门：厦门大学出版社 ,2012:296.
④ 详见罗才福.厦门市文物管理委员会,厦门市文化局编.厦门文物志 [M].北京: 文物出版社 ,2003:57.

三、城墙石料的加工技术

厦门所属的闽南沿海地区海岸蜿蜒曲折，属侵蚀海岸，因海水的冲刷，岸线周边裸露大量花岗岩石，沿海腹地的山体也以石山为主，形成了独具地方特色的自然景观。因本地丰富的花岗岩石料储备，以及相比其他地区石材具有密度更大、质地更加坚硬、耐压性能更优越的特点，使得本地居民自古便将这种石材作为建造居住、祭祀、景观、防御等类型建筑的重要材料之一。

表 1　不同石材加工工艺的步骤与表面肌理

石材加工工艺	石材表面肌理（剖面）
"四线"	
"除瘤、留窟"	
"一遍"	
"两遍"	

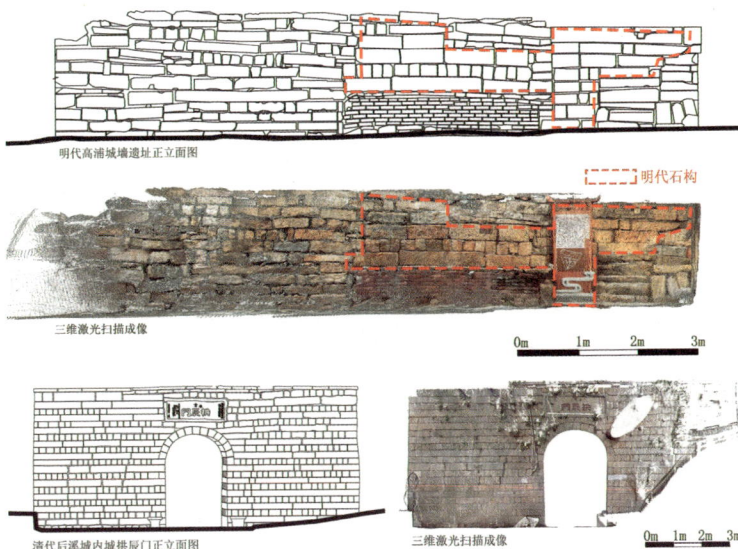

明代高浦城墙遗址正立面图

[ ] 明代石构

三维激光扫描成像

0m 1m 2m 3m

清代后溪城内城拱辰门正立面图　　三维激光扫描成像

0m 1m 2m 3m

▲图2　明代高浦城墙
▲图3　清代后溪城内城墙

运用于厦门古代城墙中的花岗岩石料多为截面趋近于方形的条石。以明代高浦城墙（图2）和清代后溪城内城墙为例（图3），从条石色泽来看，明代条石呈现黄棕色，清代条石呈现灰白色；从条石尺寸来看，明代条石截面尺寸稍大于清代条石，由此可见本地不同时期的花岗岩石料具有较为显著的差异，其石料大小符合传统营造中的用料规律。

城墙石料的加工手法可以分为"四线""除瘤、留窟""一遍""两遍""三遍"等，这些加工手法是逐层递进的关系：

（1）"四线"是石料的粗加工方式，首先对石料的加工面进行平整度的观察，使用钻子对影响石料放置稳定性的部位进行敲凿，其次再用墨线弹出四线，以确定条石形状与大小，并用铁锤与尖头铁具（如钻子、铺子、钎子）凿去多余边角料，石料表面呈现明显凹凸的粗糙纹理。

（2）"除瘤、留窟"是在"四线"工艺的基础上保留凹陷部位，对明显凸起的石料表面进行敲凿的做法，石料表面凸起高度相当，仍有较为明显的凹凸纹理。

（3）"一遍""两遍""三遍"则是在"除瘤、留窟"的基础上对石料进行精加工的做法，需先将石料凹面最低处上方的石料凿除，再使用铁具对石材表面进行斜向交叉凿捶，石料表面呈现较为平整的肌理，随着加工遍数的增加，石材表面平整度逐步优化（表1）。"三遍"的做法因其加工更为复杂，平整度要求更高，一般较少运用在用石量较大的城墙建筑中。

明代遗存的同安城墙、高浦城墙主要展示面采用的是"除瘤、留窟"的做法，清代后溪城内城墙采用"一遍"至"两遍"的做法。城墙石料的加工精细程度，应是受到当时社会背景、营建城墙所需投入的财力、物力、人力及工程周期等因素的影响，而对于城墙隐蔽部位及构造内部的石料则一般采用"四线"的工艺或不做加工处理。因此，一块城墙石料的不同表面可以采用不同的加工工艺，其加工方式与石料摆放的位置相关，体现出了古代石匠在建造城墙时合理用功、精细做工的营造思维。

四、石砌城墙的构造做法

厦门石砌城墙的营建主要包括墙体砌筑与城门砌筑两部分（图4），二者的构造做法具有较为明显的本地特色。

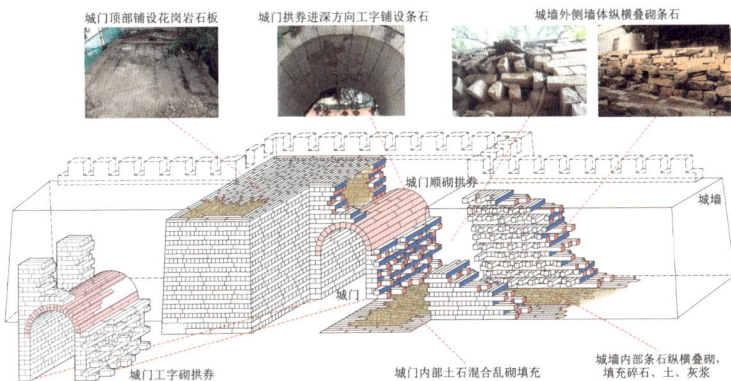

城门顶部铺设花岗岩石板　城门拱券进深方向工字铺设条石　城墙外侧墙体纵横叠砌条石

城墙

城门顺砌拱券

城门工字砌拱券　城门内部土石混合乱砌填充　城墙内部条石纵横叠砌，填充碎石、土、灰浆

城门

▲图4　厦门石砌城墙墙体砌筑与城门砌筑构造做法示意

1. 高浦城墙遗址　　　　　2. 后溪城墙遗址

▲图5　厦门明清石砌城墙外露墙体构造

▲图6　明清泉州德济门城墙外露墙体构造（底图来源：成冬冬）

（一）墙体构造

宋代的同安城墙为夯土结构，至元代在夯土城墙的外侧加砌了石墙，形成"外石内土"的做法。[①] 从现有高浦城墙遗址和后溪城内城墙遗址裸露的墙体内部构造

① "同安城垣，宋代为土垣，元代为石垣（实为石包土垣）"，详见吴诗池.厦门考古与文物 [M].厦门：鹭江出版社，1996：46—47.

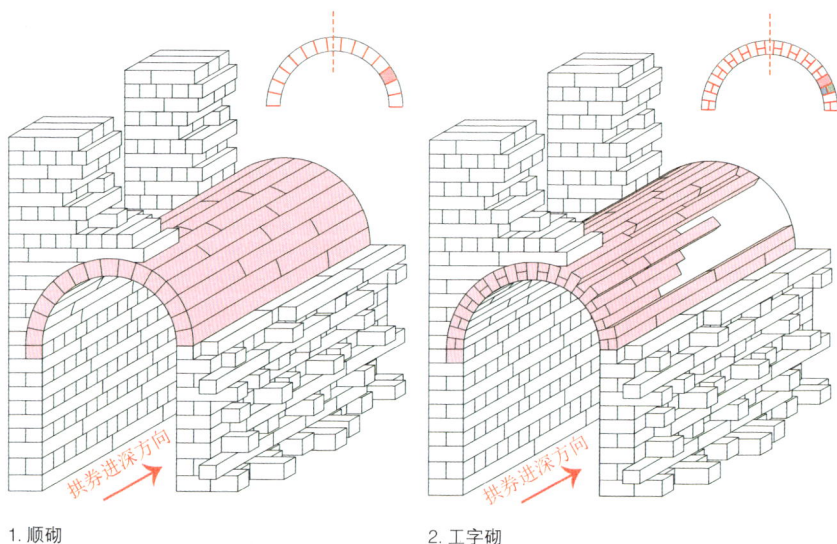

1. 顺砌　　　　　　　　　　　　　　2. 工字砌

▲图7　城门拱券构造示意图

来看[①]，二者与同安城墙的构造具有差异，城墙采用了纵横叠砌（即"一顺一丁"）的做法，墙体外围的条石叠砌更加规整，墙体内部同样使用了大量的石料，内部石料可以是与外部相同的条石，石料仍保持交错布置的特点，但可更加灵活地摆放，也可以填充乱石、碎石，两种内部做法的空隙处均掺混了土料或灰浆（图5）。此外，厦门明清时期的石砌城墙做法与同时期的泉州德济门城墙墙体做法相似（图6），且相比于北方、江南地区的砖、砖土、砖石、石砌城墙，厦门、泉州地区的纵横叠砌石砌城墙在结构的整体性能上更加优越。

（二）城门构造

闽南地区石砌城门主要有石拱门和平梁门。其中，较小尺度的城门可采用平梁门的做法，如泉州崇武古城水关门，门洞上方架设平梁，梁底略微起拱。厦门地区的石拱门构造做法可分为顺砌和工字砌两种，门洞条石为扇形或梯形截面，通过相互挤压形成稳定的拱券结构，拱门的进深方向采用工字砌，错缝布置条石，通过石料的相互拉结增强城门的整体稳定性（图7）。

城门亦是一种特殊的墙体，门洞两侧的墙体厚度加宽，德济门遗址中保留了城

---

① 图5中的后溪城墙遗址照片系两侧城墙拆除后遗留的外露交接部位，为城墙内部结构做法。

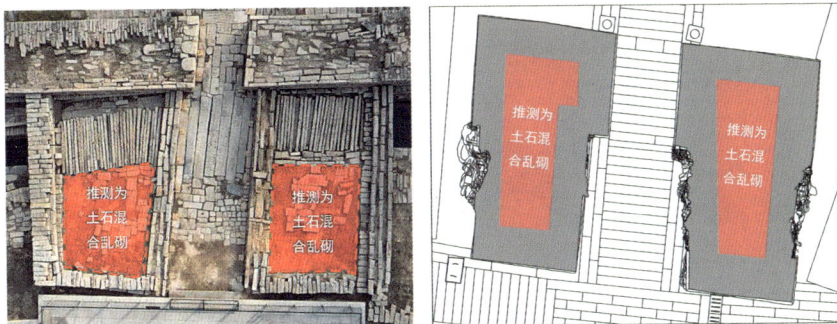

1. 泉州德济门门道（底图来源：成冬冬）　　2. 后溪城内城拱辰门门道

▲图8　城门门道平面

门门道的平面形态，相比月城的墙体做法，门道两侧墙体则是以条石围砌成一定厚度的石墙，内部并无明显条石叠砌的痕迹；后溪城内拱辰门至今保存良好，平面形制与德济门相似（图8），城门顶部沿着门道方向工字铺设花岗岩石板（图4），石板下方覆盖土层，城墙顶部后期生长大型榕树，依据榕树生长的特性，可以说明墙体内部存在一定数量的土壤。因此，两处实例的相互印证可以推断城门墙体内部为土石混合乱砌填充的做法，用土量等于或大于用石量，其与城墙墙体内部仍保持纵横叠砌的做法不同。

五、石砌城墙的砌筑方法

当今城墙的防御功能已消失，逐渐转变为一种景观标志，传统的城墙营建活动已成为一种历史记忆。近年来，随着传统文化的复兴，关于厦门城墙遗迹的保护及城墙文化的复兴也逐步展开，出现了仿古城墙景观公园的建设，城墙的营建虽然融入了新型材料，城墙构造做法发生变化，但与参与营建的本地石匠进行交流、访谈，并结合现存本地古代城墙遗迹，仍然可以从中探寻明清时期城墙的砌筑方法。

（一）运石、移石

搬移石料是砌筑城墙最耗费人力的环节，讲究巧力施作。小型石块可以单人徒手搬运；中、大型条石可以采用两人或多人的模式，借助竹竿、铁架、麻绳组合而成的自制工具进行抬移（图9）。当石料运至指定位置时，再使用木棍或铁棍进行翘移、人力搬移和翻跤，进行位置调整（图10）。

1. 自制铁艺吊运工具   2. 铁艺吊运工具与条石卡扣关系   3. 两人组合抬石   4. 四人组合抬石

▲图9　搬运石料的方法

1. 翘移   2. 搬移   3. 翻跤

▲图10　调整石料的方法

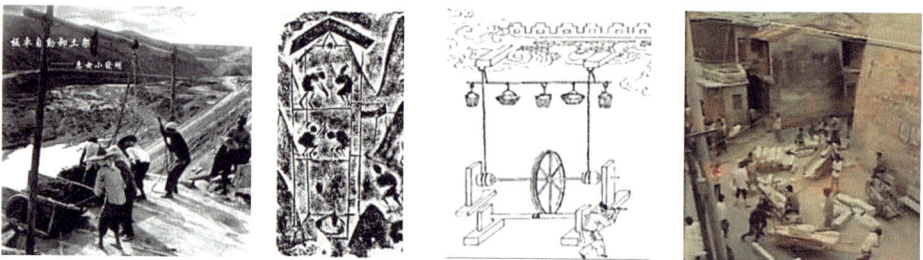

1. 解放时期修建泉州惠安惠女水库的起吊装置（图片来源：廖志堂提供）　2. 汉代制盐起吊装置（图片来源：汉代《盐场》画像砖）　3. 明代修建城墙采用的起吊装置（图片来源：《奇器图说》卷三，第七图）　4.1987年泉州崇武古城内板车拉运石料场景（图片来源：网络）

▲图11　早期起吊重物与石构营造的相关历史图片

　　此外，结合早期遗留的闽南地区石构建筑营建历史照片、影像资料及各地史料中记载的重物起吊历史图像进行辅证，①并从各时期建筑形式与建造技术水平相互发展、促进，建造技术普遍适用的合理推测来看，还可以使用滑轮、板车等机械装置进行城墙石料的搬运（图11）。

----

① 图11-1放映了运用滑轮起吊装置进行材料的运输，这与汉代画像砖（图11-2）、明代《奇器图说》（图11-3）中记载的起吊装置相似，可以推测解放时期采用的这种运输方式是早期应对重物起吊的古法传承。

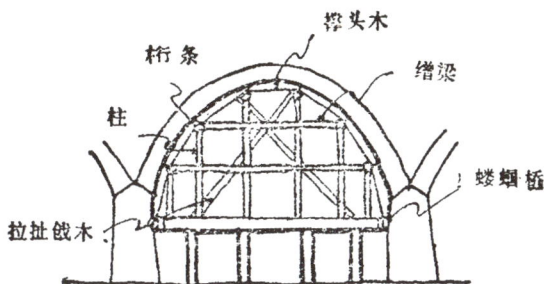

▲图 12 石拱桥砌拱材盘架子（图片来源：茅以升《中国古桥技术史》）

1. 铺设灰浆层　　2. 翘起石块　　3. 放入石片、石块　　4. 城墙立面效果

▲图 13 砌墙找平

（二）砌石

砌拱是砌筑城墙的技术要点之一。厦门地区遗留的明清城墙拱门多为半圆形拱券。拱门的砌筑做法与石拱桥相似[①]（图 12）。首先依据门道宽度确定拱券圆心及拱券最高点的位置，并在门道两侧墙体间搭架、支模。拱券条石根据拱形进行二次加工，形成截面为扇形的条石。条石由两端向中间砌筑，并确保拱顶石落于拱门中线。

城墙墙体截面常为下大上小的梯形结构，为控制墙体倾斜面的角度，在开始砌筑前会使用木板制作放样工具，以确定城墙倾角，并在木板上方确定条石层数，同时进行水平拉线控制条石高低。

人工开凿的条石各面平整度略有差异，故在砌筑过程中常对不平整的表面进行二次加工，消磨后的条石在平整度方面仍存在一定误差，因此"找平"成为砌筑城

---

① "拱券砌筑，先立拱架。在拱券尚未'尖拱'（将拱石挤紧抬起）和装入龙门石（拱顶石）以前，拱石是砌放在拱架之上。石拱桥的拱架都为满布的木架。清官式石桥做法称为'材盘架子'，或称'券子''券仔'，'券子'系用柱子、缯（即层）梁、桁条、顶梁、拉扯戗木、蟛蜞榀、撑头木组成。这是一种用顶桩支承在河床海堤石的脚手架。无河底海堤石的拱桥，有的即支承于河中桩头上"。详见茅以升．中国古桥技术史 [M]．北京：北京出版社，1986：200．

墙的另一技术要点，其影响着城墙的稳定性与美观性。砌筑条石时，条石顶面的凸起最高点应等高于或稍低于水平线，稍低于水平线的做法最佳，以确保每层石料能够保持或接近水平状态。各层条石间铺设灰浆层，既起到了固定条石的作用，也有找平的作用。若条石上下表面趋于平整，各层间则能形成较为均匀的水平缝宽，叠砌过程中的找平做法则更显容易。若条石表面凹凸不平，除了进行消磨处理以外，也可在条石底面的四角垫置石片、石子，以稳固条石，最后待墙体砌筑完成以后，用灰浆在各条石间隙处进行勾缝处理（图13）。

六、石砌城墙的修缮措施

当今对于建筑类的文物古迹应遵循"不改变文物原状""文物古迹应当得到合理的利用""尽可能减少干预""保护现存实物原状与历史信息""正确把握审美标准""必须保护文物环境"等原则，使得实物遗存及其人文、历史环境能够真实、全面地保存，并延续其历史信息及全部价值。[①]

厦门地区在明清时期为了解决紧急防御的需求就已出现拆除旧城墙石料，移建至其他城墙的做法，而在解放初期，也有搬运城墙石料用于建设住宅的情况。因此，现存厦门明清石砌城墙多为残墙遗址，残墙裸露出的内部土石有利于本地植物的生长，这些由人为扰动和自然因素引起的城墙变化，成了当今本地石砌城墙较为常见的问题，具体表现在墙体、墙面滋生植物；条石缺失、松动、歪闪、错位、污染；城墙地面覆盖现代铺装等方面（图14），其中涉及城墙本体的保护措施主要可以分为以下两类。

（一）清除植物与保留古树

墙体、墙面的杂草一般采用手工清除的方式，而对于大型的古榕树，因其在厦门地区被视作有灵性的树种，且发达的根系深入墙体内部与土石结合，恰好起到了稳固城墙的作用，故对古榕树一般采取整棵保留的措施，可适当修剪冠幅及外露墙体的树根，这种做法遵循了城墙保护的最小干预原则，同时也保护了城墙周边的环

---

① 详见《中华人民共和国文物保护法》（2017年）及《中国文物古迹保护准则》（2015年）第4、19、21、23、24条等。

问题1：城墙生长榕树、滋生杂草

问题2：条石缺失　　　　问题3：条石松动、歪闪　　　　问题4：条石错位

问题5：条石污染　　　　　　　问题6：后期覆盖现代地面

▲图14　厦门明清石砌城墙常见的残损问题

境，形成了城墙与古树共生的奇观，常吸引人们到此进行纳凉、聊天等日常活动，活化了城墙周边的历史空间。

（二）归安、补配、清洗条石与修补勾缝

榕树树根对城墙本体也会造成一定的不利影响，例如树根的生长使得条石产生松动、歪闪、错位，此外雨水从城墙缺口渗入内部，冲刷黏土形成空洞，以及震动影响，均有可能出现类似情况或者缺失。对条石进行归安首先需拆除受影响的条石，依据实际情况进行树根清理、土料、石料填充等操作，并用砂浆重新砌筑、补配条石。

城墙石料的凹凸表面、缝隙处容易附着污渍，污渍的类型可以分为土渍、锈渍和现代涂料三种，土渍、锈渍一般使用白萝卜进行清洗；油漆等现代涂料不易清除，一般采用松节油或硬毛刷手工清洗（图15）。

城墙勾缝能够有效阻挡雨水从缝隙进入墙体，减少对内部结构的影响，改善墙面滋生植物的情况，但灰缝容易脱落、缺失，对此一般使用壳灰混合砂浆进行修补，并用灰匙、木条等工具进行灰缝修边（图16）。

▲图 15　厦门明清石砌城墙修缮前后对比

1. 初步勾缝　　　　　　　2. 修缝　　　　　　　3. 修边

▲图 16　修补勾缝做法

七、结语

　　厦门古代城墙从早期的夯土砌筑到明清时期常见的条石砌筑，在建造材料上具有明显的变化。本地城墙的石砌方法用石量较大，体现了本地盛产石材并因地制宜将其用作建筑营造的天然优势。在构造做法上，纵横叠砌的石砌城墙结构整体性能优于其他地区顺砌或多种材料混合砌筑做法，因此城墙局部出现通缝的做法并不会对结构稳定性产生较大影响。同时，相比其他地区都城城墙完整的建造体系，更加凸显了厦门古代城墙建造的灵活性。从本地古代城墙到当今的仿古城墙，虽然建造所用材料、工具及城墙结构、构造发生了较大变化，融入了新材料、新技术，但营建城墙的技术要点并未失传。不过，也有部分仿古城墙未真实地表现出传统城墙的形制特征，影响了对本地传统城墙的认知。此外，面对有限和脆弱的城墙遗迹，对其采取的保护措施既存在有利的一面，也反映出许多仍待改善的不足之处，如何使城墙遗迹在当今社会发挥出应有的历史价值、科学价值和社会价值，仍是值得探索、研究的课题。

笔者在写作过程中得到了闽南传统泥水作、打石技艺传统匠师廖志堂师傅的悉心指导与帮助，谨此表示真诚的感谢！

注：本文未标明来源的图表均为笔者自绘、自摄

参考文献

［1］［清］吴堂等修，刘光鼎等纂.嘉庆同安县志 [M]. 清光绪十一年主城朱承烈重刻嘉庆三年本.

［2］茅以升.中国古桥技术史 [M].北京：北京出版社，1986.

［3］吴诗池.厦门考古与文物 [M]，厦门：鹭江出版社，1996.

［4］［清］吴之鏳修，周学曾，尤逊恭等纂.道光晋江县志 [M].上海：上海书店出版社，2000.

［5］［清］怀荫布修.乾隆泉州府志 [M].上海：上海书店出版社 ,2000.

［6］厦门市文物管理委员会，厦门市文化局编.厦门文物志 [M].北京：文物出版社，2003.

［7］郑剑艺.基于明清时期的泉州城市形态研究 [D].厦门：华侨大学，2006.

［8］叶红旗.同安文物大观 [M].厦门：厦门大学出版社，2012.

［9］曹春平.闽南传统建筑 [M].厦门：厦门大学出版社，2016.

海口要塞——晚清奉天平原式炮台特点

李雯若　沈阳建筑大学建筑与规划学院
吕海平　沈阳建筑大学建筑与规划学院

摘　要：晚清北洋海军为了抵御列强的侵略，开始购置坚船利炮，在全国沿海岸线勘察适宜建港筑防之地并大规模建设海岸炮台，其中奉天地区的营口大炮台是保存较为完整的平原式炮台之一。通过田野调查与文献阅读结合现状实测、参考古代设计呈览图和古代实勘测量信息的研究方法，并利用数字建模技术复原展示，营口大炮台恢复了其因年代久远而不存的建筑历史形态，还原了其战时作为要塞的建成军事功能。本文以营口大炮台这一特殊案例，揭示环渤海大河入海口晚清要塞基本特点。作为一种新型的建筑形式，新式炮台——海口要塞特点的揭示，重新定义了中国自主近代建筑的发轫时间和建造成果。洋务运动以来中国反侵略近代国防建设中在师夷长技以制夷原则下的建设成果在建筑史学的助力下得以进一步呈现。

关键词：晚清；奉天；要塞；炮台

一、晚清沿海军事防御策略的转变

中国的海防从明代就已形成，为抵御倭寇入侵，沿海建立了卫所防御体系，由于明代无海军和舰船，无法在海上形成有效的军事打击，因此明代的海防重陆轻海，采用以陆防海的海防战略：引敌登陆，待敌深入内地后，以海岸卫所城池和陆军进行前后夹击，歼灭敌人。清早期的海防仅防御海盗，并采用了更彻底的海禁手段，沿海居民向内陆迁移，实施以岸防为核心，水师防务为辅的策略，防御设施沿用明代的卫所，此时中国海岸平静海防并不属于国防。两次鸦片战争后，海防对象从倭寇、海盗转变为拥有坚船利炮的各国列强，战争性质转变为反侵略战争，晚清政府真正重视起海防和海防有关的军队军备的建设，采取"师夷长技以制夷"的思想，进口舰船、火炮，学习西方军事技术。1873 年《防海新论》一书的引入，使国人进一步了解到西方海防思想："防守海岸之意盖防敌兵之登岸也，亦防敌船久停于海边……故必于海口紧要之处设立防守之法。"自此，晚清政府扭转了明代及清早期的重陆轻海战略，转变为御敌于海口的国防军事策略。

1880—1892 年间，北洋海军在环渤海一带建立了诸多具有国防意义的海岸炮台，根据萨承钰《南北洋炮台图说》记载，奉天各海口炮台分布在旅顺口、大连湾以及营口三地。其中旅顺口地区包括东岸黄金山炮台、摸珠礁炮台、崂嵂嘴炮台；西岸城头山炮台、馒头山炮台、蛮子营炮台、威远炮台、老虎尾炮台；大连湾地区包括黄山炮台、老龙头炮台、和尚岛东／中／西炮台；营口地区为营口大炮台（图1）。根据自然地理环境可将其分为两类，除营口大炮台为平原式炮台外，其余炮台均为山地式炮台。现存炮台仅有营口大炮台及旅顺口东岸摸珠礁炮台部分遗址。由于营口的平原地理条件，可以把多个炮台在海岸上大面积的延续排布，而山地丘陵地形无法将炮台连续长线设置。

二、是炮台还是要塞？

炮台是旧时在江海口和要塞中构筑的炮阵地 。明代的独立式炮台：高 13—16 米，内三层，每层四面开射孔，顶女墙垛口，周围围墙、护壕沟 。清早期则继续沿用明代炮台建设，此时的炮台为狭义上的"炮台"，即架设火炮的台子。

北洋海军建设的炮台则不再是狭义的炮台，而是一个多功能的炮台建筑群，除了炮台，还拥有行政功能如指挥、官厅；储藏功能如弹药库；居住功能如兵房、厨房等。此时尽管发展为功能多样化的建筑群，但未因功能增加和形式改变而更换其名称，依旧沿用"炮台"一词来指代。1894 年甲午战争时期日本战地记者拍摄的旅顺口黄金山炮台照片（图2）中，将炮台称为"Fort"，此"Fort"并未对应狭义上架设火炮的台子，而是炮台建筑群的合理称谓。

Fort 在《剑桥词典》 中翻译为堡垒、要塞。晚清炮台在日本人眼中既然是西方的"Fort"，那么到底翻译成"堡垒"还是"要塞"呢？

在《军事大辞海》中，"要塞"一词释义为筑有永备工事，准备长期坚守的国防要地 。"堡垒"一词释义为由一个或几个筑城工事组成的独立防御工程整体 。在中国古代典籍中，"要塞"一词出现较为频繁，而使用"堡垒"一词较少（表1）。

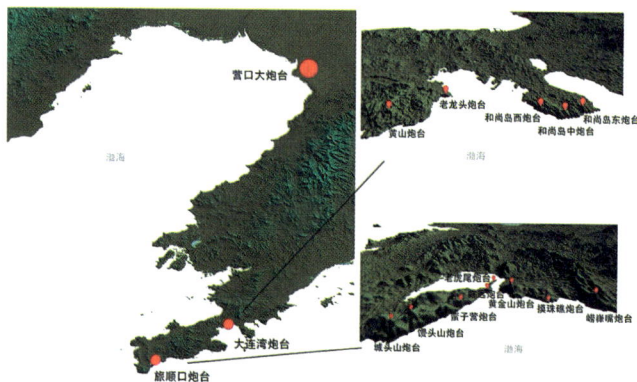

▲图1 根据《南北洋炮台图说》绘制的晚清奉天海岸炮台分布图

▲图2 旅顺口黄金山炮台历史照片(《日清战争写真贴》)

因此,在晚清"御敌于海口"的军事防御策略下出现的新型的多功能炮台建筑类型以"要塞"命名较为贴切。本文以中文"炮台"一词进行延伸,指代包括作战功能的炮台及兼具多功能军事单元的要塞。

表1 "要塞"及"堡垒"在典籍中出现次数对比表

词语来源 出现次数	《四部丛刊》	《大明实录》	《清实录》
要塞	99	13	6
堡垒	20	0	1

三、营口地区晚清海防发展历程

1858 年《天津条约》开辟牛庄为通商口岸，1861 年营口代牛庄开埠，开启了晚清营口作为国防重镇之始。营口旧称没沟营，随着辽河航运的繁荣成为晚清东北最为重要的港口之一。而在清代前期，牛庄是辽河流域较为繁盛的港口，但由于上游泥沙的持续堆积，航道淤堵，大船难以靠岸，营口港取代了牛庄开埠。而营口上游的田庄台早在清代前期就已经是航运码头，一直是东北物资海 / 河、陆集散地。

（一）以陆防海的延续——抗倭防夷时期

清咸丰年间，为了抵御夷兵骚扰，清政府延续明代以陆防海的策略。1859 年以田庄台为防御核心设立炮台，并且在田庄台对岸的立科（地名）修筑炮台三座，安设大炮三尊，同时还在东弓湾处添筑炮台四座，安设大炮四尊，而其余口岸并未安营筑垒。同年 11 月，在西弓湾添炮台八座（图 3），虽然防御范围逐步近海，清政府仍然认为靠近海口的西弓湾虽属扼要，但总不如在立科等深入内陆的地方设防，这样既可以诱敌深入，又可以杜绝窥伺。此时海防重心主要聚焦在大辽河中下游地区，以保护正常经济往来不受劫掠之扰为目的，炮台的设置主要为保护城市及贸易码头，海口不设防而采用巡哨的策略。此时仍然没有完全脱离以陆防海的形式，炮台仍然为狭义上架设火炮的台子，并不是要塞。

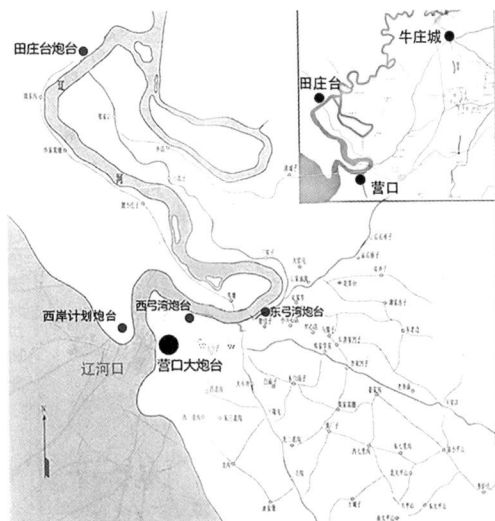

▲图 3　晚清营口及田庄台布防图并三城与辽河及入海口关系图（底图来源《甲午中日战争纪要》中的日军作战地图）

（二）海防意识的觉醒——国防建设时期

清光绪年间海防策略转变，外敌来袭，海防转为国防。清廷引入大量新式火炮及舰船，由于其吃水深度大，无法沿辽河深入，仅能停靠在海岸边，为了与战船形成有效协防，1881 年在营口辽河入海口处培垫叠道、挖濠筑围，着手修筑营口大炮台。由于营口大炮台所在位置当时毫无凭借，贴近海口远离城市，且食水须取之四十里以外，同时还要考虑弹药及零件的储存、士兵的驻扎等生活问题，于是这样一个多功能的新型军事建筑类型——海口要塞应运而生。同时营口大炮台也真正做到御敌于海口，居于晚清国防战略地位之上。

1886 年，李鸿章派人验收工程，称一律坚实，可资守御。营口大炮台至此完工。由于炮台建在辽河口东岸，旁无接应，为兵家所忌，1890 年李鸿章建议在河口西岸再筑一炮台，与之势成掎角，互为声援，但因各种原因未能建成。由此而可知，晚清政府对于辽河口防御的重视程度并不亚于海河口的大沽。

（三）从设计—呈览—竣工—遗产营口大炮台的百年演变

营口大炮台由于地处营口市区西端，现名营口西炮台。其修建于清末海防思想的转变时期，同时也是向西方学习的洋务运动时期。炮台以中国传统夯土建筑技术，结合西方军事筑城法建成，体现了中学为体，西学为用的原则。营口大炮台从计划修筑到竣工共花费了 5 年时间，由北洋大臣李鸿章一手操办，炮台最初的设计方案会随着火炮技术、驻扎人数、经费等多种因素而调整，最终呈现出一个多功能炮台建筑群——海口要塞。营口大炮台从修筑到如今经历了百年时间，通过对李鸿章的奏折、萨承钰的记载、呈贡的炮台舆图、照片及现状的相关资料梳理，从历史性的角度纵向考察营口大炮台的演变史，并进行推测性复原，以期填补研究空白。

四、营口作为御敌于海口要塞的必然

炮台选址是军事、政治、经济、自然地理等因素综合的结果。首先，营口为通商码头，《天津条约》签订后，不仅列强各国沿河修建码头，国内其他省也在此开展航运货物贸易，是不可缺少的交通枢纽，同时也是经济文化交流的一个平台，营口近代城市快速发展。其次，营口是奉天省海上门户且近陪都盛京"惟陆路距沈阳仅三百六十里"，辽河是奉天省第一大河流，其支流流经盛京城，可以说是奉天咽喉，如果敌人从海上进攻陪都，沿辽河逆流而上，营口是当时奉天省的海疆要地之一，对盛京城的重要程度犹如大沽口对北京城的重要程度。最后，营口地势平坦，有利于炮台建筑的建设，施工条件良好，又可以有效利用资源。同时还有自然之拦阻，炮台周围皆是湿地、苇塘，形成了天然屏障，使敌人登岸困难。

《防海新论》中提到"防守海岸之法，为有择犹为紧要之数处防守，极具坚固，必大有益，最忌散漫设防，以致一处受创，全局失势也"。李鸿章在西方海防思想的启发下，摒弃了过去沿辽河两岸处处设防的策略，在辽河口筑炮台，重质量而轻数量，是结合国情下深思熟虑后的最佳选择。

（一）从李鸿章的设计蓝图到萨承钰的实勘图说

1. 李鸿章的设计蓝图

李鸿章是营口大炮台的实际策划人，新式炮台在 1881 年的最初修建计划是平整土地、挖濠筑围的基础上拟造月牙形平炮台一座、大炮台一座，及炮房、药库、兵房，这是营口大炮台的设计蓝图阶段。1883 年李鸿章再次提到整顿海防，亟应妥筹布置营口防务 ，将拟造的炮台改为大小炮台五座、炮洞八处、周围营墙二百数十丈，此时营口大炮台雏形初现。

随着对海防认识的不断深入，营口大炮台的建设也不断升级，1886 年营口大炮台建成时已超越计划产生了质的飞跃，李鸿章的奏章里写道：（营口大炮台）"修筑炮城一道，长二百二十六丈二尺。大小炮台五座，炮房八间、兵房连房一百四十六间、官厅五间、厢房十间、营官住房十三间、军械药库十间，大营门一座、角门二座、照壁一座。挑挖护城濠、引濠各一道，护城二处，凑长一千六百十三丈二尺。土圩一道，长四百十九丈八尺。闸门一座，木吊桥三座，并平垫地面长一千二百丈。土山一道，长七百八十丈。"在保留 1883 年五座炮台、八个炮洞的基础上，不仅扩大了营墙范围，还修筑了官厅、营房、军械药库等辅助建筑，同时加强了防御设施的建设，如护城濠、护城墙等。营口大从最初计划建造两座炮位的月牙形炮台到五座炮台、八个炮洞、二百数十丈（约 700 米）的营墙，再到营墙改为炮城，且增补相关辅助建筑及城壕护城防御设施，营口大炮台经历了一个日趋完善的过程。国家博物院收藏一张《营口炮台全图》（图 4），据相关研究可知，此图或为 1886 年间某次巡阅之后，向皇帝或上级官员汇报的呈览图，图中所绘炮台

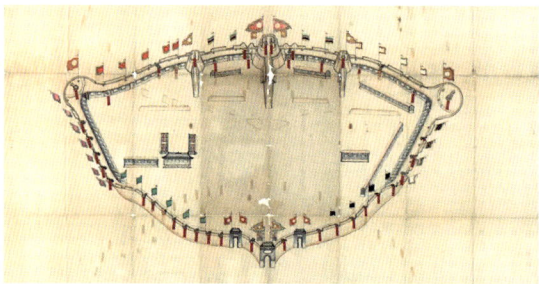

▲图4 《营口炮台全图》（国家博物馆藏）

即为当年营口大炮台的全貌。

2. 呈览图中的营口大炮台

营口大炮台整体呈以主炮台与营门为中轴对称的凸扇面形，炮台炮城墙为夯土墙，墙下环建青砖兵房，西侧迎敌面设有八个拱形暗炮洞。东侧营门突出于城墙，旁边开设两道宽度较小的便门。正中为主炮台，马道两侧设有火药房。主炮台两边布置两座小炮台，其中北小炮台马道下设一药库。在南北两侧炮城外，凸出设置两座圆形炮台，使打击范围更加广泛，并且在南侧炮台下设有梯子，可以直接登上炮台。炮城四周环设雉堞，其中在靠近主炮台两侧的雉堞的基础上加建梯形雉堞。由于主炮台需要重点防守，在炮台前多需设垛口，而夯土结构不稳，因此需做成叠涩梯形，而其余部分次要防守，所以夯土雉堞可加长以保持稳定。主炮台与左右两小炮台之间各由一座药库，方便炮台弹药的取用。台院南侧设有半包围的官厅，两边为官房，开口朝向为西，台院北侧设官房一座，与台墙平行的营房两排，营门内侧设两座官房。台院内除官厅为庑殿顶外，其余均为囤顶建筑。

主炮台上设有火炮两门，小炮台上各一门火炮，两侧圆炮台各一门火炮；西侧围墙上设四门火炮，围墙下八个暗炮；东南面炮城上设十四门火炮，东北面炮城上设十门火炮，共计四十二门火炮。此外，炮台上还有各色旗帜四十八面，其中西围墙有四面北洋海军官旗——五色旗，对应前哨的红地旗，副前哨粉地旗，右哨白地旗，左哨青地旗，中哨黄地旗，两种黑地旗分别对应后哨和副后哨，同时还包括三座营门上的营门旗。各种颜色的军旗既可以指挥水师士兵，又可以鼓舞将士士气。

3. 萨承钰实勘的营口大炮台

1889年，萨承钰奉命巡视南北洋各个海口的炮台建设情况，包括奉天、直隶、山东、广东等八省，这也是清廷首次全面考察建成国防成果，萨承钰逐一丈量，绘图并详细记载了炮台的具体情况，最终著成《南北洋炮台图说》一书，是迄今为止最重要的晚清海防文献，不过如今书中图已缺失，仅剩下文字的部分，下面是关于"营口大炮台"的记述：

"奉天营口，水道纡折。与直隶之大沽，形势相埒。其南面海口，有铁板沙。凡轮船进口，必由东之北，而达牛庄。现于东岸建成明炮台，中一座，高二丈八尺，台顶隔堆高七尺，厚一丈五尺。顶上周围四十丈，中一层水盘宽一丈，底脚周围五十六丈，台后大马道一条，长二十五丈五尺，马道下两旁各建火药房五间。炮台左右各建小炮台一座，均高一丈二尺，宽三丈，马道长五丈二尺。又各建方炮台一座，均高一丈六尺。顶上周围一十六丈，底脚周围二十二丈，马道长一十一丈。西北隅建圆炮台一座，高一丈四尺，顶上周围一十二丈底脚周围一十六丈。东南隅又建圆炮台一座，高一丈四尺，顶上周围一十五丈，底脚周围一十八丈。东南向居中建官厅五间，又连建官房八间，两旁各建官房五间。西北向居中建官房五间。西南向炮台后，左右共建兵房一十一间。西北隅又建兵房一十间。西向又建兵房二十一间，接建子药库三间。东向又建兵房二十五间。营墙上分设炮位，营墙下环建九十八间。台后居中开一营门，左右开二便门。营门后左右各建兵房六间。外筑照墙一道。"

《南北洋炮台图说》对于营口大炮台的记载与李鸿章奏折、呈览图最大的区别为对于炮台数量的记载为五座变成七座，新增了两个炮台为主炮台两边带有炮座的两个小炮台，由于火炮的更新，需要增加马道将炮弹运送至炮城，因此萨承钰将其认定为炮台。其次，营口大炮台战略意义的日益凸显，屯兵数量增加，因此要塞内建筑数量随之增加。可以说，1889年萨承钰笔下的营口大炮台，是不断调整、完善后的最终竣工形态（表2）。

表2　1886年竣工奏折和1889年现场实测营口大炮台构成和规模对比表

	炮台（座）	兵房（间）	官厅（间）	官房（间）	（弹）药库（间）	营门（座）	角门（座）	照壁（座）
奏折	5	146	15	13	10	1	2	1
图说	7	171	23	18	13	1	2	1

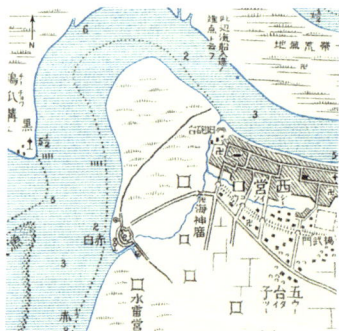

▲图5 1894年日绘营口附近图局部（来源《甲午中日战争纪要》中的日军作战地图）

▲图6 营口大炮台现状航拍图

4. 日军实勘地图上的营口大炮台和水雷营

在1894年日本人所绘制的营口附近地图中（图5），可以清楚地看到营口大炮台及西弓湾炮台（图称旧炮台），而东弓湾及田庄台的炮台并未绘制于上。通过此图可知，西弓湾炮台由一个个独立式的炮台及前端的防御工事战壕或护墙组成，其位置位于营口城市边缘，而不是面向渤海的海口，主要目的为保护城区，抵御倭寇夷兵海盗等。因此，与营口大炮台不同，尚不能称为"要塞"。图中营口大炮台下方位置标注为水雷营，水雷是一种放置在水中的爆炸性武器，通过敌舰的触碰或进入其防御范围而引发爆炸。《防海新论》中所述"虽有极善之炮台，极猛极多之大炮只能击坏一二敌船，并不能禁其来去自如"，说明清廷对新型海面防御有了系统的认识，仅依靠炮台攻击敌舰是不足以阻止其入侵的，水雷营的布防是在入海口的海面上形成军事打击能力，提高了营口大炮台的军事效力。

（三）营口大炮台的炮城复原设计

营口大炮台现在明显可见的炮台仅存中央主炮台及两侧方炮台均设马道，并包括炮城、护台河、影壁、吊桥、营门三座、左右蓄水池各一个，以及仿照营房新建仿古样式的陈列馆建筑三座。主炮台与两座小炮台呈品字形布局，同营门略成中轴线式布局（图6）。文献记载中的暗炮洞、炮城下环建的暗炮洞及院内建筑已不复存在，两侧圆形角炮台原形制难觅踪影，面目已非往昔。炮城在新中国成立后采用最初的三合土版筑技术进行了多次补夯修复，在保护工程中亦发现其内部存在空间但具体形制很难判断。从营口大炮台的现状与呈览图及萨承钰的实勘信息对比来看，该要塞基本保存了原始风貌，唯有炮城与呈览图差距较大，且近年发现炮城损害严重，其破坏形式除了表面风化以外，主要从内部开始破坏，病因不清，炮城的复原研究势在必行且非常重要。

炮城复原设计的依据为李鸿章奏折中的记载、呈览图、萨承钰《图说》中的信息、田野调查的测绘数据，以及 1987 年文物管理所对营口大炮台的考古挖掘工作记录情况。由于炮台的修筑借鉴了西方筑城技术，因此对于炮城复原设计还参考了洋务运动时期江南制造总局翻译的西洋炮台筑城学典籍《营城揭要》，以期还原一个真实的历史形态。《营城揭要》中写道："如将土堆度其形势，配其厚薄，二面之斜度能合土性而不致自毁，使于顶上施放枪炮，即名为垒""其外斜面之址等于垒之高，寻常之土适可作，四十五度也。"垒也就是炮城，为了使夯土墙结构稳定，墙体要设一定斜度，根据呈览图发现炮城内侧建青砖营房，所以只有外坡需要有一定斜度为 45°，"如泥土筑至坚实，所配之厚，当合各种弹能穿之力"，列表如后（表 3）。

表 3　《营城揭要》记载武器与打穿夯土墙厚关系表

器名	打穿之数	墙厚之数
洋枪	一尺六寸	三尺
六磅炮	三尺六寸至四尺六寸	六尺
十二磅炮	八尺六寸至十尺六寸	十四尺
十八至二十四磅炮	十一尺六寸至十三尺六寸	十八尺

由此，炮城厚度选取十八尺，约为 5.5 米，与实测 5—6 米不等的进深相合。"其面应向后稍斜三尺阔者：二寸至三寸；四尺半阔者：三寸至四寸半，雨后可以速干。"为了排水需要，炮城墙面也需要一定坡度，坡度为 10%。雉堞的尺寸依据实地测绘设为 2 米高，2.7 米宽。根据 1987 年考古挖掘工作记录情况，营房（即炮城）进深 5.5 米，墙宽 0.6 米，且后墙借用夯土围墙，不另砌墙。通过呈览图可确定暗炮洞的位置及拱顶；现场勘察发现在暗炮洞的附近墙体中有两组射击孔，就其高度推测为站姿射击及卧姿射击，结合呈览图，蠡测其西炮城下房门通往营房及射击孔，且一个暗炮洞，两组射击孔，两间营房，一个房门为一组，并且在炮城内

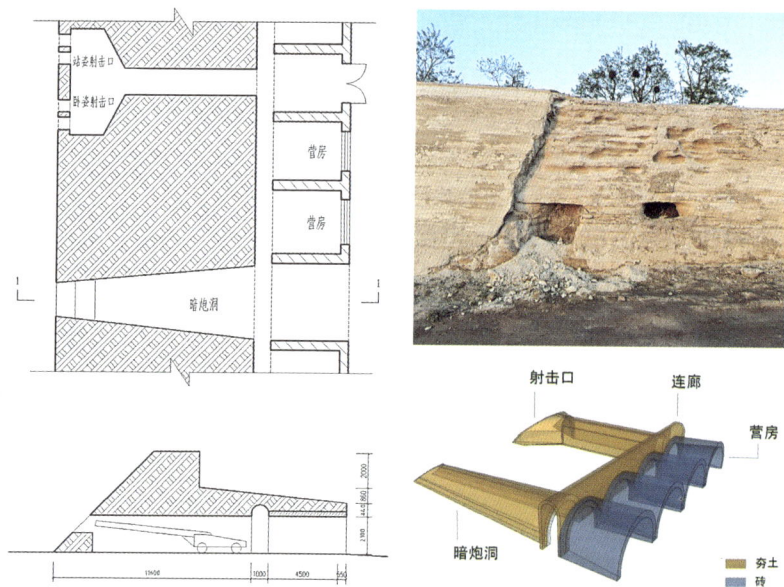

上左：炮城局部平面复原图　　上右：炮城立面射击口现状照片

下左：暗炮洞剖面复原图　　下右：炮城内部结构复原图

▲图7　营口大炮台炮城单元复原图

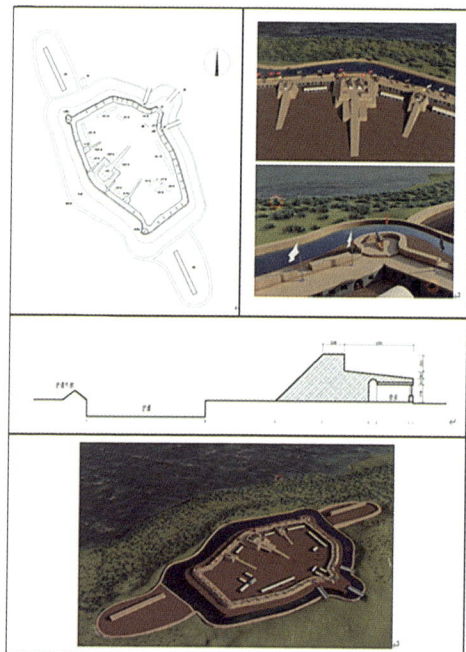

上左：总平面复原图　　上右：营口大炮台主炮位复原效果图

中：炮城及护濠整体剖面复原图　　下：复原全景图

▲图8　营口大炮台复原图

部设有连廊，以便作战时士兵能够迅速做出反应，暗炮洞前窄后宽，以便炮车左右移动。夯土墙体在施工时，先层层夯筑，夯筑完成后再挖洞，以保证夯土整体结构稳定性（图7—8）。

五、环渤海大河入海口晚清要塞的基本特点

（一）以防御为主不兼顾攻击的环渤海军事防御策略

《防海新论》一书中提到，防守海岸之法分为两种，一是定而不动之防法，以坚厚之垒抵挡战甲兵船。二是各处挪移泛应之防法，兵船与营垒相结合，以防敌人登岸。营口大炮台为定而不动之防法，只筑要塞不修筑军港，即以防御为主，不兼顾攻击的策略，与兴建与相同时期的旅顺北洋海军基地建港筑炮的攻防兼备是不同的。

环渤海大河入海口的晚清要塞除了营口大炮台外，还有为天津大沽炮台及山海关炮台，文献可知营口大炮台仿照山海关炮台做法，而山海关炮台又仿照大沽炮台做法，因此三地炮台相似。渤海为中国内海，近代国防以重防御为主要策略。从日俄战争俄日在营口交战来看，清廷还是忽视了外敌入侵的国际形势，天津大沽炮台的4次战役也从一个侧面证实了清廷的轻敌思想。

（二）晚清海口要塞的原型——欧洲棱堡

棱堡在15世纪中叶开始在意大利出现，明代在引进西洋火炮的同时，徐光启、韩云等人大力提倡效仿欧洲棱堡，并著有《守圉全书》不过未能成功引进。洋务运动时期，江南制造总局翻译了许多西洋炮台筑城学著作，欧洲棱堡再次进入国人视线。棱堡通常设计为凸出的平台，其目的是减少火炮发射盲区，同时还可以形成火力协防（图9）。

《营城揭要》一书中对棱堡也有一定记载"古时墙垒之方圆敌台渐变，而为现在常用之式，易知古时敌台变为现在五边形之凹字墙也，……其法以旧式之圆敌台为本，其不能保护之处，比用方者更少"（图10），专门分析了圆形棱堡、方形棱堡、五边形棱堡的各自特点，可见欧洲棱堡形式在中国颇受重视，是晚清新式炮台——要塞的设计原型。

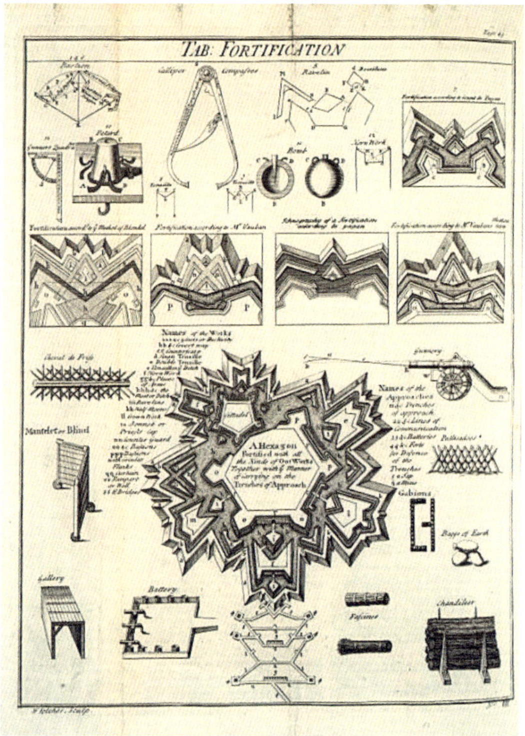

▲图9 英国 1728 年百科全书中的防御工事

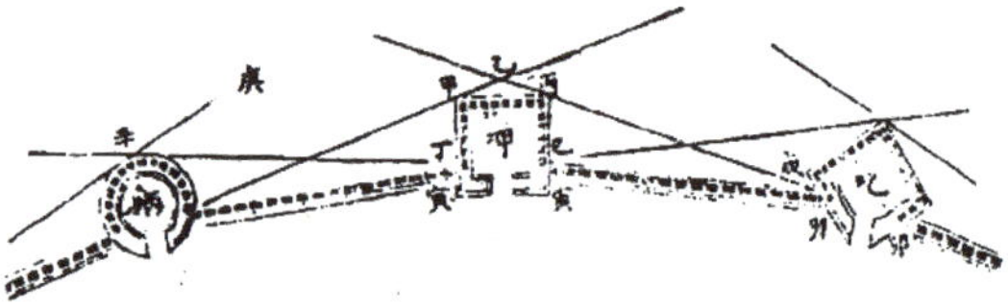

▲图10 《营城揭要》附图

（三）新式炮台——中国古代传统建造技艺的延续和更新

尽管棱堡这一概念传入了中国，或许是因为造价问题，或许是在中国传统建造思想里尽量避免使用锐角，在筑城技术上并没有大规模的使用锐角形式，现有资料中仅在大沽威字、镇字、海字三炮台的瓮城部分采用了锐角棱堡的做法（图11）。营口大炮台中，南北两个角炮台采用了圆形棱堡的样式，凸出于炮城之外，以便消弭火力死角。

在仿照西洋筑城法的基础上，晚清要塞还采用了中国传统夯土建筑技术。夯土

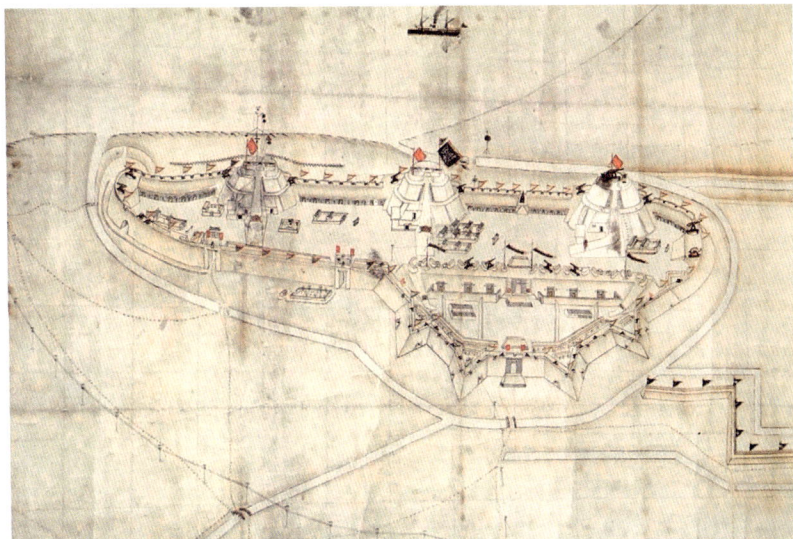

▲图11　《大沽海口营盘全图》之局部（自大沽炮台博物馆）

技术的筑台法是在实践中逐步确定的，因为当时的开花炮弹打在石／砖砌城墙上会使碎石、碎砖飞溅，引发士兵们不必要的损伤，而打在夯土墙上则留下一个浅痕，同时土料取材方便、节约成本，在土中加入适量配料后，可以提高夯土墙的强度和承载力，据说营口大炮台在夯土中掺入糯米浆，形成粘合力较强的夯土，目前还未能展开足够的科技实验方法进行科学实证，为了揭示夯土成分和工艺的盲盒将为我们重新认识中国古代混凝土——夯土和夯土结构提供契机。作为一种新型的军事建筑形式，中国传统建造技艺结合西方筑城形式和技术，新式炮台——海口要塞特点的揭示，重新定义了中国自主近代建筑的发轫时间和建造成果。

参考文献

［1］［德］希理哈著，［英］傅兰雅口译，华蘅芳笔述.防海新论 [M].江南制造局，1873.

［2］萨承钰.南北洋炮台图说.一砚斋藏本.

［3］熊武一，周家法总编；卓名信，厉新光，徐继昌等主编.军事大辞海 下.北京：长城出版社.

［4］中国军事史编写组.中国军事史：第六卷·兵垒 [M].北京：解放军出版社，1991.

［5］［日］陆地测量部摄.日清战争写真贴 [M].东京：小川一真出版部，1894。

［6］清实录 [M].北京：中华书局，1987.01.

［7］顾廷龙，戴逸主编.李鸿章全集.合肥：安徽教育出版社，2008.

［8］贾浩.《营口炮台全图》初探 [J].大连近代史研究，2018,15(00)：77-87.

［9］崔德文，李雅君著.西炮台 [M].辽沈书社，1994.

［10］［英］储意比，［英］傅兰雅，徐寿.营城揭要 [M].鸿文书局，1896.

［11］［民国］参谋本部第二厅第六处编；陈悦校注.甲午中日战争纪要 [M].济南：山东画报出版社，2017.07.

后记

2024 年 8 月，习近平总书记对加强文化和自然遗产保护传承利用工作做出重要指示时强调："要持续加强文化和自然遗产传承、利用工作，使其在新时代焕发新活力、绽放新光彩，更好满足人民群众的美好生活需求。要加强文化和自然遗产领域国际交流合作，用实际行动为践行全球文明倡议、推动构建人类命运共同体作出新的更大贡献。"

2023 年 11 月 3 日至 5 日，"古代城墙军事防御与遗产保护国际学术研讨会"在南京召开。会上中国与世界其他古代城墙等防御和军事遗产展开深入交流与对话，不仅展现了以南京城墙为代表的防御和军事遗产的精神风貌，还提升了相关遗产的保护利用水平，促进了全球防御和军事遗产文化的传承与共享。

研讨会得到南京大学、ICOMOS China 和 ICOFORT 的鼎力支持；南京市文化和旅游局在会议开展过程中给予了大力支持与具体工作指导；南京城墙保护管理中心、南京城墙研究会、南京城墙古都保护基金会、南京大学文化与自然遗产研究所承办了研讨会的主要筹备工作，中国城墙研究院、南京城墙保护志愿者协会倾力协助。会议的圆满召开，得到了 ICOMOS 执委、ICOFORT 主席赵斗元的充分认可和书面致谢。在此对以上提供支持和帮助的单位致以诚挚感谢！

研讨会有幸邀请到来自中国、韩国等国家的著名学者，交流城墙及军事防御遗产保护研究利用的最新经验，共商守护城墙这一全人类文化瑰宝的有效路径，不断提高古代城墙军事防御与遗产保护水平。研讨会开幕式由南京市文化和旅游局党组成员、副局长郑孝清主持，ICOMOS 执委、ICOFORT 主席赵斗元，ICOMOS China 副理事长、山东大学特聘教授姜波，南京大学党委副书记、教授陈云松致辞。为期三天的研讨会由南京大学历史学院党委书记赵清、ICOMOS China 副理事长姜波、南京大学历史学院教授吴桂兵、南京大学历史学院教授夏维中、陆军工程大学国防工程学院教授奚江琳主持。在此对各位领导和专家的出席和参与表示衷心感谢！

　　研讨会结束后，为进一步扩大会议影响力，更好地将会议成果回馈社会，南京城墙保护管理中心将致辞和国内外学者向研讨会提交的二十余篇文稿整理成册，希望能对未来全球防御和军事遗产的保护利用工作提供经验借鉴。

　　《"古代城墙军事防御与遗产保护国际学术研讨会"论文集》历时一年，成功付梓，离不开相关单位和人员的辛勤付出。首先感谢本书各位作者对论文集的信任与支持，在出版过程中精益求精，认真修订文章，不断完善作品，确保了论文集的高质量和严谨性；其次感谢南京出版社为展示此次会议成果提供了舞台，并承担大量组稿统稿、翻译排版等工作，为本书竭智尽力；感谢南京城墙保护管理中心工作人员在论文集的审阅、校对、统筹和成书过程中付出的大量心血；最后，谨向为国际会议研讨会和论文集提供支持与帮助的各位领导，所有向本次国际会研讨会投稿的专家、学者以及其他未提及的同志一并表以最衷心的感谢！

　　会议期间，南京城墙保护管理中心等 6 家遗产保护管理单位共同推动成立、筹备中国古迹遗址保护协会城防与军事遗产专业委员会。未来，城墙中心将通过筹备成立该专委会，继续扩大古代城墙朋友圈，画好遗产保护同心圆。并在 ICOMOS China 的指导下，搭建起与 ICOMOS、ICOFORT 等国际组织沟通交流的桥梁，推广和普及文化遗产保护理论、方法与技术，推动不同文明之间交流互鉴对话，提升中国城防与军事遗产的世界影响力，开辟以南京城墙为代表的古代军事防御与遗产保护工作的新篇章。

　　论文集收录的文章涵盖了多个学科和领域，且部分文章经过了录音整理和翻译处理，鉴于工作量之庞大与跨语言、跨学科的复杂性，难免有细微之处未尽周全，敬请方家批评指正！

本书编委会

2024 年 9 月